教育部人文社会科学研究项目
（编号：15YJAZH064）

新时代大学生国家认同培育机制研究

XINSHIDAI DAXUESHENG
GUOJIARENTONG PEIYUJIZHI YANJIU

滕志妍　著

民族出版社

前　言

国家认同是现代国家建设的重要内容，也是增强国家向心力和凝聚力的核心力量，同时也是国家统一和稳定的重要条件。社会历史发展表明，作为社会成员与国家之间关系的范畴，国家认同源于个人对归属感的需要，是一个社会存在的根基，也是人类理性的追求。国家认同是现代国家合法性的基础，同时也是维系国家存在和发展的重要纽带，体现了现代国家的生命和意义。

当代中国正处于全面深刻的社会转型期，面对全球化、信息化浪潮，当代大学生国家认同问题日益凸显。在国家认同培育方面，中国取得了重要成就，但同时也面临着一定的压力和挑战。作为新时代中国特色社会主义建设者和接班人，加强大学生国家认同培育，不断提升其国家认同水平，已成为党和政府在新的历史条件下面临的重大政治任务，也是学界研究的重大理论课题。

马克思主义国家理论是研究国家认同的基本理论。国家认同是指社会成员对自己归属国家的公民身份确认和对所属国家政治、经济、历史、文化等要素体系产生的一种心理、情感和意识上的归属感及相应的积极支持行为，是心理和行为的统一。国家认同的构成要素包括政治认同（公民身份、执政党、政治制度）和文化认同（历史文化、国家通用语言、意识形态文化）两大方面。国家认同的生成机制包括对国家的认知、情感、态度和与国家相关的行为等机制。国家认同具有社会性与政治性相统一、意识性与实践性相统一、复杂性与动态性相统一的特征。

新中国成立以来，我国在大学生国家认同培育方面积累了丰富的经验。这些经验主要概括为始终坚持党的领导，发挥政府在大学生国家认同培育中的主导作用；以爱国主义为依托，不断深化和拓展大学生国家认同培育的内容；以学校为主要场域，不断拓宽大学生国家认同培育的途径；突出思想政治理论课主阵地的作用，发挥社会实践在育人中的作用。

在中国特色社会主义新时代，随着社会政治经济文化教育的不断发展变革，我国大学生国家认同也呈现出新的趋势和特征。基于实证研究数据的分析发现，当前我国大学生国家认同总体状况良好，只有极少数大学生存在国家认同模糊，“四个自信”不够坚定，各方应高度重视，积极探寻其成因和培育路径。

社会存在决定社会意识，考察当前我国大学生国家认同影响因素，应将其放置于广泛的社会背景中。基于社会生态理论的实证研究发现，大学生国家认同受到政治环境、经济利益环境、思想文化环境、社会民生绩效、大众媒体、学校教育因素、家庭因素和个体素质等因素的显著影响。这些因素分别以各自的方式，全方位地影响着大学生个体，使得他们内化为特有的态度和情感，并外化为其行为。因此，应该从这些方面入手，加强大学生国家认同培育的工作。

尽管美国、新加坡和俄罗斯等国家对大学生国家认同培育的内容、方式和路径各有特色，但也有共同值得借鉴的经验。在大学生国家认同培育中，政府应高度重视，突出政府的战略谋划主导性决定性作用，加强顶层设计，保障国家认同教育的良好实施；同时要强调主流价值观，重视历史文化和国家通用语等国家认同文化基础；强调学校教育、社会教育和家庭教育的多管齐下，将国家认同教育纳入国民教育的全过程；并加强传播媒体的管理，积极利用大众传媒加强国家认同培育。

大学生国家认同意识的培育是一项重要的任务，需要建立起国家、社会、学校、家庭及认同主体的个人相结合的联动教育机制。在国家层面，需要从利益机制、制度机制、文化机制、社会民生保障机制等方面入手，完善大学生国家认同培育机制；在社会层面，需要打造以网络平台为主的正面宣传教育渠道、营造风清气正的社会文化氛围，建构大学生国家认同培育体系；在学校教育层面，需要改善思政课教学、推进专业课思政、发挥共青团作用、优化校园文化环境等方面入手，推进大学生国家认同培育；在家庭层面，需要发挥家长政治文化教育功能，创设家长以身说教情境，营造民主的家庭教育方式，积极有效地培养大学生的国家认同意识；在个体层面，需要以个体自我教育为关键，厚植家国情怀意识，提升社会参与能力，把人生理想融入国家和民族的事业中。

目 录

导 论

国家认同是现代国家建设的重要内容，是增强国家向心力和凝聚力的核心力量，也是国家统一和稳定的重要条件。社会历史发展表明，国家认同作为社会成员与国家之间关系的反映，源于个人的归属感需要，是一个社会存在的根基、人类理性的追求，是现代国家的合法性基础，也是维系国家存在和发展的重要纽带，体现着现代国家的生命与意义。

大学生作为年轻一代的佼佼者，他们的国家认同对于巩固国家根基以及提升社会凝聚力具有举足轻重的作用，为国家长治久安奠定基础。然而，在国际风云多变且社会问题频繁涌现的背景下，大学生的国家认同同样面临着新的挑战，这进一步对国家认同培育提出了新的要求。

一、选题缘由与研究价值

（一）选题缘由

一般而言，社会科学研究应以发现和提出问题为起点，以解决问题和回答问题为目的。本研究选择国家认同为研究主题，主要是基于以下几方面的思考。

1. 应然所趋：应对全球化进程对国家认同冲击的需要

在经济全球化浪潮和多元文化思潮交融冲击下，每一个民族国家，“在每一个地方，我们都遭遇到认同的话语"①。正如英国著名学者安东尼·吉登斯（Anthony Giddens）所言："我们有更充分更客观的理由认为，我们正在经历一个历史变迁的重要时期。而且这些对我们产生影响的变迁并不局限于世界的某个地区，而是几乎延伸到了世界的每一个角落。"②吉登斯所指的"重要时期"，当然就是全球化时代。全球化时代在推动人类社会发生巨大变革的同时，也在不断影响着人们的政治思维与价值观念，瓦解着传统的社会基础，改变和重塑着人们的认同。这让"几乎每个地方的人们都在询问、重新考虑和重新界定他们自己有何共性以及他们与别人的区别何在：我们是什么人？我们属于什么？……国家特性/国民身份危机成了一个全球的现象"③。现存认同的变迁，新认同的出现，成了当下认同的一个基本趋势，国家认同日益成为时代发展进程中全球范围内关注的新焦点，对国家认同问题的研究也就成为国际学术界关注的焦点。

就中国而言，也不可避免地受到全球化的深刻影响。全球化冲击着中国传统的国家主权观念，导致国家在经济、政治、文化等领域的主权权威受到侵蚀和削弱，人们开始对传统的民族、国家观念进行重新思考，从而势必引发对民族国家认同的淡化或疏离。具体而言，面对全球化的冲击，尤其是思想文化领域日益频繁的交融互动，在具有强势话语权的西方文化面前，一些中国人产生出一种无所适从的感觉，并产生一种文化离心率，甚至缺乏对自己民族文化身份的认识，进而导致对自己民族国家的归属感和认同感的消解。由此，对当代中国大学生国家认同问题的关注和研究也显得极具重要性和紧迫性。

---

① ［英］安东尼·吉登斯著，周红云译：《失控的世界——全球化如何重塑我们的生活》，2页，南昌，江西人民出版社，2001。

② ［英］安东尼·吉登斯著，周红云译：《失控的世界——全球化如何重塑我们的生活》，2页，南昌，江西人民出版社，2001。

③ ［美］塞缪尔·亨廷顿著，程克雄译：《我们是谁——美国国家特性面临的挑战》，11页，北京，新华出版社，2005。

2. 实然所迫：应对多元文化主义对国家认同挑战的需要

在全球化的背景下，资本、信息和移民在世界各国的不断流动，导致本来就“十分少见”[①]的纯粹的单一民族国家进一步消失或隐退，由移民组成的多民族国家成为发展趋势。由于多民族国家的多民族、多族群、多种族的结构特性，全球化燃起了“对新的地方性与区域性认同及政治自主的主张的坚持”[②]，随即带来的地方文化与民族（族群）认同的强化趋势，导致国家的去政治化，弱化社会的集体（整体）认同，国家认同必然面临一系列的危机。[③]

由多民族构成的中国不可避免地也会出现与其他国家类似的国家认同危机。中国虽是由56个民族共同缔造的历史悠久的文明国家，却又是一个十分年轻的现代民族国家。由于近现代中国的社会历史发展受到外国列强侵略、现代化、内战、民族问题等种种因素的影响，国家认同问题以及与此相关的国家统一问题并未彻底解决，各种分裂国家的活动仍然活跃，引发了社会舆论对民族认同的普遍关注，国家认同成为各方关注的焦点。美国著名学者本尼迪克特·安德森（Benedict Anderson）曾言：“中国人并不缺乏对民族的想象与认同，但他们一直缺乏有关现代民族国家体系的认知。在现实中，中国的国家认同也受到了多方面的挑战，甚至存在隐忧。”[④]因此，研究当代大学生国家认同培育问题显得极具特殊和重要。

3. 必然所向：应对当代中国国家建设的需要

国家认同是多民族国家巩固、稳定和发展的基本条件。多民族国家必须把巩固和提升国家认同作为国家建设的重要任务。习近平总书记多次强调要不断增进各族群众对伟大祖国、中华民族、中华文化、中国共产党、中国特

① ［加］威尔·金里卡著，刘曙光译：《多民族国家中的认同政治》，载《马克思主义与现实》，2010（2）。

② ［美］乔纳森·弗里德曼著，郭建如译：《文化认同与全球性过程》，106页，北京，商务印书馆，2003。

③ 陈茂荣：《全球化背景下多民族国家的国家认同危机》，载《中南民族大学学报》（人文社会科学版），2012（5）。

④ ［美］本尼迪克特·安德森著，吴叡人译：《想象的共同体：民族主义的起源与散布（新版）》，41页，上海，上海人民出版社。

色社会主义的认同。2014 年 5 月 28 日—29 日召开的中央新疆工作座谈会上，习近平总书记第一次提出“四个认同”思想，他强调指出：“要在各族群众中牢固树立正确的祖国观、民族观，弘扬社会主义核心价值体系和社会主义核心价值观，增强各族群众对伟大祖国的认同、对中华民族的认同、对中华文化的认同、对中国特色社会主义道路的认同。”① 在同年 9 月 28 日—29 日召开的中央民族工作会议上，习近平总书记再次明确指出：“做好民族工作要坚定不移走中国特色解决民族问题的正确道路，让各族人民增强对伟大祖国的认同、对中华民族的认同、对中华文化的认同、对中国特色社会主义道路的认同。”② 2015 年 8 月 24 日，习近平总书记在中央第六次西藏工作座谈会上指出：“必须全面正确贯彻党的民族政策和宗教政策，加强民族团结，不断增进各民族群众对伟大祖国、中华民族、中华文化、中国共产党、中国特色社会主义的认同。”③

国家的建设、民族的团结离不开青年，更离不开社会之骄子——大学生。青年大学生是否具有坚定的社会主义理想信念，是否对国家认同，事关未来中国的政治进程，事关未来中国的前途与命运。习近平在党的十九大报告中指出：“中国特色社会主义事业是面向未来的事业，需要一代又一代有志青年接续奋斗。”④ 因此，用马克思主义中国化的最新成果武装大学生，培养和造就一批具有坚定的政治信仰和政治立场、具有明敏政治鉴别力、知识丰富的青年马克思主义者，就成为新时代赋予高校的一项艰巨战略任务。马克思主

① 习近平：《要在各族群众中牢固树立正确的祖国观、民族观》，（2014-05-29）[2018-06-09]，http://politics.people.com.cn/n/2014/0529/c1024-25083277.html。

② 习近平：《中央民族工作会议暨国务院第六次全国民族团结进步表彰大会上重要讲话》，（2014-09-30）[2018-06-09]，http://politics.people.com.cn/n/2014/0930/c1024-25763359.html。

③ 习近平：《依法治藏富民兴藏长期建藏 加快西藏全面建成小康社会步伐》，（2015-08-26）[2018-06-09]，http://cpc.people.com.cn/n/2015/0826/c64094-27516918.html。

④ 习近平：《决胜全面建成小康社会 夺取新时代中国特色社会主义伟大胜利——在中国共产党第十九次全国代表大会上的报告》，（2017-10-27）[2018-06-09]，http://www.gov.cn/zhuanti/2017-10/27/content_5234876.htm。

义的政党只有赢得青年，才能赢得未来。

当代大学生既是社会中的一员，同时也是未来国家发展的关键推动者。他们代表着祖国的未来和希望所在，是民族文化继承、传递、批判、创新中最为活跃、最有生气的力量。他们将来不仅是各项事业发展的中坚力量，而且承载着各民族共同繁荣发展的希望与责任。因此，在这一群体中树立正确的国家认同观，对弘扬民族文化、加强民族团结、维护祖国统一、促进社会主义精神文明建设具有重要意义。培育大学生健康的国家认同意识，发挥大学生国家认同的积极作用，是当前高校的紧迫任务，更是现在和未来国家统一、民族团结及社会和谐的关键所在。因此，加强大学生国家认同培育研究具有十分重要的意义，也是形势所迫、责任所系、使命所在。

综上所述，当代中国面临着多样性语境，对于中国这样一个民族构成复杂的民族国家，社会稳定发展任务繁重。在面对社会转型与全球化的双重压力这一现实境遇下，国民尤其是大学生的国家认同问题愈加凸显，这需要对当代中国国民的国家认同问题进行现实关照。本书选择当代中国大学生国家认同作为研究主题，主要是基于理论和现实的考虑，并力图通过采取理论研究和实证研究相结合的方法，从两个层面对新时代中国大学生国家认同问题展开深入研究。

（二）研究意义

国家认同是当代中国政治改革和社会发展所面临的重大课题，事关当代中国国家稳定与社会和谐。因此，对当代中国大学生国家认同的理论与实践问题进行系统研究就显得尤其重要。本书基于社会转型与全球化的宏观背景，以大学生国家认同培育为研究对象，深入分析和探讨当代中国大学生国族认同建构中所面临的理论与现实问题，具有重大的理论价值与现实意义。

1. 理论价值

学术研究的主要价值在与对人类发展过程中的一些重大问题进行理论思

考，并构建一定的分析框架和理论模式，形成一定的解释范式，以引起人们的沟通关注并未实践问题的解决提供理论启示与学理支持。因此，对当代中国大学生国家认同的理论关注和系统性研究，其理论价值主要表现为以下几方面。

（1）深化国家认同研究的时代性和科学性。目前，学术界关于国家认同的研究已经具备一定的基础，形成了一些基本概念和理论，提出了一些基本的研究方法和视角等。但总体而言，学界对国家认同的研究仍然比较分散和零散，对国家认同的系统化研究还比较薄弱，尚未形成明确统一的概念界定，对国家认同培育机制的研究也比较少。现有的研究成果主要集中在国家认同教育的内涵、意义和对策等方面，主要散见于学术期刊中，其研究的宽度、深度和系统性都需要进一步加强。本研究以新时代大学生国家认同培育机制为研究对象，紧密结合“中国视角”和“世界视野”，深入探讨国家认同的内涵、构成要素、生成机制和特征，在整体提升国家认同理论高度的基础上，对新中国成立以来大学生国家认同培育的发展政策、现状、影响因素、培育路径和机制等方面进行深入思考。本研究将回答以下问题：大学生国家认同“是什么”“如何生成”？大学生国家认同培育在历史和现实中“怎么样”？大学生国家认同培育的“现状”“问题”“影响因素”是什么？大学生国家认同培育“路径”“机制”是什么？本研究将深化、拓展、系统化和科学化已有研究，能够丰富国家认同和国家认同培育的理论研究。

（2）丰富大学生思想政治教育的理论研究。由于国家认同培育问题是一个交叉性和综合型特征的理论和实践问题，需要借助多学科理论基础和实践力量，形成国家认同培育的整体性合力。而思想政治教育作为一门新型的交叉型学科，具有天然的优势性。在借鉴诸多学科理论的基础上，思想政治教育学能够全面广泛地探究国家认同的本质规定，展开更具多样性、系统化的研究，化解学术争端、聚合学术分歧，突破理论研究和实践推进相分离的现状，实现国家认同培育研究的合作化、主体的广泛化，动力的综合化和目标的一致化。同时，思想政治教育作为一门实践性突出的学科和教育活动，也需要在不断跟紧社会现实的过程中，修正和完善自身的理论体系和教育内容。将大学生国家认同培育纳入和融入思想政治教育的全过程，有利于拓展思想政治教育的研究视野，深化思想政治教育的理论底蕴、完善思想政治教育的目标内容、提升思想政治教育的时代效用。因此，国家认同研究的理论价值在于拓宽思想政治教育的研究视野，促进思想政治教育理论的深化和完善，为大学生思想政治教育的实践活动提供指导和支持。

2. 现实意义

学术研究的价值最终以问题为指向，以实践为归宿，将理论付诸实践，用理论解决现实问题，实践赋予学术研究以生命力。因此，研究当代中国大学生国家认同培育的旨趣绝不是要停留于一个纯粹理论问题的探讨，而是要在把握一些基本理论问题的基础上，为解决社会转型和全球化背景下中国大学生国家认同面临的现实问题，提出一些有益的路径和对策建议。

（1）本研究对中国的治理体系和治理能力现代化，社会主义和谐社会建设具有重要意义。党的十八届三中全会通过的《中共中央关于全面深化改革若干重大问题的决定》指出，我国社会治理“必须着眼于维护最广大人民根本利益，最大限度增加和谐因素，增强社会发展活力，提高社会治理水平，全面推进平安中国建设，确保人民安居乐业、社会安定有序”①。而良好的社会治理体系必须建立在公民良好的国家认同水平和公共价值体系基础之上，才能实现治理体系的现代化。因此，对于形成公民公共价值体系、使公众认同达到一种更好的状态，国家认同的培育和提升具有重要的作用。本研究将为当代中国社会治理创新和和谐社会建设提供理论依据，有助于提高社会治理的科学化水平，形成共建共治共享的社会治理格局，不断增强大学生对社会的归属感和向心力，唤起人们对和谐社会的高度认同和积极参与，为建设社

① 中共中央宣传部:《习近平总书记系列重要讲话读本》，116页，北京，学习出版社、人民出版社，2014。

会文明、促进社会和谐提供强有力的政治基础，推进社会治理现代化的进程。

（2）本研究有助于维护民族团结和国家稳定，进而推动中华民族伟大复兴。郑永年曾指出："任何一个近代民族国家都包括两个重要的方面，一方面是民族国家制度，另一方面是境内居民的国家认同。没有国家认同感，已经建立的民族国家就没有稳固的心理基础。"① 中国是一个统一多民族国家，拥有丰富多样的民族构成、语言、历史、文化、习俗、传统和宗教信仰，不同民族之间存在着差异。若不能有效地整合这些差异，各民族就难以形成统一的整体，国家和谐的社会心理基础就无法夯实，从而影响民族团结和中华民族共同体意识的形成。马克思指出："要使各民族真正团结起来，他们就必须有共同的利益。"② 而实现国家认同的根本是各民族要有共同的利益和共同的理想。中华民族的共同利益就是各民族的共同发展、共同繁荣、共同进步，就是中华民族的伟大复兴。大学生是各民族优秀代表的集合，他们的国家认同状况将会对各民族及其生活的地区产生示范效应，从而对社会主义民主政治建设和经济发展产生重要影响。因此，加强大学生国家认同建设是推动各民族团结和谐、促进民族地区全面建设成小康社会、实现中华民族伟大复兴的重要环节。

（3）本研究有助于培育新时代中国大学生的政治意识，促进大学生政治认同的形成。政治意识是一个人政治思想、政治观点、政治态度和政治行为的综合体现，对于公民政治身份认同具有决定性作用，其中包括政治参与意识、政治监督意识、政治责任意识和法律规则意识等。作为政治共同体的成员，公民享有一定的法律权利，而践行这些法律权利的意识，即主体意识，通过对权力运行的监督和制约，体现公民的主人翁地位。拥有良好的政治意识可以帮助人们正确处理公共事务中与他人和集体的关系，在个人利益与他

① 郑永年：《中国需要的是制度崛起》，载《联合早报》，2008-3-4(04)。

② 中共中央马克思恩格斯列宁斯大林著作编译局：《马克思恩格斯全集》(第四卷)，409 页，北京，人民出版社，1956。

人利益冲突时自觉维护公共利益，并按照规则办事。因此，公民政治意识的培育需要向公民传授主导的政治文化，让公民理解和接受社会主流政治文化，从而形成正确的政治认同。在现代社会中，有较高政治意识的公民是政治生活运行的必要条件。他们具备良好的政治思想、政治观点、政治态度、政治评价和政治信念，能够促进政治生态的良好运转。因此，本研究对当代中国大学生国家认同培育的探讨，可以促进当代中国大学生政治意识的培养和提升，从而有助于实现大学生对中国特色社会主义的高度政治认同，坚定对中国特色社会主义的信心。在大学生政治意识的培育过程中，注重加强政治参与，有利于培养大学生的参与意识和政治行为能力，塑造公共精神和完善政治人格，进而有利于维护国家政治体系的稳定和发展。

二、文献综述与研究现状

近年来，随着全球化浪潮和地方主义挑战国家政治等因素的影响，国家认同的研究成了涉及政治学、社会心理学、人类学、民族学、思想政治教育学等多学科共同研究的问题，其研究成果可谓是汗牛充栋。为了解与大学生国家认同培育相关的国内外研究现状，笔者对国内外文献进行全面收集、梳理。归纳起来，相关的研究主要有如下几方面。

（一）国家认同内涵及构成要素研究概览

1. 关于国家认同概念内涵的相关研究

国家认同 (National Identity) 一词最早出现在 1953 年约瑟夫·列文森 (Joseph R. Levinson) 所著的《梁启超与中国近代思想》一书中。随后，国家认同概念出现在 20 世纪 70 年代行为革命时期的政治学领域。后来，学者又对其作了进一步研究。由于学者所在国度、所处立场、所在学科、所用的研究方法及视角不同，因而对国家认同的内涵界定也各不相同，可谓是仁者见仁，智者见智，莫衷一是，其观点大致可归纳为以下几个方面。

一是从公民与国家的关系上进行界定。部分学者从“公民”与“国家”的关系对国家认同的概念作了阐释。他们认为国家认同与国民认同在一定程度上相一致。美国政治学家白鲁恂 (Lucian Pye) 和西德尼 · 维尔伯 (Sidney Werba) 认为，国家认同是处于国家决策范围内的人们的态度取向。[①] 雷克斯 (Rex，J.) 认为，国家认同是对“自己与国家之间联系的一种意识”，即与别人相比，自己是哪个国家的。或者从另一个角度来理解，国家认同实际上是国家认异，即“一个民族国家确定自己不同于别国的差异或特性”。[②] 莱奥妮 · 赫迪和纳迪亚（Leonie Huddy & Nadia Khatib）从个人层面上解释国家认同是“个人一种主观的或内在化的、属于某个国家（民族）的感受”。[③] 新加坡学者郑永年认为，国家认同就是民族国家认同，即人们对建立在自己的民族基础上的国家认同。莫红梅也认为，国家认同是一种重要的现代公民意识，公民身份的认可是国家认同表达的一种方式，它是一种超越文化、民族、宗教认同的高级认同，能够维系国家稳定，并具有意识形态的功能。[④]

二是从国家认同的内容进行界定。一些学者着重从国家认同的具体内容出发对国家认同的内涵进行分析。如有学者提出国家认同是“现代国家公民个人的基本意识，它包括了个体对其所属国家的历史文化传统、经济制度、政治法律制度、国家主权、价值观等的高度认可”[⑤]。台湾学者江宜桦将国家认同定义为“一个人确认自己属于那个国家，以及这个国家究竟是怎样一个国家的认同活动”，并提出国家认同可从概念上化约成三个层面，即族群认

---

① Pye，Lucian W.(1962)Politics，Personality，and Nation Building，New Haven：Yale University Press，p. 15.

② Rex，J.，National Identity in the Democratic Multi-Cultural State，quoted in M. Hjertn，National Identities，National Pride and Xenophobia：A Comparison of Four Western Countries. Act Sociological，1998，Vol. 41，No 4，p.33—347.

③ Leonie Huddy and Nadia Khatib. American Patriotism National Identity and Political Involvement，American Journal of Political Science，2007，vol. 51 No. 1，p.65.

④ 莫红梅：《多民族国家视域下的公民身份与国家认同》，载《教学与研究》，2010（9）。

⑤ 李金：《加强边疆民族地区大学生“三个认同”教育问题探论》，载《理论导刊》，2014（11）。

同、制度认同和文化认同。① 与此不同，有学者认为国家认同应是制度、利益、文化、非国家共同体认同的“四位一体”。② 总体而言，从内容视角对国家认同的界定由于明确了国家认同的具体内容，在一定程度上将抽象的国家认同具体化、可操作化，为国家认同的实证分析奠定基础，但是该界定仅关照了国家是什么，未对“认同”进行必要的分析。

三是从国家认同的层次进行界定。与内容角度的分析不同，从层次角度上看，国家认同包含国家和个人两个层次。就国家层面而言，国家认同既包括别国对本国的认同，即对中国国界的认知和确认，也包括国家内部所辖国民对国家的认同。一个国家只有保持其独特属性才能得到他国的承认和国际社会的认可，国家才能得以存续。国内学者张汝伦指出，国家认同可以理解为是国家认异，即一个民族国家确定自己不同于其他国家的差异或特性。③ 陈达云认为，可以从国家对内对外属性两个层面对国家认同进行阐释。就个人层面而言，国家认同指个人确认自己属于哪一个国家以及对这个国家的归属感、依恋感的心理过程；在对外方面，国家认同是指在有他国存在的环境下，人们构建出归属于某个“国家”的“身份感”。④ 郭艳提出，国家认同是一种主观意识和态度，表现为个人和国际两个层面。就个人层面而言，国家认同指个体在主观上认为自己属于国家这样的政治共同体，心理上承认自己具有该国一员的身份资格。⑤

四是综合多方面进行界定。有学者提出，“国家认同是指个人确认自己属于哪一个国家以及对这个国家的认知与情感依附。国家认同分为个人层面的国家认同与国家层面的国家认同。个人层面的国家认同是个人的主观信仰，

① 江宜桦：《自由主义、民族主义与国家认同》，12 页，台北，扬智文化事业股份有限公司，1998。

② 王卓军、何华玲：《全球化时代的国家认同：危机与重构》，载《中国社会科学》，2013（9）。

③ 张汝伦：《经济全球化和文化认同》，载《哲学研究》，2002（2）。

④ 陈达云：《少数民族大学生国家认同教育创新初探》，载《中南民族大学学报》（人文社会科学版），2009（5）。

⑤ 郭艳：《全球化语境下的国家认同》，中共中央党校研究生院博士学位论文，2005。

在政治生活中表现为对国家政治权威、政治制度、政治价值和政治过程等方面的理解、赞同、支持和追随，也就是对自己所处的政治共同体合法性的主动认同。国家层面的认同是指国家在国际关系中的特性”。[①] 这一界定从个体、国家、国内、国际等多个层面分析了国家认同的内涵，对国家认同的分析较为全面。

综上所述，学者们从不同视角，甚至同一视角的不同层面对国家认同的内涵给予界定。但是国家认同究竟包含哪些内容？国家认同是一种主观意识，情感表征，行为践履或者几者的合一？这些问题仍需要进一步的研究与探讨。

2. 关于国家认同构成要素的相关研究

从以上论述可知，学界对国家认同的定义是众说纷纭，而对国家认同的构成要素更是存在着诸多看法。概括起来，主要有以下几种观点。

一是国家认同构成二要素说。大部分学者认为，国家认同最基本包含了政治认同和文化认同两个方面。具体而言，一方面认同国家政治制度、法律体系等；一方面认同国家的历史渊源、文化传统等。学者弗兰克 · 琼斯 (Frank Jones) 和菲利普 · 史密斯 (Philip Smith) 根据 1995 年国际社会调查项目（ISSP）23 个国家的社会调查，用因子分析区分出了国家认同的两个维度，即先赋性的 (Ascriptive/Objectivist) 维度和自愿选择性 (Civic/Vohmtarist) 的维度，前一个维度实际上体现了文化性国家认同，后一个维度则体现了政治性国家认同，他们的结果从实证角度支持了国家认同的文化维度和政治维度内涵。[②] 黄岩在其著作《国家认同——民族发展政治的目标建构》[③] 中把国家认同看作是文化认同与政治认同的双向互动，并指出这是由于现代民族国家是文化与政治共同体这一现实所决定。吴玉军从民族国家既是“政治—法律”共同体，也是“历

① 斯琴格日乐：《全球化时代少数民族大学生的国家认同研究》，载《青海民族大学学报》（教育科学版），2014（4）。

② Frank Jones & Philip Smith. Diversity and Commonality in National Identities : An Exploratory Analysis of Cross-national Patterns，Journal of Sociology，2001，Vol7 No1，p.45-63.

③ 黄岩：《国家认同——民族发展政治的目标建构》，54 页，北京，民族出版社，2011。

史—文化”共同体出发，论述了国家认同是民族国家存续和发展的关键，国家认同是民众对国家制度等的认同，是人们逐渐形成的共同文化心理现象。[①]

二是国家认同构成三要素说。新加坡学者符懋濂在《族群认同、文化认同与国家认同》一文中认为，国家认同可分成三类：一是含有文化认同成分的国家认同，二是不含文化认同成分的国家认同，三是不含族群认同成分的国家认同。[②]台湾学者江宜桦在其著作《自由主义、民族主义与国家认同》中指出，国家认同包含了以血缘关系为基础的族群认同；以历史文化为基础的文化认同；以政治经济体制为基础的制度认同。[③]大陆学者冯建军在文章《公民身份的国家认同：时代挑战与教育应答》中认为国家认同应该包括三方面的内容：其一是政治认同，这是国家认同的关键，是国家政权系统统治合法性的来源；其二是文化认同，他认为文化认同满足了公民在国家历史中的寻根意识，实现了公民的文化归属感；其三是民族认同，这是由现代国家是民族国家的现实所决定。[④]

三是国家认同构成四要素说。英国社会学学者安德烈亚斯·波尔曼(Andreas Poll-Mann)将国家认同划分成四个维度，即公民国家身份(Civic National Identity)、族群国家身份(Ethnic National Identity)、国家自豪感(National Pride)、国家归属感(Supranational Attachment)。[⑤]美国政治学者塞缪尔·亨廷顿(Samuel P.Huntington)也将国家认同细分为四个维度，分别是民族属性、种族属性、文化属性和政治属性。[⑥]吕芳在其文章《北京部分高校大学

---

① 吴玉军：《论国家认同的基本内涵》，载《中国特色社会主义研究》，2015（1）。

② 符懋濂：《族群认同、文化认同与国家认同》，载《联合早报》，1999-12-21(3)。

③ 江宜桦：《自由主义、民族主义与国家认同》，15页，台北，扬智文化事业股份有限公司，1998。

④ 冯建军：《公民身份的国家认同：时代挑战与教育应答》，载《社会科学战线》，2012（7）。

⑤ Andreas Poll-mann. National attachment among Berlin and London Head Teachers : The Explanatory Impact of National Identity, National Pride and Supranational Attachment . Educational Studies, 2012 (11) : 45—53.

⑥ ［美］塞缪尔·亨廷顿著，程克雄译：《我们是谁？——美国国家特性面临的挑战》，34页，北京，新华出版社，2005。

生国家认同的调查与分析》中认为国家认同可以从政治认同、文化认同、全球化认同和国家能力认同四个方面进行分析。政治认同包含了对国家法律法规的认同以及政治符号、政治实力等方面的认同；文化认同包含了历史渊源认同、民族认同以及宗教认同等；全球化认同则是表现为在全球化进程中，国家认同还表现为全球化身份认同；国家能力认同则表现为对国家处理危机、应对各领域事物等能力的认同。[①] 杜兰晓认为，当代中国大学生的国家认同主要包含祖国认同、制度认同、道路认同、理论认同四个维度。[②] 张立国从主权认同、政党认同、制度道路认同、主流意识形态认同四个维度对民族院校大学生的政治认同进行了测量。[③]

（二）关于国家认同测量指标的相关研究

1. 国外关于国家认同测量指标的相关研究

一些知名的国际性学术组织大多将“国家自豪感”作为国家认同的测量指标，也有以爱国主义和民族主义 (Rick Kosterman & Seymour Feshbach) [④]、或国家荣耀 (Sonia Roccas et al) [⑤] 等指标来测量国家认同。2001 年“9 · 11”事件后，美国社会科学界以“典型美国信念”对美国国家认同进行单一量化标准测量，如“你认为自己有多美国人” (Stepick Alex et al) [⑥]。莱奥尼 · 赫迪和娜迪娅 · 哈迪布 (Leonie Huddy & Nadia Khatib) 则是把个人对政治参与的投

---

① 吕芳：《北京部分高校大学生国家认同的调查与分析》，载《政治学研究》，2010（4）。

② 杜兰晓：《大学生国家认同的四维内涵》，载《光明日报》，2014-2-26(6)。

③ 张立国：《民族院校大学生国家认同教育研究》，132—134 页，北京，民族出版社，2018。

④ Rick Kosterman, Seymour Feshbach, Toward a Measure of Patriotic and Nationalistic Attitudes, Political Psychology, 1989(2): 257—274.

⑤ Sonia Roccas, Yechiel Klar, Ido Liviatan, The Paradox of Group-based Guilt: Models of National Identification, Conflict Vehemence, and Reactions to the In-group ' s Moral Violations, Journal of Personality and Social Personality, 2006 (4): 698—711.

⑥ Stepick Alex, Stepick Carol Dutton, Labissiere Yves., South Florida ' s Immigrant Youth and Civic Engagement: Major Engagement: Minor Differences, Applied Development Science, 2008 (2):57—65..

入程度作为测量指标来测量国家认同。[①]贝格和耶尔姆 (Linda Berg & Mikael Hjem) 基于对欧洲 18 个国家的调研，将国家认同的概念分为公民认同 (Civic Identity) 和族群认同 (Ethnic Identity) 两个维度，系统地揭示了国家认同对政治信任影响，即“公民认同越强，政治信任水平越高；族群认同越强，政治信任水平越低”的规律。[②]最近，有研究者指出这些测量国家认同的方法是有问题的，并开发了一种排序法作为替代测量方法。塞斯·施瓦茨 (Seth J. Schwartz) 等人根据菲尼（Phinney）的多群体族群认同测量方法（the Multi-Group Ethnic Identity Measure，简称“MEIM”），开发了美国国家认同测量方法（The American Identity Measure，简称“AIM”）。[③]这些国际上的研究为我们研究国家认同开辟了新的测量和分析视角。

2. 国内关于国家认同测量指标的相关研究

近年来，国内有些学者意识到集体行为是国家认同研究的一个重要领域，开始关注不同群体的国家认同问题，如王嘉毅、常宝宁和丁克贤自编调查问卷，从认知、情感、行为三方面对新疆青少年国家认同进行了调查。[④]郑航、颜小芳从自我归类、私人集体自尊、公共集体自尊、互依信念、积极情感、消极情感六个方面对青少年的国家认同进行了测量。[⑤]吕芳自编问卷，从政治认同、文化认同、全球化的认同三个维度指标对北京高校部分大学生的国家认同进行了调查，得出了大学生国家认同感的基本状况。[⑥]谢玲和秀梅自编问卷，从国家至上的理念、国家责任感、爱国主义思想角度，对新疆多民族地

① Leonie Huddy, Nadia Khatib, American Patriotism, National Identity and Political Involvement, American Journal of Political Society, 2007, Vol. 51, No. 1, p. 63—77.

② Berg, L and Hjem, M., National Identity and political Trust, Perspective on European Politics and Society, 2010 (4): 390-407.

③ Sehwartz，SJ.，et al. The American Identity Measure：Development and validation across ethnic group and immigrant generation. Identity，2012(2)：93—128.

④ 王嘉毅、常宝宁：《新疆南疆维吾尔族青少年国家认同调查》，载《新疆社会科学》，2008（4）。

⑤ 郑航、颜小芳：《青少年国家认同及其教育：困境与对策》，载《当代青年研究》，2015（4）。

⑥ 吕芳：《北京部分高校大学生国家认同的调查与分析》，载《政治学研究》，2010（4）。

区大学生的国家认同现状进行了调研。[①] 许亚锋从自我归类、自我概念重要性、私人集体自尊、公共集体自尊、情感依恋、行为倾向六个方面对西藏大学生的国家认同进行了实证调查。[②] 杜兰晓立足于中国政治文化的独特性，借助调查数据的分析，从祖国认同、道路认同、理论认同和制度认同四个维度来测量大学生的国家认同；[③] 张立国从主权认同、政党认同、制度道路认同、主流意识形态认同四个维度对民族院校大学生的政治认同进行了测量。[④]

（三）关于国家认同影响因素的相关研究

1. 国外关于国家认同影响因素的研究

国家认同的形成受到诸多因素的影响。国外一些学者认为种族和宗教的复兴、移民乃至各种跨国力量的兴起等这几个中心因素影响民众的国家认同。代表性的著作有乔纳森 · 弗里德曼 (Jonathan Friedman) 的《文化认同与全球性过程》，阿兰 · 图海纳 (Alain Touraine) 的《我们能否共同生存？》，安东尼 · D. 史密斯 (Anthong D. Smith) 的《全球化时代的民族与民族主义》，普瑞斯通 (Peter W.Preston) 的《政治 / 文化认同——全球化时代的国民和民族》等。也有一些学者认为尊重各族群以及族群间的平等是国家认同的重要影响因素，如乔治亚迪斯 · 安德烈亚斯（Georgiadis Andreas）和曼宁 · 艾伦 (Manning Alan) 根据 2007 对英国公民的调查研究得出，如果少数族群能够得到与其他族群平等的公共待遇，甚至是更好的公共待遇，就能够增强少数族群对英国国家的认同感。相反，如果少数族群受到公共部门的不平等对待，那么他们对国家的认同感也必然会走向低迷。[⑤] 保罗 · 亨德里克斯（Paul Hindriks）、马克

---

① 谢玲、秀梅：《新疆多民族地区大学生国家认同现状与存在的问题探析》，载《塔里木大学学报》，2012（1）。

② 许亚峰：《大学生国家认同现状调查与教育对策》，载《中国青年研究》，2016（5）。

③ 杜兰晓：《大学生国家认同研究》，126—127 页，北京，中国社会科学出版社，2018。

④ 张立国：《民族院校大学生国家认同教育研究》，132—134 页，北京，民族出版社，2018。

⑤ Georgiadis Andreas，Manning Alan. Change and Continuity among Minority Communities in Britain. Journal of Population Economics，2011(24)：541—568.

尔·维尔库滕（Maykel Verkuyten）和马塞尔·昆德斯（Marcel Coenders）也在其研究中表明，土耳其裔和摩洛哥裔的荷兰人，如若与其他族群的社会差距越小，那么对国家的认同感就越强，反之亦然。[①] 还有学者罗莎琳娜·拉奇瓦（Rossalina Latcheva）则认为，国家认同受到社会规范、社会习惯、国家历史和宪法的影响，可运用访谈和探索性因素分析方法来测量其影响因素，并说明运用探索性因素分析和验证性因素分析来确定其有效性和可靠性，但访谈法因为不理解国家认同的相关概念而影响了测量的有效性。[②] 此外，美国学者缪塞尔·亨廷顿则认为构成美国国家认同危机的主要是多元文化主义的影响，因此需要建立一种共同的文化，即盎格鲁文化。他认为对于国家共同体而言，政治原则是一个易变的基础，而文化核心则是持久的。[③]

2. 国内关于国家认同影响因素的研究

国内学者对国家认同影响因素也进行了探讨，概括而言，代表性的观点有：陆晔认为，国家认同的形成是极其复杂的，而且又不是一成不变的，受到国际和国内、物质和观念、文化和媒介等多个因素的影响。[④] 苏晓龙认为，国际规范、国内外环境和中国的传统文化及历史经历都将影响国家认同的形成。[⑤] 夏建平认为，物质因素、观念性因素和历史实践活动都会对国家认同的形成带来影响。[⑥] 高廉怡、郑富兴则认为，追求同质化的经济全球化对民族文化独特性的消解，影响了国家认同感形成的基础。[⑦] 刘向东认为，全球消费主义网络中，青少年对民族国家的虚无主义态度，降低了其民族文化认同感与

---

① Paul Hindriks，Maykel Verkuyten，Marcel Coenders. Interminority Attitudes：The Roles of Ethnic and National Identification，Contact and Multiculturalism. Social Psychology Quarter1y，2014(1)：54—74.

② Rossalina Latcheva，Cognitive Interviewing and Factor-analytic Techniques：A Mixed Method Approach to Validity of Survey Items Measuring.National Identity，Springer，2011(12)：1176—1179.

③ ［美］缪塞尔·亨廷顿著，周琪等译：《文明的冲突与世界秩序的重建》，282 页，北京，新华出版社，2010。

④ 陆晔：《媒介使用、社会凝聚力和国家认同理论关系的经验检视》，载《新闻大学》，2010（2）。

⑤ 苏晓龙：《当代国际意识的变迁和国家认同的建构》，山东大学博士学位论文，2009。

⑥ 夏建平：《认同与国际合作》，华中师范大学博士学位论文，2006。

⑦ 高廉怡、郑富兴：《论全球化时代国家认同感的培养》，载《比较教育研究》，2002（51）。

政治参与，也影响了青少年国家认同感的形成；国族性、多元文化主义削弱国家认同的基础；公民身份、多元文化主义削弱国家认同的实现能力；多元文化主义引起族群间社会隔阂与分裂。[①] 姚文帅认为，影响国家认同的价值生成根源主要是内部决定因素——文化、外部保障因素——制度和动力驱动因素——需要。[②] 王衡还从长期的殖民统治、非参与型的“政治冷感”心态、西方意识形态三方面对影响香港民众的国家认同的因素进行了深入的分析。[③]

（四）关于国家认同培育的相关研究

如何提升国家认同是学者们共同关注的一个研究热点，梳理已有相关研究成果，我们发现，学者们主要是从国家、高校等多维度阐述了各自的观点。

从国家层面来看，国外学者出版和发表了一系列有较大影响的相关论著，对如何建构国家认同给出了他们自己的方案。如艾伦 · 马丁（Aaron K. Martin）认为，国民国家认同的构建可以从电子政务 (E-Government) 角度出发，通过国民身份识别技术来构建国民社会。[④] 国内学者对于国家认同培育的论述也丰富多彩。贾英健认为，培育国家认同要构建先进的民族国家理念，还要重建民族国家认同的价值向度。[⑤] 苏晓龙从参与建构国家认同的各种因素中，强调要突出国家主导，提高发展认识。[⑥] 周平指出中国的国家认同建设，要将国家认同提升至国家核心价值的层面，构建具有统摄性的国家认同建设战略。[⑦] 吴玉军则强调国家认同的建构是在特定的话语中进行的，国家必须主导

① 刘向东：《文化多元背景下的国家认同建构》，吉林大学博士学位论文，2015。

② 姚文帅：《文化基因：国家认同价值生成的逻辑》，载《学术界》，2016（9）。

③ 王衡：《国家认同、民主观念与政治信任——基于香港的实证研究》，载《经济社会体制比较》，2015（3）。

④ Aaron K. Martin. National Identity Infrastructures：Lessons from the United Kingdom，IFIP Advances in Information and Communication Technology，2012(386)：44—55.

⑤ 贾英健：《全球化背景下的民族国家研究》，203 页，北京，中国社会科学出版社，2005。

⑥ 苏晓龙：《当代国际意识的变迁和国家认同的建构》，山东大学博士学位论文，2009。

⑦ 周平：《论中国的国家认同建设》，载《学术探索》，2009（6）。

或垄断教育，牢牢掌握话语主动权。[①]王海峰将塑造国家认同看成是社会主义核心价值体系建设的战略使命，其行动路径是理念与制度的有机统一。[②]左高山认为，为应对国家认同危机，我们要建构共同的核心价值观，确立国家信念，要强化国家意识，维护国家安全，要加强国家忠诚的意识形态宣传。[③]韩震则从分析国家认同、民族认同及文化认同的三者关系入手，提出从战略的高度加以重视，要塑造“民族国家”的根基，强化“国家文化”，构建中华民族的共同理想和全体人民普遍接受的核心价值观。[④]

从高校层面来看，尽管国外研究者对国家认同理论的研究，随着时间推移而不断深化，但很少有研究者从大学生或青少年这一契合点深入探讨国家认同在这一群体中的价值。[⑤]国内学界从不同群体和不同区域的角度探讨国家认同培育。何佩群、俞沂暄认为塑造国家认同，对大学生应不断加强爱国主义教育。[⑥]陈达云认为，加强少数民族大学生国家认同教育要以社会主义核心价值观为灵魂，着力培养少数民族大学生国家认同感，创新教育形式增强国家认同教育效果，不断增进少数民族学生对中华民族大家庭的热爱，还要注重节日等象征性符号在国家认同感建构中的作用，解决情感体验的问题。[⑦]吕芳对北京部分高校学生国家认同进行调查的基础上提出了加强大学生国家认同理念，提出应该强调各民族“多元一体”的历史文化，中国应该重视指向未来的公共价值的建构。[⑧]殷丽萍则提出当代中国的国家认同的实现，首先要弘扬爱国主义精神，加强爱国主义教育，其次是创新从民族认同到国家认同

① 吴玉军：《符号、话语与国家认同》，载《学术论坛》，2010（12）。

② 王海峰：《塑造国家认同；社会主义核心价值体系建设的战略使命》，载《求索》，2010（8）。

③ 左高山：《政治忠诚与国家认同》，载《马克思主义与现实》，2010（2）。

④ 韩震：《全球化时代的公民教育与国家认同及文化认同》，载《社会科学战线》，2010（5）。

⑤ 杜兰晓：《大学生国家认同研究》，13页，北京，中国社会科学出版社，2018。

⑥ 何佩群、俞沂暄：《国际关系与认同政治》，150页，北京，时事出版社，2006。

⑦ 陈达云：《少数民族大学生国家认同教育创新初探》，载《中南民族大学学报》(人文社会科学版)，2009（5）。

⑧ 吕芳：《北京部分高校大学生国家认同的调查与分析》，载《政治学研究》，2010（4）。

的相关理论，并将理论指导实践。①

此外，许多学者还从其他的角度论述了国家认同培育的相关对策。如马丁·巴贝罗（Martin Barbero，J.）在分析拉美民族国家构建与媒介实践的关系后强调："没有大众传媒则无法充分理解民族国家如何将'群众转变成人民，将人民转变为民族，再演变成一个国家'的过程"。②刘燕也强调大众媒介与"想象社群"的形成也是国家认同建构的现实途径。③刘国强从传统可以作为国家认同对全球化的抵抗策略的视角，提出必须重新阐释传统的意义，必须重新对全球关系中传统的概念进行对应和置换。④解志苹、吴开松认为全球化背景下国家认同重塑要构建合理的利益体系、建立高水平的制度化体系和构建国家观念体系。⑤徐黎丽从民族认同与国家认同的互融与提升的角度指出，各个民族与国家政权的共同利益是国家认同的物质基础；多元文化背景下的共有价值观是国家认同的精神支柱；政治认同是国家认同的载体。⑥

（五）研究趋势和评析

基于以上文献综述，我们发现在全球化浪潮的冲击下，国家认同逐渐引起国内外学界的高度关注，众多的研究探讨了国家认同的理论、国家认同与民族认同的关系、当前我国国家认同的实际状况以及加强国家认同的路径等问题，取得了一系列的理论成果。尤其近几年，国内学者在《中国社会科学》等学术刊物上陆续发表了一系列的理论文章，极大地推进了国家认同研究的理论深度，提高了国家认同领域的研究水平。除此之外，我国学界近年来关于国家认同的实证研究也不断增多，这使得国家认同研究从"空洞的理论分

① 殷丽萍：《美国国家凝聚力形成原因的启示》，载《学校党建与思想教育》，2011（3）。

② Martin Barbero，J.，Communication from Culture：The Crisis of the National and the Emergence of the Popular，Media，Culture and Society，1998(10)：456—461.

③ 刘燕：《国家认同建构的现实途径大众媒介与想象社群的形成》，载《浙江学刊》，2009（6）。

④ 刘国强：《传统文化建构国家认同的多重面相分析》，载《学术界》，2009（1）。

⑤ 解志苹、吴开松：《全球化背景下国家认同的重塑》，载《青海民族研究》，2009（10）。

⑥ 徐黎丽：《多民族国家民族认同与国家认同关系研究》，载《西北师大学报》(社会科学版)，2011(1)。

析多而扎实的实证研究少”的局面有所改观。然而，目前关于国家认同的研究仍存在一些不足：

第一，需要进一步厘清国家认同的理论内涵。当前学界关于国家认同的理论探讨呈现众说纷纭的局面，对于国家认同的定义及其所包含的核心要素仍未达成共识，这不仅制约了对国家认同进一步的理论探讨，也影响了国家认同的实证分析。由于学者们对国家认同的理论内涵理解存在差异，不同学者在其实证研究中对国家认同的操作化测量也存在很大差异，这进一步阻碍了学者之间的深入交流。

第二，从研究角度来看，现有的国家认同相关研究比较局限于单一学科。在国外的研究中，大多数学者主要从国际关系学的角度探讨国家认同的宏观层面，而对于大学生国家认同的培育研究的相关成果比较少见。在国内学界，关于大学生国家认同的相关研究出现在20世纪90年代初期，相对起步较晚且时间较短，研究成果多数集中在具体工作领域中，而且研究视角主要局限在政治学、思想政治教育学等相对单一学科。然而，大学生国家认同是一个牵涉到多学科的综合课题，因此需要整合多学科力量，进行多学科的综合研究。

第三，从研究方法看，以往研究中实证研究和理论创新较少。目前，学界逐步出现越来越多的关于国家认同的实证研究文章是一个较好的现象，但以往研究对大学生国家认同影响因素、培育路径等探讨大都停留在学理分析的定性研究，大多是从实际工作出发，带有经验总结的意味，基本停留在就事论事的层面，总体对大学生国家认同深刻内涵、影响因素等深层次的提炼和把握较少，理论的概括和创新性明显不足。此外，以往定量研究明显缺乏，更缺乏在较广范围内的实证研究。而且，即使有少量的问卷研究，却往往在设计样本时主观性、随意性较大，对指标的构建和筛选缺乏科学的统计方法指导，而且抽样的样本规模也较小，代表性也较差。因此，需要进一步完善大学生国家认同的测量工具研究，采用更加科学的研究方法，开展更加广泛的实证研究，以更全面、更准确地把握大学生国家认同的实际情况和内涵。

四、研究思路与研究方法

就一般情况而言，社会科学研究在提出问题和确定主题后，需要进行相关理论预设，以形成研究思路并展开问题的研究。本书立足当代中国社会现实境遇，以新时代大学生国家认同培育为研究主题，形成了基本理论假设和研究思路。

（一）研究思路

本研究在马克思主义理论指导下，以大学生国家认同培育为研究主题，以全球化、信息化和多元文化社会为外生变量，从国家合法性基础研究视角出发，从学理层面和现实层面相结合的角度，深入、系统地研究当代中国高校大学生国家认同的理论与实践问题，以致力于为进一步巩固和强化社会转型期大学生国家认同提供具有操作性的对策与建议。在内容安排上，紧紧围绕什么是国家认同等问题展开，循着"理论构架→政策回眸→现实分析→对策建议"的思路进行研究。具体而言，首先，对国家认同概念进行界定，厘清国家认同的基本含义、结构要素、生成机制、主要特征等基本理论；其次，对新中国成立以来大学生国家认同培育政策进行回眸，以此反映出新中国成立以来大学生国家认同培育的历史性动态变化、阶段性特征及基本经验和特点，并通过实证研究途径揭示出新时代大学生国家认同的现状及其存在的问题；最后，针对新时代大学生国家认同存在的问题，在全面分析其影响因素的基础上，借鉴域外国家认同培育的经验，提出培育新时代大学生国家认同的路径和机制。

（二）研究方法

任何科学研究要顺利达到研究目的，都要采用一定的研究方法。研究方法的选取应视研究对象和研究目的的不同而有所差异。在前文的论述中已明确，本书立足于当代中国转型社会的现实情境，以新时代大学生国家认同培育为研究对象，重点解答当大学生国家认同建设和培育中所面临的理论与现实问题，其目的是试图重构一个中国特色社会主义国家认同的理论认知和行动框架，揭示新时代大学生国家认同培育的发展路径和机制。根据以上研究对象和研究目的，本书总体上坚持以辩证唯物主义和历史唯物主义为指导，侧重于规范研究和实证分析相结合，从学理层面和现实层面来研究新时代大学生国家认同培育问题，在研究过程中，综合运用马克思主义理论、政治学、社会学、心理学等学科的基础知识和方法。概括起来，主要采用的具体研究方法如下。

1. 文献研究法

文献研究法又称“理论研究”，主要指通过对各类文献资料、官方政策文件等的搜集、鉴别、整理和研究，形成对一定研究主题的科学观点和思路的方法。本文充分占有国内外相关的国家认同及其培育文献资料，对其进行挖掘整理、梳理分析，在吸收和借鉴前人的研究成果的基础上，对国家认同的含义、构成要素、产生机制、特征等问题进行理论阐释，以建构起国家认同分析的理论框架；同时对新中国成立以来大学生国家认同培育的政策进行分析与梳理，在政策发展中进行理论提升，探寻大学生国家认同培育的内在机制和逻辑规律；此外，本书也运用文献研究法，考察了美国、新加坡、俄罗斯三个典型国家大学生国家认同培育的内容、路径及方式方法，以期为我国新时期大学生国家认同培育提供可借鉴的经验和启示。

2. 实证分析法

实证分析法又称“经验研究法”，是指在问卷调查、个别访谈、专题访谈、案例分析等途径基础上，通过事例、经验和数据等的推理说明和分析考查，以求对研究主题进行客观描述和精确呈现。为准确把握中国西北地区大学生国家认同培育现状及其动态变化，本书课题组采用实地问卷调查、个别访谈等方式，收集相关信息，为研究积累了大量的第一手资料，也为分析中国西北地区大学生国家认同培育的现状、存在问题及其影响因素奠定坚实的实证基础，以增强研究的说服力和针对性。

3. 比较分析法

比较分析法又称“比较研究法”，是指对物与物之间或人与人之间的相似或差异程度的研究与判断的方法。本书通过对中华人民共和国成立以来大学生国家认同教育历史变迁的梳理，从历时性的角度对中华人民共和国成立后的社会主义革命和建设时期、改革开放和现代化建设新时期以及中国特色社会主义新时代这三个历史阶段的大学生国家认同培育的政策发展变化及不同特征进行比较分析，有助于挖掘其共性的东西，也有助于认识其中的差异，从而有利于深化对新时代大学生国家认同培育问题的研究。同时，本文对比分析新加坡、美国、俄罗斯三个不同文化背景国家的大学生国家认同培育的内容和途径，以此探寻世界上三个典型国家大学生国家认同培育的规律，以求为我国进一步加强新时代大学生培育提供借鉴。

4. 系统分析法

系统分析法也称“系统论观点”，是指对系统的各个要素进行定性和定量的综合分析，找出解决问题的可行方案的方法，以实现系统的整体最优目标。本书首先将大学生国家认同作为一个整体系统，对国家认同这一核心概念进行界定，厘清国家认同的含义、构成要素、生成机制、主要特征等问题，以此形成国家认同的解释框架。此外，在分析新时代学生国家认同培育的主要内容、影响因素等问题时，基于整个社会生态系统理论视角，从社会经济、政治、文化、家庭、学校等社会基本结构层面出发，对其进行分析和阐释，这样有利于国家认同及培育问题研究的系统性和整体性分析。

五、内容结构与研究突破

（一）内容结构铺设

根据上述总体研究思路，本书在吸纳和借鉴以往研究成果的基础上，结合国家认同的基本理论和中国特色社会主义新时代的现实情境，对新时代大学生国家认同培育问题进行了比较系统的研究，重点解答了新时代大学生国家认同培育中所面临的理论与现实问题，以期建构一个具有“中国特色”的国家认同培育路径和机制。鉴于此，本书的具体研究内容，除绪论之外，主要由以下六个部分组成。

第一部分，国家认同的基本理论研究。本部分运用马克思主义的相关理论对国家认同这一核心概念进行界定，厘清国家认同的含义、构成要素、生成机制、主要特征等问题。研究指出，国家认同是指社会成员对自己归属国家的公民身份确认和对所属国家政治、经济、历史、文化等要素体系产生的一种心理、情感和意识上的归属感及相应的积极支持行为，是心理和行为的统一。国家认同的构成要素包括国家政治和文化两方面，即国家政治认同（公民身份、执政党、政治制度）和国家文化认同（国家历史文化、国家通用语言、意识形态文化）两大方面。国家认同的生成机制包括国家认知、国家情感、国家态度和国家行为。国家认同具有社会性与政治性相统一、意识性与实践性相统一、复杂性与动态性相统一的特征。

第二部分，新中国成立以来大学生国家认同培育的经验。本部分运用历史分析法，对社会主义革命和建设时期、改革开放和社会主义现代化新时期、中国特色社会主义新时代这三个阶段的大学生国家认同培育政策进行梳理和分析，总结其经验和特点，主要概括为始终坚持党的领导，发挥政府在大学生国家认同培育中的主导作用；以爱国主义为依托，不断深化和拓展大学生国家认同培育内容；以学校为主要场域，不断拓宽大学生国家认同培育的途径；突出思想政治理论课主阵地作用，发挥社会实践在行动中育人的作用。

第三部分，新时代大学生国家认同培育的现状审视。本部分综合运用文献研究、结构访谈法和专家咨询等制定国家认同测量指标，运用 SPSS 19.0 和 Mplus 8.3 对测量指标分别进行探索性因素分析、信度分析和验证性因素分析，形成大学生国家认同现状调查量表。在此基础上，对西北地区多所高校的大学生进行了调查研究，较为全面地描述和呈现出新时代我国西北地区高校大学生国家认同的实然状态，以及当前我国大学生在国家认同上存在的问题。研究结果显示，当前我国西北地区高校大学生国家认同总体状况较好，只有极少数大学生存在国家认同意识模糊的现象。此外，研究还发现，我国西北地区高校大学生国家认同在性别、学生干部经历、政治面貌、专业和年级上存在差异。

第四部分，新时代大学生国家认同培育影响因素的实证分析。本部分从社会生态理论出发，综合运用文献研究、结构访谈法、问卷调查法等方法，制定国家认同影响因素的测量指标，并运用 SPSS 19.0 和 Mplus 8.3 进行探索性因素分析、信度分析和验证性因素分析，形成我国大学生国家认同影响因素调查量表。调研对象为西北地区多所高校的大学生，旨在全面阐释大学生国家认同的影响因素。研究结果表明，经济利益环境、政治环境、社会民生建设、全媒介新闻使用、学校教育因素、家庭因素和个体因素对大学生国家认同产生显著影响。

第五部分，域外国家大学生国家认同培育的借鉴。本部分以“扬弃”的视角对比分析了不同文化背景下美国、新加坡和俄罗斯国家对大学生国家认同培育的内容、方式、方法和路径。研究结果启示，要突出政府在大学生国家认同培育中的重要作用，加强顶层设计，明确战略谋划的主导和决策性作用，以确保国家认同教育的良好效果；以核心价值观为引领，弘扬优秀传统文化，为我国大学生国家认同提供文化基础；注重渗透教育与灌输教育的整合并进，发挥学校教育、社会教育、家庭教育的多管齐下作用，将国家认同教育纳入国民教育全过程；此外，也要加强对传播媒体的管理，为我国大学生国家认同培育营造良好环境。

第六部分，新时代我国大学生国家认同培育机制建设。大学生国家认同意识的培育是一项宏大的系统工程，需要建立国家、社会、学校、家庭及认同主体的个人相结合的联动教育机制。在国家层面，我们需要从利益机制、制度机制、文化机制、社会民生保障机制等方面入手，完善大学生国家认同培育机制；在社会层面，打造以网络平台为主的正面宣传教育渠道，营造风清气正的社会文化氛围，并发挥共青团组织的积极引领作用，共同建构大学生国家认同培育；在学校教育层面，我们需要从完善课程设置、优化校园文化环境、改善教学方式、丰富公共事务参与实践活动等方面入手，推进大学生国家认同培育；在家庭层面，我们需要发挥家长政治文化教育功能，创设家长以身说教情境，营造民主的家庭教育方式，并发挥家风家训潜移默化的教育作用，积极有效地培养大学生的国家认同意识；在个体层面，我们需要以个体自我教育为关键，厚植家国情怀意识，提升社会参与能力，把人生理想融入国家和民族的事业中，从而建立一个全方位、多层次、多维度的大学生国家认同培育机制。

（二）研究创新之处

1. 创新性运用大学生国家认同培育影响因素的系统分析

在以往研究中，缺乏对大学生国家认同影响因素的系统分析，本研究的创新之一在于运用乌列·布朗芬布伦纳（Urie Bronfenbrenner）提出的社会生态系统理论，从宏观系统、中观系统、微观系统等方面对大学生国家认同培育的影响因素进行系统分析。具体来说，宏观系统主要包括社会经济、政治、思想文化、社会民生建设、媒介政治新闻使用、社区等因素对大学生国家认同培育的影响；中观系统主要包括学校教育、家庭因素对大学生国家认同培育的影响；微观系统主要是指个体自身因素对国家认同培育的影响。通过此种分析方式，本研究深入挖掘了大学生国家认同培育的内在机制，为制定有针对性的培育策略提供了理论支撑。

2. 创新性构建新时代我国大学生国家认同培育机制的系统

在本研究中，构建新时代大学生国家认同培育机制是一个创新之处。在过去的研究中，很少有人关注如何构建一个有效的国家认同培育机制。本研究从国家、社会、学校、家庭和个体层面提出了一系列具体的建设措施，旨在建立一个有机结合、相互促进的联动培育机制。在国家层面，本研究提出从利益、制度、文化和社会民生保障机制入手，完善大学生国家认同培育机制。在社会层面，本研究强调打造以网络平台为主的正面宣传教育渠道、营造风清气正的社会文化氛围，同时发挥共青团组织的积极引领作用。在学校教育层面，本研究提出完善课程设置、优化校园文化环境、改善教学方式、丰富公共事务参与实践活动等建设措施，推进大学生国家认同培育。在家庭层面，本研究发挥家长政治文化教育功能，提出创设家长以身说教情境、营造民主的家庭教育方式和发挥家风家训潜移默化的教育作用。在个体层面，本研究以个体自我教育为关键，提出厚植家国情怀意识、提升社会参与能力和把人生理想融入国家和民族的事业中等措施，帮助大学生树立正确的国家认同观念。这些措施的提出将有助于建立一个有效的国家认同培育机制，从而提高大学生的国家认同水平。

第一章 逻辑源流：国家认同的基本理论

概念是分析和解决问题的起点与基础。要科学地认识大学生的国家认同问题，其基本前提是进行概念解说，搭建一个分析国家认同的基本理论框架，深入阐释国家认同的基本理论。为此，本章试图把国家认同作为专门范畴进行研究，在马克思主义视角下，厘清国家认同的基本内涵。这些内容为我们开展大学生国家认同实证研究奠定了坚实的理论基础，构成了本书的基本理论。

第一节 国家认同的概念界说

国家认同是国家产生以来的一个重要而持久的政治议题。[①] 国家认同概念于20世纪70年代行为主义革命时期引入政治学领域，它首先作为发展中国家政治发展的一项重要内容被提出来。国家认同的含义，不同学者在各自的研究领域作出了一定的界定。归纳起来，笔者认为，要理解国家认同，应从概念拆解的方式明确“国家”和“认同”的内涵和特性，既要厘定“国家”的内涵，也要探讨“认同”概念。因此，本书首先对何为认同、何为国家加

① 白利友：《国家认同建设是多民族国家面临的重大历史任务》，载《云南行政学院学报》，2012（1）。

以辨析，从而把握国家认同的深刻内涵。

一、认同概念解析

概念的清晰是理论分析得以透彻的基础。无论从何种角度来解释认同的概念，其本质都在于认同实质上是一种主体的能动活动，与人的主观意识密切相关。这种主观意识的来源则是对客观存在物的能动的反映。立求从唯物史观的维度来分析“认同”问题，尽可能科学地把握其概念的准确性。

（一）认同的词源学释义

从词源学上来考查，“认同”一词来源于法语“ identité”，“ identité”可从拉丁名词“ identitas”中找到其词根“ idem”，意即“相同的”（即 the same）。16 世纪，“认同”一词出现在英语中，即“ identity”。在现代英语中，《牛津高阶英汉双解词典》对“ identity”的解释为：“ who or what sb/sth is；the charactenristcs，feelings or beliefs that distinguish people from others；the state or feeling of being very similar to understand sb/sth”。①《朗文当代英语词典》的解释是：“ Identity：Someone ’s identity is their name or who they owe ；the qualities and attitudes that a person or group of people have，that make them different from other people；exact similarity between two things”。② 这两本词典中“ identity”的语义作为动词除有“支持、与……一致”的意思，还有“确认、鉴定、认出”“找到、发现”“显示、说明身份”的意思；作为副词有“同一性、一致性”的意思；作为名词有“身份、个性、特性”的意思。可见，就词源来看，“ identity”隐含着“自我”与“他者”连接为一体的心理过程，

① ［英国］霍恩比编，石孝殊、王玉章、赵翠莲等译：《牛津高阶英汉双解词典》（第 6 版），873 页，北京，商务印书馆，2006。

② 英国培生教育出版有限公司：《朗文当代英语词典》（第 4 版），805 页，北京，外语教学与研究出版社，2004。

更多意指同一性或一致性。

对于identity的中文译法，台湾学者孟樊认为，“认同”一词，英文成为identity，国内学者有译为“‘认同’、‘身份’‘属性’、或者是‘正身’者”。然而从后现代来看，identity本身变得不确定、多样且流动，身份也是来自认同，“加之identity原有‘同一’、‘同一性’或‘同一人（物）’之意”，因此译为“认同”。[①]《现代汉语大词典》中对“认同”的定义，即为“一是承认是同一的，二是认可、赞同”[②]。

综合上述观点，从identity的语义出发，我们认为“认同”的基本含义有两个方面，即同一性、相似性和差异性、个性。具体而言，“其一，同一性，即自我归类，与他者共有的素质或者状况；其二，个性，即作为一个长期存在的实体的个人所具有的不同于他人的鲜明个性”[③]。其中，差异性和个性是认同的根本含义，因为只有事物之间、人与人之间、思想观念之间存在着不同和差异，人们才会谈论认同，社会才会存在认同问题。

（二）认同的学科化阐释

“认同”最初是一个心理学概念。从20世纪60年代开始，西方学者将其在社会学、政治学、哲学、民族学、文化学、人类学等诸多领域中广泛应用，“认同”在不同学科领域以及在同一学科领域中，因理解角度不同，其内涵也存在着较大差异。

西方学者最早使用“认同”这一概念的是奥地利心理学家西格蒙德·弗罗伊德（Sigmund Freud），他在《悲哀与抑郁症》（*Mourning and Melancholia*）的论文中将“认同”作为一个心理学术语进行讨论。[④]他把“认同看作是一个心理过程，是一个人向另一个人或团体的价值、规范与面貌去模仿、内化并

---

① 孟樊：《后现代的认同政治》，16—17页，台北，扬智文化事业股份有限公司，2001。

② 《辞海版现代汉语详解词典》编委会编：《现代汉语词典》，503页，上海，上海辞书出版社，2010。

③ 李友梅：《社会认同：一种结构视野的分析》，2页，上海，上海人民出版社，2007。

④ 车文博：《弗洛伊德主义原理选集》，375页，沈阳，辽宁人民出版社，1998。

形成自己的行为模式的过程，认同是个体与他人有情感联系的原初形式”[①]。他认为，“认同是个人与他人、群体或被模仿人物在情感、心理上趋同的过程”，具体而言，“首先，认同是与一个客观对象形成情感联系的最初形式；其次，它以回复的方式成为性本能对象的替代，就像是将对象注入自我之中；再次，它可能引起除性本能之外的各种感受，即自我与他人同享某种共同品格的感受，这可能意味着某种新联系的发端”。[②]弗洛伊德的“认同”可以被理解为某一社会群体成员在行为、情感上的同化过程。正如有学者所揭示的“主体通过投向他人的认同过程创造出身份认同，而这里的他人应该处在社会、文化和政治的符号背景中”。[③]

接续弗洛伊德的认同理论基础，弗洛伊德的学生——美国心理学家埃里克·埃里克森（Erik H. Erikson）把认同理论系统化，[④]以自我与他人关系的角度来界定“认同”，将认同看作是一个逐步形成结构，是“一种自我同一性和历史连续性感觉”[⑤]，是对生命周期的不同阶段发生的内驱力和社会压力的反应。在他看来，“认同”是“一种熟悉自身的感觉，一种‘知道个人未来目标’的感觉，一种从他信赖的人们中获得所期待的认可的内在自信”。[⑥]“认同”意味着个人拥有稳固的自我并与其他同类共享一些本质特征。个人认同的形成是个人与他人的产物，它不是纯粹自我心理的反映和结果，而是反映着自我与他人之间的关系。自我不是完全被动的，而具有统整个人经验和适

---

① 梁丽萍《中国人的宗教心理：宗教认同的理论分析与实证研究》，12 页，北京，社会科学文献出版社，2004。

② 车文博：《弗洛伊德主义原理选集》，375 页，沈阳，辽宁人民出版社，1998。

③ 郭艳：《全球化语境下的国家认同》，中共中央党校博士学位论文，2005。

④ 埃里克森将弗洛伊德的人格理论发展并完善成为一门新的科学——自我心理学，其中“自我同一性”概念是埃里克森自我心理学的中心概念，并以此来分析现代美国社会出现的一系列严重的社会问题，提出了“认同危机”概念。“认同危机”的提出已超出了心理学范畴，并成为社会科学各个领域的一个重要概念。

⑤ Erik H. Erikson. (1968) *Identity*: *Youth and Crisis.* New York: Norton，p.17.

⑥ Erik H. Erikson. (1959) *Identity and Life Cycle*. New York: Norton，p.118.

应能力的‘整合功能’。[①]可见，埃里克森在“认同”是个体“内在自信”基础上，使弗洛伊德的“认同”由基于“本能”的冲动转向了“自我的理性世界”。[②]即“认同”是在与他者的比较中形成的一种自我认知和自我界定，是自身独特的、与他人不同的特征。埃里克森的认同理论对其后的心理学、社会学相关研究作出了重要贡献，为后来学界所充分肯定。

此后，社会心理学家又对认同的概念作了进一步的发展。20 世纪 60—80 年代英国布里斯托大学的亨利 · 泰费尔（Henri Tajfel）和约翰 · 特纳（John C.Turner）等人则基于心理学的社会心理取向的研究，强调“社会认同”对群体行为的解释作用，认为个体对群体的认同是群体行为的基础，[③]并建构起“社会认同理论”。[④]社会认同理论的基本观点强调个体通过社会分类知觉到自己的社会类别（如民族、政治团体、运动团体等）归属，并根据这一类别的属性来界定自己的倾向。在这样的理论背景下，亨利 · 泰弗尔把社会认同定义为个体能够知晓其存在于特定的社会群体之中，并获得群体资格，同时赋予个体某种情感或价值的意义。[⑤]显然，社会认同理论是要解释个体如何认同群体。综上所述，自我认同是个体自身对于自我的内在感知，回答了“我是谁”的问题，社会认同则是个体对于某一群体的归感，是对“我们是谁”的回答。

20 世纪 80 年代开始，认同概念被越来越多的西方学者广泛运用于政治学、哲学、社会学、文化学、人类学等诸多社会科学研究领域，认同成为社会生活中的普遍现象和问题。“在每一个地方，我们都遭遇到认同的话题。举凡世界上的会心之事，无不可以用认同表述。而且，人们所讨论的不仅仅是认同问题，还涉及认同变化的问题：新的认同涌现，旧的认同复活，

① 郭艳：《全球化语境下的国家认同》，中共中央党校博士学位论文，2005。

② 暨爱民：《国家认同建构——基于民族视角的考察》，37 页，北京，社会科学文献出版社，2016。

③ 张营瑞、佐斌：《社会认同理论及其发展》，载《心理科学进展》，2006（1）。

④ ［澳］迈克尔 · A · 豪格、［英］多米尼克 · 阿布拉姆斯著，高明华译：《社会认同过程》，12 页，北京，中国人民大学出版社，2011。

⑤ ［澳］迈克尔 · A · 豪格、［英］多米尼克 · 阿布拉姆斯著，高明华译：《社会认同过程》，9 页，北京，中国人民大学出版社，2011。

现存的认同变迁。”[①]法国后现代主义学者韦克斯指出，“认同乃有关于隶属（belonging），即关于你和一些人有何共同之处，以及关于你和他者有何区别之处。……认同是有关于你的社会关系，你与他者复杂的牵连”[②]。后来，德国学者哈贝马斯也曾经指出，“认同归于相互理解、共享知识、彼此信任、两相符合的主观性相互依存。认同以对可领会性、真实性、真诚性、正确性这些相应的有效性要求的认可为基础”[③]。另外，加拿大学者查尔斯·泰勒（Charles Taylor）认为，“自我的认同是由提供框架或视界的承诺和身份规定的，在这种框架和视界内我能够尝试在不同的情况下决定什么是善的或有价值的，或者什么应当做，或者我赞同或反对什么，换句话说，这是我能够在其中采取一种立场的视界”[④]。“认同是人们应当对之忠实的东西”，“它允许我们规定什么对我们重要以及什么不重要”，它让不同性质、类别差异的区分成为可能，“规定着我们在其中生活和选择的性质差异的空间”。[⑤]美国学者亨廷顿在对“认同”进行界定时，也类似地指出，认同是建立在对“我们”与“他们”差异的基础之上，也就是，对“我们是谁”的确认，同时还要知道“我们不是谁”。[⑥]

由此可见，认同是一个积极建构的过程及其结果，是在不同主体之间的相互沟通、交流过程中建构的，认同强调的是个人或者群体的自我建构，即强调认同承载者的主体性能动性和自我反思能力。这里所说的认同的自我建构，其实包括个人在社会中获得成员身份即自我认同和个体对群体的接纳即

---

① Richards Jenkins. (2004) *Social Identity*，London：Routledge，p.7.

② 王波：《政治认同理论研究》，中国人民大学博士学位论文，2006。

③ ［德］尤尔根·哈贝马斯著，张博树译：《交往与社会进化》，3 页，重庆，重庆出版社，1989。

④ ［加］查尔斯·泰勒著，韩震译：《自我的根源：现代认同的形成》，37 页，南京，译林出版社，2001。

⑤ ［加］查尔斯·泰勒著，韩震译：《自我的根源：现代认同的形成》，40—41 页，南京，译林出版社，2001。

⑥ ［美］塞缪尔·亨廷顿著，程克雄译：《我们是谁？——美国国家特性面临的挑战》，21 页，北京，新华出版社，2005。

社会认同这两个方面。因此，认同就是“集体同一性和自我同一性的一致性”[①]，它是在自我认同和社会认同两个维度上的双向建构。

在广泛借鉴国外学者关于认同研究相关成果的基础上，国内学者对于认同概念也提出了一些颇有价值的看法。江宜桦从政治哲学的视角出发，按照“日常用语及学术讨论情形”，认为“认同”似乎指涉三种“不尽相同”的含义：第一种是“同一、等同”(oneness，sameness)之义，是指某种事物与另一时地之另一事物为相同事物的现象。虽然在中文的日常用法中，我们很少以“认同”指涉“同一”，但这层含义在特定情况下是存在的。第二种是“确认、归属”（identification，belongingness）之义。“确认”是指“一个存在物经由辨识自己的特征，从而知道自己与他物的不同，肯定了自己的个体性”；“归属”是指“一个存在物经由辨识自己与他物之共同特征，从而知道自己的同类何在，肯定了自己的群体性”。在这一认知的基础上，江宜桦认为，“认同”就是“指认出自己的特色、确定自己属于哪一类属、不属于哪一类属的活动”。他尤其指出，其所讨论的“国家认同”“族群认同”等概念皆在此种意义理解之下。第三种是“赞同、同意”（approval、agreement）之义。江宜桦认为，“认同”的这层意指虽然不是英文identity所具之义，而是在中文日常使用中所创造而来，但它毕竟与“同一”有关，意指“一个主体某个意见与另一个主体的某一意见或表现吻合，因此纵然两个主体并非同一个存在物，也未必归属于同类，却出现偶然性的会通”。这个用法表达出相当明显的“主观意志”。[②]

我国大陆社会心理学家沙香莲从社会心理学的角度，提出了认同是一种用以解释人格统合机制的概念，认为认同是维系人格与社会文化之间互动的内在力量，从而是维持人格统一性和一惯性的内在力量，因此，用这个概

① ［德］尤尔根·哈贝马斯著，郭官义译：《重建历史唯物主义》，12页，北京，社会科学文献出版社，2000。

② 江宜桦：《自由主义、民族主义与国家认同》，8—10页，台北，扬智文化事业股份有限公司，1998。

念来表达主体性和归属感。[①]陶东风教授指出："认同问题关系到一个个体或族群的安身立命的根本，是判断是非善恶的标准，是确定自己身份的尺度。……有了这个自我确认的标准，人在与环境与世界相处时就有了确定的方位方向；与此相反，认同危机的表征则是失去了这种方位方向，不知道自己是谁，从而产生不知所措的感觉。"[②]梁丽萍教授认为，认同是"关涉个人与群体隶属关系的一个概念，因此认同首先是个体对某种意义上的身份的一种心理肯定，认同给予个人以所在感，给人的个体性以稳固的核心。同时，认同还意味着心理依附，因为，认同不仅有时间的向度，它是指较长时期的态度；而且还有群体的向度，是对某群体的自我认同，对群体的长期承诺是认同重要的表现形式。因此，认同的本质不但是'心理'的，它也包含'群体'的概念，是一项自我的延伸，是将自我视为群体的一部分"。[③]钱学梅依据"经典理论家"关于"认同"的分析，认为"认同"是产生于社会经验中的一种观念，具有强大的行为驱动力，表现出五个方面的基本特征：第一，"认同观念与观念的客体（认识的客观对象）不完全等同"；第二，认同观念并非"与生俱来"，而是"社会经验的产物"，个人的自我认同是一个与社会互动的过程，是多重性的；第三，"个体的自我认同与集体 、集体认同直接相关"；第四，"认同于一个集体意味着遵守群体的规则和惯例"；第五，"自我认同是一种意识，因而是社会行动的直接或潜在驱动力"。[④]李友梅等从另一个视角提出，认同是一个"求同"和"存异"同时发生的过程，认同有着两个相互对立的意思：一是同一性，即"自我归类"，与他者共有的素质或者状况；二是个性，即作为一个长期存在的实体的个人所具有的不同于他人的鲜明的个性。无论是认"同"还是"异"，都必须参

---

① 沙香莲：《社会心理学》，序言，北京，中国人民大学出版社，2002。

② 陶东风：《社会转型与当代知识分子》，7页，上海，上海三联书店，1999。

③ 梁丽萍：《中国人的宗教心理：宗教认同的理论分析与实证研究》，15页，北京，社会科学文献出版社，2004。

④ 钱学梅：《从认同的基本特征看族群认同与国家认同的关系》，载《民族研究》，2006（6）。

照特定的社会边界来确定。在特定的社会边界内部，“认同”表示的是“同”；超出这个边界，“认同”实质上就变成了“求异”，即彰显“个性”。[①]可见，国内学者从不同的角度对“认同”概念进行了阐释，有学者把认同看作一种身份感和归属感；有学者把认同看作认识和情感的趋同或“内化”；有学者则把认同看作是一种心理机制等。

综上所述，从认同的不同概念来看，虽然在不同领域对认同的解释具有差异性，但其中也具有共同性。首先，认同的主体都是“现实的人”，认同无论是作为对“我是谁”的回答，或是对“我们是谁”的回答，都是作为现实的人对自身或对他人(群体)的意识。其次，认同是建立在一定的社会关系基础之上。自我认同除了表现为对自我的感知与体认之外，更大程度上产生于自身与他人或自身与其他群体的关系之中。而社会认同则是个体对所处社会地位的意识。因此，无论是自我认知还是社会认同，都是产生于一定的社会关系之中。第三，认同的过程体现为认“同”，即主体能够自觉接受某一现有的文化体系或价值体系，并自觉归属成为该文化、价值体系的一份子，其自我意识的产生与这一文化价值体系相一致。最后，认同的过程也是认“异”的过程。即将“异质性”排斥于本民族之外，体现为在认识自我的同时，形成与他人或群体的不同意识。因此，认同的概念可解释为存在于社会关系中的“现实的人”，对自我身份、自我角色以及所处的社会地位的认识和把握，一方面体现在自我意识，另一方面体现在与他人(群体)认异。

(三) 马克思主义视角下的认同概念

在唯物史观视域下，认同作为一种意识的具体形式，是现实的人对客观存在物的能动反映，其本质在于对对象化了的客观世界的反映。作为主体的现实的人是唯物史观研究的基础。马克思由唯心主义转向唯物主义，就是建

---

① 李友梅、肖瑛、黄晓春:《社会认同：一种结构视野的分析》，2—3页，上海，上海人民出版社，2007。

立在对“现实的人”的探讨之上。马克思借用了费尔巴哈“类本质”的概念。费尔巴哈认为，人的本质具有团体之义，是建立在“自我”与“你”实在性区别之上的人与人的统一。[①]这就意味着，人的“类本质”是建立在人的团体差别性的统一当中。他所理解的“类本质”，“就是理性、意志、心”，也就是“理性、爱、意志力”，“这就是作为人的绝对本质”。[②]显然，费尔巴哈最终没有走出唯心主义的束缚，而马克思克服了“类本质”的抽象性特点，从实践的角度把抽象的人回归于“现实的人”，把物质生产活动（劳动）作为“现实的人”的基本内涵，把实践作为人与动物相区别的根本标准，人的本质要从社会实践中获得。那么，与之相应的人的身份意识也只能通过社会实践才能够被标识。

认同实际上是把人的生活作为对象，通过意识对这些对象做出反应，也就是对于客观存在物的反映，此时人既是意识的“主体”，也作为意识的“客体”存在。也就是说，生活在一定社会关系中的现实的人，认识客观世界实际上就是认识人自己，自身意识也是在这一过程中实现，这一过程实际上就是实践活动。因此，在马克思主义视域下，认同作为现实的人对客观世界的反映，必须与人生活的客观世界相联系，而人所生存的客观世界实际是各种社会关系组成的网络。因此，人的认同实质上是现实的人对其本质的意识，所以也需要放在社会关系中去加以考察。这是因为，现实的人一定从事某种社会生产实践，处于某种社会关系之中。人的生存和发展，必然是在以劳动为基础的社会实践之中形成一定的生产关系，从而逐步形成家庭、阶级、国家等社会关系。因此，在马克思看来，社会关系指的是许多个人的共同活动，并且这种共同活动是不受条件、方式、目的的限制而进行的。[③]人的自我意识

① 荣震华著，李金山等译：《费尔巴哈哲学著作选集》（上卷），185 页，北京，商务印书馆，1984。

② 荣震华著，李金山等译：《费尔巴哈哲学著作选集》（上卷），27—28 页，北京，商务印书馆，1984。

③ 中共中央马克思恩格斯列宁斯大林著作编译局：《马克思恩格斯选集》（第 1 卷），160 页，北京，人民出版社，2012。

是对客观世界的反映，而人处在以生产实践为基础的社会关系中，生产实践实际上就是对客观世界的改造。那么，自我认同就“现实的人”而言，从根本上说就是反映了自身所处的“一切社会关系的总和”。

马克思在分析人的本质时，是建立在资本主义制度的条件下，资产阶级与无产阶级的对立要求无产阶级需要有自我认同意识。马克思主义在关于工人阶级的自我意识的思想也是建立在“社会关系”这一基础之上。马克思对阶级意识的探讨是通过对“自在阶级”与“自为阶级”进行区分。自在阶级，即建立在客观存在基础之上所构成社会阶级结构的集群。自为阶级则不但要在客观层面，且要在主观层面上对自身所处的阶级有明确的认识，并能够自觉归属于这一阶级，产生角色感，即阶级意识。这也是工人阶级从自在阶级上升到自为阶级的一个重要标识。这种阶级意识，实质上也是工人阶级的自我认同。在这种工人阶级自我认同的驱使下进行的工人阶级的阶级运动，促使他们不断完成新的历史使命。因此，这种自我认同思想与无产阶级解放运动密切相关。无产阶级解放运动的实质是生产力与生产关系的矛盾运动，而人作为主体在确立自我意识的过程中，就必须首先确认自己处在何种生产关系、阶级关系中，并在这种矛盾运动中产生相应的自我意识即阶级认同。相应地，作为无产阶级的人的自我意识则是必然要确立自己属于无产阶级的阶级认同。显然，这也是对社会关系在阶级层面的能动的反映。

因此，认同的产生与发展与个体存在的社会关系，在马克思看来，社会生产实践包括物质生产活动和精神生产活动，人的本质、人的身份意识则是对生产力与生产关系，以及经济基础与上层建筑等多方面的反映。综上所述，在唯物史观的视域下，认同的根源取决于人们对社会存在物的客观反应，在感性认识的基础上，通过思维存于人脑中。其形成与发展则与主体所处的社会关系，即生产力与生产关系，经济基础与上层建筑的辩证运动息息相关。总体而言，认同在唯物史观领域，是反映了自身对对象化的客观世界所形成的一种主体观念，这种主体观念在人的社会本质条件下表现为某种身份意识。

综合上述阐释，本书认为认同是指主体通过“自我”与“他者”之间的“求同”与“存异”，最终完成对自我的身份确定和情感归属。个人在社会生活中只有完成了自我肯定及自我身份感的确认，才能最终实现对社会共同体的认同，即最终形成对社会的情感归属、对社会普遍规则的遵循即其对个体行为的约束。因此，关于认同的定义，可以具体概括为：现代社会体系中的主体（个体或群体）在社会生活中，基于自我身份确认基础上产生的对外界对象的情感和意识上的归属感，以及在社会生活中主体基于自身的利益和价值需要而积极支持、参与认识对象的实践行为和过程。其含义可以归结为两个层面：心理（归属）层面的认同和实践（行动）层面的认同。简言之，认同是一定个体或群体对外界人或事物的一种肯定性的心理反应和行为表达，即“对某一现象承认、认可并且自愿地按其规范行事”[①]。总而言之，认同就是一个从心理层面的归属到实践层面的支持的演化过程。在本质上，它是一种趋同的过程，即主体对他者在思想上和行为上的趋同过程。从其特征来看，认同具有主体建构性、发展变动性、社会互动性等基本特征。

二、国家概念释义

在对“认同”概念进行了重点分析与把握的基础上，我们再来对“国家”概念进行分析与阐释。关于国家，在政治学、历史学等学科领域中已讨论的非常充分，然而，人们对国家的认识却并不一致。不同学科中的国家概念和相关认识的差异性实在太大，一些认识之间甚至大相径庭。“国家问题是一个最复杂最难弄清的问题。也可以说是一个被资产阶级的学者、作家和哲学家弄得最混乱的问题。”[②]

① 李素华：《对政治认同的功能和资源分析》，复旦大学博士学位论文，2005。

② 中共中央马克思恩格斯列宁斯大林著作编译局：《列宁选集》（第4卷），41页，北京，人民出版社，1995。

（一）国家的词源学释义

在人类发展历史上，对于国家的理解有诸多说法。在我国古代的典籍中，最早用“邦”指称“国”。《说文·口部》曰：“国，邦也。”《广韵·德韵》也说：“国，邦国。”《周礼·春官·职丧》：“凡国谓诸侯国”。《周礼·天官·大宰》：“大曰邦，小曰国。邦之所以居亦曰国。”可见，古代的“国”指的是诸侯国。《韩非子·内储说下》中说：“国之利器。”王先慎集解：“喻老篇国作邦，此作国，汉人改也。”也就是说，汉代为避汉高祖刘邦讳，改“邦”作“国”。《礼记·礼运》说：“故天下国家可得而正也。”《中庸》上说：“天下国家可均也。”这里的“国家”指的也是诸侯国。另《尚书》上有，“天子建国，诸侯立家”。由此可见，在中国古代典籍中，诸侯的土地被称为“国”，大夫的土地称为“家”，皇帝统治的“天下”为“国家”。

在西方世界，对“国家”一词的使用可追溯到古希腊和古罗马时期。古希腊用 polis 描述国家，即当时的城邦之意，指代土地、人口、政权机构等全部社会组织或团体。古罗马用 res publica 之称国家，意即“人民的公共事务”，它来源于古罗马共和国。在进入资本主义时期，随着欧洲建立近代民族国家和民族主义理论的发展，在一些英语国家的语境中，用“country”、“nation”和“state”来指称国家。一般而言，表达形式不同，其意涵自非一致。“country”通常强调“人口与地域上的国家”，“nation”指同一出生地的居民团体，是实际或想象的具有同一血统和共同语言的社会团体，故其偏重于共同意识之形成，强调民族意义上的国家，而“state”则包含有“权力结构”的意义，表示由一定地域、领土和定居居民所组成的政治单位，国家政治主权尤其突出和重要，是现代西方国家政治意义上的“国家”，其最早来自于意大利思想家马基雅维利的《君主论》一书中所用的“status”一词，后来，英国人斯塔基在《英格兰》一书中用“status”的英文“state”来指称国家，从而成为政治学理论中国家的专用名称，它已具有现代国家概念的意义。

现代国家一般是民族国家，通常采用 national state 来表示。

由以上考证来看，不论是东方还是西方，国家的词源含义同样包含了土地、人口和政权机构等全部社会团体与组织，只是到近现代之时国家才被赋予了更多的政治意义，突出强调了主权国家含义。

（二）马克思主义国家观的基本内涵

国家作为一种重要的社会历史现象，其内涵在在古今中外不同历史时期、不同地域和文化、不同学科和学者的表述中都是不尽相同、众说纷纭的，始终也没有形成明确的共识，因此要对“国家”概念作一个统一的界定似乎是很难的事情。尽管在两千多年的政治学发展历史上，各种政治思想家对“国家”的解释多种多样，但从总体上归纳起来，有关“国家”的定义比较典型的有两大类，即非马克思主义的国家观[①]和马克思主义的国家观。

在所有的国家观中，马克思主义的国家观根据辩证唯物主义和历史唯物主义的方法，第一次全面而深刻地揭示了国家的科学内涵。在此，本部分通过梳理学界的相关论述，明确马克思主义国家观对“国家”含义阐释的基本内容。马克思通过分析阶级社会的产生与消亡的过程，揭示了“国家”这一实体的本质，即国家是阶级矛盾不可调和的产物。显然，国家并不是在人类存在之初就有，而是随着历史的发展和生产力的变革而逐步建立。

首先，国家的本质是阶级矛盾不可调和的产物。国家的产生有其特定的历史条件。马克思主义认为，国家是在社会生产力得到一定发展，社会分化出阶级以后，社会上占优势地位的阶级为了维护自己的经济利益而建立了凌

① 归纳起来，历史上各种非马克思主义的国家观对“国家”含义的理解主要有五种观点：其一，把把国家解释为社会管理的组织，其代表人物有古希腊的柏拉图；其二，把国家解释为社会共同体或联合体，其代表人物有古希腊的亚里士多德、古罗马的西塞罗；其三，把国家解释为依照法律组织起来的联合体，其代表人物是近代德国的康德；其四，把国家解释为拥有合法使用暴力的垄断权的组织，其代表人物是德国的马克斯·韦伯；其五，把国家解释成为是由领土、人口、主权所构成的社会共同体，这是现代西方政治学中流行最广而又通行的国家定义，也就是著名的“国家三要素说”。

驾于社会之上的国家机器。于是国家产生了，社会分裂为统治阶级和被统治阶级。列宁说："国家是阶级矛盾不可调和的产物和表现。在阶级矛盾客观上达到不能调和的地方、时候和程度，便产生了国家。反过来说，国家的存在表明阶级矛盾的不可调和。"①可见，由于社会陷入矛盾，并分裂成为不可调和的阶级对立面，为了使经济利益相互冲突的阶级不至于由于矛盾不可调和而引起社会的毁灭，就产生了国家来缓和冲突并把冲突保持在可控范围之内。因此，国家是阶级矛盾不可调和的产物，是统治阶级进行阶级统治的工具。

其次，国家体现为一种公共权力。尽管国家本质上是进行阶级统治的工具，但统治阶级在维护其政治统治的过程中，总是以中立者的身份和公共利益代表者的面貌开展活动、进行社会管理，政府在广泛的社会各项事务中发挥管理协调甚至服务者的作用。也就是说，除了履行阶级统治的职能之外，国家还有社会的管理职能，包括对经济、文化、社会事务等方面的管理。在这个意义上，政府成为了公共利益的代表者、维护者，政府的权力在一定程度上体现为社会公共权力的表现形式。恩格斯在《家庭、私有制和国家的起源》中明确指出："我们已经看到，国家的本质特征，是和人民大众分离的公共权力。"②

最后，国家因阶级消灭而消亡。国家和阶级一样是一个历史的产物，国家的形成和发展依赖于阶级的分化和对立，国家的消亡也与阶级的消灭直接相关。随着生产力高度发达，物质财富极其充裕的条件下，每个社会成员都能够获得充分而全面的发展，实现"各尽所能，按需分配"，人类社会进入共产主义社会，劳动已经不再是人们谋生的手段，成为人的第一需要。社会产品极大丰富，人与人之间不存在贫富差距，没有了阶级之分，也就没有了国家存在的必要性，国家也将就此消亡。

---

① 中共中央马克思恩格斯列宁斯大林著作编译局：《列宁全集》（第31卷），6页，北京，人民出版社，1985。

② 中共中央马克思恩格斯列宁斯大林著作编译局：《马克思恩格斯选集》（第4卷），132页，北京，人民出版社，2012。

根据以上分析可见，尽管由于时代条件、世界观、地域文化、研究角度等不同，人们对于国家的看法不尽相同，但是其中又有着共同之处，即无论人们怎么谈论国家，往往都离不开国家权力，离不开作为国家机器的政府及其运用的权利。因此，本书认为“国家”就是一定疆域内，在一定的经济基础之上产生的一种特殊的公共权力机构及其变更和运作的过程。它是权力性、制度性、公民性与权力地域上的文化、历史所组成的共同体。对此，吴玉军教授明确指出，国家是内含制度、文化、民族血缘的共同体。国家除了表征历史上形成的领土、人口等自然因素外，还表征“政治—法律”共同体和“历史—文化”共同体。作为一种政治共同体，国家表现为一整套的制度设计，是一种合法武力的垄断与行政机构的设置，对外代表不容侵犯的主权，对内拥有裁决一切争端的最高权力。作为一种文化共同体，国家表现为拥有共同的语言、文化、历史记忆等因素。同时，对于多民族国家而言，国家的存续有赖于各民族对国家基本制度的认同，有赖于人们形成共属一体的文化心理想象，以及建构起超越于各个民族文化特征的共同的民族观念。①

三、国家认同概念的界定

明确了“认同”和“国家”的含义，就易于我们把握国家认同的含义。关于国家认同的含义，中外学者从不同的视角对其作出了不同的界定。

（一）不同视角下的国家认同概念

其一，政治认同说。国家认同的概念最初源于政治学领域。从政治学视角探讨国家认同问题，始于美国政治学家阿尔蒙德（Gabriel A.Almond）和鲍威尔（G.Bingham Powell），在他们共同出版的《比较政治学：体系、过程和政策》中对“国家的认同意识”问题作了探讨，并把国家认同界定为“对政

① 吴玉军：《论国家认同的基本内涵》，载《中国特色社会主义研究》，2015（1）。

治共同体的支持问题”。[①] 此后，在这一层面分析国家认同概念的学者主要强调了社会成员对所属国家的政治职能、运行机制等方面的认可和支持。吴玉军认为，国家认同中政治认同具有重要作用，政治认同是人们对国家制度、社会发展道路、国家政策等的支持。它能够维护政治稳定，推动政治发展。[②] 左高山认为国家认同表现为对国家制度、政策、法律等方面的支持，并且能够自愿为国家利益而奉献。[③] 陈茂荣认为，国家是一种政治共同体，国家认同是指公民对国家的政治权力和权威的认同。[④]

其二，文化认同说。有研究者从文化心理层面来阐释国家认同，主要强调了对国家这一共同体在心理层面的自觉意识与自觉接受。如蒋述卓在其文章《文化认同、国家认同与人的发展》中认为国家认同与文化认同之间关系密切。国家认同是公民对国家从情感上的认知和评价，国家认同是文化认同更深层次的演进，文化认同为国家认同提供了心理支撑。[⑤] 姚文帅指出，国家认同的形成离不开文化基因，文化基因是国家认同价值的生成逻辑。[⑥]

其三，政治认同与文化认同统一说。部分学者把国家认同看作是政治认同与文化认同的统一。学者许纪霖指出，“对于近现代中国民族国家的认同研究，有两种争论观点：民族国家究竟是一个政治共同体，还是历史文化共同体？公民对其认同的基础是政治法律制度，抑或是公共的政治文化，还是历史传统遗留下来的文化、语言或道德宗教？”[⑦] 对于这一争论，许纪霖给出的答案是，现代民族国家本身就是一个文化与政治的结合，是在民族的基础上形成的国家共同体。国家认同不仅要有基于民族本身的历史宗教语言的文化认

① ［美］加布里埃尔·A. 阿尔蒙德、小 G. 宾厄姆·鲍威尔著，曹沛霖等译：《比较政治学：体系、过程和政策》，38 页，上海，上海译文出版社，1987。

② 吴玉军：《论国家认同的基本内涵》，载《中国特色社会主义研究》，2015（1）。

③ 左高山：《政治忠诚与国家认同》，载《马克思主义与现实》，2010（2）。

④ 陈茂荣：《论“民族认同”与“国家认同”》，载《学术界》，2011（4）。

⑤ 蒋述卓：《文化认同、国家认同与人的发展》，载《暨南学报》（哲学社会科学版），2016（7）。

⑥ 姚文帅：《文化基因：国家认同价值生成的逻辑》，载《学术界》（哲学社会科学版），2016（7）。

⑦ 许纪霖：《现代中国的民族国家认同》，载《世界经济与政治论坛》，2005（6）。

同，也要有对法律和政治制度的政治认同。[①]沈桂萍认为国家认同是将国家中的个人凝聚起来，其核心在于政治和文化认同两个方面。[②]

其四，法律认同说。有研究者从法律层面探讨国家认同，强调了存在于国家这一共同体之内的成员对国家宪法及其他法律体系的认同与自觉遵守。例如孟融在其文章《论中国国家认同的法律维度》中指出："中国国家认同的法律维度是指在现代国家视域下，公民对国家的认同应是一种宪法认同、法律认同。"[③]强世功在文章《党章与宪法：多元一体法治共和国的建构》中全面分析了在宪法视域下如何构建多元一体的共和国。[④]

其五，国民认同说。有部分学者从"公民"与"国家"的关系对国家认同的概念作了阐释。他们认为国家认同与国民认同在一定程度上是相一致的。滕星认为："国家认同是指一个国家的公民对自己国家的历史文化传统、道德价值观、理想信念、国家主权等的认同，即国民认同。"[⑤]郑富兴认为"国家认同是个人对所在国家的民族文化特性和政治主张特性（包含其合法性与合理性）的承认和接受，并进而产生归属感，它包括政治认同与文化认同"。[⑥]佐斌指出"国家认同是人们对自己的国家成员身份的知悉和接受。"[⑦]莫红梅也认为，国家认同是一种重要的现代公民意识，公民身份的认可是国家认同表达的一种方式，它是一种超越文化、民族、宗教认同的高级认同，能够维系国家稳定，并具有意识形态的功能。[⑧]

---

① 许纪霖：《现代中国的民族国家认同》，载《世界经济与政治论坛》，2005（6）。
② 沈桂萍：《民族问题的核心是国家认同问题》，载《中央社会主义学院学报》，2010（2）。
③ 孟融：《论中国国家认同的法律维度》，载《公法研究》，2016（2）。
④ 强世功：《党章与宪法：多元一体法治共和国的建构》，载《文化纵横》，2016（4）。
⑤ 滕星、张俊豪：《试论民族学校的民族认同与国家认同》，载《中南民族学院学报》，1997（4）。
⑥ 郑富兴：《论全球化时代国家认同的培养》，载《比较教育研究》，2002（S1）。
⑦ 佐斌：《论儿童国家认同感的形成》，载《教育研究与实验》，2000（2）。
⑧ 莫红梅：《多民族国家视域下的公民身份与国家认同》，载《教学与研究》，2010（9）。

（二）马克思主义的国家认同说

国家认同是人的思想意识领域的一种表现，是人对国家持有的认知、态度、情感和信念，是对国家政治职能、经济职能、社会职能、文化职能等的认可和支持状况。良好的国民国家认同是国家稳定发展的重要基础。“当我们对国家认同问题进行学术探讨和理论研究之时，就应懂得国家的本质及其历史演变的规律性，即必须以马克思主义国家观作为理论基础，才能逐步深化对国家认同问题的理论思考，应对各种学术争鸣。”①

马克思主义国家理论第一次科学阐明了国家的起源、本质、类型、职能和命运等问题。国家是人类社会发展到一定历史阶段的产物。国家具有强烈的阶级性，是阶级社会形成与发展的结果。“正是由于特殊利益和共同利益之间的这种矛盾，共同利益才采取国家这种与实际的单个利益和全体利益相脱离的独立形式，同时采取虚幻的共同体的形式。”②国家“是在我们以后将要阐明的已经由分工决定的阶级的基础上产生的，这些阶级是通过每一个这样的人群分离开来的，其中一个阶级统治着其他一些阶级。从这里我们可以看出，国家内部的一切斗争——民主政体，贵族政体和君主政体相互之间的斗争，争取选举的斗争等等，不过是一些虚幻的形式——普遍的东西一般说来是一种虚幻的共同体的形式——，在这些形式下进行着各种不同阶级间的真正的斗争。”③因此，国家的本质就是阶级统治的工具，是阶级矛盾不可调和的产物。当然，国家为了维护社会的基本秩序，也需要履行一定的公共职能。“政治统治到处都是以执行某种社会职能为基础，而且政治统治只有在它

① 李崇富：《马克思主义国家观和国家认同问题》，载《中国社会科学》，2013（9）。

② 中共中央马克思恩格斯列宁斯大林著作编译局：《马克思恩格斯全集》（第3卷），38页，北京，人民出版社，1960。

③ 中共中央马克思恩格斯列宁斯大林著作编译局：《马克思恩格斯选集》（第1卷），84页，北京，人民出版社，1995。

执行了它的这种社会职能时才能持续下去。”[①] 本质上作为阶级统治工具的国家，在形式上却表现出是一种凌驾于社会之上的力量，发挥着管理社会的作用。马克思主义国家观是研究国家认同的理论基础。“只有当人们对于国家的来龙去脉、国家的本质和国家公共权力的阶级基础及其作用等基本问题有起码的了解和认识以后，才能够正确而自觉获得关于国家认同应有的认识、态度、感情及信念。否则，他们就只能是受其直接利益驱使的、甚至是被迫持有的一种从众、无奈和盲目的国家认同或不认同。”[②]

基于唯物史观，国家认同的主体只能是“现实的人”。“一个特殊的个体，并且正是他的特殊性使他成为一个个体，成为一个现实的、单个的社会存在物，同样，他也是总体，观念的总体，被思考和被感知的社会的自为的主体存在，正如他在现实中既作为对社会存在的直观和现实享受而存在，又作为人的生命表现的总体而存在一样。”[③] 人的本质在其现实性上是一切社会关系的总和。在与一个人相关的众多社会关系中，经济关系是起决定性作用的基础社会关系。尤其是这些经济关系决定了社会公民被划分为不同的阶级。不同阶级在社会中具有不同的地位和影响力，从而对国家事务以及国家的认同情况产生明显的差异。资产阶级对资本主义国家的国家制度、政治体制有着天然的亲和力，国家认同的层次必然是高水平的。资本主义国家的无产阶级也是国家的公民，尽管依据宪法和法律享有公民权，但他们只是资产阶级实现经济政治利益的工具，经济上只能满足基本的生活需要，政治上处于社会中下层的被统治的阶级地位。因而他们的国家认同是相对盲目的非独立的，是从属于资产阶级国家认同体系的。“所有局限于资产阶级需要，并肯定其合法性的积极意义的国家认同，只能是教育、训练、组织工人阶级的一种条件

① 中共中央马克思恩格斯列宁斯大林著作编译局：《马克思恩格斯选集》(第3卷)，559页，北京，人民出版社，2012。

② 李崇富：《马克思主义国家观和国家认同问题》，载《中国社会科学》，2013（9）。

③ 中共中央马克思恩格斯列宁斯大林著作编译局：《马克思恩格斯选集》(第1卷)，188页，北京，人民出版社，2009。

和有限手段，而不是工人阶级的根本目的和政治希望本身。”①

无产阶级革命的胜利和社会主义制度的建立为工人阶级真实的独立的国家认同提供了现实的社会基础。共产党作为工人阶级的先锋队用马克思主义理论的宣传教育唤醒武装了广大的无产阶级，形成了革命的力量，推翻了资产阶级统治，建立起无产阶级专政的国家政权。同样，社会主义国家认同也需要自觉的理论灌输。“社会主义意识是一种从外面灌输到无产阶级的阶级斗争中去的东西，而不是一种从这个斗争中自发产生出来的东西。”②社会主义的意识形态对社会主义现代化建设具有重要的意义，但是社会主义国家认同不可能在人民群众和无产阶级的运动中自发产生，只能而且必须从外面灌输到人民大众当中去。也就是说，人民大众要获得关于国家制度政治体制的正确认识，形成高水平的国家认同，必须运用马克思主义的理论和方法，有目的有组织的对人民群众进行社会主义制度和共产主义意识形态的教育。习近平总书记提出的“五个认同”的思想，进一步丰富和发展了马克思主义的国家认同观，通过不断增进人民群众对伟大祖国、中华民族、中华文化、中国共产党、中国特色社会主义的认同，培养人民群众的国家意识、公民意识和中华民族意识，树立正确牢固的祖国观。

本书在领会领导人思想和借鉴学界成果的基础上，结合前述对“认同”和“国家”的解释，基于本研究视角和研究需要对国家认同作出明确界定。我们认为，所谓国家认同，就是指个体对自我政治身份的确认和对所属国家共同体的政治和文化的情感、意识归属，以及个体基于特定利益和价值需要而积极支持、参与共同体的实践活动。这里要明确的是，社会成员对自身政治身份的确认，主要指人们形成明确而稳定的政治立场和政治价值观，比如公民身份资格的确认；在社会成员完成自身政治身份确认的基础上，才可能产生对国家共同体的政治和文化的情感和意识上的归属感，并形成对国家共

① 李崇富：《马克思主义国家观和国家认同问题》，载《中国社会科学》，2013（9）。

② 中共中央马克思恩格斯列宁斯大林著作编译局：《列宁选集》（第一卷），317页，北京，人民出版社，1984。

同体的政治和文化上所认可的普遍规则的遵循和积极的行为支持。因此，个体的自我政治身份认同是个体形成国家认同的前提和基础，只有认同主体找到政治上的“自我”、形成“自我政治认同”，才能对国家“客体”进行认知、评价和认同。质言之，个体的自我政治认同与个体对国家客体的认同，两者之间是统一的。而本书关于国家认同的含义主要从个体对国家客体的认同这一方面来把握。

第二节 国家认同的分维解读

国家认同是个比较复杂的结构性概念。由于国家认同概念的复杂性，学界在对其内容结构要素的分析中还存在争议。尽管学界对国家认同的构成要素不尽相同，但国家认同的关键在于对国家性质的判断。依据马克思主义的国家观及国家认同学说，本书认可马克思主义的国家认同内容，即国家认同的构成要素包括政治认同和文化认同两个方面。对于一个国家而言，政治是核心，文化是灵魂，二者缺一不可，因此政治认同和文化认同都是国家认同最基本最重要的子系统，对子系统的解读能更清晰、完整地把握国家认同的整体概念。

一、政治认同

古希腊哲学家亚里士多德认为：“一种政体如果要达到长治久安的目的，必须使全邦各部分(各阶级)的人民都能参加并且怀抱着让它存在和延续的意愿。”[①] 这种意愿就是一种政治归属感，即政治认同。在研究政治认同的问题上，中外学者从不同的角度对其作出了不同的解释。

① [古希腊]亚里士多德著，吴寿彭译：《政治学》，88页，北京，商务印书馆，1965。

（一）政治认同概念界定

一般认为，政治认同最早由美国政治学家威尔特·罗森堡姆 (Wilt Rosenberg) 提出。罗森堡姆在 1976 年出版的《政治文化》一书中指出："政治认同，是指一个人感觉他属于什么政治单位（国家、民族、城镇、区域），地理区域和团体，在某些重要的主观意识上，这是他自己的社会认同的一部分，特别地，这些认同包括那些他感觉要强烈效忠、尽义务或责任的单位和团体。"① 美国政治学家加布里埃尔·A. 埃尔蒙德等在《比较政治学：体系、过程和政策》中，把政治认同看作一种政治态度、信仰和政治情感，并提出了政治认同意识、政治认同情感等问题。戴维·伊斯顿 (David Easton) 在《政治生活的系统分析》中开创了输入与输出的系统研究方法，进一步分析了政治认同的内容，包括政治体、典则和当局三个方面，同时将政治认同的来源归纳为意识形态的合法性、结构的合法性和个人的合法性。② 有些学者认为公民资格是现代社会政治认同的重要来源，可以使一切外来者认同所移居社会的文化、政治和法律制度，这体现了公民身份对于国家认同的重要性。如德国政治哲学家尤尔根·哈贝马斯 (Jürgen Habermas) 在《包容他者》中所分析的，"公民必须懂得，即便在社会安全和不同文化生活方式的相互认同中，他们的权利也是具有使用价值的。如果民主制度下的公民资格能够成为实现各民族的理想生活方式的机制，那么，它就可以成为团结一切外来者的一体化力量" ③ 。另外，也有不少政治认同研究涉及政党认同等方面的内容。

中国学者对政治认同问题的关注大致是从改革开放以后，随着政治文化研究的兴起而开始的。关于政治认同的概念，《中国大百科全书·政治学卷》对"政治认同"作出了如下解释："人们在社会政治生活中产生一种感情和意

---

① ［美］威尔特·罗森堡姆著，陈鸿瑜译：《政治文化》，6 页，台北，桂冠图书有限公司，1984。

② ［美］戴维·伊斯顿著，王浦劬等译：《政治生活的系统分析》，20—38 页，北京，华夏出版社，1999。

③ ［德］尤尔根·哈贝马斯著，曹卫东译：《包容他者》，138—139 页，上海，上海人民出版社，2002。

识上的归属感。它与人们的心理活动有密切的关系。在政治社会化过程中，人们依据一定的政治态度、政治目标确定自己的身份，把自己看作是某一政党的成员、某一政治过程的参与者或某一政治信念的追求者等，并自觉以组织及过程的要求来规范自己的政治行为，与这个政治组织保持一致，支持这个组织的路线、方针、政策，这就是政治认同。”[①] 这里实际上把政治认同界定为一种心理、情感归属及其相应的政治行为，主要偏重于政治情感体验和归属。国内学者对政治认同的界定大多采用了《中国大百科全书》的观点。

本书将在借鉴学界成果的基础上，基于本研究视角和研究需要对政治认同作出界定。所谓政治认同，就是指一个国家的公民在社会政治中产生的对自我政治身份的确认和对所属政治体系的情感、意识归属，以及公民基于特定利益和价值需要而积极支持、参与政治体系的实践活动。这里要指出的是，社会成员对自身政治身份的确认，主要指人们形成明确而稳定的政治立场和政治价值观，比如公民身份资格的确认。在社会成员完成自身政治身份确认的基础上，才可能产生对国家共同体的政治和文化的情感和意识上的归属感，并形成对国家共同体的政治和文化上所认可的普遍规则的遵循和积极的行为支持。因此，个体的自我政治身份认同是个体形成国家认同的前提和基础，只有认同主体找到政治上的“自我”、形成“自我政治认同”，才能对国家“客体”进行认知、评价和认同。质言之，个体的自我政治认同与个体对国家客体的认同，两者之间是统一的。

（二）政治认同的内容

依据前述有关政治认同概念的界定，作为国家认同的子系统之一，本部分将政治认同的内容再具体化并分别给予解释。

① 中国大百科全书编辑委员会：《中国大百科全书·政治学卷》，501页，北京，中国大百科全书出版社，1992。

1. 公民身份认同（国民身份认同）

国家认同研究的是公民与国家之间的关系，关心的是公民对国家的态度，关注的是公民对国家这一政治共同体的依附感、忠诚感和归属感，即公民身份认同也是国家认同之子系统政治认同的一个重要方面。

“公民”作为一个多维度概念，从不同的研究视角和学科定位出发，其内涵就会有不同的表现。正如有学者所言：“再没有哪一个词汇比公民身份这个概念在政治上更为核心，在历史上更加多变，在理论上更具争议了。”①

关于公民身份，诚如哈贝马斯所言，它“具有双重特征，一种是由公民权利确立的身份，另一种是文化民族的归属感”②。在此基础上，国内学者则将公民身份梳理为两个层次：一种是公民为了“了解自己并给自己在世界上定位”，即在由国家／民族共同体组成的世界中确立自己的归属何在，它是公民文化——心理归属的汇聚，称之为“文化——心理公民身份”；另一种是公民面对国家政权系统或统治组织所享有的权利、所承担的义务，这是公民权利和义务的集合体，称之为“政治——法律公民身份”。③本研究将借鉴上述对公民身份的理论观点，对公民身份进行进一步操作化定义解释。

首先，作为一个法律概念或政治概念，公民通常是指具有一个国家的国籍，并根据该国宪法和法律规定，享有权利和承担义务的人。“此概念表示个人在一个国家中正式的和负有责任的成员资格。在社会科学中，它主要表示着一个民族国家发展中的个人身份。”④也就是说，公民是国家通过法律确定下来的一种成员身份和法定资格，只有具有某一国家国籍，并依法享有平等权利并承担平等义务的社会成员才可能获得公民身份。正如托马斯·雅诺斯基

① ［美］茱迪·史珂拉著，刘满贵译：《美国公民权：寻求接纳》，3页，上海，上海世纪出版集团，2005。

② ［德］尤尔根·哈贝马斯著，曹卫东译：《后民族结构》，133页，上海，上海人民出版社，2002。

③ 肖滨：《两种公民身份与国家认同的双元结构》，载《武汉大学学报：》（哲学社会科学版），2020（1）。

④ ［英］戴维·米勒、韦农·波格丹诺著，邓正来等译：《布莱克维尔政治学百科全书》，121页，北京，中国政法大学出版社，2002。

(Thomas Tanoski) 指出，“公民身份是个人在一个民族国家中，在特定平等水平上，具有一定普遍性权利与义务的被动及主动的成员身份”。[①] 在《布莱克维尔政治学百科全书》中有关于公民身份的解释，其现代意义的指称则更为明确：公民身份“表示着一个民族国家中的单个成员的资格”，体现着个人与国家之间的关系，在这种关系中，权利与义务同等重要，“个人有忠于国家的义务，而国家有必须保护个人的义务”；公民身份等同于“国籍”，但“国籍决定了公民身份”。[②] 这种解释在《不列颠百科全书》中得到了呼应：“公民身份是个体同国家之间的关系，这种关系是，个人应对国家保持忠诚，并因而享有受国家保护的权利。公民身份意味着伴随有责任的自由身份。一国公民具有的某些权利、义务和责任是不赋予或只部分赋予在该国居住的外国人和其他非公民的。一般地说，完全的政治权利，包括选举权和担任公职权，是根据公民资格获得的。公民资格通常应负的责任有忠诚、纳税和服兵役。”[③] 可见，公民身份是法律赋予公民的国家正式成员身份，基于这种身份或资格，公民享有法律赋予的权利及其带来的各种资源。

其次，作为一个文化——心理概念，公民身份是指“了解自己并给自己在世界上定位”，关注“作为公民，我是谁”或者“我属于谁”的问题，就此而言，确如尤尔根·哈贝马斯所言，“公民身份是对于‘我是谁?’的问题和‘我应当做什么’的问题的回答”[④]。这意味着公民身份不仅要回答公民享有何种权利、承担什么义务的问题，而且它还涉及公民如何想象和确立自己与国家 / 民族共同体的关系问题，亦即把自己的文化归属、心理依恋、情感寄托投入到国家 / 民族共同体中去以“享受其成功，想象其未来发展，抛却其焦

① [美] 托马斯·雅诺斯基著，柯雄译：《公民与文明社会》，13 页，沈阳，辽宁教育出版社，2000。

② [英] 戴维·米勒、韦农·波格丹诺著，邓正来等译：《布莱克维尔政治学百科全书》，121 页，北京，中国政法大学出版社，2002。

③ 《不列颠百科全书》(国际中文版)(第四卷)，236 页，北京，中国大百科全书出版社，1999。

④ [德] 尤尔根·哈贝马斯著，童世骏译：《在事实与规范之间：关于法律和民主法治国的商谈理论》，664 页，上海，上海三联书店，2003。

虑，拒绝其他选项的问题”。[①] 正是对“我是谁”这类问题的回答使公民身份获得了新的概念内涵：公民身份不只是公民权利—义务的集合体，更是公民文化—心理归属感的汇聚。因此，文化—心理公民身份的要义不是公民的权利和义务，而是“给人们提供一种‘归属感’（sense of belonging），一种‘在家’（being at home）的感觉”。[②] 可见，文化—心理公民身份扩展、丰富了成为公民的意义，即成为公民不仅意味着具有确定的国籍、享有权利、承担义务、履行责任，而且意味着享有“在家的感觉”，即获得文化和心理的归属感，即“作为一个公民意味着归属于一个历史上发展的共同体。”[③]

当然，现代意义上的“公民身份”概念作为一种源自西方社会的话语，对中国来说是一种西学东渐的产物。1982 年《中华人民共和国宪法》第三十三条规定：凡具有中华人民共和国国籍的人都是中华人民共和国公民。在中国，公民在法律面前一律平等，公民依法享有政治、经济、文化等基本权利，也要自觉履行法定的各项义务。第五十二条规定，中华人民共和国公民有维护国家统一和全国各民族团结的义务。第五十四条规定，中华人民共和国公民有维护祖国安全、荣誉和利益的义务，不得有危害祖国的行为。第五十五条规定，保卫祖国、抗拒侵略是中华人民共和国每位公民的神圣职责。“没有无义务的权利，也没有无权利的义务”[④]。作为中国公民，不论属于哪个民族成员均可享受《宪法》规定的权利，同时也要承担义务。各民族成员在法律面前一律平等。

总之，当代中国语境中，“公民”不仅仅是一个法律层面的概念，同时

① ［英］尼克·史蒂文森著，陈志杰译：《文化与公民身份》，103 页，长春，吉林出版集团有限责任公司，2007。

② ［英］布赖恩·特纳著，郭台辉译：《公民身份与社会理论》，145 页，长春，吉林出版集团有限责任公司，2007。

③ ［英］巴特·范·斯廷博根著，郭台辉译：《公民身份的条件》，49 页，长春，吉林出版集团有限责任公司，2007。

④ 中共中央马克思恩格斯列宁斯大林著作编译局：《马克思恩格斯选集》（第二卷），610 页，北京，人民出版社，1995。

也具有极为重要的政治内涵，不仅是作为拥有中华人民共和国国籍，享受和履行政治权力和义务的自然人，同时也是构成中国特色社会主义民主政治的主体与基础。然而，拥有公民身份，并不一定意味着就是合格公民。只有具备一定的公民意识和公民素质，即具有对公共生活和公共事物施加影响，以及行使法律规定的权利和履行相应的义务所具有的意识和能力的公民才可能是合格的公民。政治认同是现代公民意识普遍觉醒后才发展起来的一种现象。因此，对当代中国公民国家认同的解读，离不开对当代中国公民意识的分析。

在当代中国，公民意识是指公民对于国家和社会的责任感以及公民个体的权利与义务意识和价值取向，主要“包括人们对自身的社会地位、社会权利、社会责任和社会基本规范的感知、情绪、信念、看法、观点和思想以及由此而来的自觉、自律、自我体验或自我把握；还包括人们对社会政治生活和人们行为的合理性、合法性进行自我价值、自我人格、自我道德的评判，对实现自身应有权利和义务所取手段的理解，以及由此产生的对社会群体的情感依恋、感应和对自然与社会的审美的心理意向”[①]。

概括而言，本研究认为不论在政治法律还是在心理文化的意义层面，都凸显出公民与国家一体而不可分割的关系。“公民身份”是与民族国家相对应的一个概念，即公民皆为民族国家之公民，公民依其自身力量，在自由、平等原则的基础上建立了民族国家政治共同体，并要求普遍的民主参与权利、平等的法律规范以及公民身份的归属感。

2. 对执政党的认同

马克思主义认为，国家是暴力机器，但是，我们切不可以为，国家仅仅依靠暴力就可以维持一种持久稳定的秩序。一种统治能够得以维持，一种制度能够得以延续，在很大程度上取决于人们对该统治的认可和接受程度。[②]一个人只有在产生认同感的基础上，才能对一个政治组织或一种政治信念表现

① 姜涌：《中国的“公民意识”问题思考》，载《山东大学学报》（哲学社会科学版），2001（4）。

② 孔德永：《农民政治认同的逻辑》，载《齐鲁学刊》，2006（5）。

出最大的热忱和忠诚。缺乏政治认同，或政治认同出现危机，不仅会使一个政治组织、执政党缺乏必要的合法性基础，而且整个社会也会处于分裂和不稳定当中。一定意义上，在中国对执政党的认同程度即是政治认同的客观写照。

政党认同由政党和认同两个概念组成。因此，界定政党认同的概念必须首先厘清政党和认同两个概念的内涵。现代意义上的资产阶级政党最早诞生于资本主义较为发达的英国，19 世纪中期美国也开始出现政党，并且政党在政治生活中的作用日益显现。随着社会发展和政治变迁，政党概念的内涵和外延不断扩大。政党刚诞生时，它通常被视为“为善而立”的政治组织，其目标是增进国家利益。英国政治学家柏克就将政党界定为“为增进国家利益而组织的团体”。[①] 同时，政党是具有政治理念、组织体系和组成人员等元素的政治组织。然而，当政党这一政治组织出现在独立后的美国时，它的组织形态和功能作用却产生了变异，成为美国总统竞选的重要工具和载体。基于此，美国的政治学者大多都从竞选的角度定义政党，正如赫伯特·莱文(Herbert Levine) 所指出的，“政党是为了参与选举而形成的组织”。[②]

近代随着无产阶级登上历史舞台，马克思主义政党的出现大大拓展了政党概念的内涵。马克思主义强调政党的阶级属性，认为阶级性是政党的本质属性，政党是由本阶级中的先进分子组成，其根本任务是掌握政权，实现本阶级的根本利益。[③] 马克思、恩格斯在《共产党宣言》中指出，共产党就是以马克思主义为指导思想，代表劳动人民利益的工人阶级政党，是工人阶级的最高组织形式。俄国十月革命胜利后建立了社会主义国家，列宁对作为社会主义国家执政党的共产党的内涵做了进一步完善和发展。列宁认为共产党是无产阶级的先进部队，是以马克思主义理论为指导的，具有严密组织和严格

---

① 王云五：《云五社会科学词典(第三册)：政治学》，224 页，北京，商务印书馆，1973。

② [美] 赫伯特·莱文著，王业立、郭应哲、林佳龙译：《新政治学争辩的议题》，261 页，北京，韦伯文化，2003。

③ 王浦劬：《政治学基础》，78 页，北京，北京大学出版社，2005。

纪律的，坚持民主集中制的社会主义建设的领导力量。

政党认同的概念是政党与认同的结合体，由于对于政党和认同的不同理解，学界对政党认同概念的界定也种类繁多，至今尚无达成共识。如美国学者坎贝尔将政党认同界定为“个体在其所处环境中对重要的群体目标的情感倾向”，就是选民“在心理上对某一政党的归属感或忠诚感”。[①]国内学者柴宝勇认为政党认同是政治主体对政党所产生的“思想、情感和意识上的归属感”，是对政党做出的一种“心理反应和行为表达”。[②]王庆兵认为政党认同是“选民个体对执政党体系的总体评价”，而不仅仅是一种单纯的心理依恋现象。[③]

在中国的现实政治情境下，中国共产党作为中国的执政党和领导核心，是以马克思主义为指导的、推进中国特色社会主义建设的领导核心。作为执政党，中国共产党的执政地位是历史形成的，它的意识形态具有独特性，它的组织体系具有严密性，它的执政绩效具有显著性。因此，本书将执政党（中国共产党）认同界定为，在中国特定的政治情境中民众对中国共产党的历史功绩、领导地位、意识形态、执政绩效和政党组织等方面的肯定、认可和支持，进而形成对中国共产党的归属感和忠诚感。具体而言，对中国共产党认同的主要内容包括历史功绩、领导地位、意识形态认同、执政绩效认同、政党组织认同五个方面。

第一，历史功绩认同。2016 年，习近平总书记在庆祝中国共产党成立 95 周年大会上的讲话中将中国共产党的历史功绩概括为“三大历史贡献”，即中国共产党团结和带领全国人民推翻三座大山，建立新中国；消灭了数千年的剥削制度，走上社会主义道路；推动改革开放，实现国家的繁荣强盛。[④]

---

① Angis Camprfll. (1960) *The American Voter*. New York：John Willey & Sons，p.121.

② 柴宝勇：《论政党认同的含义及其要素》，载《探索》，2009（1）。

③ 王庆兵：《发展中国家政党认同比较研究》，21 页，北京，中国经济出版社，2007。

④ 习近平：《在庆祝中国共产党成立 95 周年大会上的讲话》，2016-07-01，http：//politics.people.com.cn/n1/2016/0701/c1024-28517259.html。

2021 年，习近平在庆祝中国共产党成立 100 周年大会的讲话中将中国共产党认同概括为“二大成就”，即中国共产党团结带领中国人民，浴血奋战、百折不挠，创造了新民主主义革命的伟大成就；中国共产党团结带领中国人民，自力更生、发愤图强，创造了社会主义革命和建设的伟大成就；中国共产党团结带领中国人民，解放思想、锐意进取，创造了改革开放和社会主义现代化建设的伟大成就；中国共产党团结带领中国人民，自信自强、守正创新，统揽伟大斗争、伟大工程、伟大事业、伟大梦想，创造了新时代中国特色社会主义的伟大成就。[①] 因此，本研究的历史功绩主要是指中国共产党领导全国人民建立新中国、走上社会主义道路、推进改革开放和社会主义建设的三大历史功绩。历史功绩认同就是大学生对于中国共产党三大历史功绩的认同状况。

第二，中国共产党领导地位认同。毛泽东曾说：“工、农、商、学、兵、政、党这七个方面，党是领导一切的。党要领导工业、农业、商业、文化教育、军队和政府。”[②] 邓小平也明确指出“党是领导一切的核心”[③]。习近平总书记在党的十九大报告中指出，“党是最高政治领导力量”，伟大的事业必须有坚强的党来领导，要确保党在世界形势深刻变化的历史进程中始终走在时代前列，在应对国内外各种风险和考验的历史进程中始终成为全国人民的主心骨，在坚持和发展中国特色社会主义的历史进程中始终成为坚强领导核心。中国共产党是领导国家政权、领导人民发展社会主义事业的最高政治领导力量，其他任何政治力量都必须接受中国共产党的领导。[④]

第三，意识形态认同。所谓意识形态，“是社会的思想上层建筑，是一定社会或一定阶级、集团基于自身根本利益对现在社会关系自觉反映而形成的理论体系……是该阶级、该社会集团政治纲领、行为准则、价值取向、社会

---

① 习近平：《在庆祝中国共产党成立 100 周年大会上的讲话》，载《人民日报》，2021-7-2（01）。

② 毛泽东：《毛泽东文集》（第 8 卷），305 页，北京，人民出版社，1999。

③ 邓小平：《邓小平文选》（第 1 卷），66 页，北京，人民出版社，1994。

④ 中共中央文献研究室：《十八大以来重要文献选编》（上），547 页，北京，中央文献出版社，2014。

理想的思想理论依据”[①]。意识形态认同是指公民对一定社会主流价值、政治理念、政治信仰、政治原则等所产生的情感和意识上的归属感以及相应的支持行为。[②]具体而言，本书的意识形态认同主要指大学生对于马克思列宁主义、毛泽东思想、邓小平理论、三个代表重要思想、科学发展观以及习近平新时代中国特色社会主义思想的认同。

第四，执政绩效认同。执政绩效是执政党领导经济社会建设，促进国家政治、经济、文化等各方面发展所取得的实际业绩和社会效益。[③]具体而言，本书中的执政绩效认同主要是指大学生对于中国共产党在经济建设、政治建设、文化建设、社会建设、生态文明建设等方面所取得的执政业绩的认同。

第五，政党组织认同。政党组织是政党为了实现其宗旨和目的而建立的从中央到地方到基层的各级机构和人员。本书认为政党组织不仅包括中央组织、中间组织、基层组织，同时也涵盖各级组织中的人员，尤其是各级组织中的领导干部。因此，本书中的政党组织认同主要指大学生对党的领导干部以及对政党组织在“五大建设”方面表现的认知和评价。

不过，在此需要强调和说明的是，由于本书对执政绩效认同、意识形态认同分别单独作为一个部分进行阐释，在关于执政党认同的分析中就仅涉及大学生总体上对中国共产党的历史功绩、领导地位、中国共产党组织的认知和评价。

3. 制度认同

国家制度是确立国家统治关系和组织结构形式的基本制度，包括国体和政体两个方面。国体即国家性质，反映各阶级在国家中的地位，体现国家的本质。国体决定政体，并通过政体来表现，也就是统治阶级以何种国家组织结构形式来实现其阶级统治。因此，国家制度是政治权力的获得与运行所要

① 宋惠昌：《当代意识形态研究》，9—10页，北京，中共中央党校出版社，1993。

② 胡建：《当代中国公民政治认同研究》，74页，北京，中国社会科学出版社，2020。

③ 胡建：《当代中国公民政治认同研究》，76页，北京，中国社会科学出版社，2020。

遵循最基本的制度、程序、规则、政策等，是国家政治体系有效运行的规范保障。国家制度主要包括政治制度、经济制度、法律制度、文化教育制度。因此，制度认同就是指民众基于对特定的政治、经济、文化、社会制度等制度规则有所肯定而产生的一种情感、意识上的归属感及相应的支持行为，是公民从内心产生的对一定制度规则的高度信任和肯定。①

当代中国公民制度认同是社会成员对中国特色社会主义制度以及党的纲领、路线、方针、政策等的认可、肯定和遵循。党的十八大报告指出："中国特色社会主义制度，就是人民代表大会制度的根本政治制度，中国共产党领导的多党合作和政治协商制度、民族区域自治制度以及基层群众自治制度等基本政治制度，中国特色社会主义法律体系，公有制为主体、多种所有制经济共同发展的基本经济制度，以及建立在这些制度基础上的经济体制、政治体制、文化体制、社会体制等各项具体制度。"②中国特色社会主义制度是马克思主义国家理论与中国实际相结合的产物，是中国人民在革命、建设和改革的实践中探索形成的制度体系。习近平总书记指出："中国特色社会主义制度是当代中国发展进步的根本制度保障，是具有鲜明中国特色、明显制度优势、强大自我完善能力的先进制度。"③综上所述，中国特色社会主义制度的主要包括中国特色社会主义政治制度、经济制度、法律制度、文化制度、社会制度等。

第一，中国特色社会主义政治制度认同。中国特色社会主义政治制度认同是制度认同的根本内容。中国特色社会主义政治制度认同主要是指国民对新时代中国各项政治制度的认可和赞成。具体而言，就是认同人民民主专政

① 胡建：《当代中国公民政治认同研究》，71页，北京，中国社会科学出版社，2020。

② 胡锦涛：《坚定不移沿着中国特色社会主义道路前进 为全面建成小康社会而奋斗》，(2012-11-17)[2022-09-12]，https://www.gov.cn/ldhd/2012-11/17/content_2268826.htm。

③ 习近平：《中共中央关于坚持和完善中国特色社会主义制度 推进国家治理体系和治理能力现代化若干重大问题的决定》，(2019-11-05)[2021-07-07]，http://www.gov.cn/zhengce/2019-11/05/content_5449023.htm。

是具有中国特色的无产阶级专政，坚持和完善人民代表大会制度，坚持和完善共产党领导的多党合作和政治协商制度，坚持民族区域自治制度和基层群众自治制度。人民民主专政是我国的国体，是我国的国家性质。人民代表大会制度是我国的政体，是我国的根本政治制度。中国共产党领导的多党合作和政治协商制度是马克思主义政党理论和统一战线学说与我国实际相结合的产物，是我国政治制度的一大特色和优点。民族区域自治制度是我国在少数民族聚居地方实行的一项重要政治制度。民族自治地方设立自治机关，依照宪法法律的规定行使地方国家机关的职权和区域自治权。基层群众自治制度指包括以农村村民自治制度、城市居民自治制度、职工代表大会和其他形式企事业民主管理制度为主要内容的基层群众自治体系。走中国特色社会主义政治发展道路，就要“坚持党的领导、人民当家作主、依法治国有机统一，坚持和完善人民代表大会制度、中国共产党领导的多党合作和政治协商制度、民族区域自治制度以及基层群众自治制度，不断推进社会主义政治制度自我完善和发展”。①

第二，中国特色社会主义经济制度认同。中国特色社会主义经济制度是在社会主义经济建设过程中不断推进改革，不断扩大开放，既坚持了社会主义的本质特征和基本原则，又依据我国国情和社会发展阶段完善发展形成的。在所有制结构上，形成以公有制为主体、多种所有制经济共同发展的基本经济制度；在分配制度上，形成以按劳分配为主体、多种分配方式并存的收入分配制度；在运行机制上，建立起了社会主义市场经济体制。中国特色社会主义经济制度是中国特色社会主义制度体系中的重要组成部分之一。中国特色社会主义经济制度认同就是人们对中国的所有制结构、收入分配制度和社会主义市场经济体制等的肯定、认可和支持。②

第三，中国特色社会主义文化制度认同。党的十九届四中全会《关于坚

① 《十七大报告辅导读本》，27页，北京，人民出版社，2007。

② 胡建：《当代中国公民政治认同研究》，73页，北京，中国社会科学出版社，2020。

持和完善中国特色社会主义制度，推进国家治理体系和治理能力现代化若干重大问题的决定》指出，要坚持和完善繁荣发展社会主义先进文化的制度，巩固全体人民团结奋斗的共同思想基础，坚持马克思主义在意识形态领域指导地位的根本制度，坚持以社会主义核心价值观引领文化建设制度，健全人民文化权益保障制度，完善坚持正确导向的舆论引导工作机制等，不断推进优秀传统文化、革命文化和社会主义先进文化建设，推动物质文明和精神文明的协调发展。“发展社会主义先进文化、广泛凝聚人民精神力量，是国家治理体系和治理能力现代化的深厚支撑。必须坚定文化自信，牢牢把握社会主义先进文化前进方向，围绕举旗帜、聚民心、育新人、兴文化、展形象的使命任务，坚持为人民服务、为社会主义服务，坚持百花齐放、百家争鸣，坚持创造性转化、创新性发展，激发全民族文化创造活力，更好构筑中国精神、中国价值、中国力量。”①

在此，需要说明的是，由于文化具有意识形态属性，不同阶级有不同性质的文化，文化为不同阶级服务，因此中国特色社会主义文化制度也属于社会主义意识形态范畴，本书将中国特色社会主义文化制度认同纳入当代中国公民意识形态认同的范畴。

二、文化认同

如前所述，国家认同表现为政治认同和文化认同两个层面。表现在文化层面的国家认同强调对社会一系列文化的心理评价，以及对国家主流意识形态的认可与支持。在现代社会，文化认同的实践一定是在民族国家内部进行，国家认同的文化层面是政治层面深层的演进与升华，相较于政治层面更易于

① 习近平：《中共中央关于坚持和完善中国特色社会主义制度 推进国家治理体系和治理能力现代化若干重大问题的决定》，(2019-11-05)[2022-09-13]，http://www.gov.cn/zhengce/2019-11/05/content_5449023.htm。

被人们所接受，并且更易于产生国家凝聚力。

（一）文化认同概念

一般而言，研究国家共同文化认同必须首先清晰定义文化认同的客体，即文化认同中的“文化”是一种什么范畴的文化，其内涵和外延是什么。关于文化，学界是从多个角度来理解和解释的。

在文化发展史上，英国人类学家爱德华·伯内特·泰勒 (Edward Burnett Tylor) 在《原始文化》一书中指出，“文化或文明，就其广泛的民族学意义来说，乃是包括全部的知识、信仰、艺术、道德、法律、风俗以及人作为一名社会成员而获得的任何能力和习惯在内的复杂整体。”① 美国社会学家戴维德·波普诺 (David Pompano) 认为，“文化是一整套社会成员所共有的价值观、意义和物质实体。正是文化赋予了人类社会自身的特性”②。

马克思恩格斯经典文本中的文化概念有两种含义：一是将“文化”概念等同于“文明”，这里的文化泛指人类文明。马克思在《1844 年经济学哲学手稿》中，将文化与文明作为同义词并列使用，他指出，“抽象地否定整个文化和文明世界，恰恰证明私有财产的这种扬弃决不是真正的占有”③。恩格斯在《反杜林论》中，也将文化与文明等同，认为“文化上的进步”就是“文明的进步”。④ 二是将“文化”用作为精神文化的概念。如恩格斯在《论住宅问题》中说，每个人都有充分的闲暇时间去获得历史上遗留下来的诸如科学、艺术、社交方式等文化中真正有价值的东西；同时能够把这些原本只有统治阶级独

① ［英］爱德华·伯内特·泰勒著，连树声译：《原始文化》，1 页，上海，上海文艺出版社，1992。
② ［美］戴维德·波普诺，刘云德等译：《社会学》，120 页，沈阳，辽宁人民出版社，1988。
③ 中共中央马克思恩格斯列宁斯大林：《马克思恩格斯文集》（第 1 卷），184 页，北京，人民出版社，2009。
④ 中共中央马克思恩格斯列宁斯大林：《马克思恩格斯文集》（第 1 卷），184 页，北京，人民出版社，2009。

享的变为社会所共有的财富并加以发展。[①]这里的文化以科学、艺术等形式出现。在马克思恩格斯那里，文化还被抽象成为一个更高层次的精神文化意义，这里的文化与意识形态的本质相类似。例如，恩格斯在《暴力在历史中的作用》一文中就多次使用“文化斗争”的概念。

目前，对于国家“共同文化”，国内外学界还没有形成明确的概念界定与系统的理论体系。美国学者菲利克斯·格罗斯(Feliks Gross)认为，国家总要发展或培育一种自己的文化，即“国家—公民文化”(National-Civic Culture)，这种文化是国家的大气候或大风气，其内容包括基本的核心价值理念，共同的规则(法律、习俗、惯例等)，同时需要为大多数个人或团体所接受[②]；反之，如果国家没有这种文化，“就无法运行，它就会处于一种瘫痪或混乱状态”[③]。美国学者凯文·马尔卡希(Kevin V. Mulcahy)将“共同文化”称之为“公共文化”(Public Culture)，公共文化是“文化政策依托的基岩”，“形塑公共文化的是历史、信念和一般政治文化的价值观”[④]。加拿大学者威尔·金里卡(Will Kymlicka)在其著作中多次提到“社会文化”(Societal Culture)的概念，这是“一种集中于特定领土区域的文化，以共同语言为中心，这种语言广泛地用于社会公共领域和私人领域的各个制度机构”[⑤]。社会文化的重点包括共同记忆、价值观以及共同的制度和实践，不包括因地缘和血缘联系在一起的共同的宗教信仰、家庭世俗或者个人生活方式，“人们隶属于某个代代相

① 中共中央马克思恩格斯列宁斯大林：《马克思恩格斯文集》(第1卷)，258页，北京，人民出版社，2009。

② ［美］菲利克斯·格罗斯著，王建娥，魏强译：《公民与国家：民族、部族和族属身份》，230—231页，北京，新华出版社，2002。

③ ［美］菲利克斯·格罗斯著，王建娥，魏强译：《公民与国家：民族、部族和族属身份》，228页，北京，新华出版社，2002。

④ ［美］凯文·马尔卡希著，何道宽译：《公共文化、文化认同与文化政策：比较的视角》，210页，北京，商务印书馆，2017。

⑤ ［加］威尔·金里卡著，邓红风译：《少数的权利：民族主义、多元文化主义和公民》，12页，上海，上海译文出版社，2005。

传的社会，享有共同的疆域并拥有共同的过去和未来”。①

国内学者宁骚提出了“同质性的国民文化”概念，“所谓国民文化的同质性，是指各个民族国家的全体居民被一种共同的现代文化纽带联结成一个统一的集合体”。② 这种文化的核心是对民族国家的认同与忠诚，是一种现代性文化，具有世俗性、同质性等特征。这种文化的基础是统一的民族语言和共同的社会文化，核心是共同的政治文化，特别是占统治地位的意识形态。都永浩认为多民族国家团结稳定需要构建共同文化，“共同文化是一个国家所有居民共享的文化”③，其核心内容包括共同理解的国家精神、共同的价值观和价值标准、各民族可以共同交流的语言。马戎教授认为，人类社会文化包括三个层面：全球性文化、“国家特色”的文化、各国内部各类群体拥有的文化。从民族国家角度而言，国家层面的文化构建是三个层面中最为核心的部分。④ 王希恩从国内国外两个视角探讨了中华文化的性质，相对国内各民族的文化，“中华文化”是一种普同文化；相对于人类共有的普同文化，“中华文化”是一种民族文化。⑤

综上所述，我们可以总结出国家共同文化的主旨及特征：一是从文化的性质来看，相对于多元性、多样性文化而言，共同文化是在这些文化基础上建构起来的一种共同性、共享性、同一性的文化。二是从文化的内容来看，共同文化包括共同的价值观（特别是占统治地位的意识形态）、共同的国家精神、共同的历史记忆、共同的语言文字等。三是从文化的地位来看，共同文化处于一个国家文化的核心层次，属于深层次和高层次文化。四是从文化的作用来看，共同文化建构是国家建构或者民族建构的重要内容之一，这种文

---

① ［加］威尔·金里卡著，刘莘译：《当代政治哲学》，362 页，284 页，上海，上海译文出版社，2011。

② 宁骚：《民族与国家：民族关系与民族政策的国际比较》，277 页，北京，北京大学出版社，1995。

③ 都永浩：《多元民族文化与国家共同文化》，载《黑龙江民族丛刊》，2011（5）。

④ 马戎：《中国民族史和中华共同文化》，199—203 页，北京，社会科学文献出版社，2012。

⑤ 王希恩：《民族文化与普同文化及其在中国的转易》，载《兰州学刊》，2017（5）。

化是对一个国家内部各民族差异性的超越，是为所有国民所认可、遵守的共识性文化，可以实现国内民族最具广度、深度的团结与凝聚。

分析了国家共同文化概念之后，结合前述对认同的解释，我们就容易理解国家共同文化认同这个概念了。基于本研究视角和研究范围的需要，笔者认为，所谓国家共同文化认同就是指一国国民基于对其国家文化的肯定而产生的一种情感、意识上的归属感及相应的行为支持。具体而言，国家共同文化认同主要内容包括对共同价值和意识形态文化、共同历史记忆和传统文化、共同语言文字等的肯定与支持。

（二）文化认同的内容

根据上面论述，国家（中华）共同文化认同主要内容包括对共同价值与意识形态文化、对共同历史记忆与优秀传统文化、共同语言文字等的肯定与支持。下面具体对国家文化认同的内容作一阐释。

1. 共同历史记忆与优秀传统文化认同

我国是一个历史悠久的多民族统一国家。56 个民族共同创造了灿烂的历史文化，共同缔造了统一的多民族国家。习近平总书记指出，我们伟大的祖国，幅员辽阔，文明悠久，中华民族多元一体是先人们留给我们的丰厚遗产，也是我国发展的巨大优势。我们辽阔的疆域是各民族共同开拓的，我们悠久的历史是各民族共同书写的，我们灿烂的文化是各民族共同创造的，我们伟大的精神是各民族共同培育的。[①]“四个共同”的民族历史观位我们研究国家共同文化认同指明了方向。尽管各民族在心理、语言、地域、风俗习惯上有着各自的差异，但是，在历史文化的长河之中，各民族为生计与存续，在相互交往中，共同应对了历次的困难与危机，促使了“中华民族”由自在状态向自觉状态的历史转换，形成了共有的历史记忆，并呈现出共有的精神特质。

---

① 习近平：《在全国民族团结进步表彰大会上的讲话》，（2019-09-27），[2022-10-02]，http://www.qstheory.cn/yaowen/2019-09/27/c_1125049226.htm。

这些中华民族共同的历史记忆包括：中华民族共同团结奋斗的历史所凝聚而成的历史记忆、文化产品、文化象征、文化符号等；中华民族共同反抗外来侵略与压迫，维护国家统一，争取民族独立与解放的斗争中所涌现出来的民族英雄、民族精神、光辉事迹以及与各种灾害无畏抗争的记忆等；中华民族在社会主义建设事业中所展现的艰苦奋斗、自强不息等精神、人物及事迹；中华民族为推动世界历史进步、和平与稳定和发展作出的突出贡献，等等。这些历史记忆，均是激发中华民族使命感、自豪感、自信心的丰厚历史精神遗产。正如习近平总书记在十九届中央政治局第十三次集体学习时发表的重要讲话："在历史长河中，中华民族形成了伟大民族精神和优秀传统文化，这是中华民族生生不息、长盛不衰的文化基因，也是实现中华民族伟大复兴的精神力量，要结合新的实际发扬光大。"①

对于在历史长河中中华民族形成的伟大民族精神和优秀传统文化，学者闫国明、任树芳认为中国优秀传统文化主要表现为：第一是忧患意识、社会责任感和历史使命；第二是诚信；第三是谦恭礼让、严于律己，宽以待人的精神；第四是义利观念；五是刚健有为、自强不息的观念。②鲁成波认为：第一是"和为贵""和而不同"的人际关系的技巧；第二是积极向上的心态，坚强不屈的意志；第三是关注国家，参与社会的道德责任感；第四是义利观；第五是注重道德自觉的浩然情怀。③

教育部《完善中华优秀传统文化教育指导纲要》中指出："中华优秀传统文化是中华民族语言习惯、文化传统、思想观念、情感认同的集中体现，凝聚着中华民族普遍认同和广泛接受的道德规范、思想品格和价值取向，具有极为丰富的思想内涵。"其具体内容如下："一是天下兴亡、匹夫有责为重点的家国情怀；二是仁爱共济、立己达人为重点的社会关爱；三是正心笃志、

---

① 习近平：《中共中央政治局第十三次集体学习》，http: //www.xinhuanet.com/2019-11/30/c_1125292731.htm。

② 闫国明、任树芳：《中国以传统文化塑造大学生价值观》，载《党史博采（理论）》，2012（4）。

③ 鲁成波：《用传统文化涵养大学生的精神世界》，载《山东青年管理干部学院学报》，2005（5）。

崇德弘毅为重点的人格修养。”[①]

2. 意识形态文化与社会主义核心价值观认同

根据马克思主义原理，国家是阶级社会的产物，而人作为国家认同的主体，在生成自己对国家的认同时，必然包含对统治阶级意识形态文化的认同，而统治阶级意识形态作为上层建筑的重要组成部分，当然是国家认同的重要内容。马克思恩格斯指出：“统治阶级的思想在每一时代都是占统治地位的思想。这就是说，一个阶级是社会上占统治地位的物质力量，同时也是社会上占统治地位的精神力量。支配着物质生产资料的阶级，同时也支配着精神生产资料……占统治地位的思想不过是占统治地位的物质关系在观念上的表现，不过是以思想的形式表现出来的占统治地位的物质关系。”[②]在阶级社会，统治阶级意识形态必然表现为国家主流意识形态，国家文化认同的重要方面就是对国家主流意识形态文化的认同。因此，国家通过培育民众对主流意识形态文化的认同，使民众对国家政治思想、价值观念等方面在情感上和理性上形成积极地肯定性的认知与评价，作为价值系统发挥作用，从而认同现存的社会制度，达到为现存社会制度进行合法性证明和辩护的目的。统治阶级“意识形态的首要作用就在于为一定的统治阶级、社会集团或整个国家提供‘合法性’辩护，为社会的经济基础和上层建筑进行‘合理性’论证，以便从政治到思想等多方面维护和巩固一定阶级、社会集团或国家的合法统治和管理”[③]。

早在2013年习近平就明确提出了“巩固马克思主义在意识形态领域的指导地位，巩固全党全国人民团结奋斗的共同思想基础”[④]，指出了意识形态工

① 中华人民共和国教育部：《完善中华优秀传统文化教育指导纲要》，(2014-4-1)，[2022-10-03]，http：//www.gov.cn/xinwen/2014-04/01/content_2651154.htm。

② 中共中央马克思恩格斯列宁斯大林：《马克思恩格斯全集》（第3卷），15页，北京，人民出版社，1960。

③ 王永贵：《全球化态势下意识形态功能分析》，载《社会科学研究》，2005（4）。

④ 习近平：《习近平谈治国理政》，153页，北京，外文出版社，2014。

作的极端重要性。当前，我国意识形态认同就是指国民对马列主义、毛泽东思想、中国特色社会主义理论体系等主流意识形态的认同。“中国特色社会主义理论体系，就是包括邓小平理论、‘三个代表’重要思想、科学发展观在内的科学理论体系，是对马克思列宁主义、毛泽东思想的坚持和发展。”① 党的十九大以来，“以习近平同志为核心的党中央坚持把马克思主义基本原理同中国具体实际相结合、同中华优秀传统文化相结合，提出一系列治国理政新理念新思想新战略，不断丰富和发展习近平新时代中国特色社会主义思想，开辟了马克思主义中国化时代化新境界。习近平新时代中国特色社会主义思想是当代中国马克思主义、二十一世纪马克思主义，是中华文化和中国精神的时代精华”②。

意识形态工作根本意义在于它是国家政治运作的指导思想、价值追求及价值理念，包括政治意识形态、政治思想、政治文化等，它是政治体系的观念形态，在建设中国特色社会主义和实现共产主义过程中具有思想引领、价值塑造和巩固信仰的战略价值。马克思主义指导思想、中国特色社会主义共同理想、以爱国主义为核心的民族精神和以改革创新为核心的时代精神、社会主义荣辱观是社会主义核心价值体系的基本内容，而社会主义核心价值观是社会主义核心价值体系的核心。党的十九大报告指出，培育和践行社会主义核心价值观，“要以培养担当民族复兴大任的时代新人为着眼点，强化教育引导、实践养成、制度保障，发挥社会主义核心价值观对国民教育、精神文明创建、精神文化产品创作生产传播的引领作用，把社会主义核心价值观融入社会发展各方面，转化为人们的情感认同和行为习惯”。③ 因此，民众对国

---

① 胡锦涛：《坚定不移沿着中国特色社会主义道路前进为全面建成小康社会而奋斗：在中国共产党第十八次全国代表大会上的报告》，12 页，北京，人民出版社，2012。

② 中共中央、国务院办公厅：中国共产党第二十次全国代表大会关于《中国共产党章程（修正案）》的决议，(2022-10-22)，[2022-10-3]. http://www.gov.cn/xinwen/2022-10/22/content_5720928.htm。

③ 习近平：《决胜全面建成小康社会 夺取新时代中国特色社会主义伟大胜利——在中国共产党第十九次全国代表大会上的报告》，42 页，北京，人民出版社，2017。

家政治体系的认同自然就包含着或体现为一种对政治生活“意义”的探寻和期待，即社会主义核心价值观认同。

3. 国家通用语言文字认同

语言文字是人类用于交际和思维的最为重要的符号体系，语言文字形成和发展的历史，是人类历史演进的组成部分和缩影。语言文字记录着人类文化发展的历史，反映着社会文明进步的成果，是文化的有机组成部分，是延续和发展文化的工具。语言文字作为一种重要的工具，承载民族的历史文化遗产，传承劳动技术经验。马克思对文化要素中的语言文字符号作过深刻的阐释：“语言本身是一定共同体的产物，同样从另一方面说，语言本身就是这个共同体的存在，而且是它的不言而喻的存在。”①

语言是文化的核心，是一个民族的精神所在。因此，语言的认同也是文化的认同，是一种文化心理的趋同现象。正如德国语言学家威廉·冯·洪堡特(Wilhelm von Humboldt) 所言：“一个民族的精神特性和语言形成的结合极为密切，只要有一个方面存在，另一个方面必定能完全从中推演出来。语言仿佛是民族精神的外在表现；民族的语言即民族的精神，民族的精神即民族的语言。”② 所以语言的认同不只是简单的语言本身的认同问题，它关乎民族的存亡。

语言是文化传承的载体，语言统一是国家统一的文化基础。国家通用语言是构建国家的基本要素，是一个国家文化的基本载体和象征，是国家认同的纽带和民族团结的基础，是治国安邦的重器。共同的语言是各民族共同交流的前提。从历史上看，人人共讲一种语言的国家的统一力、团结力，要高

① 中共中央马克思恩格斯列宁斯大林著作编译局：《马克思恩格斯选集》(第 2 卷)，742 页，北京，人民出版社，2012。

② ［德］威廉·冯·洪堡特著，姚小平译：《论人类语言结构的差异及其对人类精神发展的影响》，196 页，北京，商务印书馆，1997。

于两种或更多语言并行的国家。[①]在我国，中华民族的共同语言是《国家通用语言文字法》规定的“普通话和规范汉字”。[②]国家通用语言文字是各民族必须要学习的，这不仅体现了自己是中华民族的一员，而且也是实现中华民族更大范围内的交往交流交融和共同发展的前提。习近平总书记指出：“语言相通是人与人相通的重要环节……语言不通就难以沟通，不沟通就难以达成理解，就难以形成认同。”[③]国家通用语言是国家语言生活最重要的知识信息交流传播工具[④]，推广好、普及好国家通用语言文字，是各民族走向现代化的客观要求。[⑤]将普通话定为“国家通用语言”，旨在强调其在正式官方场合的通用性，在不同方言、语言地区的通用性。[⑥]

第三节　国家认同的发生机制

机制，又称“机理”，本意是指为实现某一特定功能，机体中各个构成要素在一定环境下相互联系、相互作用的运行规律和原理。国家认同机制则是指国家认同的构成要素及其相互关系，以及从中体现出来的规律和原理。国家认同作为一定社会关系中的社会成员对所属国家共同体产生的一种同向性的政治、文化心理和政治、文化行为，其生成与发展是在认同主体主观特

① ［德］塞缪尔·亨廷顿著，程克雄译：《谁是美国人？——美国国民特性的挑战》，116页，北京，新华出版社，2010。

② 郝时远：《铸牢中华民族共同体意识必须推广国家通用语言文字》，载《人民日报》，2018-10-31(20)。

③ 习近平：《在全国民族团结进步表彰大会上的讲话》，268页，北京，人民出版社，2019。

④ 周庆生：《语言与认同国内研究综述》，载《语言战略研究》，2016（1）。

⑤ 中央民族大学新闻网：《巴特尔强调：学习使用好国家通用语言文字是各民族的共同责任》，(2020-09-10)［2020-10-11］.https：//news.Muc.Edu.cn/info/1011/18297.htm。

⑥ 周庆生：《语言与认同国内研究综述》，载《语言战略研究》，2016（1）。

性和一定社会环境的基础上，通过一定的心理机制共同作用的结果。因此，国家认同的形成具有其自身固有的心理机制。如果说前文对国家认同结构要素的分析是从平面和静态层面进行描述的话，那么心理机制的分析则是在静态结构要素分析的基础上，对国家认同进行了一种动态和整体层面的考察和阐释。

作为主观心理和现实行为的有机统一，国家认同是认同主体在一定心理机制基础上进行相应行为活动的过程。国家认同的形成是由相互关联的心理结构要素构成的完整过程，这些结构要素包括对国家的认知、情感、态度和行为等方面。因此，国家认同的心理机制实质上是由认同主体对国家共同体的认知、情感、态度和行为表现形成的，这一过程体现了国家认同萌芽、累积、稳固和外化的心理活动过程。

一、认知：国家认同生成的基础

认知是指个体对事物的认知过程，包括对事物的感知、注意、记忆、思维、判断、推理等活动。国家认同是一个动态的概念，它不仅包含着人们对国家的历史、文化、政治、地理等多方面的认同，还包含着人们对国家未来发展的期望和追求。而这种认同是建立在个体对国家的认知基础之上的。

首先，认知对于国家认同的产生和形成具有基础性的作用。认知是国家认同的基础，因为个体在了解和理解国家的各个方面后，才能对其产生认同感。国家认同是建立在对国家的认知基础上的，个体对于国家的文化、历史、政治等方面的认知，会影响他们对于国家的认同感受。比如，一个人对于自己国家的文化传统有深入的了解和认识，就容易形成对国家的认同感。因此，认知是国家认同产生的基础，它为个体对于国家的认同提供了认知支持。个体对国家的认知有感性认知和理性认知两个层次。感性认知是从对自然地理、文化风俗的认识到对经济政治、制度法律的学习和把握，属于事实性的认知。感性认知是国家认同生长的土壤，丰富的感性认知就像有肥沃的土壤，可以长出国家认同的参天大树。在感性认知的基础上，经过系统的学习或自身的思考，个体可以将感性的认知经过加工制作上升为理性的认知，形成有关自己国家特定方面的判断、评价或理论。理性思考下的认同是高水平的、深刻的和持久的。

其次，认知对于国家认同的形成和发展具有引导性的作用。个体的认知结构会影响他们对外部环境的评价和解释，从而影响他们对自身所处的国家的认知和态度。个体对国家的认知可以是基于他们对国家历史、文化、政治制度和社会现状等方面的了解和理解。这些认知会影响个体对国家的评价和态度，从而影响其国家认同的形成和发展。

此外，个体的认知结构也会对国家认同的形成和发展产生重要的引导性作用。个体对国家的了解和认知会直接影响他们对国家的评价和解释。例如，一个个体对于国家的历史、文化、制度等方面有较为全面的了解，能够理性地分析和评价国家的政策和行为，那么他对国家的认同也会更为深厚。反之，如果个体对国家的了解和认知不够全面和客观，容易受到片面的、误导性的信息影响，就会影响他对国家的认同和归属感。因此，提升个体的国家认知水平，对于促进国家认同的形成和发展具有重要的意义。

二、情感：国家认同生成的催化剂

情感是一个人在行动中所表现出来的心理状态，它可以是积极的，如爱、感激和热情，也可以是消极的，如悲伤、愤怒和不满。在国家认同的形成和发展过程中，情感是一个非常重要的因素。个体对国家的情感态度决定了他们对国家的认同程度。如果个体对自己所处的国家具有积极的情感态度，那么他们就会更容易对这个国家产生认同感，愿意为国家的利益和荣誉付出自己的努力。反之，如果个体对国家没有什么感情，或者对国家存在消极的情感态度，那么他们就会很难产生认同感，很难为国家的利益和荣誉而奋斗。

情感还可以作为国家认同的催化剂。个体在情感上的共鸣和认同，有利于促进个体对国家的认同程度和国家形象的塑造。具体来说，在国家认同的过程中，情感可以影响个体对国家文化和价值观念的接受和认同程度。个体会根据自己的情感体验去评价和解释外部环境中的国家形象，从而形成对国家的认知和态度。如果个体对国家的情感体验是积极的，那么他们更容易接受国家文化和价值观念，更加深刻地了解和认同自己所处的国家。反之，如果个体对国家的情感体验是消极的，那么他们可能会抵制国家的文化和价值观念，从而影响国家认同的形成和发展。此外，在国家遭受挑战或面临困难时，国家领袖可以利用情感上的共鸣来激励国民，引导他们团结起来，共同应对挑战。例如，在抗击疫情的过程中，中国领导人通过温暖的话语和身体力行，激发了全国人民的爱国情感，促进了全国人民团结一心、共同应对疫情的力量。这样的情感共鸣有利于增强国家凝聚力和民族团结感，促进国家认同的发展和巩固。

因此，情感在国家认同的形成和发展中具有重要的作用。个体对国家的情感体验可以影响其对国家文化和价值观念的接受和认同程度，情感的共鸣和引导也可以增强国家凝聚力和民族团结感，有利于国家认同的发展和巩固。国家认同不仅仅是一种理性的认知过程，更是一个情感的体验。有了情感的支持，国家认同就会获得深刻的内驱力，成为社会稳定和国家发展的底层保障。反之，如果民众对一个国家不能形成强烈的认同感，那么它就会缺乏统一和稳定的心理根基，并会面临社会动荡和政局不稳定的危险。只有通过情感的引导和激励，才能真正促进国家认同的形成和发展。

三、态度：国家认同生成的桥梁

态度是一个人对于特定对象或事件的评价和感受，包括情感态度、行为态度和认知态度。在国家认同的形成中，态度是一个重要的影响因素。

首先，态度在国家认同的形成中具有导向性的作用。个体的态度会影响他们对于国家的评价和态度，进而影响到国家认同的生成和发展。积极的态度可以促进国家认同的形成和巩固，而消极的态度则可能导致国家认同的削弱和瓦解。例如，如果一个人持有负面的态度，认为自己所处的国家不好或者不重要，那么他很难真正地产生国家认同，因为他缺乏对国家的肯定和认同。反之，如果个体持有积极的态度，认为自己所处的国家有重要的历史、文化和政治地位，那么他就容易产生国家认同。

其次，态度也可以作为国家认同的表现形式。个体的态度可以通过言语、行为和符号等形式表达出来，这些表现形式可以成为国家认同的重要标志。例如，在某些重大的国家庆典或活动中，人们会以各种方式表达对国家的爱、敬意和认同，这些表现形式可以加强个体的国家认同感，并有助于形成国家认同的社会氛围。

再次，态度在国家认同的形成中具有连续性的作用。个体的态度是根据自身的经验和情境形成的，这些态度会在一定程度上持续并影响到后续的决策和行为。因此，国家认同的形成和发展也是一个渐进的过程，与个体的态度有着紧密的联系。在这个过程中，个体的态度会逐渐转变，从最初的模糊和不确定，到逐渐清晰、坚定和稳定，形成对国家的认同和归属感。

最后，态度在国家认同的形成中具有互动性的作用。个体的态度不仅受到自身认知和情感的影响，也受到外部环境的影响，包括家庭、学校、媒体等。在这个过程中，个体会与不同的环境发生互动，并逐渐形成对国家的态度和认同。因此，要促进国家认同的生成和发展，不仅需要关注个体的认知和情感，也需要关注外部环境的影响，创造良好的社会氛围和环境，引导个体形成积极的态度和认同感。

综上所述，态度在国家认同的形成中具有导向性、连续性和互动性的作用，是国家认同生成的桥梁。因此，要促进国家认同的形成和发展，需要注重个体的态度和认知，同时也需要关注外部环境的影响，创造良好的态度和认知环境。

四、行为：国家认同生成的外现

行为指的是一个人或组织在某个时间段内所做的实际行动或举止，是人类或其他生物对外界刺激作出的反应。个体国家认同行为是指个体在日常生活中展示对国家认同的具体行动，如遵守国家法律、参与国家活动、支持国家政策等。行为与国家认同之间存在着相互影响和相互支持的关系。个体的行为可以反映其国家认同程度，而国家认同程度也会影响其行为。

行为是国家认同的外在表现，是认同的实际体现。个体的行为反映出他们对国家的认同程度和程度的深浅。个体在行动中，通过言行举止、身体语言等方式表达出对国家的态度和认同感。例如，在国家重大节日或重要场合，个体会主动参与庆祝活动或者穿戴符号性的服装以表达对国家的认同和尊重。此外，个体在日常生活中的各种行为也是国家认同的体现，比如遵守法律法规、爱护公物、尊重社会公德等行为都反映出个体对国家的认同和责任感。当个体对自己所处的国家充满认同感时，他们往往会表现出积极的行为，例如参与国家事务、支持国家政策等。相反，当个体对自己所处的国家缺乏认同感时，他们可能会表现出消极的行为，例如抵制国家政策、反对国家决策等。因此，个体的行为可以反映其国家认同程度。

行为作为国家认同生成的外在表现，具有引导和塑造认同的作用。个体在不断的行为实践中，逐渐树立起对国家的认同和责任感，同时行为也反过来影响个体的态度和认知。例如，个体参加志愿者活动、捐助慈善等行为，能够增强其对国家的认同感和责任感，同时也可以改变其对社会、人民、国家等事物的态度和认知。

因此，个体的行为是国家认同生成的外在表现，也是国家认同生成机制中不可或缺的一环。为了促进国家认同的形成和发展，需要注重引导和塑造个体的行为，营造和谐、有序、法治的社会环境，同时也需要加强教育和宣传，引导个体正确的行为规范和价值观念，从而更好地促进国家认同的形成和发展。

综上所述，国家认同的心理机制一般意义上可以体现为四个阶段：认知、情感、态度和行为。具体而言，认同主体在一定的动机的驱动下，对国家共同体进行感知、理解、判断和评价，即形成对国家共同体的认知。然后，在一定的对国家共同体认知基础上，产生对于国家共同体是否符合自己内心需求的体验和感受，即对国家的情感。之后，在对国家的认知和对国家情感的综合作用下，形成一种较为一贯和稳定的综合信念体系，即对国家共同体的态度。最后，认同主体的认知、情感和态度等外化为具体的行为，即产生维护国家共同体的行为，从而出现国家认同的结果。

简而言之，国家认同的形成过程具体表现为：一定的认同动机—进行认知—产生情感—形成态度—付诸行为—出现认同结果。在国家认同形成的过程中，以上环节是条件关联和条件递进的关系，即前者成为后者的条件，后者成为前者的结果。但是，由于认同活动是人能动的活动，各种因素的影响是多方面的，同时，认同过程中各种条件的多样性和变化性，使得认同活动的过程呈现出较为复杂的可能状况。

因此，要想促进国家认同的形成和发展，需要从认知、情感、态度和行为四个方面入手。在认知方面，需要通过教育、宣传等手段增强国民对国家的了解和认知。在情感方面，需要营造良好的文化氛围和社会环境，培养国民对国家的归属感和自豪感。在态度方面，需要加强法律意识和公民意识的教育，引导国民形成正确的国家态度和价值观。在行为方面，需要鼓励和支持国民参与国家建设和发展，加强社会责任感和公民素质的培养。只有综合发力，才能够实现国家认同的稳固和发展。

第四节　国家认同的主要特征

从国家认同的含义可知，国家认同是公民对一定的国家政治、文化所做出的心理反应和行为表达，它既是公民（认同主体）与国家共同体对象（认同客体）心理趋同的过程，又是公民对国家共同体对象予以行为支持的过程。在这个过程中，国家认同表现出多种特征，具体如下。

一、社会性与政治性相统一

国家认同是社会心理现象的一种，它反映了个体对于社会文化、制度等社会现象在意识之中的反映和接纳。在这一过程中，国家认同具有社会性和政治性相统一的特征。群体认同是国家认同的先导，个体总是在对自己所归属的群体有了认同之后，才进一步扩展提升至国家认同。具体而言，国家认同的社会性体现在两个方面：首先，国家认同的主体是社会性的人。人有自然属性和社会属性，但社会性是其本质属性。国家认同就是社会性的人在社会关系中所具有的认可接受的心理状态。其次，国家认同的内容包含着非常丰富的社会性内容。文化认同是贯穿国家认同始终的基本内容，是人类活动呈现出来的所有人化的状态和联系，是人的生存方式、生活习惯，以及社会风俗、宗教信仰等多方面构成的社会综合体。此外，政治制度、政治体制、政治文化等因素也是国家认同的重要组成部分，它们从一定程度上也是一种社会现象，因此政治认同也属于一种社会认同。

国家认同作为一种独立于族群认同和社会认同的心理现象，具有明显的政治性。国家是一个统治阶级为了维护自身利益而建立的机构，国家认同的形成也受到了政治力量的影响。在一个阶级社会中，统治阶级通过运用物质和精神两种手段来巩固自己的统治地位。其中，国家意识形态是精神上的手段之一，其目的是将统治阶级的意志和价值观念灌输给全社会，使之成为社会的主流文化和思想。因此，国家的文化和政治认同都带有明显的政治性，它们的核心价值观念是为国家和统治阶级服务的。然而，在社会主义社会中，阶级矛盾被消灭，无产阶级成为了国家的领导阶级。因此，国家的意识形态也发生了变化，以无产阶级的意识形态为主体，体现着广大人民群众的意志和利益。在这种情况下，国家认同也成为了人民群众对于社会主义国家的认同。在这个过程中，国家认同的政治性仍然存在，但其核心价值观念更多地体现了人民群众的利益和意志。

总之，国家认同的社会性和政治性相统一，既体现了个体对于所归属的群体和文化的认同和接纳，又体现了对于政治制度和政治文化等因素的认可和支持。这种社会性和政治性相统一的特征，是国家认同在个体和社会层面产生重要影响的重要原因之一。

二、意识性与实践性相统一

国家认同属于人的思想意识领域，具有意识性。第一，国家认同的内容是意识性的，主要是关于国家政治文化的观点、概念、思想、价值观等内容。意识形态是国家认同的主要内容，是基于一定社会生产方式、一定经济基础形成的思想观念，是在社会中占据统治地位的阶级对全体社会成员提出的系统性的思想观念体系，包括道德、文学，艺术、宗教、政治法律思想、哲学等意识形式，代表着统治阶级的意志。第二，国家认同是社会成员对国家政治、文化等的认知、情感、态度和行为，有其内在心理机制，属于心理活动的范畴。因此国家认同的生产、培育机制必然要遵循心理学的基本规律，以心理学的方法去干预、培育个体的国家认同。第三，个体的主观思维特性影响和制约其国家认同，使不同主体的国家认同呈现出不同的状态。

实践性体现为国家认同是个体在实践中对国家政治、文化的行为，个体通过在国家政治文化实践基础上的直接和间接经验，不断获得和提升自己的国家认同水平。国家认同不是停留在主观领域的想象，而是通过在自主的心理倾向和态度做出自己认同的行为，进而影响和调整社会公共体系的运作，体现为有意识、有目的地改造客观世界的过程，具有明显的实践性特征。此外，国家认同的实践性还体现在，通过有关国家认同的行为，个体可以对社会公共体系的运作产生影响，个体的力量就会汇集起来，促进强化或阻碍削弱个体的国家认同。

因此，国家认同具有意识性和实践性相统一的特征。在国家认同的生产、培育和发展过程中，既需要遵循心理学的基本规律，同时也需要注重实践的环节，引导和促进个体通过实践活动提升自身的国家认同水平。

三、复杂性与动态性相统一

国家是一个复杂的社会系统，它的构成要素包括自然地理、人口、文化、风俗、宗教、政治、经济、军事等方面，因此国家认同的复杂性表现为认同内容的多样性。无论是政治认同还是文化认同，实际上都是宽泛的概念。政治认同包括政治实体认同（国家、政党、政府等）、政治制度认同（法律、政策等）、政治理念认同（理论、信仰等）。文化认同则包括意识形态认同（精神文化、价值观）、历史文化认同（优秀传统文化、革命文化、先进文化）以及语言认同（国家通用语言文字）等方面。此外，国家认同的复杂性还表现为认同本身的复杂性。每个个体都有独特的认知结构、心理机制、个性特征、利益需求等，这些因素会对个人的国家认同产生影响，形成不同的认同层次、类型及程度等复杂的状况。同一认同主体对同一对象的认同也会随着主体自身受教育程度、认知水平、政治利益需求等的改变而产生前后差异。

国家认同还具有动态性。吉登斯认为，认同是“由人类自己创造的一个动态的、没有终点的过程”[①]。个体的国家认同不是凝固不变的，而是处在不断变化过程之中。不同时期的国家认同，总是打上不同时代的烙印，因此国家认同的动态性也称为历史性、时代性。随着时代的不同，国家认同的内容和形式就会发生不断的变化，展现出一个过程性的特点。封建社会的臣民有自己的国家认同内容和原则，资本主义社会的公民也有自己的国家认同标准。对一个人的国家认同的形成而言，也是处在一个不断变化过程中。随着个体对国家的认知的完善和发展，对国家的情感也就会变得更加丰富，形成更坚定的国家认同的态度，从而以更积极的行为去践行自己的国家认同观。

总之，国家认同的复杂性和动态性是相互交织的，随着社会的变化和个体的成长，国家认同也在不断变化和发展。了解国家认同的复杂性和动态性，有助于我们更好地认识国家认同的形成和发展过程，为国家认同的建设提供指导意义。

---

① Barker Chris. (2000) *Culture Studies：Theory and Practice*. London：Sage Publication，p.166.

第二章　政策回眸：新中国成立以来大学生国家认同培育经验

“历史是客观事实，历史没有不对的，不对的是我们不注重历史，不把历史作参考。”[①] 因此，研究任何一个社会问题，最可靠和最科学的方法之一，就是必须从历史维度上把它的全部过程加以考察。我们在研究新时代大学生国家认同培育问题时，有必要对中国大学生国家认同培育的政策进行考察，以了解其历史发展和经验特点，并探寻当代大学生国家认同培育的内在逻辑和规律。这对于新时代培育大学生国家认同，维护国家稳定和推进社会发展具有十分重要的意义。

“青年强，则国强”。在实现中华民族伟大复兴梦的历史进程中，大学生肩负着重要的责任。20 世纪 50 年代以前，大学生是民族独立、国家解放的重要促进者。新中国成立后，大学生更是成为社会主义现代化建设的重要生力军。自新中国成立以来，党和政府一直重视大学生国家认同培育。在国家的相关政策法规、会议以及国家领导人的重要讲话中，都十分强调大学生国家认同培育的重要性，并在不同历史时期对大学生国家认同培育作了具体规定。本章将重点分析新中国成立以来党和政府对大学生国家认同培育的制度、政策规定，从而梳理出党和政府对大学生认同培育在内容、路径上的规定及其呈现出的特点。

① 钱穆：《中国文化史导论》，178 页，北京，商务印书馆，1994。

第一节 社会主义革命和建设时期大学生国家认同培育

1949 年 10 月 1 日，中华人民共和国正式宣告成立，标志着中国历史进入了新时代。中华人民共和国的成立，不仅实现了国家的基本统一和民族团结，也使得社会政治局面趋向稳定，人民开始安居乐业的生活。在中国共产党的领导下，全国各族人民开始了社会主义革命和建设。在这个过程中，大学生国家认同培育工作得到了新生的国家政权和中国共产党的高度重视。

加强大学生国家认同培育需要从大学生的思想意识入手，加大对大学生的思想政治教育力度。通过教育，逐步改变大学生的固有思想意识，转变其政治立场，使其从内心深处对新生的国家政权产生认同，并逐步“提高学生的社会主义觉悟，培养学生的马克思主义世界观和共产主义道德品质”。[①] 这是新中国成立以来大学生国家认同培育的重要途径，也是维护国家稳定、促进社会发展的必要举措。

一、新中国成立初期（1949—1956）

新中国成立之初，国家认同培育紧紧围绕立国、建国而进行。《中国人民政治协商会议共同纲领》规定，“中华人民共和国的文化教育为新民主主义的，即民族的、科学的，大众的文化教育。人民政府的文化教育工作，应以提高人民文化水平、培养国家建设人才，肃清封建的、买办的、法西斯主义

① 教育部社会科学司组编：《普通高校思想政治理论课文献选编（1949—2006）》，20 页，北京，中国人民大学出版社，2007。

的思想，发展为人民服务的思想为主要任务”，“提倡爱祖国、爱人民、爱劳动、爱科学、爱护公共财物的思想为中华人民共和国全体国民的公德”。①

（一）在反帝、反封建和为人民服务的政治与思想教育中培育国家认同

1949 年 12 月，第一次全国教育工作会议召开。在总结老解放区原有经验的基础上，会议确立了“新区学校安顿以后的主要工作，是有计划、有步骤地在教师和青年学生中进行政治与思想教育”的工作方针。在会议总结报告中，时任教育部副部长的钱俊瑞明确提出：“新区学校安顿后的主要工作，是进行政治与思想教育，是有计划、有步骤地在教师和青年学生中进行政治与思想教育，其主要目的是逐步地建立革命的人生观。这种教育首先要反对买办的、封建的、法西斯主义思想，建立为人民服务的思想。但是，为了建立和巩固为人民服务的思想，应当提倡和鼓励马克思列宁主义世界观和毛泽东思想的学习。”②

面对新中国成立之初的发展处境，当时的国家认同培育集中在反帝、反封建和为人民服务的政治与思想教育上，同时与抗美援朝“保家卫国”行动结合。“中国人民今天的爱国主义并不是什么抽象的东西，它的内容就是反对帝国主义侵略和封建主义的压迫，就是保卫中国人民民主革命的果实，就是拥护新民主主义，就是拥护进步，反对落后，就是拥护劳动人民，就是拥护中国与苏联和人民民主国家以及全世界劳动人民的国际主义联盟，就是争取社会主义的前途。兴起这种爱国主义，就是总结中国人民奋斗经验，完成中国人民反帝反帝国主义的思想解放，用中国人民对于自身伟大力量和光明前途的信心，来消灭帝国主义侵略者及其走狗买办资产阶级所制造、散布、借

① 中华人民共和国中央人民政府、中国人民政治协商会议：《中国人民政治协商会议共同纲领》，载《人民日报》，1949-9-30(01)。

② 教育部社会科学司：《普通高校思想政治教育课程文献选编（1949-2003）》，4 页，北京，中国人民大学出版社，2003。

以瓦解中国人民革命斗争的殖民地人民的自卑心。中国人民在许多年间特别是1950年中间的斗争经验，证明这种爱国主义的教育是完全合乎真理的；因此，进行这种教育，对于完成中国人民在军事、政治、经济各方面的光荣任务，将是一个经常起作用的动力。”①

（二）开设并完善马列主义政治理论课以加强国家认同培育

新中国成立之初，在通过的具有临时宪法作用的《中国人民政治协商会议共同纲领》中强调，教育要为人民服务，坚决肃清封建的、买办的、法西斯思想，要求各年级大学生必须学习包含中国革命运动史在内的历史唯物论、新民主主义论和辩证唯物论等课程。1950年为了进一步肃清在教育领域内存在的一些诸如封建买办的腐朽没落的思想，教育部根据《中国人民政治协商会议共同纲领》的根本要求，颁布了《关于实施高等学校课程改革的决定》，要求各高等学校开设反映新民主主义革命的政治类课程。随后，各高校先后开设了政治经济学等课程。为了对大学生加强马克思列宁主义教育，教育部在1952年10月发出了《关于高等学校开设马克思列宁主义、毛泽东思想课程的指示》，要求自1953年开始，各类高等院校（含专科学校）必须开设马克思列宁主义基本理论的相关课程。1953年，高等院校调整之后，参照苏联高校教学大纲，先后开设了“辩证唯物主义和历史唯物主义”与“新民主主义论”“马列主义基础”“中国革命史”“政治经济学”等课程，并对马列主义政治理论课的教学方针、原则、方法及教学组织作出了一系列的规定，形成了一个相对完整的马列主义政治理论课体系。1956年教育部在总结了新中国成立以来我国高校课设思想政治理论课经验的基础上，下发了《关于高等学校政治理论课程的规定》，对全国不同类型高校开设的思想政治理论课程的名称、总学时、课堂讲授与课堂讨论学时比例及次数、考试与考察方式等作了详细的规定。

---

① 《人民日报》社论：《在伟大爱国主义旗帜下巩固我们的伟大祖国》，载《人民日报》，1951-1-1(01)。

（三）结合社会活动开展国家认同培育

中华人民共和国成立后，党和政府十分重视对知识分子的团结、教育和改造工作，开展了全国规模的知识分子思想改造运动。由于在新旧社会的转变时期，帝国主义、封建买办思想在知识分子中还有很大影响，为应对这一挑战，党中央采取了系列行动，如设立军政大学和革命大学，举办各种短期训练班，使知识分子有机会深入学习党的文件和理论，以便更好地理解国内外形势以及党的各项政策。此外，党中央还通过组织各种报告会、主题展览会，以及参观农村和工厂的方式，致力于帮助知识分子提高政治意识，坚定革命立场，明确爱国主义以及为人民服务的使命。同时，通过开展以批评和自我批评为主要内容的"洗澡运动"，帮助知识分子深度反思，肃清旧有的思想观念。据统计，大学生参加率达到80%。① 通过开展这些运动，大学生树立了新思想、新观点，肃清旧制度留下的影响，转变政治立场，划清敌我界限，逐步抛弃旧我，提高学习改造的自觉性，获得前进的方向和力量，让大学生划清工人阶级和资产阶级的思想界限，从内心深处拥护中国共产党，热爱新中国，确立无产阶级世界观，认同社会主义制度。还通过广泛开展榜样教育，以英雄精神激励大学生。学习"全心全意为人民服务"的雷锋；为祖国创业而吃苦耐劳的"大庆人"；"心中装着全体人民、唯独没有自己"的焦裕禄，通过榜样学习，提高大学生的热爱祖国、奉献社会的思想意识。

此外，加强对高等学校工作的领导，成立"政治辅导处"。1952年10月，教育部颁发了《在高等学校有重点地实行政治工作制度》，建议学校设立政治辅导处，并配备政治辅导员。建立青年团、学生会积极参与、分工配合的思想政治教育工作体制。

---

① 中华人民共和国国史全鉴编委会：《中华人民共和国国史全鉴》（第一卷），608页，北京，团结出版社，1996。

二、全面建设社会主义时期（1956—1966）

在全面建设社会主义时期，毛泽东提出了“又红又专”的理念，明确了高校教育为谁培养人的问题，解决了大学生政治认知出现的波动。在这一时期，政治与思想教育是大学生国家认同培育的重要环节。针对高校特定的教育对象，毛泽东进一步指出高校培养的人才应是“又红又专”，要求人才在有坚实的专业知识的同时，要有坚定的政治信仰，为社会主义服务的信念。为此，全国高校的大学生除了在课堂上学习马克思主义的相关理论课程，还参加政治学习，以毛泽东同志的讲话精神、中国共产党的文件、部分马克思列宁主义经典著作为主要学习内容。同时，为改进高等学校共同政治理论课程教学，政府不断地调整教材。在这一时期，高等学校基本形成了以开设马克思主义理论课程为核心的思想政治教育课程体系，为大学生国家认同培育奠定了坚实的基础。

（一）政治思想教育是大学生国家认同培育的重要环节

1957 年我国完成了社会主义改造，人民内部矛盾成为社会的主要矛盾。虽然国内的非对抗性矛盾成为主流，但国际国内形势的变化，尤其是国际反动势力的威胁，使大学生政治认知出现了波动。为此，毛泽东提出了两个必须——“教育必须为无产阶级服务，必须与生产劳动相结合”，要求教育培养的人是“有社会主义觉悟的有文化的劳动者”。这些思想明确了教育为谁培养人的问题，解决了人们思想上的困惑。针对高校特定的教育对象，毛泽东又进一步指出高校培养的人才应是“又红又专”，强调人才在有坚实的专业知识的同时，要有坚定的政治信仰，要有坚定的爱党爱国的政治信仰，要有为社会主义服务的信念。毛泽东提出：“不论是知识分子，还是青年学生，都应该努力学习。除了学习专业之外，在思想上要有所进步，政治上也要有所进步，这就需要学习马克思主义，学习时事政治。没有正确的政治观点，就等于没有灵魂。”①“又红又专”凸显了毛泽东对大学生国家认同培育的重视。随后，全国高校的大学生除了在课堂上学习马克思主义的相关理论课程，还参加政治学习，以毛泽东同志的讲话精神、中国共产党的文件、部分马克思列宁主义经典著作为主要学习内容。

（二）改进马克思主义理论政治课培育大学生国家认同

由于过度搬用苏联课程教材，1957 年，政府着手调整高等学校共同政治理论课程。高等学校停开四门共同政治理论课，改为社会主义教育课程，主要以毛泽东《关于正确处理人民内部矛盾的问题》、马克思列宁主义经典著作及党的文件等作为教材。1961 年，教育部颁发了《改进高等学校共同政治理论课程教学的意见》，规定文科各专业一般开设“中共党史”（或“马克思主义政治学”）、“政治经济学”和“哲学”三门课。1964 年，中央宣传部等部门在改进政治理论课意见时进一步指出，高等学校要设置“中共党史”“哲学”“政治经济学”等系列课程，培养大学生热爱社会主义、热爱中国共产党的情感。自此，我国高等学校基本形成了以开设马克思主义理论课程为核心的思想政治教育课程体系。

（三）开创理论与实践相结合的大学生国家认同培育途径

1958 年，教育部政教司对高等学校政治课教学情况进行了研究与评估，认为我国高校思想政治理论课教师队伍不断增长，虽然教学质量得到显著提升，但也存在着重知识传授，轻思想育人，以及重理论、轻实践的教条主义倾向。尤其是针对思想政治理论课的教学目的存在认识误区。教育部再次明确提出思想政治理论课的目的是从思想上提升社会主义觉悟，是改造人的思想。基于此，主张采取理论与实践相结合的教学方法，注重学生的感悟。为

① 毛泽东：《毛泽东文集》（第 7 卷），226 页，北京，人民出版社，1999。

了进一步使教学具有针对性，教育部对高等学校开设的课程进行了调整，规定除二年制的专科学校外，高等学校开设马列主义基础、政治经济学和辩证唯物主义与历史唯物主义等三门政治理论课。

1961 年，在对大学生进行国家认同教育总结后，国家颁布了《教育部直属高等学校暂行工作条例（草案）》，提出“高校培养的学生要具有共产主义道德品质，要拥护共产党的领导，拥护社会主义，愿为社会主义事业服务，要为人民服务”；要求高校既要开设思想政治理论课，让学生阅读学习马克思列宁主义和毛泽东的经典著作，又要定期组织学生到工厂、农村参加生产劳动锻炼；在理论学习与锻炼中，让学生逐步树立无产阶级的政治观和辩证唯物史观，并要求“高校的思想政治教育工作必须在学校党委的领导下开展”。[①] 这是以国家文件的形式对大学生国家认同教育的内容、方式作出的刚性规定，其中的爱国主义教育、社会主义教育和拥护中国共产党的教育初步构成了我国大学生国家认同培育的体系，强调的理论与实践相结合成为大学生国家认同培育的重要原则。

1964 年 10 月 11 日，中央宣传部、高教部党组、教育部临时党组发出了《关于改进高等学校、中等学校政治理论课的意见》，该意见指出：“在争夺青年一代的斗争中，高等学校、中等学校政治理论课的根本任务，是用马克思列宁主义、毛泽东思想武装青年，想他们进行无产阶级的阶级教育，培养坚强的革命接班人；是配合学校中各项思想整治工作，反对修正主义，同资产阶级争夺青年一代。当然，在学校中进行兴无灭资的斗争，改造学生的思想，单靠政治理论课是不行的，必须同劳动锻炼、下乡下厂，同各项政治运动，同经常的党团工作、班级工作结合起来进行。但是，把政治理论课教好，也是不可缺少的一个重要方面，它是学校思想政治工作的一个重要环节。”[②]

① 刘仁学：《大学生思想政治教育的战略思考》，28 页，长春，东北师范大学出版社，1995。

② 全国普通高校“两课”教育教学调研领导小组：《普通高校思想政治教育课程文献选编（1949—2003）》，50—53 页，北京，中国人民大学出版社，2003。

第二节　改革开放和社会主义现代化建设新时期大学生国家认同培育

1978年之后，随着改革开放的逐渐推进，中国的社会主义现代化建设开始步入全新轨道。在这样一种推陈出新、强国富民的全新背景下，国家认同教育受到了特别的关注。从总体上看，与此前相同的是，国家认同教育依然与政治形势紧密相连，尤其是随着政治形势的变化，国家认同教育在内容上的波动较为显著。不同的是，这一时期的国家认同教育开始突破以往的"泛政治化"倾向，围绕富强、民主、文明的现代化强国这一主线，在文化、心理与政治和法律之间，传统、现实与理想之间，情感和理性之间进行自主探索，在实践中变现为主线鲜明却拿捏不准的"两难型"爱国形态。在这一时期，大学生国家认同的培育主要是通过强化马克思主义理论系列课程的学习，来培养对中国特色社会主义道路和中国共产党的认同。

一、改革开放初期（1978—1992）

（一）恢复并重视马克思主义理论教育

1978年，在全国教育工作会议上，邓小平强调指出，"学校应该永远把坚定正确的政治方向放在第一位"①，要求学校大力开展思想政治教育。为了确保高校人才培养的社会主义方向，教育部办公厅在1978年4月颁布《关于加强高等学校马列主义理论教育的意见》。该《意见》规定，高校开设的马列

① 教育部社会科学司：《普通高校思想政治理论课文献选编(1949—2008)》，70页，北京，中国人民大学出版社，2008。

主义理论系列课程是辩证唯物主义与历史唯物主义、政治经济学、中国共产党党史和国际共产主义运动史，并对高等学校思想政治教育的地位、目标和任务、教材和教学方法、教师队伍及领导体制做出了明确的规定。① 1980 年 7 月，教育部颁发《改进和加强高等学校马列主义课的试行办法》，明确规定了高校马列主义理论课的地位和任务，强调政治理论课的教学必须坚持四项基本原则，为实现社会主义现代化建设服务。② 教学主要任务是“对学生进行马列主义、毛泽东思想的基本理论教育”“提高社会主义觉悟”“自觉地为社会主义现代化建设服务，为人民服务”。③

1985 年 8 月，中共中央颁布了《关于改革学校思想品德和政治理论课程教学的通知》，规定高校本科生不分专业，均要开设“马克思主义原理”“中国革命史”“中国社会主义建设”“世界政治经济与国际关系”，同时要求马克思主义思想理论课教学必须贯彻理论联系实际的方针。④ 为了进一步加强大学生政治认同培育的载体建设，中央决定成立全国马克思主义思想理论课教材编审委员会，统筹规划课程设置、教材编辑及审定和其他组织工作。1986 年 9 月，国家教育委员会在《关于在高等学校开设“法律基础课”的通知》中指出，要在全国各大学开设法律基础课程，增强大学生的法律意识。⑤ 1987 年 3 月 17 日，国家教育委员会发布《关于进一步改革高等学校马克思主义理论课（公共课）教学的意见》，进一步指出马克思主义理论课的重要性。同年 10 月，国家教育委员会颁布《关于高等学校思想教育课程建设的意见》，规定

① 教育部社会科学司：《普通高校思想政治理论课文献选编（1949—2008）》，70 页，北京，中国人民大学出版社，2008。

② 教育部社会科学司：《普通高校思想政治理论课文献选编（1949—2008）》，87 页，北京，中国人民大学出版社，2008。

③ 教育部社会科学司：《普通高校思想政治理论课文献选编（1949—2008）》，86 页，北京，中国人民大学出版社，2008。

④ 教育部社会科学司：《普通高校思想政治理论课文献选编（1949—2008）》，109—110 页，北京，中国人民大学出版社，2008。

⑤ 教育部社会科学司：《普通高校思想政治理论课文献选编（1949—2008）》，132 页，北京，中国人民大学出版社，2008。

“形势与政策”“法律基础”两门作为思想教育课必修课程。①

1988 年 4 月，国家教育委员会颁布了《关于编写出版普通高等学校马克思主义理论课（公共课）教材的暂行管理办法》，规定在高等学校教学改革中逐步开设的马克思主义理论课程，包括本科、专科学生的马克思主义原理、中国革命史、中国社会主义建设、世界政治经济与国际关系课程以及研究生的马克思主义理论课程。② 1989 年，中央把高校思想政治教育课程调整“马克思主义原理”“中国革命史”“中国社会主义建设”“当代世界经济与政治”四门。随着对高校思想政治教育的重视，马克思主义理论这门学科在科学研究和学科建设方面取得重要进展。③ 1991 年 8 月 3 日，国家教委颁布的《关于加强和改进高等学校马克思主义理论教育的若干意见》中指出，“高校已经成为敌对势力进行思想文化渗透的主要场所”，应加强对大学生思想政治教育。④ 在中央的号召下，全国高校的青年教师与大学生相继开展了学习马列著作的活动。

（二）进行共产主义思想品德教育

1982 年 10 月，教育部根据党的十二大关于加强共产主义道德教育的精神，颁布了《关于在高等学校逐步开设共产主义思想品德课程的通知》，指出“有计划地进行共产主义思想品德教育，是实现高等学校培养目标的需要。为了培养学生成为有革命理想、讲革命道德、守革命纪律、有文化的又红又专

① 教育部社会科学司：《普通高校思想政治理论课文献选编 (1949—2008)》，133 页，北京，中国人民大学出版社，2008。

② 教育部社会科学司：《普通高校思想政治理论课文献选编 (1949—2008)》，134 页，北京，中国人民大学出版社，2008。

③ 教育部社会科学司：《普通高校思想政治理论课文献选编 (1949—2008)》，135 页，北京，中国人民大学出版社，2008。

④ 教育部社会科学司：《普通高校思想政治理论课文献选编 (1949—2008)》，138—144，北京，中国人民大学出版社，2008。

的人才，有必要把共产主义思想品德作为一门必修课，纳入教学计划”。[①]要求在高校课程体系中对大学生进行共产主义思想品德课程教育。经过近两年的实践探索，教育部于 1984 年 9 月正式颁布《关于高等学校开设共产主义思想品德课的若干规定》，对共产主义思想品德课的任务、内容、教学原则、学时和教师队伍等方面作出详尽安排。[②]

（三）加强爱国主义宣传教育

改革开放之初，爱国主义教育的主要内容转向之一，就是十分强调国情教育。1983 年 7 月，由中宣部、中央研究室联合颁布了《关于加强爱国主义宣传教育的意见》，该《意见》强调爱国主义精神的重要性，阐述了作为历史范畴的爱国主义在各个阶段的不同内涵，指出新时期中国各族人民爱国主义教育的主要内容，就是加紧社会主义现代化建设，争取实现包括台湾在内的祖国统一，反霸权主义，维护世界和平。[③]同时，《意见》提出了新时期爱国主义宣传教育 10 个方面的内容素材，重点宣传祖国新面貌、新成就和各个时期的爱国任务。[④]同年 8 月，教育部发出关于学习贯彻《关于加强爱国主义宣传教育的意见》的通知，指出爱国主义教育要把热爱祖国、热爱党、热爱社会主义三者融为一体，强调各门课程都要渗透爱国主义教育，政治理论课、思想品德课应以爱国主义教育与共产主义教育为中心内容。在少数民族地区的学校进行爱国主义教育，要特别注意进行增强各民族团结和维护祖国统一的教育。[⑤]由

---

① 教育部社会科学司：《普通高校思想政治理论课文献选编》(1949—2008)，92 页，北京，中国人民大学出版社，2008。

② 教育部社会科学司：《普通高校思想政治理论课文献选编》(1949—2008)，100—102 页，北京，中国人民大学出版社，2008。

③ 中宣部、中央研究室：《关于加强爱国主义宣传教育的意见》，载《中华人民共和国国务院公报》，1983（18）：845—846。

④ 中宣部、中央研究室：《关于加强爱国主义宣传教育的意见》，载《中华人民共和国国务院公报》，1983（18）：845—846。

⑤ 中宣部、中央研究室：《关于加强爱国主义宣传教育的意见》，载《中华人民共和国国务院公报》，1983（18）：845—846。

此可见，爱国主义宣传教育不仅是社会领域的政治动员方式，也成为了当时大学生国家认同教育的具体表现形式。

同时，1984 年 5 月的《中华人民共和国民族区域自治法》也明确规定，要“对本地方内各民族公民进行爱国主义、共产主义和民族政策的教育”[①]。1984 年颁布的《教育部、国家民委关于加强领导和进一步办好高等院校少数民族班的意见》明确提出，“建立和健全高校民族班的思想政治工作机构，加强对民族学生的思想政治工作。举办民族班的学校，要结合学生思想实际，进行爱国主义、共产主义、马克思主义民族理论和党的民族政策教育，各民族学生要互相尊重，互相学习，共同进步，不断增强民族团结。”[②] 1986 年 9 月，中国共产党十二届六中全会通过了《关于社会主义精神文明建设指导方针的决议》，强调爱祖国、爱人民、爱劳动、爱科学、爱社会主义是社会主义道路建设的基本要求，提出要使“五爱”的基本要求体现在社会生活的各个方面。

1989 年以后，基于国际国内形式，爱国主义教育重点之一，便是突出中国历史尤其是近代史的学习，历史教育和国情教育并重。1990 年，江泽民在纪念“五四”运动报告会上作了《爱国主义和我国知识分子的使命》的讲话，指出现阶段爱国主义主要表现为献身于建设和保卫社会主义现代化的事业，献身于促进祖国统一的事业，强调青年要认真学习祖国的历史，尤其是近代史。[③] 1991 年 3 月，江泽民致信李铁映等人，明确指出要加强青少年的中国近、现代史及国情教育，以提高他们的民族自尊心、自信心。同年 8 月，中宣部、国家教委等六部委联合发出《关于充分运用文物进行爱国主义和革命传统教育的通知》。

① 金炳镐：《民族纲领政策文献选编》（第 2 编），702—703 页，北京，中央民族大学出版社，2006。

② 司永成：《民族教育政策法规选编》，39 页，北京，民族出版社，2011。

③ 《中国教育年鉴》编辑部：《中国教育年鉴（1991）》，1—6 页，北京，人民出版社，1992。

（四）开展思想政治教育的社会实践活动课程教育

1983年，在《关于纪念“一二·九”运动四十八周年开展“社会实践周”活动的通知》中，第一次明确提出了“大学生社会实践活动”的概念。1987年6月，国家教育委员会颁布了《关于广泛组织高等学校学生参加社会实践的意见》。该意见表明，大学生社会实践活动是高校思想教育的有效形式。在社会实践的内容上，由社会调查的方式逐步拓展，发展成为社会调查、咨询服务、勤工助学等多种形式的社会实践活动，由此拉开了大学生思想政治教育社会实践的序幕，并促进大学生社会实践活动在全国推广。在此期间，开展大学生社会实践活动是高校思想政治教育的重要方式。“振兴中华，从我做起，从现在做起”的口号，由清华大学提出，并引起全国大学生的强刻反响。北京、辽宁等地高校先后开展大学生社会调查与咨询服务活动。由此可见，通过社会实践等多种方式可以加强大学生思想政治教育工作，增强大学生国家认同。

二、面向新世纪（1992—2002）

20世纪80年代后期，在中国推进改革开放的同时，西方资产阶级自由化思潮随之也进入神州大地。西方先进的科学技术、丰富的物质基础吸引着大学生的眼球，部分大学生开始盲目崇拜西方。他们以西方所谓的“民主”标尺来评价中国的政治，而此时国家主导的国家认同教育在大力发展经济建设的背景下有所忽略，由此导致20世纪80年代后期的政治风波。为此邓小平同志曾痛切地指出：“十年来最大的失误是教育方面，思想政治工作薄弱了，教育发展不够。”[①] 由此，党和政府高度重视大学生的思想政治教育。

① 邓小平：《邓小平文选》（第3卷），290页，北京，人民出版社，1993。

（一）深入开展爱国主义教育以增强国家认同培育

1994年8月23日中共中央颁布了《爱国主义教育实施纲要》。该《纲要》论述了新时期爱国主义教育的意义、基本原则、主要内容、重点对象以及贯彻落实的一系列措施。《纲要》指出，爱国主义教育的目的是“振奋民族精神，增强民族凝聚力，树立民族自尊心和自豪感，巩固和发展最广泛的爱国统一战线，把人民群众的爱国热情引导和凝聚到建设有中国特色的社会主义伟大事业上来，引导和凝聚到为祖国的统一、繁荣和富强做贡献上来，做有理想、有道德、有文化、有纪律的社会主义公民，为实现振兴中华的共同理想团结奋斗。”[①] 爱国主义教育的主要内容涉及“国家观念与国情、民族文化传统与历史、社会主义建设成就、民族团结与国际交往诸方面”[②]。同时，也特别强调，“在当代中国，爱国主义与社会主义本质上一致的，建设有中国特色的社会主义是新时期爱国主义的主题。爱国主义、集体主义和社会主义思想教育三位一体，有机地统一在建设有中国特色的社会主义的伟大实践之中。”[③] 这彰显出了这样的认识，即当代中国爱国主义教育既要注重文化—心理维度，又具有突出政治—法律维度；既要充分把握民族精髓，继承传统并发扬光大，又要注意吸取世界文明成果，立倡革新和创造。

1994年8月31日，《中共中央关于进一步加强和改进学校德育工作的若干意见》颁布。该意见对学校如何深入开展爱国主义教育进行了明确规定：“爱国主义教育要以中国近、现代史和国情教育为依托，形成贯穿小、中、大学各个教育阶段，由浅入深的稳定的教育序列。高等教育要开设时事政策课或讲座，以国内外形势及党和国家重大方针政策为主要内容，对学生进行生动、现实的国情教育。要建立和健全升降国旗、重要集会唱国歌等制度，积极组织缅怀英烈、学习接触历史人物、参观文化古迹、革命遗址、祖国山川

① 中共中央文献研究室：《十四大以来重要文献选编》（上），802页，北京，人民出版社，1996。

② 中共中央文献研究室：《十四大以来重要文献选编》（上），804页，北京，人民出版社，1996。

③ 中共中央文献研究室：《十四大以来重要文献选编》（上），803页，北京，人民出版社，1996。

以及新中国建设成就等爱国主义教育活动。要充分运用各种大众传播媒介，形成爱国主义教育的整体气氛。要把增强民族团结，维护祖国统一，列为学校爱国主义就的重要内容。”① 1995 年 3 月，民政部确定了第一批爱国主义教育基地。同年颁布的《中华人民共和国教育法》在《总则》第七条也明确规定：“国家对受教育者进行爱国主义、集体主义、社会主义的教育，进行理想、道德、纪律、法律、国防和民族团结的教育。”②

（二）“两课”是大学生国家认同培育的主渠道

1993 年 8 月，中共中央组织部、宣传部和国家教育委员会联合下发了《关于新形势下加强和改进高等学校党的建设和思想政治工作的若干意见》，明确高校学生思想政治教育的主渠道是马克思主义理论课和思想政治教育课（简称“两课”）。从社会主义学校本质特征的角度强调了开设“两课”的意义，进一步提升了“两课”的政治地位。同时针对大学生政治认同培育存在的问题，提出“两课”要坚持理论联系实际，以增强“两课”说服力和有效性为目标，不断改进方法。③ 根据这个意见，国家教育委员会修订了课程标准，完善了教材内容，使“两课”更加系统完整，为大学生政治认同培育奠定了坚实的基础。

（三）建构了大学生政治认同培育课程体系

1996 年，国家教委颁布了《关于进一步加强高等学校形势与政策课程建设的意见》，为高校思想政治教育课程建设提出建设性意见。④ 1998 年，中

① 中共中央：《中共中央关于进一步加强高等学校形势与政策课程建设的意见》，载《人民教育》，1994（10）。

② 司永成：《民族教育政策法规选编》，159 页，北京，民族出版社，2011。

③ 教育部社会科学司：《普通高校思想政治理论课文献选编（1949—2008）》，149—150 页，北京，中国人民大学出版社，2008。

④ 教育部社会科学司：《普通高校思想政治理论课文献选编（1949—2008）》，157—158 页，北京，中国人民大学出版社，2008。

共中央宣传部和教育部联合颁发了《关于普通高等学校“两课”课程设置的规定及其实施工作的意见》，提出了由“马克思主义哲学原理”“马克思主义政治经济学原理”“毛泽东思想概论”“邓小平理论概论”“当代世界经济与政治”“思想道德修养”“法律基础”“形势与政策” 8门课程构成的完整课程体系。[①] 1999年，在颁布《关于深化教育改革，全面推进素质教育的决定》中，进一步指出素质教育的根本宗旨，“就是全面贯彻党的教育方针，以提高国民素质”，培养“有理想、有道德、有文化、有纪律的，德智体美等全面发展的社会主义事业建设者和接班人”。[②] 2001年江泽民在中国共产党成立80周年大会上，深刻阐述了“三个代表”重要思想的科学内涵和基本内容，使“三个代表”重要思想实现了理论化和系统化。2001年7月26日，《关于普通高等学校“两课”教育教学中贯彻江泽民同志“七一”重要讲话精神的通知》中提出，“贯彻‘三个代表’重要思想，是当前高校一项重要的政治任务”。[③]

三、开创新局面（2002—2012）

进入21世纪，面对信息技术发展和全球化浪潮的袭来，党和国家更加重视大学生的国家认同教育，继续强化高校思想政治教育是大学生国家认同的主渠道。一方面加强了马克思主义理论的创新和发展，回应了大学生在社会经济条件发生变化背景下的新疑问，推进了马克思主义中国化的建设。另一方面，加强对大学生的正面教育，成功塑造了强大国家的国际形象，强化了大学生对中国政府和中国共产党的认同。

① 教育部社会科学司：《普通高校思想政治理论课文献选编(1949—2008)》，183—184页，北京，中国人民大学出版社，2008。

② 中共中央文献研究室：《十五大以来重要文献选编》(中)，1045页，北京，人民出版社，2001。

③ 刘爱玲：《改革开放以来思想政治教育政策的回顾与展望》，载《观察与思考》，2021(10)。

(一) 加强思想道德建设，丰富大学生国家认同培育内容

2001 年 10 月，中共中央颁发《公民道德建设实施纲要》，该纲要明确了当代中国公民道德建设的重要性、指导思想和方针原则、主要内容以及实施的相关措施，提出公民道德建设要把继承民族传统与弘扬时代精神结合起来，其目标是“在全社会大力倡导‘爱国守法、明礼诚信、团结友善、勤俭自强、敬业奉献’的基本道德规范，努力提高公民道德素质，促进人的全面发展，培养一代又一代有理想、有道德、有文化、有纪律的社会主义公民”[①]。爱国与守法相联，爱国既是每个公民应当承担的道德责任，也是法律义务。这样，在秉承爱国主义、集体主义和社会主义相统一的原则下，爱国主义教育又增添了新的含义。

为提高大学生素质，2002 年，党的十六大报告明确指出，“全面贯彻党的教育方针，坚持教育为社会主义现代化建设服务，为人民服务，与生产劳动和社会实践相结合，培养德智体美全面发展的社会主义建设者和接班人”，“切实加强思想道德建设……特别要加强青少年的思想道德建设”。[②] 2004 年，中共中央国务院颁布了《进一步加强和改进大学生思想政治教育的意见》，指出“努力提高思想政治教育的针对性、实效性和感染力，培养德智体美全面发展的社会主义合格建设者和可靠接班人”，并指出大学生思想政治教育的主要任务是“以理想信念教育为核心，深入进行树立正确的世界观、人生观和价值观教育；以爱国主义教育为重点，深入进行弘扬民族精神教育；以基本道德规范为基础，深入进行公民道德教育；以大学生全面发展为目标，深入进行素质教育”。[③] 为配合该意见的贯彻落实，相关部门下发了系列配套文件，

---

① 《公民道德建设实施纲要》编写组：《公民道德建设实施纲要》学习读本，3—18 页，北京，中共中央党校出版社，2001。

② 江泽民：《江泽民文选》(第 3 卷)，560 页，北京，人民出版社，2006。

③ 教育部社会科学司：《普通高校思想政治理论课文献选编 (1949—2008)》，186—187 页，北京，中国人民大学出版社，2008。

如2004年11月17日，中共中央宣传部、教育部联合颁发了《关于进一步加强高等学校学生形势与政策教育的通知》；同年12月20日，教育部、共青团共同颁布了《关于加强和改进高等学校校园文化建设的意见》；12月28日，教育部、共青团中央又共同颁发了《关于进一步加强高等学校校园网络管理工作的意见》等，对高校思想政治教育和校园文化建设提出了建议。这充分表明了党和政府对大学生思想政治教育的重视。

（二）强调高校思想政治课是大学生国家认同培育主渠道

为了解决高校“两课”教学内容重复交叉的问题，让思想政治理论课更加贴近大学生的生活实际，2005年，中共中央宣传部和教育部联合颁发了《中共中央宣传部和教育部关于进一步加强和改进高等学校思想政治课的意见》，形成了高校思想政治课的新方案（简称“05”方案），重新调整高等学校四年制本科专业学生的思想政治理论课课程。“05”方案将高校思想政治理论课程分为必修课和选修课。前者主要包括“马克思主义基本原理”“毛泽东思想、邓小平理论和“三个代表”重要思想概论”“中国近现代史纲要”“思想道德修养与法律基础”“形势与政治”，后者主要指“当代世界经济与政治”课程。[①]“05”方案突出了以马克思主义中国化的最新理论成果作为高校思想政治理论课中心教学内容的思想，体现了马克思主义理论与时俱进的理论品质和整体性的特点。“05”方案从学科建设、课程体系、教材建设、教学方式、教师队伍建设及课程管理等几个方面对高校思想政治课提出了明确的要求，进一步强调了高校思想政治课是大学生国家认同培育的主渠道。党的十七大以后，为了更好地将马克思主义中国化的理论成果融入高校思想政治理论课的教学，《毛泽东思想、邓小平理论和“三个代表”重要思想概论》改为《毛泽东思想和中国特色社会主义理论体系概论》（简称“概论”）。至此，概论和

① 教育部社会科学司：《普通高校思想政治理论课文献选编(1949—2008)》，215页，北京，中国人民大学出版社，2008。

其他三门课程就构成了高校思想政治课程体系的核心课程。

（三）将社会主义核心价值体系逐步融入大学生国家认同培育

2006年10月，中国共产党十六届六中全会通过《中共中央关于构建社会主义和谐社会和社会若干重大问题的决定》（简称《决定》）。《决定》指出，“建设社会主义核心价值体系，形成全民族奋发向上的精神力量和团结和睦的精神纽带”。社会主义核心价值体系的内容是，“马克思主义指导思想，中国特色社会主义共同理想、以爱国主义为核心的民族精神和以改革创新为核心的时代精神，社会主义荣辱观”。并且强调，“坚持把社会主义核心价值体系融入国民教育和精神文明建设全过程”、贯穿现代化建设各方面。坚持用马克思主义最新成果武装全党、教育人民，用民族精神和时代精神凝聚力量、激发活力、倡导爱国主义、集体主义、社会主义思想，加强理想信念教育，加强国情和形势政策教育、不断增强对中国共产党领导、社会主义制度、改革开放事业、全面建设小康社会目标的信念和信心”。①

（四）高度重视民族团结教育，提出大学生国家认同教育新要求

党和国家高度重视民族团结教育的重要性，尤其对教育的普遍性和实效性以及学校教育均给予了高度的重视，进而对大学生国家认同教育提出了新要求。2008年11月，教育部办公厅、国家民委办公厅联合印发了《学校民族团结教育指导纲要（试行）》，指出：“在各级各类学校扎实抓好以马克思主义民族观、党和国家的民族政策为重点内容的民族团结教育工作，培养各族学生的民族团结意识，提高各族学生维护祖国统一、民族团结、反对分裂的自觉性，增强各民族的向心力和凝聚力，是关系中华民族伟大复兴的战略任务。”② 该《纲要》对指导思想、课程建设、基本原则、主要内容、师资培养

① 中共中央国务院：《中共中央关于构建社会主义和谐社会和社会若干重大问题的决定》，(2016-10-11)［2022-10-1］，http://www.gov.cn/gongbao/content/2006/content_453176.htm。

② 司永成：《民族教育政策法规选编》，283页，北京，民族出版社，2011。

等问题均给予了明确规定，并提出了“树立正确的祖国观、民族观、文化观”教育。

2009 年，中共中央办公厅、国务院办公厅印发的《关于深入开展民族团结宣传教育活动的意见》指出，在学校深入进行民族团结宣传教育，认真贯彻《学校民族团结教育指导纲要（试行）》，在高校思想政治理论课和形势与政策课中充实民族团结教育内容，使民族团结教育进教材、进课堂、进学生头脑。同年 8 月 20 日，中央宣传部、教育部、国家民委联合下发了《关于在学校开展民族团结教育活动的通知》，要求“增强广大学生对祖国的认同、对中华民族的认同、对中华文化的认同、对中国特色社会主义的认同”，“高等学校要将民族团结教育内容有机融入‘思想道德修养和法律基础’、‘毛泽东思想和中国特色社会主义理论体系概论’以及‘形势与政策’等思想政治理论课教育教学中；要结合民族团结教育要求，加强哲学社会科学有关课程的教材建设和教学方法改革；民族院校要专门开设民族团结教育有关课程”。①

第三节　中国特色社会主义新时代大学生国家认同培育

党的十八大以来，全国各族人民在习近平同志为核心的党中央的团结带领下，高举中国特色社会主义伟大旗帜，攻坚克难，开拓进取，推动党和国家事业在原有基础上取得历史性的进步和成就，从而使中国特色社会主义进入了新的发展阶段。对此，习近平总书记在党的十九大报告中指出：“经过长期努力，中国特色社会主义进入了新时代，这是我国发展新的历史方位。”②

① 司永成：《民族教育政策法规选编》，303 页，北京，民族出版社，2011。

② 《党的十九大报告辅导读本》编写组：《党的十九大报告辅导读本》，10 页，北京，人民出版社，2017。

也就是说，党的十八大开启了中国特色社会主义新时代。在这一新的历史时期，党和政府加强了对大学生的国家认同培育。

一、新时代大学生国家认同培育的主要内容

（一）坚持用习近平新时代中国特色社会主义思想武装全党、教育人民

习近平新时代中国特色社会主义思想是马克思主义中国化最新成果，是党和人民实践经验和集体智慧的结晶，是中国特色社会主义理论体系的重要组成部分，是全党全国人民为实现中华民族伟大复兴而奋斗的行动指南，必须长期坚持并不断发展。① 党的十九大召开后，全国教育系统通过“写好教育奋进之笔行动”“百千万宣讲对谈”等形式多样的宣讲活动和载体，迅速掀起广大干部师生学习贯彻习近平新时代中国特色社会主义思想的热潮。② 为把学习贯彻习近平新时代中国特色社会主义思想进一步引向深入，2019 年 6 月，中共中央关于印发《习近平新时代中国特色社会主义思想学习纲要》的通知要求，要通过广泛的学习宣传阐释工作，推动习近平新时代中国特色社会主义思想进一步深入人心、落地生根，引导广大干部群众增强“四个意识”、坚定“四个自信”、做到“两个维护”，在思想上政治上行动上同以习近平同志为核心的党中央保持高度一致，为决胜全面建成小康社会、夺取新时代中国特色社会主义伟大胜利、实现中华民族伟大复兴的中国梦不懈奋斗。③ 2019 年 8 月，中共中央办公厅、国务院办公厅印发《关于深化新时代学校思想政

---

① 习近平：《决胜全面建成小康社会 夺取新时代中国特色社会主义伟大胜利——在中国共产党第十九次全国代表大会上的报告》，(2017-10-18)［2022-10-4］. http://www.gov.cn/zhuanti/2017-10/27/content_5234876.htm。

② 《光明日报》调研组：《以思想的力量写好教育奋进之笔——全国教育系统深入学习贯彻习近平新时代中国特色社会主义思想》，载《光明日报》，2018-08-01（07）。

③ 中共中央：关于印发《习近平新时代中国特色社会主义思想学习纲要》的通知 .(2019-06-09)［2022-10-3］. http://www.xinhuanet.com/politics/leaders/2019-06/09/c_1124599595.htm。

治理论课改革创新的若干意见》反复强调，全面推动习近平新时代中国特色社会主义思想进教材进课堂进学生头脑，把社会主义核心价值观贯穿国民教育全过程，系统推进中国特色社会主义中国梦教育、社会主义核心价值观教育，积极传播马克思主义科学理论、弘扬社会主义核心价值观。① 同年 11 月，中共中央、国务院颁发的《新时代爱国主义教育实施纲要》要求，“坚持用习近平新时代中国特色社会主义思想武装全党、教育人民，要深刻理解习近平新时代中国特色社会主义思想的核心要义、精神实质、丰富内涵、实践要求，不断增强干部群众的政治意识、大局意识、核心意识、看齐意识，坚决维护习近平总书记党中央的核心、全党的核心地位，坚决维护党中央权威和集中统一领导。要紧密结合人们生产生活实际，推动习近平新时代中国特色社会主义思想进企业、进农村、进机关、进校园、进社区、进网络，真正使党的创新理论落地生根、开花结果。要在知行合一、学以致用上下功夫，引导大学生坚持以习近平新时代中国特色社会主义思想为指导，展现新气象、激发新作为，把学习教育成果转化为爱国报国的实际行动。”②

（二）深入开展中国特色社会主义和中国梦教育

坚持和发展中国特色社会主义，实现中华民族伟大复兴的中国梦，是中国共产党第十八大会议召开以来习近平总书记所提出的重要执政理念。由此，党和国家非常重视对大学生深入开展中国特色社会主义和中国梦教育。2013 年 2 月，中共教育部党组发文《关于在全国各级各类学校深入开展“我的中国梦”主题教育活动的通知》，要求各地和各级各类学校要在广大学生中组织开展“我的中国梦”主题宣讲，大力推进“我的中国梦”主题校园文化建设，

---

① 中共中央办公厅、国务院办公厅印发《关于深化新时代学校思想政治理论课改革创新的若干意见》，(2019-8-14)［2022-10-3］，http://www.gov.cn/zhengce/2019-08/14/content_5421252.htm。

② 中共中央、国务院：《新时代爱国主义教育实施纲要》.(2019-11-12)［2022-10-3］. http://www.gov.cn/zhengce/2019-11/12/content_5451352.htm。

扎实开展“我的中国梦”主题社会实践活动。① 2013 年 4 月，刘云山在深化中国梦宣传教育座谈会上强调，深化中国梦的宣传教育，要同中国特色社会主义宣传教育结合起来，同社会主义核心价值体系建设结合起来，同做好当前各项工作结合起来，引导人们坚定理想信念、构筑精神支柱，积极投身实现中国梦的生动实践。② 同年，中共教育部党组颁发的《关于在“五四”期间深入开展中国梦宣传教育活动的通知》要求，“各地各校要把深化中国梦宣传教育，同中国特色社会主义宣传教育结合起来，同社会主义核心价值体系建设结合起来，引导师生坚定理想信念、构筑精神支柱，积极投身实现中国梦的生动实践”③。2014 年 9 月，习近平总书记在同北京师范大学师生代表座谈时指出：“要注重加强中国特色社会主义理论体系的学习，加深对中国特色社会主义的思想认同、理论认同、情感认同，不断增强道路自信、理论自信、制度自信，积极引导学生热爱祖国、热爱人民、热爱中国共产党。”④ 2016 年 1 月，中共教育部党组《关于教育系统深入开展爱国主义教育的实施意见》提出：“坚持爱国主义与社会主义相统一，加强中国特色社会主义和中国梦的教育宣传。加大对中国特色社会主义道路、理论体系、制度研究阐释和宣传教育力度。”⑤ 2017 年 10 月，习近平总书记在党的十九大报告中提出：“广泛开展理想信念教育，深化中国特色社会主义和中国梦宣传教育，弘扬民族精神和时代精神，加强爱国主义、集体主义、社会主义教育，引导人们树立正确

① 中共教育部党组:《关于在全国各级各类学校深入开展“我的中国梦”主题教育活动的通知》.(2013-02-22)［2022-10-3］.http://www.moe.gov.cn/srcsite/A12/s7060/201302/t20130222_147906.html。

② 刘云山:《在深化中国梦宣传教育座谈会上强调：推动形成实现中国梦的强大精神力量》.(2013-04-08)［2022-10-3］.http://www.gov.cn/ldhd/2013-04/08/content_2372872.htm。

③ 中共教育部党组:《关于在“五四”期间深入开展中国梦宣传教育活动的通知》.(2013-4-12)［2022-10-3］.http://www.moe.gov.cn/srcsite/A12/s7060/201304/t20130412_150802.html。

④ 习近平:《同北京师范大学师生代表座谈时的讲话》.(2014-09-09)［2022-10-4］. http://politics.people.com.cn/n/2014/0910/c70731-25629093.html。

⑤ 中共教育部党组:《关于教育系统深入开展爱国主义教育的实施意见》.(2016-01-260［2022-10-3］. http://www.moe.gov.cn/srcsite/A13/s7061/201601/t20160129_229131.html。

的历史观、民族观、国家观、文化观。”[①] 2019年11月，中共中央、国务院颁发的《新时代爱国主义教育实施纲要》指出，在历史与现实、国际与国内的对比中，引导人们深刻认识中国共产党为什么“能”、马克思主义为什么“行”、中国特色社会主义为什么“好”，倍加珍惜我们党开创的中国特色社会主义，不断增强道路自信、理论自信、制度自信、文化自信。[②]

（三）深入开展国情教育和形势政策教育

国情反映国家性质和发展的整体情况，形势政策反映国家发展的时代背景和决策部署。国情教育和形势政策教育是大学生建构国家认同的重要现实基础，只有深入开展中国国情和形势政策教育，大学生才能准确把握我国基本国情，才能深刻认识国内外形势的最新发展变化，才能坚定对国家发展的信心。自党的十八大以后，为贯彻党的十八大精神，我国全社会尤其高等学校都深入开展形势政策教育、国情教育。2018年4月，教育部发布《关于加强新时代高校“形势与政策”课建设的若干意见》，要求“要紧密围绕学习贯彻习近平新时代中国特色社会主义思想，把坚定‘四个自信’贯穿教学全过程，重点讲授党的理论创新最新成果，重点讲授新时代坚持和发展中国特色社会主义的生动实践，引导学生正确认识世界和中国发展大势，正确认识中国特色和国际比较，正确认识时代责任和历史使命，正确认识远大抱负和脚踏实地。要开设好全面从严治党形势与政策的专题，重点讲授党的政治建设、思想建设、组织建设、作风建设、纪律建设以及贯穿其中的制度建设的新举措新成效；开设好我国经济社会发展形势与政策的专题，重点讲授党中央关于经济建设、政治建设、文化建设、社会建设、生态文明建设的新决策新部

---

① 习近平：《决胜全面建成小康社会 夺取新时代中国特色社会主义伟大胜利——在中国共产党第十九次全国代表大会上的报告》，(2017-10-18)［2022-10-3］. http://www.gov.cn/zhuanti/2017-10/27/content_5234876.htm。

② 中共中央、国务院：《新时代爱国主义教育实施纲要》，(2019-11-12)［2022-10-3］. http://www.gov.cn/zhengce/2019-11/12/content_5451352.htm。

署；开设好港澳台工作形势与政策的专题，重点讲授坚持‘一国两制’、推进祖国统一的新进展新局面；开设好国际形势与政策专题，重点讲授中国坚持和平发展道路、推动构建人类命运共同体的新理念新贡献”①。2019 年 11 月，中共中央、国务院颁发的《新时代爱国主义教育实施纲要》，要求“要深入开展国情教育，帮助人们了解我国发展新的历史方位、社会主要矛盾的变化，引导人们深刻认识到，我国仍处于并将长期处于社会主义初级阶段的基本国情没有变，我国是世界上最大发展中国家的国际地位没有变，始终准确把握基本国情，既不落后于时代，也不脱离实际、超越阶段。要深入开展形势政策教育，帮助人们树立正确的历史观、大局观、角色观，了解世界正经历百年未有之大变局，我国仍处于发展的重要战略机遇期，引导人们清醒认识国际国内形势发展变化，做好我们自己的事情。要发扬斗争精神，增强斗争本领，引导人们充分认识伟大斗争的长期性、复杂性、艰巨性，敢于直面风险挑战，以坚忍不拔的意志和无私无畏的勇气战胜前进道路上的一切艰难险阻，在进行伟大斗争中更好弘扬爱国主义精神”②。

（四）大力弘扬民族精神和时代精神教育

2013 年 3 月，习近平总书记在十二届全国人大一次会议闭幕会上讲话时提出：“实现中国梦必须弘扬中国精神。这就是以爱国主义为核心的民族精神，以改革创新为核心的时代精神。这种精神是凝心聚力的兴国之魂、强国之魂。爱国主义始终是把中华民族坚强团结在一起的精神力量，改革创新始终是鞭策我们在改革开放中与时俱进的精神力量。全国各族人民一定要弘扬伟大的民族精神和时代精神，不断增强团结一心的精神纽带、自强不息的精神动力，

---

① 教育部：《关于加强新时代高校“形势与政策”课建设的若干意见》，(2018-04-13)［2022-10-03］. http://www.moe.gov.cn/srcsite/A13/moe_772/201804/t20180424_334097.html。

② 中共中央、国务院：《新时代爱国主义教育实施纲要》，(2019-11-12)［2022-10-03］.http://www.gov.cn/zhengce/2019-11/12/content_5451352.htm。

永远朝气蓬勃迈向未来。”① 2014 年 10 月，中共中央政治局第十八次集体学习的讲话中，习近平总书记又进一步对中国精神进行了强调：“要重视中华传统文化研究，继承和发扬中华优秀传统文化。实现中华民族伟大复兴的中国梦，必须要有中国精神，而中国精神必须在坚持社会主义核心价值体系的前提下，积极深入中华民族历久弥新的精神世界，把长期以来我们民族形成的积极向上向善的思想文化充分继承和弘扬起来，使之为培育和践行社会主义核心价值观服务，为建设社会主义先进文化服务，为党和国家事业发展服务。”② 2016 年 1 月，中共教育部党组《关于教育系统深入开展爱国主义教育的实施意见》强调：“推动爱国主义教育和社会主义核心价值观教育紧密结合，开展深入、持久、生动的爱国主义宣传教育，让爱国主义精神在广大青少年学生心中牢牢扎根，培养爱国之情、砥砺强国之志、实践报国之行。”③ 2017 年 4 月，习近平在中共中央政治局第二十九次集体学习时强调，“要大力弘扬伟大爱国主义精神，大力弘扬以改革创新为核心的时代精神，为实现中华民族伟大复兴的中国梦提供共同精神支柱和强大精神动力。”④ 2019 年 11 月，中共中央、国务院颁发的《新时代爱国主义教育实施纲要》要求：“要聚焦培养担当民族复兴大任的时代新人，培育和践行社会主义核心价值观，广泛开展爱国主义、集体主义、社会主义教育，提高人们的思想觉悟、道德水准和文明素养。要唱响人民赞歌、展现人民风貌，大力弘扬中国人民在长期奋斗中形成的伟大创造精神、伟大奋斗精神、伟大团结精神、伟大梦想精神，生动

① 习近平：《在十二届全国人大一次会议闭幕会上的讲话》，(2013-03-17)［2022-10-03］. http://news.cntv.cn/special/xijinpingjianghua/.

② 习近平：《在中央政治局第十八次集体学习时强调》，(2014-10-13)［2022-10-03］. http://www.gov.cn/xinwen/2014-10/13/content_2764226.htm。

③ 中共教育部党组：《关于教育系统深入开展爱国主义教育的实施意见》,(2016-01-26)［2022-10-03］. http://www.moe.gov.cn/srcsite/A13/s7061/201601/t20160129_229131.html。

④ 习近平：《中共中央政治局第二十九次集体学习时的讲话》，(2013-03-17)［2022-10-03］. http://www.gov.cn/xinwen/2021-05/01/content_5604364.htm。

展示人民群众在新时代的新实践、新业绩、新作为。”①

（五）广泛开展党史、国史、改革开放史教育

历史是最好的教科书。学习党史、国史，是坚持和发展中国特色社会主义、把党和国家各项事业继续推向前进的必修课。② 2018 年 5 月，中共教育部党组发布《关于教育系统深入学习贯彻习近平总书记在北京大学师生座谈会上重要讲话精神的通知》要求：“加强中华优秀传统文化和革命文化、社会主义先进文化教育，加强党史、国史、改革开放史、社会主义发展史教育，引导青年师生做社会主义核心价值观的坚定信仰者、积极传播者、模范践行者。”③ 2019 年 5 月，中共教育部党组发布《关于教育系统认真学习贯彻习近平总书记在纪念五四运动 100 周年大会上重要讲话精神的通知》，“要加强理想信念教育，用习近平新时代中国特色社会主义思想铸魂育人，加强党史、国史、改革开放史、社会主义发展史教育，教育学生信马列，听党话、跟党走”④。同年 11 月，中共中央、国务院颁发的《新时代爱国主义教育实施纲要》，要求：“要结合中华民族从站起来、富起来到强起来的伟大飞跃，引导人们深刻认识历史和人民选择中国共产党、选择马克思主义、选择社会主义道路、选择改革开放的历史必然性，深刻认识我们国家和民族从哪里来、到哪里去，坚决反对历史虚无主义。要继承革命传统，弘扬革命精神，传承红色基因，结合新的时代特点赋予新的内涵，使之转化为激励人民群众进行伟

① 中共中央、国务院：《新时代爱国主义教育实施纲要》，(2019-11-12)［2022-10-03］.http://www.gov.cn/zhengce/2019-11/12/content_5451352.htm。

② 习近平：《在中共中央政治局第七次集体学习讲话》，(2013-06-25)［2022-10-03］. http://politics.people.com.cn/GB/n/2013/0626/c70731-21981576.html。

③ 中共教育部党组：《关于教育系统深入学习贯彻习近平总书记在北京大学师生座谈会上重要讲话精神的通知》，(2018-05-03)［2022-10-03］.http://www.moe.gov.cn/srcsite/A12/s7060/201805/t20180503_334971.html。

④ 中共教育部党组：《关于教育系统认真学习贯彻习近平总书记在纪念五四运动 100 周年大会上重要讲话精神的通知》，(2019-5-5)［2022-10-03］.http://www.moe.gov.cn/srcsite/A12/s7060/201905/t20190505_380668.html。

大斗争的强大动力。要加强改革开放教育，引导人们深刻认识改革开放是党和人民大踏步赶上时代的重要法宝，是坚持和发展中国特色社会主义的必由之路，是决定当代中国命运的关键一招，也是决定实现‘两个一百年’奋斗目标、实现中华民族伟大复兴的关键一招，凝聚起将改革开放进行到底的强大力量。”① 2021 年 2 月，中共中央印发的《关于在全党开展党史学习教育的通知》要求，在全社会进行以党史为重点的“四史”宣传教育，突出青少年群体，贴近青少年需求，引导他们听党话、跟党走。② 2021 年 4 月 20 日，教育部、办公厅颁发的《关于在思政课中加强以党史教育为重点的“四史”教育的通知》指出，加强以党史教育为重点的“四史”教育，要以习近平新时代中国特色社会主义思想为指导，全面落实立德树人根本任务，教育引导学生弄清楚当今中国所处的历史方位和自己所应担负的历史责任，深刻理解中华民族从站起来、富起来到强起来的历史逻辑、理论逻辑和实践逻辑，增强听党话、跟党走的思想和行动自觉，牢固树立中国特色社会主义的道路自信、理论自信、制度自信、文化自信。③

（六）加强中华优秀传统文化教育

国家认同的培育有赖于优秀传统文化教育。优秀传统文化教育通过促进学生的文化认同进而促进其国家认同。党的十八大以来，以习近平同志为核心的党中央高度重视弘扬中华优秀传统文化，制定了一系列有关中华优秀传统文化教育的政策，其中也涉及国家认同培育。

2014 年 3 月，教育部关于印发《完善中华优秀传统文化教育指导纲要》

① 中共中央、国务院：《新时代爱国主义教育实施纲要》，(2019-11-12)［2022-10-03］.http://www.moe.gov.cn/jyb_xxgk/moe_1777/moe_1778/201911/t20191113_407983.html。

② 中共中央：《关于在全党开展党史学习教育的通知》，(2021-02-26)［2022-10-03］. http://www.gov.cn/zhengce/2021-02/26/content_5588966.htm。

③ 教育部，办公厅：《关于在思政课中加强以党史教育为重点的“四史”教育的通知》，(2021-04-20)［2022-10-03］. http://www.moe.gov.cn/srcsite/A13/moe_772/202105/t20210511_530840.html。

要求，“加强对青少年学生的中华优秀传统文化教育，要以弘扬爱国主义精神为核心，以家国情怀教育、社会关爱教育和人格修养教育为重点，着力完善青少年学生的道德品质，培育理想人格，提升政治素养”①。2016 年 1 月，中共教育部党组《关于教育系统深入开展爱国主义教育的实施意见》提出，“尊重和传承中华民族历史和文化，加强中华优秀传统文化教育，把中华优秀传统文化教育系统融入课程和教材体系，进一步加强有关学科教材传统文化内容，体现到教材编写和课程开发等环节，引导青少年学生树立和坚持正确的历史观、民族观、国家观、文化观，不断增强中华民族的归属感、认同感、尊严感、荣誉感。”② 2017 年，中共中央办公厅、国务院办公厅印发的《关于实施中华优秀传统文化传承发展工程的意见》提出：“深入挖掘和弘扬中华优秀传统文化蕴含的核心思想理念、中华传统美德、中华人文精神。按照一体化、分学段、有序推进的原则，把中华优秀传统文化全方位融入思想道德教育、文化知识教育、艺术体育教育、社会实践教育各环节。”③ 这从宏观上对优秀传统文化教育进行了整体规划，也有利于学生的国家认同建构。2019 年《新时代爱国主义指导纲要》指出，“要引导人们了解中华民族的悠久历史和灿烂文化，从历史中汲取营养和智慧，自觉延续文化基因，增强民族自尊心、自信心和自豪感。要坚持古为今用、推陈出新，不忘本来、辩证取舍，深入实施中华优秀传统文化传承发展工程，推动中华文化创造性转化、创新性发展。要坚守正道、弘扬大道，反对文化虚无主义，引导人们树立和坚持正确的历史观、民族观、国家观、文化观，不断增强中华民族的归属感、认同感、

① 教育部：《完善中华优秀传统文化教育指导纲要》，(2014-03-28)［2022-10-03］.http://www.moe.gov.cn/srcsite/A13/s7061/201403/t20140328_166543.html。

② 习近平：《在参加全国政协十二届二次会议少数民族界委员联组会时的讲话》，(2014-03-05)［2022-10-03］. http://cpc.people.com.cn/n/2014/0305/c64094-24529100.html。

③ 中共中央办公厅、国务院办公厅：《关于实施中华优秀传统文化传承发展工程的意见》，(2017-01-25)［2022-10-03］.http://www.gov.cn/zhengce/2017-01/25/content_5163472.htm。

尊严感、荣誉感。”①

（七）强化祖国统一和民族团结进步教育

2014年3月，习近平总书记在参加全国政协十二届二次会议少数民族界委员联组会时强调：“国家的统一，人民的团结，国内各民族的团结，这是我们的事业必定要胜利的基本保证。我们要坚持各民族共同团结奋斗、共同繁荣发展的主题，深入开展民族团结宣传教育，牢固树立汉族离不开少数民族、少数民族离不开汉族、各少数民族之间也相互离不开的思想观念，打牢民族团结的思想基础。”② 同年5月，习近平总书记在第二次中央新疆工作座谈会上强调：“要在各族群众中牢固树立正确的祖国观、民族观，弘扬社会主义核心价值体系和社会主义核心价值观，增强各族群众对伟大祖国的认同、对中华民族的认同、对中华文化的认同、对中国特色社会主义道路的认同。”2016年1月，中共教育部党组颁布的《关于教育系统深入开展爱国主义教育的实施意见》提出，“加强对青少年学生的民族团结教育，把维护祖国统一和民族团结作为重要着力点和落脚点，不断增强青少年学生对伟大祖国、中华民族、中华文化、中国共产党、中国特色社会主义的认同。”③ 2017年10月，习近平总书记在党的十九大报告中强调：“全面贯彻党的民族政策，深化民族团结进步教育，铸牢中华民族共同体意识，加强各民族交往交流交融，促进各民族像石榴籽一样紧紧抱在一起，共同团结奋斗、共同繁荣发展。”④ 2019年

① 中共中央、国务院：《新时代爱国主义教育实施纲要》，(2019-11-12)［2022-10-03］.http://www.moe.gov.cn/jyb_xxgk/moe_1777/moe_1778/201911/t20191113_407983.html。

② 汪晓东、张炜、吴姗：《凝聚起中华儿女团结奋斗的磅礴力量——习近平总书记关于弘扬爱国主义精神重要论述综述》，载《人民日报》，2021-10-02（01）。

③ 中共教育部党组：《关于教育系统深入开展爱国主义教育的实施意见》，(2016-01-26)［2022-10-03］.http://www.moe.gov.cn/srcsite/A13/s7061/201601/t20160129_229131.html。

④ 习近平：《决胜全面建成小康社会 夺取新时代中国特色社会主义伟大胜利——在中国共产党第十九次全国代表大会上的报告》，(2017-10-18)［2022-10-03］. http://www.gov.cn/zhuanti/2017-10/27/content_5234876.htm。

11 月，中共中央、国务院颁布的《新时代爱国主义指导纲要》要求，“要加强祖国统一教育，深刻揭示维护国家主权和领土完整、实现祖国完全统一是大势所趋、大义所在、民心所向，增进广大同胞心灵契合、互信认同，与分裂祖国的言行开展坚决斗争，引导全体中华儿女为实现民族伟大复兴、推进祖国和平统一而共同奋斗。深化民族团结进步教育，铸牢中华民族共同体意识，加强各民族交往交流交融，引导各族群众牢固树立‘三个离不开’思想，不断增强‘五个认同’，使各民族同呼吸、共命运、心连心的光荣传统代代相传”①。2021 年 4 月，教育部等四部门颁发的《深化新时代学校民族团结进步教育指导纲要》通知强调了大学生国家认同培育的重要性。通知要求，“教育引导学生认识到各族人民亲如一家，是实现中华民族伟大复兴的根本保证，深化维护祖国统一是各民族最高利益的意识，深化对中华民族多元一体格局、中华民族共同体历史的认识，树立正确的国家观、历史观、民族观、文化观、宗教观，强化‘五个认同’，坚决反对民族分裂，坚定实现中华民族伟大复兴的理想信念。”②

（八）加强国家安全教育和国防教育

国家安全是安邦定国的重要基石。坚持总体国家安全观，是习近平新时代中国特色社会主义思想的重要内容。党的十八大以来，中共中央和中央政府高度重视国家安全，一直把国家安全意识提升作为国家安全教育的重要组成部分。2014 年 4 月，习近平总书记在十八届中央政治局第十四次集体学习时的讲话指示，“各地区各部门要贯彻总体国家安全观，准确把握我国国家安全形势变化新特点新趋势，坚持既重视外部安全又重视内部安全、既重视

① 中共中央、国务院：《新时代爱国主义教育实施纲要》，(2019-11-12)［2022-10-03］.http://www.moe.gov.cn/jyb_xxgk/moe_1777/moe_1778/201911/t20191113_407983.html。

② 教育部等四部门：《深化新时代学校民族团结进步教育指导纲要》，(2021-04-20)［2022-10-03］.http://www.moe.gov.cn/srcsite/A09/s3081/202205/t20220517_628242.html。

国土安全又重视国民安全、既重视传统安全又重视非传统安全、既重视发展问题又重视安全问题、既重视自身安全又重视共同安全，切实做好国家安全各项工作。要加强对人民群众的国家安全教育，提高全民国家安全意识。”① 2015 年 7 月 1 日，第十二届全国人大常委会第十五次会议通过《中华人民共和国国家安全法》，将每年 4 月 15 日确定为全民国家安全教育日。自此以后，全社会开展了形式多样的国家安全知识学习活动，提升国家安全意识。2016 年 4 月 10 日，习近平总书记在首个全民国家安全教育日到来之际作出指示：“实现中华民族伟大复兴的中国梦，保证人民安居乐业，国家安全是头等大事。要以设立全民国家安全教育日为契机，以总体国家安全观为指导，全面实施国家安全法，深入开展国家安全宣传教育，切实增强全民国家安全意识。”② 2017 年，中国共产党第十九次全国代表大会强调，“国家安全是安邦定国的重要基石，维护国家安全是全国各族人民根本利益所在。要完善国家安全战略和国家安全政策，坚决维护国家政治安全，统筹推进各项安全工作。健全国家安全体系，加强国家安全法治保障，提高防范和抵御安全风险能力。严密防范和坚决打击各种渗透颠覆破坏活动、暴力恐怖活动、民族分裂活动、宗教极端活动。加强国家安全教育，增强全党全国人民国家安全意识，推动全社会形成维护国家安全的强大合力。”③ 2018 年 4 月，教育部印发《关于加强大中小学国家安全教育的实施意见》，明确了“构建中国特色国家安全教育体系，把国家安全教育覆盖国民教育各学段，融入教育教学活动各层面，贯穿人才培养全过程，实现国家安全教育进学校、进教材、进头脑，提升学生国家安全意识，提高维护国家安全能力，强化责任担当，筑牢国家安全防线，

① 习近平：《在十八届中央政治局第十四次集体学习时的讲话》，(2014-04-27)［2022-10-03］.http://politics.people.com.cn/n/2014/0427/c1024-24946690.html。

② 习近平：《在首个全民国家安全教育日之际作出重要指示》，(2016-4-15)［2022-10-03］.http://cpc.people.com.cn/n1/2016/0415/c64094-28278100.html。

③ 习近平：《决胜全面建成小康社会 夺取新时代中国特色社会主义伟大胜利——在中国共产党第十九次全国代表大会上的报告》，(2017-10-18)［2022-10-03］. http://www.gov.cn/zhuanti/2017-10/27/content_5234876.htm。

培养德智体美全面发展的社会主义建设者和接班人，培养担当民族复兴大任的时代新人。”① 2019 年 11 月，中共中央、国务院颁布的《新时代爱国主义指导纲要》要求：“要加强国家安全教育，深入学习宣传总体国家安全观，增强全党全国人民国家安全意识，自觉维护政治安全、国土安全、经济安全、社会安全、网络安全和外部安全。要加强国防教育，增强全民国防观念，使关心国防、热爱国防、建设国防、保卫国防成为全社会的思想共识和自觉行动。要深入开展增强忧患意识、防范化解重大风险的宣传教育，引导广大干部群众强化风险意识，科学辨识风险、有效应对风险，做到居安思危、防患未然。”②

二、新时代大学生国家认同培育的实践载体

在大学生国家认同培育的实践经验中，党和国家非常注重教育的实践载体，强调建好用好爱国主义教育基地，注重运用仪式礼仪，充分发挥重大历史纪念活动和重要节日的涵育功能等。

（一）建好用好爱国主义教育基地和国防教育基地

爱国主义教育基地，是激发爱国热情、凝聚人民力量、培育民族精神的重要场所。③ 2012 年，教育部印发《关于进一步加强高校实践育人工作的若干意见》，强调高校“要积极联系爱国主义教育基地和国防教育基地……建立多种形式的社会实践活动基地，力争每个学校、每个院系、每个专业都有相

① 教育部：《加强大中小学国家安全教育的实施意见》，(2018-04-09)［2022-10-03］.http://www.moe.gov.cn/srcsite/A12/s7060/201804/t20180412_332965.html。

② 中共中央、国务院：《新时代爱国主义教育实施纲要》，(2019-11-12)［2022-10-03］.http://www.moe.gov.cn/jyb_xxgk/moe_1777/moe_1778/201911/t20191113_407983.html。

③ 中宣部：《关于在重大活动中进一步发挥全国爱国主义教育示范基地作用的通知》，(2019-08-22)［2022-10-03］. http://www.xinhuanet.com/politics/2019-08/22/c_1124907470.htm。

对固定的基地”，[①] 使这些基地成为培养大学生国家意识的重要阵地。2019 年中共中央印发《新时代爱国主义教育实施纲要》强调指出：“要建好用好爱国主义教育基地和国防教育基地，要加强内容建设，改进展陈方式，着力打造主题突出、导向鲜明、内涵丰富的精品陈列，强化爱国主义教育和红色教育功能，为社会各界群众参观学习提供更好服务。”[②]

（二）注重运用仪式礼仪

“礼仪是宣示价值观、教化人民的有效方式，要有计划地建立和规范一些礼仪制度，如升国旗仪式、成人仪式、入党入团入队仪式等，利用重大纪念日、民族传统节日等契机，组织开展形式多样的纪念庆典活动，传播主流价值，增强人们的认同感和归属感。”[③] 中共中央办公厅印发的《关于培育和践行社会主义核心价值观的意见》指出：“开展礼节礼仪教育，在重要场所和重要活动中升挂国旗、奏唱国歌，在学校开学、学生毕业时举行庄重简朴的典礼，完善重大灾难哀悼纪念活动，使礼节礼仪成为培育社会主流价值的重要方式。”[④] 2017 年，中共中央办公厅、国务院办公厅印发的《关于实施中华优秀传统文化传承发展工程的意见》要求：“加强国民礼仪教育，加大对国家重要礼仪的普及教育与宣传力度，在国家重大节庆活动中体现仪式感、庄重感、荣誉感，彰显中华传统礼仪文化的时代价值，树立文明古国、礼仪之邦的良

---

① 教育部、中宣部、财政部等七部门：《关于进一步加强高校实践育人工作的若干意见》，(2012-01-10)［2022-10-03］.http://www.moe.gov.cn/srcsite/A12/moe_1407/s6870/201201/t20120110_142870.html。

② 中共中央、国务院：《新时代爱国主义教育实施纲要》，(2019-11-12)［2022-10-03］.http://www.moe.gov.cn/jyb_xxgk/moe_1777/moe_1778/201911/t20191113_407983.html。

③ 习近平：《在十八届中央政治局第十三次集体学习时的讲话》，(2014-02-24)［2022-10-03］.http://www.gov.cn/xinwen/2019-02/23/content_5367953.htm。

④ 中共中央办公厅：《关于培育和践行社会主义核心价值观的意见》，(2013-12-24)［2022-10-03］.http://www.moe.gov.cn/jyb_xwfb/s5147/201312/t20131224_161114.html。

好形象。"[①] 2019 年中共中央、国务院印发《新时代爱国主义教育实施纲要》强调指出，"认真贯彻执行国旗法、国徽法、国歌法，学习宣传基本知识和国旗升挂、国徽使用、国歌奏唱礼仪，强化国家意识和集体观念。"[②]

（三）组织重大纪念活动

2017 年，中共中央办公厅、国务院办公厅印发的《关于实施中华优秀传统文化传承发展工程的意见》要求："深入开展"爱我中华"主题教育活动，充分利用重大历史事件和中华历史名人纪念活动、国家公祭仪式、烈士纪念日，充分利用各类爱国主义教育基地、历史遗迹等，展示爱国主义深刻内涵，培育爱国主义精神。"[③] 2019 年中共中央、国务院印发《新时代爱国主义教育实施纲要》强调指出："组织重大纪念活动，充分挖掘重大纪念日、重大历史事件蕴含的爱国主义教育资源，组织开展系列庆祝或纪念活动和群众性主题教育。"[④]

（四）发挥传统和现代节日的涵育功能

2017 年，中共中央办公厅、国务院办公厅印发的《关于实施中华优秀传统文化传承发展工程的意见》指出，深入开展"我们的节日"主题活动，实施中国传统节日振兴工程，丰富春节、元宵、清明、端午、七夕、中秋、重阳等传统节日的文化内涵。[⑤] 2019 年中共中央、国务院印发《新时代爱国主

① 中共中央办公厅、国务院办公厅：《关于实施中华优秀传统文化传承发展工程的意见》，(2017-01-25) [2022-10-03] .http://www.gov.cn/zhengce/2017-01/25/content_5163472.htm。

② 中共中央、国务院：《新时代爱国主义教育实施纲要》，(2019-11-12) [2022-10-03] .http://www.moe.gov.cn/jyb_xxgk/moe_1777/moe_1778/201911/t20191113_407983.html。

③ 中共中央办公厅、国务院办公厅：《关于实施中华优秀传统文化传承发展工程的意见》，(2017-01-25) [2022-10-03] . http://www.gov.cn/zhengce/2017-01/25/content_5163472.htm。

④ 中共中央、国务院：《新时代爱国主义教育实施纲要》，(2019-11-12) [2022-10-03] .http://www.moe.gov.cn/jyb_xxgk/moe_1777/moe_1778/201911/t20191113_407983.html。

⑤ 中共中央办公厅、国务院办公厅：《关于实施中华优秀传统文化传承发展工程的意见》，(2017-01-25) [2022-10-03] . http://www.gov.cn/zhengce/2017-01/25/content_5163472.htm。

义教育实施纲要》要求："发挥传统和现代节日的涵育功能，大力实施中国传统节日振兴工程，深化'我们的节日'主题活动，利用春节、元宵、清明、端午、七夕、中秋、重阳等重要传统节日，开展丰富多彩、积极健康、富有价值内涵的民俗文化活动，引导人们感悟中华文化、增进家国情怀。"①

三、新时代大学生国家认同教育的主要方式

在中国特色社会主义新时代，为了顺应社会的发展变化，党和国家在国家认同培育中采取了众多手段和方式推进大学生国家认同培育。

（一）坚持思想政治理论课是国家认同培育的主阵地

2016 年 12 月，习近平总书记在出席全国高校思政工作会议时，指出高校根本任务是立德树人，要培养社会主义事业的建设者和接班人，必须坚持正确的政治方向，为此要更加有效地发挥高校思政理论课的主渠道作用。② 2018 年 5 月，习近平总书记在与北京大学师生座谈会上的讲话中强调，要利用好思想政治理论课抓好马克思主义理论教育。③ 2019 年 3 月，习近平总书记在学校思想政治理论课教师座谈会上强调建设中国特色社会主义，要理直气壮开好思想政治理论课，在实现中华民族伟大复兴的奋斗中，思想政治理论课作用不可替代。④ 习近平总书记在多次讲话中提及思想政治理论课主的渠道，说明进入 21 世纪，面临文化和价值观的多元化，高校思想政治理论课

① 中共中央、国务院：《新时代爱国主义教育实施纲要》，(2019-11-12)［2022-10-03］.http://www.moe.gov.cn/jyb_xxgk/moe_1777/moe_1778/201911/t20191113_407983.html。

② 习近平：《全国高校思想政治工作会议讲话：把思想政治工作贯穿教育教学全过程》，(2016-12-08)［2022-10-03］.http://www.xinhuanet.com/politics/2016-12/08/c_1120082577.htm。

③ 中共教育部党组：《关于教育系统深入学习贯彻习近平总书记在北京大学师生座谈会上重要讲话精神的通知》，2018-05-03，http://www.moe.gov.cn/srcsite/A12/s7060/201805/t20180503_334971.html。

④ 习近平：《学校思想政治理论课教师座谈会上的讲话》，(2019-03-18)［2022-10-03］，http://www.gov.cn/xinwen/2019-03/18/content_5374831.htm。

在大学生国家认同培育中的作用，不论是对国家还是对个人都是非常重要的。2019 年 11 与 12 日，中共中央、国务院印发的《新时代爱国主义教育实施纲要》指出："思想政治理论课是爱国主义教育的主阵地，要办好学校思想政治理论课，紧紧抓住青少年阶段的'拔节孕穗期'，引导学生把爱国情、强国志、报国行自觉融入坚持和发展中国特色社会主义事业、建设社会主义现代化强国、实现中华民族伟大复兴的奋斗之中，推动思想政治理论课改革创新，发挥学生主体作用，在教育灌输和潜移默化中，引导学生树立国家意识、增进爱国情感。"①

（二）充分发挥课堂教学的主渠道作用

2013 年 4 月 12 日，中共教育部党组颁布的《关于在"五四"期间深入开展中国梦宣传教育活动的通知》要求，要把中国梦宣传教育融入各级各类学校教育教学之中，融入未成年人思想道德建设和大学生思想政治教育之中，融入校园文化建设之中，做到进教材、进课堂、进学生头脑。② 2014 年 10 月 17 日，中共教育部党组、共青团中央发布的《关于在各级各类学校推动培育和践行社会主义核心价值观长效机制建设的意见》要求：推动社会主义核心价值观融入教育教学，实施高校课程体系和教育教学创新计划，整体推进教材、教师、教学、评价、学科、保障等方面综合改革创新，发掘各学科思想政治教育资源，不断提高课堂开展社会主义核心价值观教育的实效性。③ 2019 年 8 月，中共中央办公厅、国务院办公厅印发的《关于深化新时代学校思想政治理论课改革创新的若干意见》强调：全面推动习近平新时代中国特

---

① 中共中央、国务院：《新时代爱国主义教育实施纲要》，(2019-11-12) [2022-10-03] .http://www.moe.gov.cn/jyb_xxgk/moe_1777/moe_1778/201911/t20191113_407983.html。

② 中共教育部党组：《关于在"五四"期间深入开展中国梦宣传教育活动的通知》，(2013-4-12) [2022-10-3]，http://www.moe.gov.cn/srcsite/A12/s7060/201304/t20130412_150802.html。

③ 中共教育部党组、共青团中央：《关于在各级各类学校推动培育和践行社会主义核心价值观长效机制建设的意见》，(2014-10-17) [2022-10-3] . http://www.moe.gov.cn/srcsite/A12/s7060/201410/t20141020_177847.html。

色社会主义思想进教材进课堂进学生头脑，把社会主义核心价值观贯穿国民教育全过程。[①] 2019 年 11 月 12 日，中共中央、国务院印发的《新时代爱国主义教育实施纲要》要求，充分发挥课堂教学的主渠道作用，将爱国主义精神贯穿于学校教育全过程，推动爱国主义教育进课堂、进教材、进头脑。[②]

（三）发挥社会实践在行动中育人的作用

大学生国家认同最终表现在行为的认同和信仰的追求，而社会实践活动既能丰富大学生对国家的认知，又能促进大学生对国家认同的行为表现，因此，党和国家在中国特色社会主义新时代非常重视大学生的社会实践活动。2013 年 2 月，中共教育部党组就进行了以推进“中国梦”为主题的社会实践活动；同年 9 月，又开展了全民参与的“三节”体验活动；2014 年 10 月，要求将社会主义核心价值观的教育积极融入社会实践。这些社会实践活动在高校中的实施都收到了较好的成效。2017 年，中共中央办公厅、国务院办公厅印发的《关于实施中华优秀传统文化传承发展工程的意见》要求，把中华优秀传统文化全方位融入思想道德教育、文化知识教育、艺术体育教育、社会实践教育各环节。[③] 2019 年 11 月 12 日，中共中央、国务院印发的《新时代爱国主义教育实施纲要》要求，广泛组织开展实践活动，把爱国主义内容融入各类主题教育活动之中，组织大中小学生参观纪念馆、展览馆、博物馆、烈士纪念设施，参加军事训练、冬令营夏令营、文化科技卫生“三下乡”、学雷锋志愿服务、创新创业、公益活动等，更好地了解国情民情，强化责任担当；密切与城市社区、农村、企业、部队、社会机构等的联系，丰富拓展爱

---

① 中共中央办公厅、国务院：《关于深化新时代学校思想政治理论课改革创新的若干意见》，(2019-8-14)［2022-10-3］.http://www.gov.cn/zhengce/2019-08/14/content_5421252.htm。

② 中共中央、国务院：《新时代爱国主义教育实施纲要》，(2019-11-12)［2022-10-3］.http://www.moe.gov.cn/jyb_xxgk/moe_1777/moe_1778/201911/t20191113_407983.html。

③ 中共中央办公厅、国务院办公厅：《关于实施中华优秀传统文化传承发展工程的意见》，(2017-01-25)［2022-10-3］. http://www.gov.cn/zhengce/2017-01/25/content_5163472.htm。

国主义教育校外实践领域。①

第四节 新中国成立以来我国大学生国家认同培育的特点

中华人民共和国成立以来，我国大学生的思想政治教育总体取得了良好的成效，大学生爱国热情高，具有较坚实的心理基础和适应国家的召唤和社会发展需要的必备品格，形成了较高的国家认同水平。可见，我国大学生国家认同教育历来融于思想政治教育之中。

一、坚持党的领导，发挥政府在大学生国家认同培育中的主导作用

党和政府是国家认同培育的领导者、规划者、推动者和实施者，党和政府强有力的领导和领导人的高度重视，是保持国家认同教育良好效果的坚强后盾。② 自新中国成立以来，我们党和政府一直都高度重视大学生国家认同培育，注重加强对国家认同培育的领导和指导。尤其是改革开放以来，党和政府为国家认同培育发展提供了坚强的政治保证和正确的方向指引，为大学生国家认同培育提供了非常宝贵的经验。从国家认同培育目标的确立，到国家共同价值观的倡导，党和政府在其中都发挥主导作用。每个阶段的国家认同培育的顺利实施，都离不开党和政府强有力的主导作用，如党和政府在政策

① 中共中央、国务院：《新时代爱国主义教育实施纲要》，(2019-11-12)［2022-10-3］.http://www.moe.gov.cn/jyb_xxgk/moe_1777/moe_1778/201911/t20191113_407983.html。

② 杜兰晓：《韩国、新加坡国家认同教育的特点及启示》，载《学校党建与思想教育》，2012（34）。

上进行引导，在舆论上进行宣传，在法律上进行规定，在经费上进行支持等。此外，党和政府的舆论宣传导向作用也非常重要，力求动员社会力量，营造良好的社会文化氛围，激发大学生的国家认同感，陶冶其爱国情感。1994 年中共中央印发的《爱国主义教育实施纲要》和 2019 年中共中央印发的《新时代爱国主义教育实施纲要》鲜明体现了党在国家认同教育中的重大指导作用。

二、以爱国主义教育为依托，不断深化和拓展国家认同教育内容

通过对新中国成立以来大学生国家认同培育的政策回顾，我们不难发现，新中国成立初期的爱国主义教育，通过思想政治课的内容，强化了中国革命和中国共产党的知识，帮助大学生正确认识当时的政治形势和祖国的未来前途，激发爱国主义情怀，提高学生政治觉悟。并且，爱国主义教育能够结合社会现实问题，形式多样化，对增强人民对新中国的认同起到了积极作用。此后，随着国际国内形势的风云变幻，爱国主义被赋予不同含义，爱国主义教育也因而并无系统化、一致性的内容体系，在教育方式上，也与当时的政治教育、时事教育并无二致。

1978 年之后，随着改革开放的逐渐推进，中国的社会主义现代化建设开始步入全新轨道。在这样一种推陈出新、强国富民的全新背景下，爱国主义教育受到了特别的关注。从总体上看，与此前相同的是，爱国主义教育依然与政治形势紧密相连，尤其是随着政治形势的变化，爱国主义教育在内容上的波动较为显著。不同的是，这一时期的爱国主义教育开始突破以往的“泛政治化”倾向，围绕富强、民主、文明的现代化强国这一主线，在文化、心理与政治和法律之间，传统、现实与现实和理想之间，情感和理性之间进行自主探索，在实践中变现为主线鲜明却拿捏不准的“两难型”爱国形态。例如，1994 年中共中央颁布的《爱国主义教育实施纲要》，强调爱国主义教育的主要内容涉及“国家观念与国情、民族文化传统与历史、社会主义建设成

就、民族团结与国际交往诸方面”①。同时，也特别强调“在当代中国，爱国主义与社会主义本质上一致的，建设有中国特色的社会主义是新时期爱国主义的主题。爱国主义、集体主义和社会主义思想教育三位一体，有机地统一在建设有中国特色的社会主义的伟大实践之中。”②这彰显出了这样的认识，即当代中国爱国主义教育既要注重文化—心理维度，又要突出政治—法律维度；既要充分把握民族精髓，继承传统并发扬光大，又要注意吸取世界文明成果，力倡革新和创造。

党的十八大以来，中国特色社会主义进入新时代，新时代爱国主义教育“是在习近平新时代中国特色社会主义思想的指引下进行的实践活动，它不仅赓续中华民族爱国主义传统，要求从历史中汲取营养和智慧，弘扬中华优秀传统文化，还以维护祖国统一和民族团结为着力点，深入开展中国特色社会主义和中国梦教育，加强国家安全教育和国防教育，并把实现中华民族伟大复兴的中国梦作为鲜明主题，坚持爱国爱党爱社会主义相统一”③。例如，2019 年中共中央、国务院印发的《新时代爱国主义教育实施纲要》，紧扣中国特色社会主义新时代这个我国发展新的历史方位，以及实现中华民族伟大复兴的中国梦的爱国主义鲜明主题，提出八个方面的教育内容：“坚持用习近平新时代中国特色社会主义思想武装全党、教育人民；深入开展中国特色社会主义和中国梦教育；深入开展国情教育和形势政策教育；大力弘扬以爱国主义为核心的民族精神和以改革创新为核心的时代精神；广泛开展党史、国史、改革开放史教育；传承和弘扬中华优秀传统文化；强化祖国统一和民族团结进步教育；加强国家安全教育和国防教育。”④

① 中共中央、国务院：《爱国主义教育实施纲要》，载《人民教育》，1994（10）。
② 中共中央、国务院：《爱国主义教育实施纲要》，载《人民教育》，1994（10）。
③ 王易：《关于新时代爱国主义教育的认识论思考》，载《思想教育研究》，2020(5)。
④ 中共中央、国务院：《新时代爱国主义教育实施纲要》，(2019-11-12)［2022-10-3］.http://www.moe.gov.cn/jyb_xxgk/moe_1777/moe_1778/201911/t20191113_407983.html。

三、以学校为主要场域，不断拓宽大学生国家认同培育的途径

从各个阶段国家认同培育的相关政策来看，学校是进行大学生国家认同培育的最主要场域，是开展大学学生国家认同培育最正式、最系统、最有效的路径。我国高校通过开设思想政治课、形势政策、历史等课程，或者通过开展校园活动、创设文化氛围等，传授国家文化、政治、民族等知识，影响大学生对国家的政治态度和行为，使大学生形成正确的国家民族意识，增强大学生的民族自信和国家自信，培植大学生对国家的归属感。

在充分发挥以学校为中心国家认同培育的同时，社会和家庭等主体也积极配合高校，在宣传教育、氛围营造等方面起到了较为重要的辅助作用，形成了大学生国家认同培育的合力。例如，1994 年，中共中央印发的《爱国主义教育实施纲要》明确提出："要创造爱国主义教育的社会氛围，对各地党委和人民政府及有关部门、群众团体、各级文化和影视主管部门、各级新闻出版和影视部门的具体工作作出部署，确保人们在社会日常生活的各个方面都能随时随处受到爱国主义思想和精神的感染、熏陶。"① 随后，教育部印发关于贯彻《爱国主义教育实施纲要》的通知，要求各高校积极贯彻文件精神，加强与政府有关部和社会团体组织的联系，推进爱国主义教育基地的建设使用工作，弘扬社会主旋律。② 又如，2014 年，中共教育部党组、共青团中央印发的《关于在各级各类学校推动培育和践行社会主义核心价值观长效机制建设的意见》，强调"整合政府、学校、企业、社会等资源和力量，发挥集

① 中共中央、国务院：《爱国主义教育实施纲要》，载《人民教育》，1994（10）。

② 国家教育委员会：《关于贯彻落实爱国主义教育实施纲要的通知》，(1994-09-23)［2022-10-3］，https://law.lawtime.cn/d622429627523.html。

聚效应，以深化在校学生对社会主义核心价值观的理解和认识”。[①] 2019年中共中央、国务院印发的《新时代爱国主义教育实施纲要》强调，要“调动广大人民群众的积极性主动性。各级工会、共青团、妇联和文联、作协、科协、侨联、残联以及关工委等人民团体和群众组织，要发挥各自优势，面向所联系的领域和群体广泛开展爱国主义教育。组织动员老干部、老战士、老专家、老教师、老模范等到广大群众特别是青少年中讲述亲身经历，弘扬爱国传统”[②]。

四、突出思政课主阵地作用，发挥社会实践育人作用

思想政治理论课程是高校宣传思想工作和大学生国家认同培育的主阵地，是高校意识形态工作的重中之重。中华人民共和国成立之初，党和政府就强调通过开设并完善马列主义政治理论课建设来培养大学生的国家认同，随后的“85”方案、“98”方案、“05”方案，尽管其思想政治理论课程的组成有所不同，但都始终坚持高校思想政治理论课程是大学生国家认同培育的主渠道，始终坚持培养社会主义的建设者和接班人，始终坚持不断推进马克思主义中国化的理论成果“进教材、进课堂、进大学生大脑”来培育大学生的国家认同。实践证明，思想政治理论课教学在帮助大学生树立正确的世界观、人生观和价值观方面发挥着不可替代的作用。“马克思主义基本原理”课对于在大学生中普及马克思主义，帮助大学生树立科学世界观、掌握科学方法论，具有重要意义。“毛泽东思想和中国特色社会主义理论”对于在大学生中普及马克思主义中国化，帮助大学生树立中国特色社会主义理想、认识当代中国

① 中共教育部党组、共青团中央：《关于在各级各类学校推动培育和践行社会主义核心价值观长效机制建设的意见》，(2014-10-20)［2022-10-3］.http://www.moe.gov.cn/srcsite/A12/s7060/201410/t20141020_177847.html。

② 中共中央、国务院：《新时代爱国主义教育实施纲要》，(2019-11-12)［2022-10-3］.http://www.moe.gov.cn/jyb_xxgk/moe_1777/moe_1778/201911/t20191113_407983.html。

发展规律，具有重要意义。“中国近现代史纲要”课对于在大学生中普及中国近现代史知识、培育大学生的爱国主义精神，具有重要意义。“思想道德修养与法律基础”课，对于在大学生中普及道德知识和法律知识，帮助大学生正确把握人生、加强道德修养、培育法律意识，具有重要意义。

在重视理论教育的同时，强调把大学生国家认同培育融入社会实践活动中。比如，大学生社区服务活动、“西部志愿者计划”“三支一扶计划”、大学生各类寒暑假社会实践活动。与此同时，部分高校的思想政治理论课也增加了综合实践活动的环节，督促大学生走出课堂，把所学的理论与社会生活实际紧密联系起来。通过社会实践活动，深化了大学生对国家的认知，激发了他们对国家的情感，培育了他们的爱国、爱党的情怀，提高国家认同培育的针对性和实效性。这一原则贯彻了唯物辩证法认识与实践的关系原理，因此，应在大学生国家认同培育中把理论教育与社会实践有机结合起来。“理论教育有利于为社会实践提供理论素材和支撑，实现理论指引和实践提升。而社会实践则为理论教育找到了理论诠释的生动场景，提升了理论教育的鲜活性和说服力，进一步强化了理论教育的效果。”[①] 总之，大学生国家认同培育应该做到理论教育与社会实践相结合，只有将两者相结合，才能切实提升大学生国家认同培育的效果。

① 石庆新：《当代大学生政党认同研究》，中国地质大学博士学位论文，2017。

第三章　现状审视：新时代大学生国家认同的实然状态

国家认同既是一个多维的结构性概念，又是一个实践性的历史范畴，在不同时空条件下，国家认同的具体内容呈现出差异和变化。因而，新时代大学生的国家认同状况必然带有特定的时代痕迹和中国风貌。然而，仅凭借理性思辨无法有效地、具体地了解大学生的国家认同状况，还需从现实的大学生态度和行为入手进行实证调查和分析，恰如马克思所说："在思辨终止的地方，在现实生活面前，正是描述人们实践活动和实际发展过程的真正的实证科学开始的地方"①。为此，本研究基于心理测量学原理，自主编制大学生国家认同测评问卷，对西北地区高校大学生国家认同的具体状况进行了分析和探讨。

① 中共中央马克思恩格斯列宁斯大林著作编译局：《马克思恩格斯选集》(第一卷)，73 页，北京，人民出版社，1995。

第一节　新时代大学生国家认同测量指标体系的构建

开展实证调查需要一个科学的测评工具。为此，本研究依据心理测量学原理，借鉴国内外学界已有的国家认同实证调查项目测量指标体系，依据第一章的国家认同内涵和构成要素的理论分析和第二章新中国成立以来我国大学生国家认同培育内容，设计一套可操作性的大学生国家认同状况测量指标体系，以期为测评新时代大学生国家认同状况提供科学的测评指标体系。

一、大学生国家认同问卷初步探索

（一）大学生国家认同初测问卷编制

在对国内外关于国家认同维度与测量指标体系分析归纳的基础上，依据本研究所界定的大学生国家认同的内涵和内容构成要素（一级指标）及其每个构成要素的内涵和外延，将其构成要素成分进一步细化（二级指标），遵循成分与题项匹配的原则，编制题项，在每个二级指标下分别编制6个题项、2个一级指标及6个二级指标，共编制36个题项，形成“大学生国家认同问卷征求意见稿”。

将“大学生国家认同问卷征求意见稿”向政治学、心理学、民族学、社会学、人类学、教育学等相关专业的专家以及高校辅导员咨询，对大学生国家认同维度构成、题项语义表达是否准确易懂、内容有无疏漏征求意见，并向100名大学生发放问卷进行试测并征求意见。在专家、高校辅导员、大学生提出的意见基础上，对题项进行了适度的修改和调整，最后形成“大学生国家认同初始问卷”，见表3-1。

问卷采用Likert五点计分方式，要求被试在五点量表上评价自己的态度和行为。按照“完全不同意”“不怎么同意”“有些同意”“基本同意”“完全同意”，依次记为1分、2分、3分、4分、5分。“1”代表非常不同意或非常不符合，记1分，“5”代表非常同意或非常符合，记5分，反向题则反向计分，“1”代表非常不同意，记5分，“5”代表非常同意，记1分。

表3–1 大学生国家认同现状调查维度分析表

一级维度（指标）	二级维度（指标）	题目序号
政治认同	公民身份认同	01-06
	中国共产党认同	07-12
	国家制度认同	13-18
文化认同	意识形态文化认同	01-06
	历史传统文化认同	07-12
	国家通用语言使用	13-18

（二）大学生国家认同初测样本

2016年9月至2016年12月，笔者与课题组成员选取西北师范大学、兰州交通大学、西北民族大学、西藏民族大学4所院校，按照不同年级、不同专业、不同民族身份、不同政治面貌抽样发放问卷500份，回收478份，其中有效问卷451份，有效率94.35%。样本基本情况统计如表3-2：

表3–2 初测样本的基本情况统计表

类别		频次（人）	频率（%）	类别		频次（人）	频率（%）
性别	男	205	45.5	民族	少数民族	216	47.9
	女	246	54.5		汉族	235	52.1
	总和	451	100		总和	451	100

续表

年级	大一	130	28.8	政治面貌	共产党员	86	19.10
	大二	125	27.8		共青团员	272	60.3
	大三	117	25.9		群众	93	20.6
	大四	79	17.6		总和	451	100
	总和	451	100				

（三）初测结果及探索性因素分析

依据初测的数据，对测评问卷进行信效度分析，以形成正式测评问卷。研究者主要在初次测评数据的基础上，运用项目分析、信度分析、探索性因素分析、内容效度分析等统计方法来检验问卷的信效度。

1. 项目分析

笔者首先对调查的有效数据进行项目分析。对每个题项进行项目分析，其主要目的在于检验每个题项的可靠性程度，甄别各个题项是否能够引起被调查者的不同反应。在项目分析上，通常采用皮尔逊积差相关分析法和临界比法。皮尔逊积差相关分析法是计算每一题项与总分的相关；临界比法是运用独立样本 T 检验，检验问卷低分组（总分最低的 27%）与高分组（总分最高的 27%）在每个题项上差异的显著性。如果题项差异不显著，那么应该考虑修改或删除该题项。

本研究运用临界比法对获得数据进行项目分析。根据总分的高低，取被试的前 27% 作为高分组，被试的后 27% 为低分组，对高分组和低分组进行 T 检验。根据项目分析的判别指标：在题项与总分的相关方面，两者的相关程度必须有中度关系，即相关系数值必须≥ 0.400，若相关系数 <0.400，题项与总分间的相关呈现低度关系；在每个题项差异的显著性方面，一般的判决标准则为 CR 值必须≥ 3.00，较严格的判别标准为≥ 3.50，显著性 $p<0.05$，反之，将未达到显著差异的题项删除。研究结果发现，本研究的所有题项 CR 值或

相关系数均达到显著（显著性 p<0.05）。因此，所有题项均可进行因素分析。

2. 探索性因素分析

对调查数据进行项目分析后，接着进行的是探索性因素分析。在此需要说明的是，由于本研究问卷编制中利用了国家认同理论研究结果，问卷的层面结构已确定，且政治认同维度和文化认同维度下又分别包含几个分维度，涉及高阶因素分析，整个问卷作探索性因素分析将异常繁杂。根据因素分析的原则和方法，“如果研究者在原先问卷编制中，已利用了理论研究结果，量表的层面结构也已确定，并经专家效度检验，则在因素分析时，可以不把整个量表全部题项纳入因素分析中，可以分层面来做”①。因此，本研究采用“分层面”的方式对大学生国家认同问卷进行探索性因素分析。运用 SPSS 19.0，采用主成分分析法和最大正交旋转法对大学生国家认同的政治认同和文化认同两个分量表数据进行探索性因素分析。其具体过程如下。

首先，在进行探索性因素分析前，先需要对两个量表下的各个因子进行 KMO 检验和 Bartlett 球形检验，用以考查模型的拟合度，题项间是否适合做因素分析。

根据统计学家冯启思（Kaiser）（1974）提出的 KMO 检验和 Bartlett 球形检验的标准：如果 KMO 值在 0.90 以上，表明因素分析适当性是极佳的；如果 KMO 值在 0.80 以上，表明因素分析适当性是良好的；如果 KMO 值在 0.70 以上，表明因素分析适当性是中等的；如果 KMO 值在 0.60 以上，表明因素分析适当性是较差的；如果 KMO 值在 0.50 以上，表明因素分析适当性是很差的；如果 KMO 值在 0.50 以下，表明因素分析适当性是无法接受的。Bartlett 球形检验的卡方值的显著性概率达到显著性水平时，才能进行因素分析。概括而言，当 KMO 检验系数 >0.5，Bartlett 球形检验（x^2 统计值的显著性概率）的 P 值 <0.05 时，问卷才有结构效度，才能进行因子分析。

① 吴明隆：《SPSS 统计应用实务问卷分析与应用统计》，88 页，北京，科学出版社，2003。

本研究对西北地区大学生国家认同的分量表政治认同初测问卷进行 KMO 和 Bartlett 球形检验，得到的结果如下表 3-3。表 3-3 检验结果显示，大学生的政治认同的 KMO 值为 0.925，表示达到良好的指标，即量表适合进行因素分析；Bartlett 球形检验的显著性概率 sig 值小于 0.05（p=0.000<0.05），达到显著性水平，表示该量表下的因素有差异，说明该数据适合作因素分析。

表 3–3　政治认同的 KMO 和 Bartlett 因素分析适合性检验表

Kaiser-Meyer-Olkin 取样适切性量数		0.925
Bartlett 球形度检验	近似卡方分布	5922.932
	自由度（Df）	153
	显著性（Sig.）	0.000

本研究对大学生国家认同的分量表文化认同初测问卷进行 KMO 和 Bartlett 球形检验，得到的结果如下表 3-4。表 3-4 检验结果显示，大学生文化认同的 KMO 值为 0.932，表示达到良好的指标，即量表适合进行因素分析；Bartlett 球形检验的显著性概率 sig 值小于 0.05（p=0.000<0.05），达到显著性水平，表示该量表下的因素有差异，说明该数据适合进行因素分析。

表 3–4　文化认同的 KMO 和 Bartlett 因素分析适合性检验表

Kaiser-Meyer-Olkin 取样适切性量数		0.932
Bartlett 球形度检验	近似卡方分布	6914.222
	自由度（Df）	153
	显著性（Sig.）	0.000

其次，对大学生国家认同的政治认同和文化认同各分量表的题项进行探索性因素分析，运用主成分分析法（PC），并通过方差最大法进行正交旋转，提取因子。

在探索性因素分析过程中，对项目的筛选既要保证项目在某一因素上的负荷，还要保证因素对项目的共同度。根据这一原则，筛选的具体标准为：删除共同度低于 0.30 的题项；删除因素负荷值小于 0.40 的题项；删除同时在多个因素上负荷均高于 0.40 的题项；提取特征值大于 1 以上的因素；保证每个因素保留的题项至少为 3 个；因子检验必须符合碎石检验；剔除题项与所在因素的题项的意义差异很大，归类不当的题项。

政治认同。本研究运用主成分分析法，通过方差最大法进行正交旋转，得到政治认同下由三维度组成，解释的总方差为 54.334%，表明所假设的因素中的 54.334% 能说明政治认同的内涵，表示政治认同量表的内容效度好。通过探索性因素分析得到表 3-5。

表 3–5　转轴后的成分矩阵表（1）

	成分		
	1	2	3
政治认同 a3	0.785		
政治认同 a5	0.744		
政治认同 a2	0.722		
政治认同 a4	0.706		
政治认同 a6	0.652		
政治认同 a1	0.599		
政治认同 b2		0.721	
政治认同 b4		0.721	
政治认同 b1		0.682	
政治认同 b3		0.669	
政治认同 b6		0.636	
政治认同 b5		0.632	
政治认同 c4			0.694

续表

政治认同 c3			0.693
政治认同 c5			0.662
政治认同 c1			0.556
政治认同 c2			0.548
政治认同 c6			0.547

根据探索性因素分析得出，政治认同包括三个因子，三个因子与本研究原先编制的维度（构念）及题项符合，分别为因子 1：包括 a3、a5、a2、a4、a6、a1 题，根据题目内涵，结合已有假设，将其命名为公民身份认同；因子 2：包括 b2、b4、b1、b3、b6、b5 题，根据题目并结合已有假设，将其命名为执政党认同；因子 3：包括第 c4、c3、c5、c1、c2、c6 题，根据题项内容并结合已有假设，将其命名为国家制度认同。

文化认同。本研究运用主成分分析法，通过方差最大法进行正交旋转，得到文化认同下由三维度组成，解释的总方差为 59.643%，表明所假设的因素中的 59.643% 能说明文化认同的内涵，表示文化认同量表的内容效度好。通过探索性因素分析得到表 3-6。

表 3-6 转轴后的成分矩阵表（2）

	成分		
	1	2	3
文化认同 f4	0.743		
文化认同 f5	0.742		
文化认同 f2	0.741		
文化认同 f6	0.720		
文化认同 f3	0.703		
文化认同 f1	0.691		
文化认同 d3		0.763	

续表

	成分		
文化认同 d5		0.750	
文化认同 d2		0.735	
文化认同 d4		0.689	
文化认同 d1		0.640	
文化认同 d6		0.621	
文化认同 e4			0.747
文化认同 e3			0.729
文化认同 e2			0.727
文化认同 e6			0.697
文化认同 e1			0.646
文化认同 e5			0.616

根据探索性因素分析得出，文化认同包括三个因子，三个因子与本研究原先编制的维度（构念）及题项符合，分别为因子 1：包括第 f4、f5、f2、f6、f3、f1 题，根据题目并结合已有假设，将其命名为意识形态文化认同；因子 2：包括第 d3、d5、d2、d4、d1、d6 题，根据题目内涵，结合已有假设，将其命名为历史文化认同；因子 3：包括第 e4、e3、e2、e6、e1、e5 题，根据题项内容并结合已有假设，将其命名为国家通用语言文字认同。

总结以上检验分析，政治认同包含 3 个维度，文化认同包含 3 个维度。为验证此量表的科学性，本研究将运用 Mplus8.3 的验证性因素分析法进一步探析。

二、大学生国家认同正式问卷的信效度检验

根据国家认同理论和探索性因素分析结果，课题组于 2017 年 3 月至 2017 年 6 月对西北地区 9 所高校大学生国家认同结构的两大因素进行再次调

查和验证性因素分析，即重新采用一批数据进行验证性因素分析。

（一）调查样本情况

在问卷调查的基础上，采用了新的一批数据运用 Mplus8.3 作验证性因素分析，共在西北师范大学、兰州交通大学、兰州城市学院、陕西师范大学、西藏民族大学、宁夏大学、北方民族大学、青海师范大学、青海民族大学等 9 所西北地区高校发放问卷 1000 份，收回问卷 893 份，剔除无效问卷，最终得到有效问卷 830 份。基本情况统计见表 3-7。

表 3–7　调查样本基本情况统计表

类别		频次（人）	频率（%）	类别		频次（人）	频率（%）
性别	男	343	41.3	民族	汉族	507	61.1
	女	487	58.7		少数民族	323	38.9
	合计	830	100.0		合计	830	100.0
年级	大一	230	27.7	生源地	省（自治区、自辖市）市	215	25.9
	大二	222	26.8		县（区）	180	21.7
	大三	207	24.9		乡（镇）	138	16.6
	大四	171	20.6		村	297	35.8
	合计	830	100.0		合计	830	100.0
专业	人文社科类	421	50.7	政治面貌	共产党员	125	15.0
	理工农类	256	30.9		共青团员	525	63.3
	艺术类	153	18.4		群众	180	21.7
	合计	830	100.0		合计	830	100.0

续表

<table>
<tr><td rowspan="7">家庭月收入</td><td>1000 元以下</td><td>87</td><td>10.5</td><td rowspan="3">是否学生干部</td><td>是</td><td>198</td><td>23.9</td></tr>
<tr><td rowspan="2">1000—3000 元以下</td><td rowspan="2">230</td><td rowspan="2">27.2</td><td>否</td><td>632</td><td>76.1</td></tr>
<tr><td>合计</td><td>830</td><td>100.0</td></tr>
<tr><td>3000—6000 元</td><td>211</td><td>25.4</td><td rowspan="4">父母亲文化程度</td><td>初中毕业</td><td>300</td><td>36.1</td></tr>
<tr><td>6000—10000 元</td><td>177</td><td>21.3</td><td>高中毕业</td><td>295</td><td>35.6</td></tr>
<tr><td>10000 元以上</td><td>125</td><td>15.1</td><td>大学毕业</td><td>235</td><td>28.3</td></tr>
<tr><td>合计</td><td>830</td><td>100.0</td><td>合计</td><td>830</td><td>100.0</td></tr>
</table>

（二）信度检验和相关性检验

1. 信度检验

本研究对修订后的正式问卷采用内部一致性系数（Cronbacha α 系数）作为大学生国家认同量表信度检验的指标。对政治认同、文化认同两个分量表进行信度分析，获得两个量表的 Cronbacha 系数，其结果见表 3-8。

表 3–8　大学生国家认同正式问卷的信度分析表

因素	政治认同	文化认同
Cronbacha α 系数	0.953	0.951

一般而言，总体 Cronbacha α 系数在 0.80 以上，各维度在 0.70 以上，说明问卷非常理想；如果 Cronbacha α 系数在 0.70 以上，各维度在 0.60 以上，说明问卷良好。[①] 从表 3-8 可以看出，本研究的两个量表 Cronbacha α 系数都处于 0.9 以上，说明大学生国家认同整份问卷的信度非常高，表明问卷各题项之间有较高的内部一致性，信度指标良好，作为大学生国家认同的测量工具是稳定可信的。同时，通过对两个分量表与国家认同的相关性检验，得出表 3-9。

① Bryman，A.，Cramer，D. (1997) *Quantitative Data Analysis with SPSS for Windows*. London: Routledge，p.74.

表 3-9　大学生国家认同与两个分量表之间的相关性检验

相关性	政治认同	文化认同
国家认同	0.959**	0.889**

注：$^{*}p < 0.05$，$^{**}p < 0.01$，$^{***}p < 0.001$

2. 效度检验

效度为问卷的有效性，是指一套测试对所应该测的内容实际测量到的程度，即是否达到了它的预期以及是否测量了它要测量的内容。

内容效度。本研究对国内外有关国家认同的概念、内涵及测量工具等文献资料进行了全面的梳理，并假设大学生国家认同的两个维度并将其进行了定义。在编制大学生国家认同问卷的过程中，还考虑了相关测量工具和开放式问卷调查结果。在问卷形成过程中，咨询了政治学、社会学、民族学、人类学、教育学等专家学者，对问卷进行了审查修订；同时，还在西北师范大学进行了小范围施测，请被测者对问卷中题目语言是否通顺、有无歧义等方面提出意见，以确定题目内容的清晰易懂。这保证了问卷有较高的内容效度。

结构效度检验。为了验证在探索性因素分析中得到的因素结构模型是否与实际数据适配，本研究对大学生国家认同量表的政治认同和文化认同两个维度因素进行验证性因素分析，即对重新调查获取的第二批数据进行验证性因素分析。运用 Mplus8.3 采用验证性因素分析方法，确定大学生国家认同结构模型与施测数据的拟合程度，进而检验国家认同理论构想的正确性。在验证性因素分析模型（被归类于一般结构方程模型）中，方框代表观察变量，在本研究中每个题项都是一个观察变量；椭圆代表潜在变量，本研究中每一个维度即潜在变量；每个潜在变量之间可能存在相关，因此用双箭头表示，表示二者的共变关系，其指数则为两者的相关系数；为了顺利确定潜变量，每个潜变量需设定其观察变量中某一个的因素负荷为 1，且各观察变量的残差相互独立。完成以上这些步骤，就可以将观察变量从 SPSS 数据库中拖入 AMOS 中进行计算验证，判断预设模型是否成立以及模型适配值是否达标。

验证性因素分析主要通过模型的适配指数来判断该模型是否与观察数据拟合。在众多的拟合指数中，χ^2/df、RMSEA、IFI、CFI、TLI 都是最常报告的拟合指数，其拟合指数的达标说明具体如下[①]：χ^2/df 是直接检验样本协方差矩阵和估计协方差矩阵间相似程度的统计量，它的理论期望值为 1，x^2/df 愈接近 1，表示模型拟合愈好。在实际研究中，χ^2/df 接近 2，认为模型拟合较好，样本较大时，5 左右也可接受。RMSEA（Root-Mean-Square Error of Approximation，近似误差均方根）是评价模型不拟合的指数，如果接近 0 表示拟合良好，相反，离 0 愈远表示拟合愈差。一般认为，如果 RMSEA=0，表示模型完全拟合（这种情形在实际应用中很少有）；RMSEA<0.01 表示非常出色的拟合；RMSEA<0.05，表示模型接近拟合；0.05≤RMSEA≤0.08，表示模型拟合合理；0.08≤RMSEA<0.10，表示模型拟合一般；RMSEA≥0.10，表示模型拟合较差。CFI 指的是拟合优度指数（Comparative Fit lndex），其值在 0—1 之间，愈接近 0 表示拟合愈差，愈接近 1 表示拟合愈好。一般认为，CFI 大于 0.9，则认为模型拟合较好。TLI（Tucker-Lewis Index）是比较拟合指数的一种，取值在 0—1 之间，愈接近 0 表示拟合愈差，愈接近 1 表示拟合愈好。如果 TLI 大于 0.9，则认为模型拟合较好。IFI 是指增量拟合指数（Incremental Fit Index），这些拟合指数的取值都在 0 到 1，取值越接近 1，表示模型拟合越好。一般认为：拟合指数在 0.85 以上，即可以认为理论模型与原始数据的拟合程度达到统计要求；如果达到 0.90 以上表示模型拟合良好。

（1）“政治认同”验证性因素分析。本研究运用 Mplus 软件对大学生政治认同模型进行验证性因素分析，得到大学生政治认同各维度结构模型与施测数据的拟合程度，见表 3-10、图 3-1。

① 吴明隆：《结构方程模型：AMOS 的操作与应用》，39—59 页，重庆，重庆大学出版社，2010。

表 3–10　政治认同验证性因素分析模型拟合指数

指标	χ^2	df	χ^2/df	RMSEA	CFI	TLI
取值	553.891	132	4.196	0.062	0.928	0.916

从表 3-10 可以看出，民族地区大学生政治认同的模型拟合度良好。同时，路径分析图 3-1 表明，观察变量与相应的潜变量、各潜变量之间有适当的载荷和相关，说明模型是可以接受的。

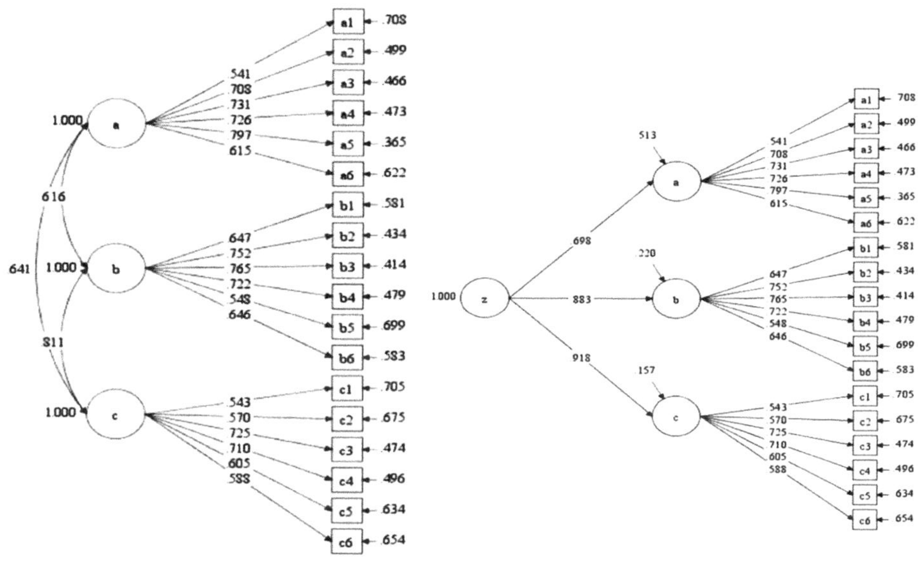

图 3–1　大学生政治认同的验证性因素分析路径系数

（a 表示公民身份认同，b 表示执政党认同，d 表示国家制度认同，Z 表示政治认同）

（2）“文化认同”验证性因素分析。运用 Mplus 软件对大学生文化认同模型进行验证性因素分析，得到民族地区大学生文化认同各维度结构模型与施测数据的拟合程度，见表 3-11、图 3-2。

表 3–11　共同文化认同验证性因素分析模型拟合指数

指标	χ^2	df	χ^2/df	RMSEA	TLI	CFI
取值	516.12	132	3.91	0.053	0.910	0.914

从表 3-11 可以看出，大学生政治认同的模型拟合度良好。同时，路径分析图表明，即图 3-2 所示，观察变量与相应的潜变量、各潜变量之间有适当的载荷和相关，说明模型是可以接受的。

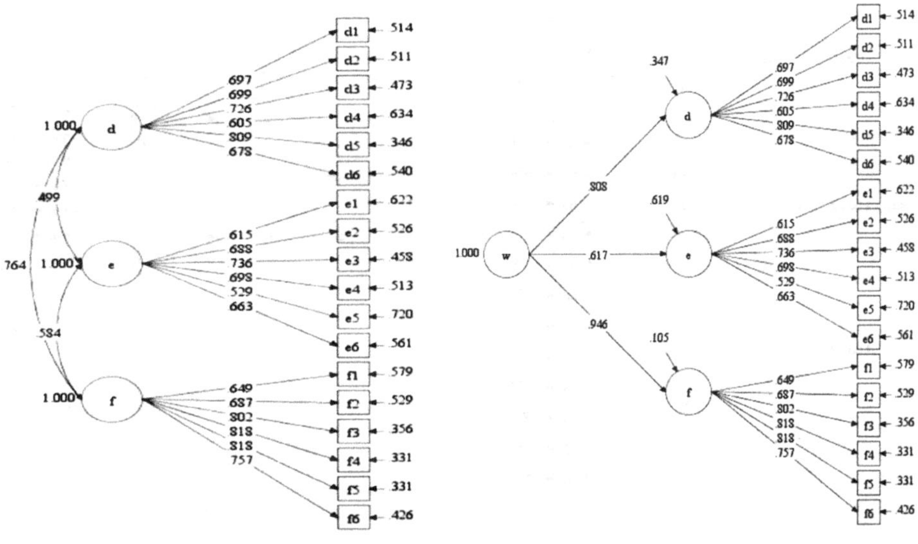

图 3–2　大学生文化认同的验证性因素分析路径系数

（d 表示历史文化认同，e 表示国家通用语言认同，f 表示意识形态文化认同，w 表示文化认同）

第二节　新时代大学生国家认同的现状分析

通过 SPSS 的探索性因素分析和 Mplus 的验证性因素分析，对自行编制的大学生国家认同问卷的科学性进行验证的基础上，本节对新时代大学生国家认同的现状进行调研和分析。

一、大学生国家认同的调查对象与调查样本

（一）大学生国家认同的调查对象

2017 年 9 月至 2018 年 8 月期间，课题组成员对西部地区的西北师范大学、兰州交通大学、兰州大学、西北民族大学、陕西师范大学、西藏民族学院、宁夏大学、北方民族大学、青海师范大学、青海民族大学、新疆师范大学、内蒙古师范大学、内蒙古民族大学 13 所高校进行“新时代大学生国家认同”问卷调查，并与一些大学生就国家认同方面的问题进行了访谈和主体座谈，以期为了解大学生的国家认同提供现实依据。

本研究调查抽样标准如下：第一，取样兼顾普通班、混合班级、民族班。第二，样本涉及大一、大二、大三、大四学生。第三，取样兼顾文科、理工科院系和艺术类相关专业学生。本次调查总共发放调查问卷 4000 份，实际回收 3570 份，回收率 89.3%；剔除无效问卷 64 份，实际有效问卷 3506 份，有效问卷率 98.2%。具体问卷发放分布情况见表 3-12。

表 3–12 问卷发放分布情况统计表

省份	学校名称	数量
甘肃省	西北师范大学	600
	兰州大学	600
	兰州交通大学	600
	西北民族大学	600
陕西省	陕西师范大学	300
	西藏民族学院	300
宁夏回族自治区	宁夏大学	300
	北方民族大学	300
青海省	青海民族大学	300
	青海师范大学	300
新疆维吾尔自治区	新疆师范大学	300
内蒙古自治区	内蒙古民族大学	300
	内蒙古师范大学	300

（二）大学生国家认同的样本

本次抽样调查兼顾性别、教育层次、民族、家庭收人、家乡环境、本民族语言掌握、院系、班级及授课语言、院系少数民族学生比例等变量。课题组考虑到上述这些基本人口学特征变量及成长环境、受教育环境等因素，会对少数民族青年大学生的社会认同意识产生一定的影响。样本具体的基本情况如表 3-13。

表 3-13　样本基本情况统计统计表

类别		频次（人）	频率（%）	类别		频次（人）	频率（%）
性别	男	1665	47.5	民族	汉族	2142	61.1
	女	1841	52.5		少数民族	1364	38.9
	合计	3506	100.0		合计	3506	100.0
年级	大一	1006	28.7	生源地	省（自治区、自辖市）市	792	22.6
	大二	975	27.8		县（区）	750	21.4
	大三	908	25.9		乡（镇）	884	25.2
	大四	617	17.6		村	1080	30.8
	合计	3506	100.0		合计	3506	100.0
专业	人文社科类	1862	53.1	政治面貌	共产党员	318	9.10
	理工农类	1265	36.1		共青团员	1073	30.6
	艺术类	379	10.8		群众	2115	60.3
	合计	3506	100.0		合计	3506	100.0
家庭月收入	1000—2000 元	126	3.6	是否学生干部	是	907	25.9
	2001—3000 元	891	25.4		否	2599	74.1
	3001—6000 元	1003	28.6	父母亲文化程度	初中毕业	1407	40.1
	6001—10000 元	817	23.3		高中毕业	1353	38.6
	10000 元以上	669	19.1		大学毕业	746	21.3
	合计	3506	100.0		合计	3506	100.0

二、大学生国家认同调查结果与分析

（一）大学生政治认同状况

问卷调查结果显示，新时代大学生政治认同度处于高水平，其均值高达4.63（满分为 5）。本研究从政治认同的“公民身份认同、执政党认同、国家制度认同”三个因子，采用均值来研究新时代大学生政治认同的具体情况。

1. 绝大多数大学生对公民身份认同处于高水平

依据统计分析结果显示（表 3-14），绝大多数大学生对中国公民身份持积极认同态度。95.9% 的大学生认同“我认为自己是一个典型的中国人”，1.4% 的大学生持不认同态度；94.5% 的大学生认为“作为中华人民共和国的一名公民我很自豪”，1.4% 的大学生持不认同态度；93.2% 的大学生认同“公民身份对我个人来说很重要的”，5.3% 的大学生持不确定态度，1.6% 的大学生对此持不认同态度；91.1% 的大学生认同“如果中国面临外侵，我愿意义不容辞地行动起来保卫国家”，7.9% 的大学生对此持不确定的态度，1.0% 的大学生对此持不认同态度；90.9% 的大学认同“即使可以选择世界上的任何国家，我也更愿意做中国公民”，7.4% 的大学生对此持不确定的态度，1.7% 的大学生对此持不认同态度；71.1% 的大学生对“日常生活中，面对多重身份（民族身份、公民身份），我更看重公民身份”持认同态度，8.3% 的大学生对此持不确定态度，20.6% 的大学生对此持不认同态度。

表 3-14　大学生公民身份认同维度调查结果统计表

题　项	选项（%）				
	完全同意	比较同意	不确定	不太同意	完全不同意
a1 我认为自己是一个典型的中国人	81.8	14.1	2.7	1.0	0.4
a2 作为中华人民共和国的一名公民我很自豪	79.2	15.3	4.1	1.2	0.4
a3 公民身份对我个人来说是很重要的	77.2	16.0	5.3	1.1	0.5
a4 如果中国面临外侵，我愿意义不容辞地行动起来保卫国家	81.0	10.1	7.9	0.6	0.4
a5 即使可以选择世界上的任何国家，我也更愿意做中国公民	80.7	10.2	7.4	1.3	0.4

续表

题 项	选项（%）				
	完全同意	比较同意	不确定	不太同意	完全不同意
a6 日常生活中，面对多重身份（民族身份、公民身份），我更看重公民身份	50.8	20.3	8.3	11.5	9.1

分析公民身份认同维度各指标的平均数，发现新时代我国大学生在公民身份认同维度上的总体平均数为 4.58（最高分为 5 分），表明新时代大学生在公民身份认同上平均介于比较同意与完全同意之间，公民身份认同处于高水平（表 3-15）。① 其中，在“我觉得自己是一个典型的中国人”得分最高，均值为 4.75（标准差为 0.541）；在“作为中华人民共和国的一名公民我很自豪”得分次之，均值为 4.72（标准差为 0.580）；相比较而言，在“日常生活中，面对多重身份（民族身份、公民身份），我更看重公民身份”得分最低，均值为 3.90（标准差为 0.791），是公民身份认同所有调查中较低的选项，这反映出有部分大学生日常生活中，由于受民族身份的影响，在公民身份认同意识上还存在一些认识上的不足。诚然，对本民族的身份认同是每一个民族成员天赋的认同类型，是对本民族的情感依恋与归属，但如果过于强烈的本民族意识，容易出现封闭与排斥的情形，在日常的生活学习中，不利于各民族学生之间的和谐相处，也不利于交流与沟通，这从另一侧面说明高校应加强有关方面的教育和引导。总体而言，新时代大学生对所属中国公民身份认同度是高水平的。

① 大学生认同水平的高低，用被测试的得分划分为五个取值区间：0—1.00；1.01—2.00；2.01—3.00；3.01—4.00；4.01—5.00。分别表示为低水平、较低水平、中等水平、较高水平、高水平。

表 3–15　大学生公民身份认同维度调查结果分析统计表

题项	极小值	极大值	均值	标准差
公民身份认同总分	1	5	4.58	0.545
a1 我觉得自己是一个典型的中国人	1	5	4.75	0.541
a2 作为中华人民共和国的一名公民我很自豪	1	5	4.72	0.580
a3 公民身份对我个人来说是很重要的	1	5	4.69	0.667
a4 如果中国面临外侵，我愿意义不容辞地行动起来保卫国家	1	5	4.71	0.620
a5 即使可以选择世界上的任何国家，我也更愿意做中国公民	1	5	4.70	0.630
a6 日常生活中，面对多重身份（民族身份、公民身份），我更看重公民身份	1	5	3.90	0.791

2. 绝大多数大学生对执政党认同度处于高水平

统计分析显示（表 3-16），绝大多数大学生执政党持认同和信任的态度。97.2% 的大学生认同“没有中国共产党，就没有新中国”，1.4% 的大学生对此表示不太熟悉和不清楚；80.0% 的大学生认同中国共产党是“立党为公，执政为民”的政党组织持，2.8% 的大学生对此表示不太熟悉和不清楚；96.4% 的大学生对“中国共产党领导人民推翻三座大山建立新中国，值得我们为之欢欣鼓舞”持认同态度，2.1% 的大学生对此表示不太熟悉和不清楚；93.3% 的大学生对“中国共产党带领全国人民走上社会主义道路具有重大的意义”持认同态度，2.0% 的大学生对此表示不太熟悉和不清楚；95.4% 的大学生对“中国共产党推进改革开放所取得的成就值得称颂”持认同感态度，1.2% 的大学生对此表示不太熟悉和不清楚；95.1% 的大学生认同“中国特色社会主义事业的发展必须坚持中国共产党的领导”，2.1% 的大学生对此表示不太熟悉和不清楚。

表 3–16　大学生执政党认同维度调查结果

题　项	选项（%）				
	完全同意	比较同意	一般	不太熟悉	不清楚
b1 没有中国共产党，就没有新中国	85.3	11.9	1.4	1.0	0.4
b2 中国共产党是“立党为公，执政为民”的政党组织	64.9	15.1	17.1	2.3	0.5
b3 中国共产党领导人民推翻三座大山建立新中国，值得我们为之欢欣鼓舞	75.4	21.0	1.5	1.1	1.0
b4 中国共产党带领全国人民走上社会主义道路具有重大的意义	74.3	19.0	4.7	1.5	0.5
b5 中国共产党推进改革开放所取得的成就值得称颂	72.5	22.9	3.5	1.0	0.2
b6 中国特色社会主义事业的发展必须坚持中国共产党的领导	75.7	19.4	3.8	2.0	0.1

分析执政党认同维度各指标的平均数，发现新时代我国大学生在执政党认同维度上的总体平均数为 4.66（标准差为 0.417），表明新时代大学生在执政党认同上平均介于比较同意与完全同意之间，大学生对执政党认同处于高水平（表 3-17）。[①] 其中，在“没有中国共产党，就没有新中国”得分最高，均值为 4.81（标准差为 0.429）；“中国特色社会主义事业的发展必须坚持中国共产党领导”得分次之，均值为 4.72（标准差 0.492）；在“中国共产党是‘立党为公，执政为民’的政党组织”得分最低，均值为 4.41（标准差为 0.404），是执政党认同所有调查中较低的选项。这表明绝大多数大学生对中国共产党领导中国人民在社会主义建设中发挥的作用是支持和拥护的，但需要引起注意的是极少数大学生对中国共产党“立党为公，执政为民”的政党组织表示

① 大学生认同水平的高低，用被测试的得分划分为五个取值区间：0—1.00；1.01—2.00；2.01—3.00；3.01—4.00；4.01—5.00。分别表示为低水平、较低水平、中等水平、较高水平、高水平。

不太熟悉和不清楚，这说明大学生对执政党的目标信念缺乏认识，需进一步加强对大学生中国共产党的认知教育，引导他们充分认识中国共产党在新时代中国特色社会主义建设事业中的领导作用是非常必要的。

表 3-17　大学生执政党认同维度调查结果分析统计表

题项	极小值	极大值	均值	标准差
执政党认同总分	1	5	4.66	0.417
b1 没有中国共产党，就没有新中国	1	5	4.81	0.429
b2 中国共产党是“立党为公，执政为民”的政党组织	1	5	4.41	0.404
b3 中国共产党领导人民推翻三座大山建立新中国，值得我们为之欢欣鼓舞	1	5	4.69	0.431
b4 中国共产党带领全国人民走上社会主义道路具有重大的意义	1	5	4.65	0.415
b5 中国共产党推进改革开放所取得的成就值得称颂	1	5	4.67	0.581
b6 中国特色社会主义事业的发展必须坚持中国共产党的领导	1	5	4.72	0.492

3. 绝大多数大学生对制度认同处于高水平

调查结果显示（见表 3-18），绝大多数大学生对我国现阶段的国家制度持认同态度。91.4% 的大学生认为人民代表大会制度是适合我国国情的，有利于保证人民当家做主；93.9% 的大学生认为中国的民族区域自治制度很好地促进了各民族大团结大发展，支持民族区域自治制度；93.1% 的大学生赞同我国的民族政策；93.0% 的大学生拥护中国共产党领导的多党合作和政治协商制度；93.9% 的大学生认为社会主义市场经济体制符合我国国情，是富民强国必由之路；85.2% 的大学生认为当代中国特色社会主义制度比资本主义制度优越。

表 3–18　大学生国家制度认同维度调查统计表

题　项	选项（%）				
	完全同意	比较同意	一般	不太熟悉	不清楚
c1 人民代表大会制度适合我国的国情，有利于保证人民当家做主	48.8	42.6	3.5	4.9	0.2
c2 我认为中国的民族区域自治制度很好地促进了各民族大团结大发展	48.6	45.3	4.8	1.1	0.5
c3 我赞同坚持民族平等，促进民族共同繁荣的民族政策	47.3	45.8	4.6	1.6	0.6
c4 我拥护中国共产党领导的多党合作和政治协商制度	47.5	45.5	4.5	1.5	1.0
c5 社会主义市场经济体制符合我国国情，是富民强国必由之路	48.6	45.3	4.6	1.2	0.4
c6 我认为当代中国特色社会主义制度比资本主义制度优越	46.7	38.5	8.1	5.2	1.3

据统计分析结果显示，大学生在国家制度认同方面的平均分为 4.66（标准差为 0.407），表明大学生对当前我国的制度认同处于高水平（见表 3-19）。① 其中，在“人民代表大会制度适合我国的国情，有利于保证人民当家做主”得分最高，均值为 4.75（标准差为 0.509）；在“我认为中国的民族区域自治制度很好地促进了各民族大团结大发展”得分次之，均值为 4.71（标准差为 0.531）；在“当代中国特色社会主义制度比资本主义制度优越”得分最低，均值为 4.45（标准差为 0.554），是国家制度认同所有调查中较低的选项。这表明：第一，绝大数大学生都认为我国的制度，不论是根本的政治制度，还是基本的政治制度和体制，其设计是科学合理的。第二，大学生在对“当代中国特色社会主义制度比资本主义制度优越”的认同度低于其他五项，

① 大学生认同水平的高低，用被测试的得分划分为五个取值区间：0—1.00；1.01—2.00；2.01—3.00；3.01—4.00；4.01—5.00。分别表示为低水平、较低水平、中等水平、较高水平、高水平。

这反映出少部分大学生对中国特色社会主义民主制度还缺乏理性认识和足够的信心，也从另一侧面说明高校应加强有关方面的教育和引导。总体而言，新时代大学生对国家制度的认同度是高水平的。

表 3–19 大学生国家制度认同维度调查结果分析统计表（满分为 5）

题项	极小值	极大值	均值	标准差
制度认同总分	1	5	4.66	0.407
c1 人民代表大会制度适合我国的国情，有利于保证人民当家做主	1	5	4.75	0.509
c2 我认为中国的民族区域自治制度很好地促进了各民族大团结大发展	1	5	4.71	0.531
c3 我赞同坚持民族平等，促进民族共同繁荣的民族政策	1	5	4.68	0.451
c4 我拥护中国共产党领导的多党合作和政治协商制度	1	5	4.67	0.585
c5 社会主义市场经济体制符合我国国情，是富民强国必由之路	1	5	4.70	0.537
c6 我认为当代中国特色社会主义制度比资本主义制度优越	1	5	4.45	0.554

（二）大学生国家共同文化认同状况

通过对问卷的描述统计得出，新时代大学生对国家共同文化认同度处于高水平，其均值高达 4.51（满分为 5）。本研究从国家共同文化认同的“共同历史传统文化认同、国家通用语言认同、意识形态文化认同”三个因子出发，采用均值来研究新时代大学生国家共同文化认同的具体情况。

1. 绝大多数大学生对共同历史传统文化认同处于高水平

统计分析结果显示（表 3-20），绝大多数大学生对中国历史传统文化持积极认同态度。95.7% 的大学生认为“中国是在历史中由各民族共同缔造的”，

1.5% 的大学生对此表示不太熟悉和不清楚；93.7% 的大学生为“中华民族的历史文化传统而自豪”，1.9% 的大学生对此表示不太熟悉和不清楚；84.0% 的大学生认为“孔孟之道是中华优秀传统文化的精髓之一”，1.6% 的大学生对此表示不太熟悉和不清楚；87.9% 的大学生认为有必要继承和弘扬中国武术、京剧、皮影等国粹，1.3% 的大学生对此表示不太熟悉和不清楚；91.4% 的大学生认为“我们应加强文化古迹和保护和修缮”，1.2% 的大学生对此表示不太熟悉和不清楚；66.5% 的大学生比较“重视过中秋节、端午节等中国传统节日”，2.9% 的大学生对此表示不太熟悉和不清楚。

表 3-20　大学生历史文化认同维度调查统计表

题　项	选项（%）				
	完全同意	比较同意	一般	不太熟悉	不清楚
d1 我认为中华历史文化是由各民族共同缔造的	82.0	13.7	2.8	0.8	0.7
d2 我为中华民族的历史文化传统而自豪	73.1	20.6	4.4	1.2	0.7
d3 孔孟之道是中华优秀传统文化的精髓之一	61.3	22.7	14.5	1.0	0.6
d4 对于中国武术、京剧、皮影等国粹，我认为有必要继承和弘扬	64.1	23.8	10.9	0.8	0.5
d5 我们应加强文化古迹和保护和修缮	66.0	25.4	7.4	0.8	0.4
d6 我很重视过中秋节、端午节等中国传统节日	45.1	21.4	30.6	1.8	1.1

分析共同历史传统文化维度各指标的平均数，发现新时代大学生在共同历史传统文化认同维度上的总体平均分为 4.52（标准差为 0.562），表明大学生对国家历史传统文化认同处于高水平（表 3-21）。① 其中，在“我认为中华民族历史文化中由各民族共同缔造的”得分最高，均值为 4.76（标准差为

① 大学生认同水平的高低，用被测试的得分划分为五个取值区间：0—1.00；1.01—2.00；2.01—3.00；3.01—4.00；4.01—5.00。分别表示为低水平、较低水平、中等水平、较高水平、高水平。

0.515）；在“我为中华民族的历史文化传统而自豪”得分次之，均值为4.74（标准差为0.543）；在“孔孟之道是中华优秀传统文化的精髓之一”得分较低，均值为4.48（标准差为0.607）；在“我很重视过中秋节、端午节等中国传统节日”得分最低，均值为4.08（标准差为0.785），是共同历史传统文化认同所有调查中较低的选项。调查表明：尽管大学生都对我国历史传统文化评价较高，但他们对我国一些传统文化，如孔孟之道、中秋节、端午节等内容认知度不高，这也在一定程度上暴露了大学生人文知识的不足。

表3–21 大学生历史文化认同维度调查结果分析表

题项	极小值	极大值	均值	标准差
历史传统文化认同总分	1	5	4.52	0.562
d1 我认为中华民族历史文化是由各民族共同缔造的	1	5	4.76	0.515
d2 我为中华民族的历史文化传统而自豪	1	5	4.74	0.543
d3 孔孟之道是中华优秀传统文化的精髓之一	1	5	4.48	0.607
d4 对于中国武术、京剧、皮影等国粹，我认为有必要继承和弘扬	1	5	4.51	0.631
d5 我们应加强文化古迹和保护和修缮	1	5	4.56	0.521
d6 我很重视过中秋节、端午节等中国传统节日	1	5	4.08	0.785

2. 绝大多数大学生对国家通用语言认同处于高水平

描述性统计分析结果显示（表3-22），绝大多数大学生对国家通用语言持认同态度。93.0%的大学生认同“国家通用语是国家语言生活最重要的知识信息交流传播工具”，1.2%的大学生对此表示不太熟悉和不清楚；87.3%的大学生认同“在学校生活中，我喜欢用普通话与同学交流”，2.4%的大学生对此表示不太熟悉和不清楚；55.6%的大学生对“在家里，我比较喜欢用家乡话与家人交流”持认同态度，24.2%的大学生对此表示不太熟悉和不清楚，

20.2% 的大学生对此持一般态度；92.1% 的大学生“总是关注自己的普通话水平并努力去提高”，1.5% 的大学生对此表示不太熟悉和不清楚；93.3% 的大学生认为“支持在民族地区推广和学习普通话”，1.2% 的大学生对此表示不太熟悉和不清楚；92.9% 的大学生认可“普及好国家通用语言文字，是各民族走向现代化的客观要求”，1.2% 的大学生对此表示不太熟悉和不清楚。

表 3–22　大学生国家通用语言认同维度调查结果分析表

题　项	选项（%）				
	完全同意	比较同意	一般	不太清楚	不清楚
e1 国家通用语是国家语言生活最重要的知识信息交流传播工具	80.4	12.6	5.8	0.7	0.5
e2 在学校生活中，我喜欢用普通话与同学交流	70.0	17.3	10.3	1.4	1.0
e3 在家里，我比较喜欢用普通话与家人交流	34.3	21.3	20.2	22.0	2.2
e4 我总是关注自己的普通话水平并努力去提高	79.0	13.1	6.4	0.5	1.0
e5 我支持在民族地区推广和学习普通话	78.6	14.7	5.5	1.0	0.2
e6 普及好国家通用语言文字，是各民族走向现代化的客观要求	80.1	12.8	5.9	1.1	0.1

统计结果显示（见表 3-23），大学生在国家通用语言认同方面的平均分为 4.50(标准差为 0.455)，表明大学生对国家通用语言认同处于高水平。[①] 其中，在“国家通用语是国家语言生活最重要的知识信息交流传播工具”和“普及好国家通用语言文字，是各民族走向现代化的客观要求”得分最高，均值分别为 4.72（标准差为 0.443）和 4.72（标准差为 0.481）；在“我支持在民族地区推广和学习普通话”得分次之，均值为 4.71(标准差为 0.460)；在“在家里，我比较喜欢用普通话与家人交流”得分最低，均值为 3.63（标准差为 0.589），

① 大学生认同水平的高低，用被测试的得分划分为五个取值区间：0—1.00；1.01—2.00；2.01—3.00；3.01—4.00；4.01—5.00。分别表示为低水平、较低水平、中等水平、较高水平、高水平。

是国家通用语言认同所有调查中较低的选项。调查表明：近几年，在党和政府大力推广国家通用语言文字教育的背景下，绝大数大学生都认识到学习国家通用语（普通话）的重要性，对国家通用语言的学习持积极态度，但一部分大学生受其本民族语言文化的影响，以及考虑到能与家人很好沟通情况，与家人交流时喜欢用其家乡话。

表 3–23　大学生国家通用语言认同维度调查结果分析表

题项	极小值	极大值	均值	标准差
国家通用语言认同总分	1	5	4.50	0.455
e1 国家通用语是国家语言生活最重要的知识信息交流传播工具	1	5	4.72	0.443
e2 在学校生活中，我喜欢用普通话与同学交流	1	5	4.55	0.451
e3 在家里，我比较喜欢用普通话与家人交流	1	5	3.63	0.589
e4 我总是关注自己的普通话水平并努力去提高	1	5	4.69	0.449
e5 我支持在民族地区推广和学习普通话	1	5	4.71	0.460
e6 普及好国家通用语言文字，是各民族走向现代化的客观要求	1	5	4.72	0.481

3. 绝大多数大学生对国家意识形态文化认同处于高水平

经描述性统计得出（表 3-23），绝大多数大学生对国家意识形态文化持积极认同态度。72.2% 的大学生认同“我对中国特色社会主义内涵的认识比较清楚”，23.6 对此持“一般”的态度，4.1% 的大学生对此表示不太熟悉和不清楚；94.2% 的大学生对“坚持以马克思主义为指导，是中国特色社会主义事业取得成功的有效保证”持认同态度，1.4% 的大学生对此表示不太熟悉和不清楚；91.3% 的大学生认同“中国特色社会主义理论是科学的理论体系”，1.8% 的大学生对此表示不太熟悉和不清楚；94.3% 的大学生认为“社会主义价值观能引领大学生的价值取向，规范其社会行为”，0.6% 的大学生对此表示不太熟悉和不清楚表示不太熟悉和不清楚；94.0% 的大学生认为“大学生应牢固树立中国特色社会主义共同理想”，0.8% 的大学生对此表示不太熟悉和不清楚；87.5% 的大学生认为“当个人利益与集体利益、国家利益相矛盾时，我会兼顾国家、集体和个人利益”，1.5% 的大学生对此表示不太熟悉和不清楚。

表 3–24 大学生意识形态文化认同维度调查结果分析表（1）

题 项	选项（%）				
	完全同意	比较同意	一般	不太熟悉	不清楚
f1 我对中国特色社会主义内涵的认识比较清楚	51.5	20.7	23.6	2.7	1.4
f2 坚持以马克思主义为指导是中国特色社会主义事业取得成功的有效保证	72.9	21.3	4.3	1.2	0.2
f3 中国特色社会主义理论是科学的理论体系	68.5	22.8	6.9	1.5	0.3
f4 社会主义价值观能引领大学生的价值取向，规范其社会行为	70.3	24.0	5.2	0.4	0.2
f5 大学生应牢固树立中国特色社会主义共同理想	63.7	30.3	5.2	0.4	0.4
f6 当个人利益与集体利益、国家利益相矛盾时，我会兼顾国家、集体和个人利益	61.0	26.5	11.4	1.2	0.3

分析意识形态文化维度各指标的平均数（见表 3-24），发现大学生在意识形态文化认同维度上的总体平均分为 4.51（最高分为 5 分），表明大学生对我国意识形态文化认同处于高水平。① 其中，在“坚持以马克思主义为指导，是中国特色社会主义事业取得成功的有效保证”得分最高，均值为 4.65（标准差为 0.503）；在“社会主义价值观能引领大学生的价值取向，规范其社会行为”得分次之，均值为 4.64(标准差为 0.541）；在对“当个人利益与集体利益、国家利益相矛盾时，我会兼顾国家、集体和个人利益”的问题，得分与其他

① 大学生认同水平的高低，用被测试的得分划分为五个取值区间：0—1.00；1.01—2.00；2.01—3.00；3.01—4.00；4.01—5.00。分别表示为低水平、较低水平、中等水平、较高水平、高水平。

四个相比相对较低，均值为4.48（标准差为0.519）；在“我对中国特色社会主义内涵的认识比较清楚”得分最低，均值为4.17（标准差为0.587），是国家意识形态文化认同所有调查中较低的选项。这表明：尽管大学生对意识形态文化认同的评价较高，但他们对意识形态的主要内容的认识并不高，显而易见，大学生对意识形态文化的评价和认同存在一定的非理性特征。以上大学生意识形态文化认同的现状也表明，在新时代高校思想政治教育不断强化的背景下，大学生对意识形态文化的认同水平高，他们普遍赞同马克思主义的指导地位和中国特色社会主义核心价值观的引领作用。而意识形态文化认同方面非理性的特征提醒高校思想政治教育应进一步改进，从而提升大学生的意识形态文化和价值取向认识。

表3–25　大学生意识形态文化认同维度调查结果分析表（2）

题项	极小值	极大值	均值	标准差
意识形态文化认同总分	1	5	4.51	0.513
f1 我对中国特色社会主义内涵的认识比较清楚	1	5	4.17	0.587
f2 坚持以马克思主义为指导，是中国特色社会主义事业取得成功的有效保证	1	5	4.65	0.503
f3 中国特色社会主义理论是科学的理论体系	1	5	4.58	0.563
f4 社会主义价值观能引领大学生的价值取向，规范其社会行为	1	5	4.64	0.541
f5 大学生应牢固树立中国特色社会主义共同理想	1	5	4.56	0.521
f6 当个人利益与民族利益、国家利益相矛盾时，我会兼顾国家、集体和个人利益	1	5	4.48	0.519

（三）新时代大学生国家认同基本结论

1. 大学生国家认同总体水平较高

本研究中，采取五点计分，将国家认同两个维度即政治认同维度和共同文化认同维度的平均分相加求均值得国家认同均值，均值分数越高代表国家认同程度也越高，并将国家认同得分与中点分进行比较（见表 3-25）。

表 3–26　大学生国家认同现状调查结果分析

	极小值	极大值	均值	标准差
政治认同	1	5	4.63	0.443
文化认同	1	5	4.54	0.462

根据统计分析结果（表 3-25）分析得出，新时代大学生国家认同总体水平高，其均值为 4.59，两个维度认同均值分别为：政治认同 4.63、文化认同 4.54。大学生国家认同意识及各维度的均值分数均高于中点分（3 分），处于积极的高水平认同状态。大学生对其公民身份、中国共产党、国家政治制度、共同历史文化、国家通用语言、我国的国家意识形态文化和未来走向持普遍的认同态度。这与徐柏才、陈达云、徐建军等研究者所做的类似调查研究的结果相一致。① 基于此，本研究认为新时代大学生是完全可以信赖的，这也正如习近平总书记所说："当代大学生是可爱、可信、可为的一代。对当代高校学生，党和人民充分信任、寄语厚望。"②

2. 部分大学生在国家认同上存在不足

新时代高校大学生国家认同意识总体积极、正向，并表现出强烈而鲜明的赞同和积极的行为卷入，但有少数大学生也存在着对其公民身份、中国共产党、国家政治制度、共同历史文化、国家通用语言、国家意识形态文化了解不够全面和模糊意识等现象。这从本调查研究中大学生国家认同最低的一些题目选项来分析（见表 3-26）。

---

① 徐柏才：《少数民族大学生的民族认同研究》，193—199 页，北京，人民出版社，2012；陈达云：《少数民族大学生国家认同教育创新研究》，96 页，北京，民族出版社，2010；徐建军：《少数民族大学生思想政治教育理论与方法》，142—145 页，北京，人民出版社，2012。

② 习近平：《习近平首次点评"95 后"大学生》，载《人民日报》，2017-01-03（02）。

表 3-27 大学生国家认同最低选项

题项	极小值	极大值	均值	标准差
a6 日常生活中，面对多重身份（民族身份、公民身份），我更看重公民身份。	1	5	3.90	0.791
b2 中国共产党是“立党为公，执政为民”的政党组织。	1	5	4.41	0.404
c6 我认为当代中国特色社会主义制度比资本主义制度优越。	1	5	4.45	0.554
d3 孔孟之道是中华优秀传统文化的精髓之一。	1	5	4.08	0.607
d6 我很重视过中秋节、端午节等中国传统节日。	1	5	4.08	0.785
e3 在家里，我比较喜欢用普通话与家人交流。	1	5	3.63	0.589
f1 我对中国特色社会主义内涵的认识比较清楚。			4.17	0.587
f6 当个人利益与民族利益、国家利益相矛盾时，我会兼顾国家、集体和个人利益。	1	5	4.48	0.519

其一，调查显示，大学生在对“在日常生活中，面对多重身份（民族身份、公民身份等），我更看重公民身份”进行判断时，明确选择“不太熟悉”“不清楚”的分别占总人数的10.5%、9.1%，其总和达到19.6%。这反映出有部分大学生日常生活中，由于受民族身份的影响，对公民身份认同意识上还存在一些认识上的不足。

其二，大学生对“中国共产党是‘立党为公，执政为民’的政党组织”认同较低，当对“中国共产党是‘立党为公，执政为民’的政党组织”进行判断时，选择“一般”“不太熟悉”“不清楚”的分别占总人数的17.1%、2.3%、0.5%，其总和达到19.9%。这一方面说明大学生对执政党组织缺乏认识；另一方面也说明大学生对执政党的目标信念缺乏认识，需进一步加强对大学生中国共产党的认知教育，引导他们充分认识中国共产党在新时代中国特色社会主义建设事业中的领导作用是非常必要。

其三，大学生对“当代中国的社会主义制度比资本主义制度优越”认同度较低，这一方面说明，改革开放 40 年来，我国社会主义制度的优越性已经显现，但还不够充分，我们的社会主义制度尚处在发展和完善阶段，还没让很多大学生看到“社会主义制度比资本主义制度优越”；另一方面，大学生对中国特色社会主义制度优越性的认识是一个循序渐进的过程，部分大学生对社会主义制度和资本主义制度的历史和现状不完全理解，导致其对社会主义制度存有偏见。

其四，大学生对“孔孟之道是中华优秀传统文化的精髓之一”认同较低，在对其进行判断时，84.0% 的大学生选择“同意”“完全同意”，14.5% 的大学生选择“一般”，1.6% 的大学生对此表示不太熟悉和不清楚；大学生对““重视过中秋节、端午节等中国传统节日”认同也较低，在对其进行判断时，66.5% 的大学生选择“同意”“比较同意”，30.6% 的大学生选择“一般”，2.9% 的大学生对此表示不太熟悉和不清楚。这说明大学生对我国一些传统文化，如孔孟之道、中秋节、端午节等内容认知度不高，这也在一定程度上暴露了大学生人文知识的不足。

其五，大学生对“在家里，我比较喜欢用普通话与家人交流”认同最低，55.6% 的大学生对“在家里，我比较喜欢用家乡话与家人交流”持认同态度，24.2% 的大学生对此表示不太熟悉和不清楚，20.2% 的大学生对此持一般态度。这表明：近几年，在党和政府大力推广国家通用语言文字教育的背景下，绝大数大学生都认识到学习国家通用语（普通话）的重要性，对国家通用语言的学习持积极态度，但因一部分大学生受其本民族语言文化的影响，以及考虑到能与家人很好沟通情况，与家人交流时喜欢用其家乡话。这提示我们需进一步推广普及国家通用语言到每家每户，让每一个人都能用国家通用语言与人交流。

其六，大学生对“我对中国特色社会主义内涵的认识比较清楚”认同较低，对此问题进行选择时，选择“一般”“不太熟悉”“不清楚”的分别占总人数的 23.6%、2.7%、1.4%，其总和达到 27.7%。大学生对“当个人利益与集体利益、国家利益相矛盾时，我会兼顾国家、集体和个人利益”认同也较低，选择“不确定”“不太同意”“完全不同意”的分别占总人数的4.4%、2%、8.1%，其总和达到14.5%。这一方面暴露了高校思想政治理论教学成效不足，大学生对中国特色社会主义内涵的学习、理解和认识，还停留在一个较浅的层次；另一方面体现了大学生的思想政治理论功底不扎实，对一些基本的理论问题认识和理解不深，或处于一知半解的状态。当前，高校思想政治理论教育对大学生的理想信念教育、社会主义核心观教育还缺乏效度，尽管马克思主义教育“进了课堂、进了教材”，但还没有真正“进头脑”，还需不断改革完善。

第三节　新时代大学生国家认同的差异性特征

采用独立样本T检验和单因素ANOVA等分析，对人口学变量在我国大学生国家认同及其因子上的得分差异进行检验分析，发现新时代大学生国家认同在性别、学生干部经历、专业类别、年级、学生干部身份等方面存在显著差异。

一、大学生国家认同的性别差异

大学生国家认同的整体情况性别差异比较。采用独立样本t检验对大学生国家认同整体情况性别差异进行分析，分析结果如表3-27所示：大学生国家认同整体均值性别差异显著，表现出女生(M ± SD =4.61 ± 0.299)国家认同程度显著高于男生国家认同（M ± SD =4.57 ± 0.369），t=-2.890，p<0.01）。

表 3–28　大学生国家认同不同性别的差异比较

检验变量	性别	人数（N）	均值	标准差	t 值
国家认同	男生	1665	4.57	0.369	-2.890**
	女生	1841	4.61	0.299	

注：*p < 0.05，**p < 0.01，***p < 0.001。

大学生国家认同各维度性别差异比较。采用独立样本 t 检验对大学生国家认同各维度性别差异进行分析，具体见表 3-28，分析结果显示：大学生政治认同均值性别差异显著（t=-2.962，p<0.01），共同文化认同均值性别差异显著（t=-2.651，p<0.01）。

表 3–29　大学生国家认同各维度不同性别的差异比较表

检验变量	性别	人数（N）	均值	标准差	t 值
政治认同	男生	1665	4.59	0.366	-2.962**
	女生	1841	4.66	0.300	
文化认同	男生	1665	4.50	0.392	-2.651**
	女生	1841	4.58	0.320	

注：*p < 0.05，**p < 0.01，***p < 0.001。

二、大学生国家认同的学生干部经历差异

大学生国家认同整体情况的学生干部经历差异比较。采用独立样本 t 检验对大学生国家认同整体情况担任学生干部经历差异进行分析，结果如表 3-29 显示：大学生国家认同总体均值在是否有学生干部经历方面差异显著，有担任学生干部经历的学生 (M ± SD =4.75 ± 0.298) 认同程度比没有担任过学生干部经历的学生（M ± SD =4.43 ± 0.342），t=-2.131，p<0.01）显著。

表 3–30 大学生学生干部经历在国家认同的差异比较

检验变量	学生干部	人数（N）	均值	标准差	t 值
国家认同	是	701	4.75	0.298	-2.131**
	否	2805	4.43	0.342	

注：$^{*}p < 0.05$，$^{**}p < 0.01$，$^{***}p < 0.001$。

大学生国家认同各维度的学生干部经历差异比较。采用独立样本 t 检验对大学生国家认同各维度学生干部经历差异进行分析。结果如表 3-30 所示：大学生国家认同各维度的学生干部经历存在着显著性差异。担任过学生干部的学生在国家认同各维度的认同程度都要高于没有担任过学生干部的学生。

表 3–31 大学生学生干部经历在国家认同各维度的差异比较表

检验变量	学生干部	人数（N）	均值	标准差	t 值
政治认同	是	701	4.73	0.286	2.597**
	否	2805	4.52	0.340	
文化认同	是	701	4.79	0.328	2.349**
	否	2805	4.27	0.364	

注：$^{*}p < 0.05$，$^{**}p < 0.01$，$^{***}p < 0.001$。

三、大学生国家认同的专业性质差异

大学生国家认同的各维度在专业性质上都有显著性差异，呈现出人文社会科学类大学生国家认同水平 > 理工科类大学生国家认同水平 > 艺术类大学生国家认同水平（见表 3-31）；但人文社会科学类大学生国家认同水平和理工科大学生国家认同水平相比，没有明显的差异。

表 3–32　大学生国家认同各维度专业性质的多重比较表

		平方和	DF	均方	F	事后比较 Scheffe 法	事后比较 LSD 法	事后比较 HSD 法
政治认同	组间	2.906	2	1.453	3.875***	B>C	A>C	A>C
	组内	1144.071	3053	0.375		A>C	A>C	B>C
	总数	1146.977	3055					
文化认同	组间	12.290	2	6.415	11.099***	B>C	B>C	A>C
	组内	1765.165	3044	0.578		A>C	A>C	B>C
	总数	1777.455	3046					

注：A：社会科学；B：理工科；C：艺术类

四、大学生国家认同的政治面貌差异

大学生国家认同在政治面貌上具有显著性影响。笔者采用 scheffe、LSD、HSD 法分析得出政治面貌对大学生国家认同各维度的影响（见表 3-32）。经方差分析发现整体检验的 F 值达到显著，再进一步以 Scheffe 法进行事后比较，由于这种方法是各种事后比较最严格的方法，其事后比较较为保守，有时会发生整体检验的 F 值达到显著，因此用 HSD 法进行比较，以此来与整体的 F 值的显著性相呼应。结果如表 3-32 所示，政治面貌对国家认同各维度的认同分析结果是：共产党员 > 共青团员 > 群众。体现了大学生共产党员对国家认同的程度明显高，清楚地说明更高的政治追求能产生更高的国家认同。

表 3–33 大学生国家认同各维度政治面貌差异的多重比较表

		平方和	DF	均方	F	事后比较 Scheffe 法	事后比较 LSD 法	事后比较 HSD 法
政治认同	组间	10.715	2	3.575	28.646^{***}	A>B>C	A>B>C	A>B>C
	组内	437.201	3503	0.125				
	总数	447.916	3505					
文化认同	组间	10.019	2	5.010	22.771^{***}	A>B>C	A>B>C	A>B>C
	组内	771.210	3503	0.220				
	总数	781.229	3505					

注：A：中国共产党员；B：共青团员；C：群众

五、大学生国家认同的年级差异

对大学生国家认同各维度年级差异采用单因素方差分析及事后多重比较，结果如 3-33 显示：大学生国家认同不同年级在政治维度上存在着显著差异，（$F=10.658$，$p<0.001$），呈现出大一 > 大二 > 大三 > 大四；大学生国家认同不同年级在共同文化维度上也存在着显著差异，（$F=14.375$，$p<0.001$），呈现出大一 > 大二 > 大三 > 大四。出现这种现象的原因，可能是当前高校的思想政治理论课比较集中安排在低年级，而且作为必修课有明确的考核要求，这在客观上强化了对低年级大学生的爱国主义教育、社会主义核心观教育等，从而有可能提升了他们的国家认同。

表 3–34　大学生国家认同各维度年级差异的多重比较表

		平方和	DF	均方	F	事后比较 Scheffe 法	事后比较 LSD 法	事后比较 HSD 法
政治认同	组间	8.793	3	2.931	10.658^{***}	A>B>C>D	A>B>C>D	A>B>C>D
	组内	963.762	3502	0.275				
	总数	972.555	3505					
共同文化认同	组间	12.290	3	4.097	14.375^{***}	A>B>C>D	A>B>C>D	A>B>C>D
	组内	998.230	3502	0.285				
	总数	1010.520	3505					

注：A：大一；B：大二；C：大三；D：大四

第四章　实证分析：新时代大学生国家认同的影响因素

通过实证研究可见，当前我国大学生国家认同总体状况良好，但有少数大学生在国家认同上还存在不足，这一结论与学界同类研究基本一致。那么，是哪些因素导致了这一部分大学生的国家认同状况呢？

国家认同的形成不仅和个体认知等因素有关，而且与个体自身所处社会生态系统之间的互动息息相关。这种双向互动分析的代表性成果，集中于社会生态系统的分析框架。社会生态系统理论由乌列·布朗芬布伦纳率先提出，经查尔斯·扎斯特罗（Charles Zastrow）进一步发展，从多因视角出发，将人的社会环境（家庭、学校、社区、政治、经济、文化等）与个体本身视作一个完整的生态系统场，强调个体与多重生态系统的互动关系，认为生态系统能够以各种途径、方式潜移默化地影响个体的发展。布朗芬布伦纳将社会生态系统分为微观系统、中观系统、外部系统、宏观系统与时序系统。微观系统指的是个体或群体活动和交往的直接环境，主要包括家庭、学校和同伴关系；中观系统由两个或两个以上微观系统共同组成，表现各微观系统之间的联系或者相互关系；外部系统是个体并未直接参与，却对他们的发展产生影响的系统，一般包括媒体、社区邻里环境；宏观系统是一个广阔的系统，指的是存在于以上三个系统中的文化、亚文化和社会结构，一般包括政治、经济、文化等环境；时序系统是一个动态考察个体发展过程、强调时间与环境相结合、把时间作为研究个体成长过程中心理变化的参照体系。[①] 社会生态系统理论为大学生国家认同影响因素的假设提供了理论框架。

基于社会生态系统理论提出如下问题：① 经济利益环境对大学生国家认同会产生怎样的影响？经济利益环境如何影响大学生国家认同？② 政治环境对大学生国家认同产生怎样的影响？政治环境如何影响大学生国家认同？③ 社会民生建设对大学生国家认同产生怎样的影响？社会民生建设对大学生的国家认同影响如何？④ 媒体对大学生国家认同产生怎样的影响？媒体如何影响大学生国家认同？⑤ 学校教育对大学生国家认同产生怎样的影响？学校教育如何影响大学生国家认同？⑥ 家庭因素对大学生国家认同产生怎样的影响？家庭因素如何影响大学生国家认同？⑦ 个体因素对其自身国家认同产生怎样的影响？个体因素如何影响其自身的国家认同？

第一节　经济利益环境对大学生国家认同的影响

经济利益环境，是指认同主体在社会关系中所面对的经济关系、经济活动和经济体系，包括经济发展状况、收入分配结构、经济结构和经济发展方式等。经济利益是一切利益的基础，是人们产生国家认同的心理和行为的根源所在。因此，大学生对国家认同，根源于国家通过提高经济发展水平、合理分配物质财富及调整经济结构等方式，能够不断满足人们的经济利益需求，并维护民众的利益。

① Bronfenbrenner, U. Toward an Experimental Ecology of Human Development. American Psychologist, 1977 (32): 513—531.

一、文献综述与研究问题

经济利益环境在影响大学生国家认同建构中具有非常重要的作用。一个国家政治体系要获得社会成员的认同，最根本和最重要的条件就是其应在不断发展经济的基础上满足人们的物质利益需要。马克思主义认为，“物质生活的生产方式制约着整个社会生活、政治生活和精神过程”①。雄厚的经济基础、强大的物质力量、发达的科学技术、良好的社会生活是统治阶级政绩的集体体现，是意识形态认同的客观基础。经济与意识形态的关系实质上是经济基础与上层建筑的关系，即经济基础决定上层建筑。经济观念、规则、体制以及具体的经济发展状况、居民购买力增长状况、财富分配状况、社会基尼系数、物价指数等各方面的发展健康与否都是直接反映或直接作用于普通人的生活，进而影响他们对国家认同的状况。②

亨廷顿说：“在民主国家，统治者的合法性通常依赖于他们满足一些关键选民对他们政绩的期望。”③ 经济利益是治理绩效中最重要的方面。经济利益是人们的根本利益，也是人们政治行为产生的最主要根源。在政治体系的治理绩效中，经济绩效是其最重要的方面。因为经济基础决定上层建筑，一个政治体系只有在生产力水平提高、经济不断发展的基础上，才可能切实改善广大人民群众的生活水平，充分保障人民群众的民主权利，才能实现政治稳定和国家安全。④一般而言，政绩越充分，经济越发展，国家越富裕，民众得到的物质福利会越多，人们的国家认同度也就越高。如国内学界有人认为，

---

① 中共中央马克思恩格斯列宁斯大林著作编译局：《马克思恩格斯选集》(第4卷)，32页，北京，人民出版社，1995。

② 杜兰晓：《大学生国家认同研究》，77页，北京，社会科学出版社，2018。

③ [美]塞缪尔·亨廷顿著，周琪等译：《文明的冲突与世界秩序的重建》，59页，北京，新华出版社，1998。

④ 胡建：《当代中国公民政治认同研究》，137页，北京，中国社会科学出版社，2020。

公民对政府在经济增长、民生福利、纯公共产品领域治理绩效的积极评价都对其政治信任产生正向影响[①]；公民对政府在经济增长、民生福利、纯公共产品领域治理绩效的积极评价都对其政治信任产生正向影响[②]。

通过文献回顾，我们发现国内学术界关于经济利益环境对国家认同影响的研究仍然处于理论层面的讨论，较少有学者对此进行实证研究。近年，中国的综合国力、人民生活水平和国际地位都得到极大改善和提升，在这一背景下，经济利益环境对大学生国家认同产生什么样的影响，仍然需要进一步的实证研究。

二、数据来源与变量描述

（一）数据来源

为了回答上述问题，本研究设计了相关问卷，于 2017 年 9 月至 2018 年 8 月期间，采用随机便利抽样的方法在甘肃、宁夏、青海、内蒙古、新疆等地 13 所高校中抽取部分在校大学生进行问卷调查，问卷发放过程中适当控制学生的民族、院系和年级分布，以保证样本的代表性。研究共发放问卷 4000 份，实际回收 3570 份，回收率 89.3%；剔除无效问卷 64 份，实际有效问卷 3506 份，有效问卷率 98.2%。

（二）变量说明与测量

本研究的自变量是经济利益环境。本研究的因变量是国家认同，依据本研究第三章对国家认同的探索性主成分分析，得到国家认同有政治认同和国文化认同两个因子，因此，本研究中的因变量即高校大学生政治认同和文化

① 孟天广、杨明：《转型期中国县级政府的客观治理绩效与政治信任：从“经济增长合法性”到“公共产品合法性”》，载《经济社会体制比较》，2012（4）。

② 孟天广、杨明：《转型期中国县级政府的客观治理绩效与政治信任：从“经济增长合法性”到“公共产品合法性”》，载《经济社会体制比较》，2012（4）。

认同。

1. 因变量——国家认同

本研究中大学生国家认同测量是运用本书第三章中编制的国家认同测量分量表，包含两个因子，分别是政治认同、国家共同文化认同两个因子共36个测量题目。根据第三章的分析，政治认同和文化认同两个分量表的Cronbach's alpha信度系数值分别为0.953与0.951；验证性因素分析结果显示，测量模型的各项拟合指数较佳，表明两个量表结构效度较好。

2. 自变量——经济利益环境

本研究中经济利益环境主要指经济绩效。经济绩效是指一定政治体系发展经济以满足公民的物质利益需要的能力及实际效果，包括经济发展状况、收入分配结构、经济结构和经济发展方式等。经济利益是一切利益的基础，是人们产生国家认同心理和行为的根源所在。因此，公民对国家的认同，根源于该国家政治体系通过提高经济发展水平、合理分配物质财富及调整经济结构等方式，能够不断满足人们的经济利益需求，并维持民众的利益。因此，本研究编制了"您对目前我国整体经济发展状况的满意度""您对目前生活水平的满意度""您认为我国经济与五年前相比有发展吗？""您同意'目前所有社会成员是都能公平分享改革发展的成果'这种说法吗？""您同意'当前我国收入差距越拉越大，穷的越穷，富的越富'这种说法吗？"五个题目的量表。对于每个问题，均采用Likert量表5点计分法，分别是"很不满意/同意"（编码为1）、"不太满意/同意"（编码为2）、"一般"（编码为3）、"比较满意/同意"（编码为4）、"非常满意/同意"（编码为5）。

对"政府经济绩效"量表进行KMO检验和Bartlett球形检验，KMO值是0.80，Bartlett球形检验显著性水平为$p<0.001$，适合进行因子分析，利用主成分分析法对这5个题目进行因子分析，提取了两个因子，用最大方差法进行因子旋转，得到旋转后的因子成分矩阵如表4-1所示。依据旋转后各题目的因子载荷大小，将经济绩效的两个因子分别命名为"经济发展""利益

分化”。两个因子各题目载荷数值均处于0.459—0.726之间，能够有效反映“经济绩效”同一构念。经检验，这个量表的Cronbach’s alpha信度系数值为0.776，表明问卷信度良好。

表 4–1　经济绩效因子分析表

测量题目	因子一	因子二
您对目前我国整体经济发展状况的满意度	0.726	
您对目前生活水平的满意度	0.697	
您认为我国经济与五年前相比有发展吗？	0.459	
您同意“目前所有社会成员是都能公平分享改革发展的成果”这种说法吗？		0.701
您同意“当前我国收入差距越拉越大，穷的越穷，富的越富”这种说法吗？		0.677

三、数据分析与研究结果

（一）经济利益与大学生国家认同的相关分析

依据经济利益与大学生国家认同相关性分析结果（见表4-2），在经济发展对政治认同的影响上，我们发现经济发展与大学生政治认同呈现出了明显的相关性（$r=0.411$，$p<0.01$），这就说明，经济发展对于大学生政治认同具有明显的正向影响，而物质利益差异与政治认同之间的关系则呈现出了明显的负相关（$r=-0.231$，$p<0.01$）。在经济发展对国家文化认同的影响上，我们发现经济发展与大学生国家文化认同呈现出了明显的相关性（$r=0.247$，$p<0.01$），这就说明，经济发展对于国家文化认同具有明显的正向影响，而物质利益差异与大学生国家文化认同之间的关系则呈现出了负相关（$r=-0.204$，$p<0.01$）。

表 4–2　主要研究变量相关证据分析表

	1	2	3	4
1 经济发展	1			

续表

2 物质利益差异	-0.236**	1		
3 政治认同	0.411**	-0.231**	1	
4 文化认同	0.247**	-0.204**	0.765**	1

注：$^{*}p<0.05$，$^{**}p<0.01$，$^{***}p<0.001$

（二）经济利益对大学生国家认同影响的回归分析

根据前文内容，以经济利益的两个因子（经济发展、物质利益差异）为解释变量，以国家认同的政治认同（公民身份认同、执政党认同、制度认同）和共同文化认同（历史传统文化认同、国家通用语言认同、意识形态文化认同）为因变量，运用调研数据（3506 个）进行逐步回归分析，结果如表 4-3 所示。

表 4-3　经济绩效对大学生国家认同影响直线回归方程估计结果表

<table>
<tr><td rowspan="2" colspan="2"></td><td rowspan="2">模型</td><td colspan="2">非标准化系数</td><td rowspan="2">标准
系数</td><td rowspan="2">t</td><td rowspan="2">Sig.</td><td colspan="2">共线性统计量</td></tr>
<tr><td colspan="2">B</td><td>容差</td><td>VIF</td></tr>
<tr><td rowspan="6">国
家
认
可</td><td rowspan="3">政治
认同</td><td>（常量）</td><td>3.25</td><td>0.361</td><td></td><td>10.901</td><td></td><td></td><td></td></tr>
<tr><td>经济发展</td><td>0.342</td><td>0.011</td><td>0.440</td><td>7.115</td><td>0.000</td><td>0.321</td><td>3.111</td></tr>
<tr><td>物质利益差异</td><td>-0.242</td><td>0.011</td><td>-0.288</td><td>-6.902</td><td>0.000</td><td>0.382</td><td>2.616</td></tr>
<tr><td rowspan="3">文化
认同</td><td>（常量）</td><td>2.378</td><td>0.241</td><td></td><td>9.945</td><td></td><td></td><td></td></tr>
<tr><td>经济发展</td><td>0.484</td><td>0.012</td><td>0.533</td><td>9.231</td><td>0.000</td><td>0.382</td><td>2.616</td></tr>
<tr><td>物质利益差异</td><td>-0.282</td><td>0.012</td><td>-0.337</td><td>-7.827</td><td>0.000</td><td>0.321</td><td>3.111</td></tr>
</table>

经济利益对大学生国家认同影响直线回归方程估计结果显示，经济发展和物质利益差异两个因素对大学生政治认同和文化认同有统计学意义。其中，经济发展对大学生政治认同和文化认同都呈现出正向影响（$\beta=0.440$，$p<0.001$；$\beta=0.533$，$p<0.001$），这说明经济越发展，国家就越富裕，民众得到的物质福利等就会越多，大学生的政治认同和文化认同感也就越高。

但是，物质利益差异对大学生国家政治认同和文化认同呈现出负向影响（$\beta=-0.288$，$p<0.001$；$\beta=-0.337$，$p<0.001$），说明物质利益差异越大，贫富差距越大，大学生的政治认同和共同文化认同程度就越低。这可能是由于改革开放以来，我国社会利益走向分化，造成了较大的贫富差距，社会发展成果没有真正为全体社会成员所共享，部分社会成员往往会产生“相对剥夺感”和心理失落不平衡感，因此容易对国家政治和国家共同文化产生负面影响。

四、结论与讨论

本研究结果显示，在大部分社会群体中，随着经济发展水平的提升，大学生的国家认同水平逐渐增强，这与一些研究的结论一致。一个国家政治体系要获得社会成员的认同，最根本和最重要的条件就是它应在不断发展经济的基础上满足人们的物质利益需要。人们对国家政治文化体系的认同，往往是因为该政治体系能给他们带来利益，只要能给人们带来实实在在的利益并切实维护这一利益，人们就认同和支持这一国家政治体系。“任何政治统治的稳固，都必须以民众的认同与支持为基础……这种认同不仅出于一定的观念、文化的影响，而且必然以民众对政治统治实际行为的认识为基础，也就是说以被统治者对政权履行职能的效率、对公共利益的维护和民众个人利益的满足为基础，即以国家的政治产品满足社会需要的程度为基础。”①

不过本研究结果也显示，物质利益差异对大学生的国家认同呈现出负面影响。这可能是以下原因导致的，即改革开放以来，随着社会转型的加剧，在中国经济加速发展带来物质财富巨大增长的同时，也使社会的一元化利益格局逐步瓦解，出现了利益结构的多元化，即“由于社会结构性的变革而使具有相对独立利益的利益主体之间不断分化、组合，以及各利益主体因利益实现渠道

① 龙太江、王邦佐：《经济增长与合法性的“政绩困局”：兼论中国政治的合法性基础》，载《复旦学报》（社会科学版），2005（3）。

和实现程度不同而引起利益差别的过程"[①]。当前，日益凸显的社会利益分化带来的直接后果就是不同社会阶层之间利益关系的复杂化、利益差别的扩大化和利益矛盾的尖锐化，导致贫富差距、社会不公等问题，没有完全实现民众共享社会发展成果以及满足民众心理上对公平的需要，使部分民众出现对党和政府的不满情绪和不信任态度，从而导致民众对国家认同的弱化。

第二节　政治环境对大学生国家认同的影响

政治环境，是指认同主体所处的围绕政治权力运作而建构起来的一定政治体系环境。作为国家认同的直接对象，政治体系的组织结构、制度规范、运作绩效、价值理念等所表现出来的样态及其变迁，将对国家认同的形成及其发展产生直接的影响。本研究中，政治体系的组织结构、制度规范和价值理念作为大学生国家认同对象在前述第三章中已做分析，在此政治环境主要指政治治理绩效。

一、文献综述与研究问题

何为"治理绩效"？"治理"即"政府制定和实施规则以及提供服务的能力，而不论这个政府民主与否"[②]。"绩效"指成绩与成效的综合，是一定时期内的工作行为、方式、结果及其产生的客观影响。"治理绩效"即体现为公共权力的动态运行过程及其效能，也体现为政治权力主体通过公共政策实施社会治理的实际效果。"政府治理绩效"是指政府所提供的公共产品满足大多数社

① 庄峰：《试论社会转型加速期的利益分化与政治分离》，载《当代世界与色绘主义》，2004（2）。
② ［美］佛朗西斯·福山著，刘燕等译：《什么是治理》，载《中国治理评论》，2013（4）。

会成员物质和文化等方面需要的程度，也就是政治统治的有效性或实际业绩。

人们对国家的认同，往往是因为该国家的政治统治能给他们带来利益，只要能给人们带来利益并维护这一利益，人们就认同和支持这一政治统治。“任何政治统治的稳固，都必须以民众的认同与支持为基础……这种认同不仅出自于一定的观念、文化的影响，而且必然以民众对政治统治实际作为的认识为基础，也就是说会以被统治者对政权履行职能的效率、对公共利益的维护和民众个人利益的满足为基础，即以国家的政治产品满足社会需要的程度为基础。”① 这表明政治统治的实际业绩或政绩，是公民产生国家认同的重要条件和“有效性”基础。法国学者让·马克·夸克（Jean-Marc Coicaud）指出：“为了使共同体中的成员能够认为统治者的地位是具有合法性的，那么就需要政府明确地表现出它所具有的公共福祉的活力……对统治者合法性的评价不只是通过他能够根据当时社会的法律与基本原则做出决定采取行动，同样还在于他是否能够获致有效的结果。”② 可见，满足民众的功利性需求是政府的一种政治责任，这一责任的履行直接关系到政府的合法性基础。

人们对一个国家政治体系的认同，往往是因为该政治体系能给他们带来利益并维护其利益。有学者指出，为了使共同体中的成员能够认为统治者的地位是具有合法性的，那么就需要政府明确地表现出它所具有的公共福祉的活力。③ 但是，由于人除了最基本的物质利益需求以外，还有政治、思想文化、社会权益等多方面的需求，如果一个政治体系一味地仅仅靠经济发展为主要内容的有效性来获取民众的认同，显然是不够的，可能会出现缪塞

---

① 龙太江、王邦佐：《经济增长与合法性的“政绩困局”：兼论中国政治的合法性基础》，载《复旦学报》(社会科学版)，2005（3）。

② ［法］让·马克·夸克著，佟心平等译：《合法性与政治》，53—54页，48—51页，北京，中央编译出版社，2008。

③ ［法］让·马克·夸克著，佟心平等译：《合法性与政治》，53—54页，48—51页，北京，中央编译出版社，2008。

尔·亨廷顿所提出的合法性的"政绩困局"① 而难以长久维持统治。因此，在现代社会，治理绩效不仅表现为政府在经济建设方面所取得的实际成效，还包括在政治建设、文化建设、社会建设等方面取得的成就。

一般而言，民众认同国家政府的主要原因在于国家政治体系的产出或者政治秩序上是否有瑕疵，如政治领域腐败与否，治理程序与政治信息是否公开与透明。② 如果政治体系能够令人满意地运转，政治体系能够满足人们的期望，那么政府信任和国家认同必然产生并不断增加。如一些研究者指出，政府绩效不管是对城市居民还是对农村居民的政府信任的影响都是积极正面的，民众越是感觉政府的行为符合公众的偏好、满足他们对政府的期望，那么他们对政府也就更加信任。③ 市民对国家经济现状、政治制度的运作效率和社会问题解决能力的主观绩效评价对政治信任产生显著影响。④ 治理绩效中公民的政策结果满意度、政府过程满意度和政府形象满意度对政府信任都有正面作用。⑤

基于以上文献综述，我们发现，国内学术界对政治绩效与国家认同关系进行了相关理论研究，认为政府政治绩效是影响民众政治信任的重要因素，但鲜有实证研究。基于此，本研究拟以提出一个问题：政府政治绩效对大学生的国家认同具有何种影响？并对其进行实证研究。

---

① ［美］塞缪尔·亨廷顿著，刘军宁译：《第三波：二十世纪末的民主化浪潮》，59—64 页，上海，上海三联书店，2013。

② Philip D. Zelikow, David C. King. (1997) Why People Don't Trust Government? Cambridge: Harvard University Press, pp 55-75.

③ 胡荣、胡康、温莹莹：《社会资本、政府绩效与城市居民对政府的信任》，载《社会学研究》，2011（1）。

④ 杨鸣宇：《谁更重要？——政治参与行为和主观绩效对政治信任影响的比较分析》，载《公共行政评论》，2013（2）。

⑤ 罗爱武：《政治参与和治理绩效对政治信任的影响：基于广东、湖北和贵州三省的实证分析》，载《探索》，2016（5）。

二、数据来源与变量描述

（一）数据来源

为了回答上述问题，本研究设计了相关问卷，于 2017 年 9 月至 2018 年 8 月期间，采用随机便利抽样的方法在甘肃、宁夏、青海、内蒙古、新疆等地 13 所高校中抽取部分在校大学生进行问卷调查，问卷发放过程中适当控制学生的民族、院系和年级分布，以保证样本的代表性。研究共发放问卷 4000 份，实际回收 3570 份，回收率 89.3%；剔除无效问卷 64 份，实际有效问卷 3506 份，有效问卷率 98.2%。

（二）变量说明与测量

本研究的自变量政治环境，具体主要指政治绩效。本研究的因变量是国家认同，依据本研究第三章对国家认同的探索性主成分分析，得到国家认同有政治认同和文化认同两个因子，因此，本研究中的因变量即大学生政治认同和国家共同文化认同。

1. 因变量——国家认同

本研究中大学生国家认同测量是运用本书第三章中编制的国家认同测量分量表，包含两个因子，分别是政治认同、国家共同文化认同两个因子共 36 个测量题目。根据第三章的分析，政治认同和国家文化认同两个分量表的 Cronbach's alpha 信度系数值分别为 0.953 与 0.951；验证性因素分析结果显示，测量模型的各项拟合指数较佳，表明两个量表结构效度较好。

2. 自变量——政治绩效

政治绩效主要指的是制度安排与创新能力。它主要体现在公民对政府及其政策合法性的认同与支持，体现于政府推行、贯彻既定政策的能力，体现于政府在推进社会合作、行政民主及公民参与等方面所取得的成绩，它可以说是政府绩效的集中表现。政府政治绩效可以用民主指数、法治指数、腐败指数等指标来衡量。由此，本研究从“政治民主满意度”“司法公正满意度”“惩治腐败满意度”三个维度10个题目编制了“大学生对政府政治绩效评估”问卷。对于每个问题，均采用Likert量表5点计分法，分别是“有待提高”(编码为1)、“较需提高”(编码为2)、“中等”(编码为3)、“较需提高”(编码为4)、“非常良好”(编码为5)。

对“大学生对政府政治绩效评估”问卷进行KMO检验和Bartlett球形检验，KMO值是0.79，Bartlett球形检验显著性水平为p<0.001，适合进行因子分析。用主成分分析法对这5个题目进行因子分析，共提取了3个因子，用最大方差法进行因子旋转，得到旋转后的因子成分矩阵如下表4-4所示。依据旋转后各题目的因子载荷大小，将政府政治绩效的3个因子分别命名为“治理民主”“司法公正”“惩治腐败”。3个因子各题目载荷数值均处于0.562—0.821之间，能够有效反映“政府政治绩效”同一概念，3个因子总共解释了57.7%方差。经检验，这个量表的Cronbach's alpha信度系数值为0.743，表明问卷信度良好。

表4–4 政府政治绩效因子分析表

测量题目	因子一	因子二	因子三
您对目前中国社会主义民主政治运行方式的满意度	0.821		
您对公民言论自由情况的满意度	0.814		
人们可以参加任何自己喜欢的组织而不用担心害怕	0.735		
您对各项公民权利保障状况的满意度	0.562		
您对目前中国法治环境的满意度		0.764	
您对目前中国司法公正满意度		0.743	
您对党政人员严格执法的满意度		0.583	
您对目前中国政府惩治腐败满意度			0.741
您认为在过去三年中，我国的腐败状况有改善吗？			0.720
您对我国干部队伍作风的满意度			0.564

三、数据分析与研究结果

（一）政治绩效与大学生国家认同相关分析

依据政治绩效与大学生国家认同相关性分析结果（见表 4-5），在治理民主对政治认同的影响上，笔者发现治理民主与大学生政治认同呈现出了明显的正相关（r=0.476，p<0.01）；在司法公正对政治认同的影响上，笔者发现司法公正对大学生政治认同呈现出明显的正相关（ r=0.397，p<0.01）；在惩治腐败对政治认同的影响上，笔者发现惩治腐败对大学生政治认同呈现出明显的正相关（r=0.421，p<0.01）。

在治理民主对文化认同的影响上，笔者发现治理民主与大学生文化认同呈现出了明显的正相关（r=0.225，p<0.01）；在司法公正对文化认同的影响上，笔者发现司法公正对大学生文化认同呈现出明显的正相关（ r=0.196，p<0.01）；在惩治腐败对文化认同的影响上，笔者发现惩治腐败对大学生文化认同呈现出明显的正相关（r=0.133，p<0.01）。

表 4–5　主要研究变量相关证据分析表

	1	2	3	4	5
1 治理民主	1				
2 司法公正	0.388**	1			
3 惩治腐败	0.313**	0.401**	1		
4 政治认同	0.476**	0.397**	0.421**	1	
5 文化认同	0.225**	0.196**	0.133**	0.765**	1

注：*p<0.05，**p<0.01，*** p<0.001

（二）政治绩效对大学生国家认同影响的回归分析

根据前文内容，以政治绩效的三个因子（政治民主感知、法治建设感知、惩治腐败感知）为解释变量，以国家认同的政治认同（公民身份认同、执政党认同、制度认同）和文化认同（历史传统文化认同、国家通用语言认同、意识形态文化认同）为因变量，运用调研数据（3506 个）进行逐步回归分析，结果如表 4-6 所示。

表 4–6 政治绩效对大学生国家认同影响直线回归方程估计结果表

		模型	非标准化系数		标准系数	t	Sig.	共线性统计量	
			B					容差	VIF
国家认可	政治认同	（常量）	3.261	0.347		11.813			
		政治民主	0.431	0.013	0.464	8.216	0.000	0.321	3.111
		惩治腐败	0.373	0.011	0.391	7.791	0.000	0.382	2.616
		法治建设	0.314	0.010	0.334	7.017	0.000	0.231	1.897
	文化认同	（常量）	2.783	0.301		10.878			
		政治民主	2.454	0.014	0.415	9.371	0.000	0.335	2.616
		惩治腐败	2.237	0.012	0.311	8.527	0.000	0.327	2.124
		法治建设	2.121	0.011	0.305	7.134	0.000	0.311	1.574

政治绩效对大学生国家认同影响直线回归方程估计结果显示，政治绩效的民主政治、司法公正、惩治腐败三个因素对大学生国家政治认同和共同文化认同有统计学意义。民主政治运行对大学生国家政治认同和国家共同文化认同具有显著的正向影响（$\beta=0.464$，$p<0.001$；$\beta=0.415$，$p<0.001$），这说明改革开放以来，在经济高速增长、人民生活水平稳步提高的前提下，中国的社会主义民主政治建设不断推进，广大人民群众切实获得了各项自由民主权利，在此背景下，大学生的国家政治认同和文化认同在很大程度上得以提高。法治建设对大学生国家政治认同和国家共同文化认同具有显著的正向影响（$\beta=0.334$，$p<0.001$；$\beta=0.305$，$p<0.001$），这说明大学生的政治文化认同离不开国家的法治建设，社会主义法治建设程度越高，依法治国、司法公

正做得越好，国家的法治绩效越好，公众对政治体系的认同程度就越高。①惩治腐败对大学生国家政治认同和国家共同文化认同具有显著的正向影响（β=0.391，$p<0.001$；β=0.311，$p<0.001$），这表明党的十八大以来党的系列正风反腐的措施在大学生中产生了积极的反响，使大学生看到了党中央坚决反腐的勇气和持续净化党风政风的决心，从而提升了大学生党和国家的形象认同。尽管如此，党风廉政建设依然任重道远，这从大学生对行政机构腐败程度和领导干部作风的满意度评价中可以看到。

四、结论与讨论

本研究的回归分析结果显示，政治绩效的民主政治、司法公正和惩治腐败等因素对大学生国家政治认同和共同文化认同有显著的积极影响。本研究的发现有助于揭示政治绩效与大学生国家认同之间的联系，并从一个新的角度强调了优良的政治绩效在培养公民国家认同中的重要作用。

我们发现，在经济高速增长、人民生活水平稳步提高的前提下，民主政治运行在促进大学生国家认同方面发挥了显著的正向作用。这可能是由于随着中国社会主义民主政治建设的深入推进，更多的人们获得了实质性的自由民主权利，这在一定程度上提升了大学生对国家的政治认同和文化认同。

在法制建设方面，本研究的结果显示，它也对大学生的国家认同有显著的正向影响。这可能反映了一个观点，即大学生对社会主义法治建设程度的认可是他们形成对政治体系的认同的关键因素。司法公正和依法治国的执行良好，可以进一步提升国家的法治绩效，从而提高公众对政治体系的认同程度。

此外，回归分析结果还明确指出了惩治腐败在提升大学生对国家认同上的积极效果。这强调了反腐败的举措在健全党和国家形象、提升群众对党和国家认同中的重要性。然而，尽管已经在反腐方面取得了一定成决，党风廉

① 潘照：《转型时期公民政治认同的变化研究》，华东师范大学硕士论文，2017。

政建设仍然任重道远，大学生对行政机构腐败程度和领导干部作风的满意度评价指出了这一点。

总结起来，本研究的结果强调了政府政治绩效，包括民主政治、司法公正和反腐败等因素，在建立和提升大学生的国家认同感中的重要性。这为我们提供了进一步优化政治绩效、提升公民国家认同的有效途径，尤其是对于年轻一代的大学生。然而，也不能忽视现有问题，持续的反腐倡廉工作仍然需要，以进一步提升公众尤其是年轻人对党和国家的认同。

第三节　社会民生建设绩效对大学生国家认同的影响

社会民生，是指民生的社会层面，其聚焦满足人民的社会生活需求，主要遵循公平正义原则解决好与人民生活、生存和发展密切关联的各种社会问题，保障好人民安居乐业的基本社会权益和良好社会条件，让人民能共享改革发展成果。①

一、文献综述与研究问题

民生问题，简单地说，就是与百姓生活密切相关的问题，最主要地表现在吃穿住行、养老、就医、子女教育等生活所必需的事情之上。民生问题也是人民群众最关心、最直接、最现实的利益问题。关注民生、重视民生、保障民生、改善民生，同党的性质、宗旨和目标一脉相承。教育是民生之基，就业是民生之本，收入分配是民生之源，社会保障是民生之安全网，这四大问题都

① 徐木兴：《整体性视域下新时代中国特色社会主义民生发展研究》，载《西南民族大学学报》（人文社会科学版），2020（7）。

是民生的基本问题。[①]民生就是老百姓的生活、生计，直接关系到老百姓的福祉。老百姓安居乐业，社会和谐发展，会大大促进中国社会和中华民族的凝聚力，有利于聚合民心，会大大推进社会认同与国家认同。[②]高水平的社会建设、民生建设为社会认同、国家认同构建了强大的基础，也可以使得广大人民群众产生强烈的国家使命感和民族自豪感。[③]

中国特色社会主义的社会民生建设内容丰富，在党的十七大报告中，明确地将以下几条任务作为社会建设工作的主要内容：优先发展教育，建设人力资源强国；实施扩大就业的发展战略，促进以创业带动就业；深化收入分配制度改革，增加城乡居民收入；加快建立覆盖城乡居民的社会保障体系，保障人民基本生活；建立基本医疗卫生制度，提高全民健康水平；完善社会管理，维护社会安定团结。[④]在党的十八届三中全会通过的《中共中央关于全面深化改革若干重大问题的决定》中，也把“深化教育领域综合改革”“健全促进就业创业体制机制”“形成合力有序的收入分配格局”“建立更加公平可持续的社会保障制度”“深化医药卫生体制改革”，作为“社会事业”改革创新的主要内容，社会管理创新方面的内容专辟一节加以论述。[⑤]党的十九大报告指出“增进民生福祉是发展的根本。必须多谋民生之利、多解民生之忧，在发展中补齐民生短板、促进社会公平正义，在幼有所育、学有所教、劳有所得、病有所医、老有所养、住有所居、弱有所扶上不断取得新进展，深入开展脱贫攻坚，保证全体人民在共建共享发展中有更多获得感，不断促进人的全面发展、全体人民共同富裕。建设平安中国，加强和创新社会治理，维

① 窦孟朔：《中国特色社会主义民生理论研究》，16—42 页，北京，人民出版社，2018。

② 李强：《社会民生六点建设推进国家认同》，载《社会科学报》，2015-5-27(04)。

③ 李强：《社会民生六点建设推进国家认同》，载《社会科学报》，2015-5-27(04)。

④ 胡锦涛：《高举中国特色社会主义伟大旗帜 为夺取全面建设小康社会新胜利而奋斗：在中国共产党第十七次代表大会上的报告》，载《人民日报》，2007-10-15（01）。

⑤ 习近平：《中共中央关于全面深化改革若干重大问题的决定》，(2013-11-15)［2022-07-03］.http://www.gov.cn/jrzg/2013-11/15/content_2528179.htm。

护社会和谐稳定，确保国家长治久安、人民安居乐业。”①

综上所述可见，国内学术界关于社会民生对国家认同影响的研究很少，仅见1篇论文，而且是纯理论性的。鉴于此，本研究在借鉴国内学者的社会民生对个体政治认同和国家认同影响因素研究的基础上，根据党的十七大报告、十八届三中全会、十九大报告对社会民生建设工作内容具体划分，将提出如下具体研究问题：党和政府的社会民生建设绩效对大学生国家认同具有何种影响？

二、数据来源与变量描述

（一）数据来源

为了回答上述问题，本研究设计了相关问卷，于2017年9月至2018年8月期间，采用随机便利抽样的方法在甘肃、宁夏、青海、内蒙古、新疆等地13所高校中抽取部分在校大学生进行问卷调查，问卷发放过程中适当控制学生的民族、院系和年级分布，以保证样本的代表性。研究共发放问卷4000份，实际回收3570份，回收率89.3%；剔除无效问卷64份，实际有效问卷3506份，有效问卷率98.2%。

（二）变量描述

本研究的自变量是社会民生建设绩效。本研究的因变量是国家认同，依据本研究第三章对国家认同的探索性主成分分析，得到国家认同有政治认同和文化认同两个因子，因此，本研究中的因变量即大学生政治认同和国家共同文化认同。

① 习近平：《决胜全面建成小康社会 夺取新时代中国特色社会主义伟大胜利：在中国共产党第十九次代表大会上的报告》，(2017-10-18)［2022-07-03］. http://www.gov.cn/zhuanti/2017-10/27/content_5234876.htm。

1. 因变量——国家认同

本研究中大学生国家认同测量是运用本书第三章中编制的国家认同测量分量表，包含两个因子，分别是政治认同、文化认同两个因子共 36 个测量题目。根据第三章的分析，政治认同和文化认同两个分量表的 Cronbach ' s alpha 信度系数值分别为 0.953 与 0.951；验证性因素分析结果显示，测量模型的各项拟合指数较佳，表明两个量表结构效度较好。

2. 自变量——社会民生建设绩效

社会民生建设是指对我们人类生存和发展活动赖以进行的社会各种结合体中今天依然存在并发挥着积极作用的那些结合体本身（家庭、家族、宗族、村庄、社群、社会网、各种正式组织、社会团体、国家等）进行"建设"。[①] 中国特色社会主义的社会建设内容丰富，依据党的十七大报告、十八届三中全会以及十九大中社会民生建设工作的主要内容，本研究从教育、就业创业、收入分配、社会保障、医疗卫生、社会治理等方面编制"大学生对社会民生建设绩效满意度"问卷。对于每个问题，均采用 Likert 量表 5 点计分法，分别是"很不满意"（编码为 1）、"不太满意"（编码为 2）、"一般"（编码为 3）、"比较满意"（编码为 4）、"非常满意"（编码为 5）。

对"大学生对社会民生建设绩效满意度"量表进行 KMO 检验和 Bartlett 球形检验，KMO 值是 0.79，Bartlett 球形检验显著性水平为 $p<0.001$，适合进行因子分析。用主成分分析法对这 10 个题目进行因子分析，共提取了两个因子，用最大方差法进行因子旋转，得到旋转后的因子成分矩阵如下表 4-7 所示。依据旋转后各题目的因子载荷大小，将政府政治绩效的两个因子分别命名为"民生社会事业绩效""社会治理绩效"。两个因子各题目载荷数值均处于 0.564—0.817 之间，能够有效反映"社会民生建设绩效"同一概念。经检验，这个量表的 Cronbach ' s alpha 信度系数值为 0.774，表明问卷信度良好。

---

① 谢立中：《"社会建设"的含义与内容辨析》，载《北京大学学报》（社会科学版），2015（3）。

表 4–7 政府社会建设绩效因子分析表

测量题目	因子一	因子二
您对政府提供的义务教育的满意度	0.817	
您对现阶段劳动就业状况的满意度	0.809	
您对现阶段收入分配体制的满意度	0.761	
您对社会保障的满意度	0.742	
您对医疗卫生服务的满意度	0.586	
您对社会救助的满意度	0.564	
您对全国总体的社会稳定形势的满意度		0.804
您对政府维持社会秩序的满意度		0.781
您对保护环境的满意度		0.748
您对交通出行状况的满意度		0.646

三、数据分析与研究发现

（一）社会民生建设绩效与国家认同相关性分析

通过对社会民生建设绩效与国家认同相关性分析（见表 4–8），我们发现民生社会事业绩效与大学生政治认同呈现出了明显的正相关性（r=0.409，p<0.01）；社会治理绩效与大学生政治认同呈现出明显的正相关性（r=0.358，p<0.01）。在治理民主对文化认同的影响上，我们发现民生社会事业绩效与大学生文化认同呈现出了明显的正相关性（r=0.231，p<0.01）；社会治理绩效与大学生文化认同呈现出明显的正相关（ r=0.183，p<0.01）。

表 4–8 主要研究变量相关证据分析表

	1	2	3	4
1 民生社会事业绩效	1			
2 社会治理绩效	0.401**	1		

续表

3 政治认同	0.409**	0.358**	1	
4 国家共同文化认同	0.231**	0.183**	0.765**	1

注：*p<0.05，**p<0.01，*** p<0.001

（二）社会民生建设绩效对大学生国家认同影响的回归分析

根据前文内容，以社会民生建设绩效的两个因子（民生社会事业绩效、社会治理绩效）为解释变量，以国家认同的政治认同（公民身份认同、执政党认同、制度认同）和文化认同（历史传统文化认同、国家通用语言认同、意识形态文化认同）为因变量，运用调研数据（3506 个）进行逐步回归分析，结果如表 4-9 所示。

表 4-9 社会民生建设绩效对大学生国家认同影响的线性回归分析表（N=3506）

	国家认同（标准化回归系数）	
	政治认同（Beta）	国家共同文化认同（Beta）
民生社会事业绩效		
教育公平满意度	0.241***	0.158***
劳动就业满意度	0.293***	0.196***
收入分配公平满意度	0.279***	0.164***
社会保障服务满意度	0.157***	0.131***
医疗卫生服务满意度	0.133***	0.095***
社会救助服务满意度	0.085***	0.045***
社会治理绩效		
公共安全满意度	0.215***	0.177***
社会秩序满意度	0.176**	0.121**
保护环境满意度	0.063**	0.038**
公共交通服务满意度	0.035**	0.031**

续表

	国家认同（标准化回归系数）	
R^2	0.343	0.334
调整后的 R^2	0.303	0.241
F 鉴定值	84.275	51.287
Sig. F 值	0.000	0.000

注：注：*p<0.05，**p<0.01，*** p<0.001

社会民生建设绩效对大学生国家认同影响直线回归方程估计结果显示，民生社会事业绩效、社会治理绩效两个因素对大学生国家政治认同和文化认同有统计学意义。民生社会事业绩效中，教育公平（β=0.241，p<0.001；β=0.158，p<0.001）、劳动就业（β=0.293，p<0.001；β=0.196，p<0.001）、收入分配（β=0.279，p<0.001；β=0.164，p<0.001）、社会保障（β=0.157，p<0.001；β=0.131，p<0.001;）、医疗卫生（β=0.133，p<0.001；β=0.095，p<0.001;）、社会救助（β=0.085，p<0.001；β=0.045，p<0.001;）对大学生国家政治认同和国家共同文化认同具有显著的正向影响。这表明，民生社会事业绩效已成为大学生国家认同的重要影响因素。具体而言，办好人民满意的教育事业、实现更充分高质量就业、促进公平的收入分配、提供全覆盖的社会保障服务、推进医疗卫生健康服务和社会救助服务，会增强大学生的国家政治认同感和国家文化认同感。

回归结果显示，社会治理绩效中的国家安全（β=0.215，p<0.001；β=0.177，p<0.001）、社会秩序（β=0.176，p<0.01；β=0.121，p<0.01）、保护环境（β=0.063，p<0.01；β=0.038，p<0.01）、公共交通服务（β=0.035，p<0.01；β=0.031，p<0.01）对大学生国家政治认同和文化认同具有显著的正向影响。这说明和谐有序的社会秩序、高水平的社会治理、切实维护公共安全和社会稳定会增强大学生的向心力、内聚力，也会更加推进大学生国家政

治认同和文化认同。

四、结论与讨论

本研究结果显示，我国社会民生建设绩效对于增强大学生的国家认同具有显著的积极作用。这一研究结果与一些理论研究所获的结论基本一致。这表明，高水平的社会建设、民生建设为社会认同、国家认同构建了强大的基础，也可以使得广大人民群众产生强烈的国家使命感和民族自豪感。[①] 随着党的十八大以来国家治理体系和治理能力现代化建设的展开，我国社会民生建设全面加强，党和政府把增进人民福祉、促进人的全面发展作为一切工作的出发点和落脚点，从人民群众最关心最直接最现实的利益问题入手，改善了教育、就业、收入分配、社会保障、医疗卫生等各领域的民生工作，人民生活全方位改善，社会治理专业化水平大幅提升，发展了人民安居乐业、社会安定有序的良好局面，这为国家认同构建了强大的基础，也可以使大学生产生强烈的国家使命感和民族自豪感。

第四节 媒体使用对大学生国家认同的影响

大众媒体，又称大众传媒，是指向广泛受众广播的传播媒体。大众媒体通常被分为印刷、录音制品、电影、电视、电台广播、互联网和移动电话等七大媒体，其中印刷、录音制品、电影、电视、电台广播被称为传统媒体，互联网和移动电话等被称为新媒体。长久以来，大众媒体被认为具有塑造国家认同的重要作用。

① 李强：《通过社会民生建设推进国家认同》，载《中国党政干部论坛》，2014（5）。

一、文献综述与研究问题

媒介和信息对人们的国家认同感的强化或弱化也具有极大的影响。文化总是和传播密不可分，电视、报纸等传统媒介具有影响人们价值观的潜力，95%的实证研究显示，传媒接触导致观念的变化，而互联网等电子媒介则以更快的速度、更大的范围传播信息和影响人们的观念。① 不同的媒介传播不同的信息，对人们的国家认同感的影响也不同。② 曼纽尔·卡斯特（Manuel Castells）和本尼迪克·安德森（Benedict Anderson）等都强调了信息化社会和媒体全球化趋势对人们的国家认同的影响。③ 以往传统媒体主要由国家所控制，国家通过媒体强化人们的国家认同和对主流意识形态的认同。信息化社会的来临和全球化的推进，使全媒体出现了“国际化、私有化和碎片化”趋势，这有可能弱化国家认同。④ 在中国社会，传统媒介（主要指报纸、杂志等）更多地传播中国的历史文化信息和官方所主导的主流意识形态（包括爱国主义教育内容），接触较多传统媒介可能强化国家认同；新媒介信息（主要指互联网）则包括更加多元化和更多的国外文化信息，接触较多新媒介可能会弱化国家认同。

综上所述，媒介作为现代公众获取政治信息及政治知识的重要途径，其

---

① Sandra J. Ball-Rokeach, Milton Rokeach and Joel W. Grube.（1984）The Great American Values Test: Influencing Behavior and Beliefs through Television News, p74, New York: Free Press；马歇尔·麦克卢汉，何道宽译：《理解媒介：论人的延伸》，97 页，北京，商务印书馆，2000。

② 王冠：《国家主义还是共同体主义：应对网络化时代的国家认同变化研究》，载《人文杂志》，2014（10）；陆晔：《媒介使用、社会凝聚力和国家认同——理论关系的经验检视》，载《新闻大学》，2010（2）。

③ 曼纽尔·卡斯特，夏铸九、王志弘等译：《网络社会的崛起》，26—30 页、418—425 页，北京，社会科学文献出版社，2001；Benedict Anderson.（1983）Imagined Communities：Reflections on the Origin and Spread of Nationalism, p76, London: Verso.

④ S.B. Crofts Wiley. Rethinking Nationality in the Context of Globalization, Communication Theory, 2004, vol.14, No.1: 78-96; M. Schudson. Culture and the Integration of National Societies, International Social Science Journal, 1994, Vol.46, No.139: 63-81; T. Ashuri. The Nation Remembers: National Identity and Shared Memory in Television Documentaries, Nations and Nationalism, 2005, Vol.11, No. 3:423—442.

与国家认同的关系已有少量直接针对受众的实证研究，但学者并未就此问题达成一致。本研究认为媒介对国家认同的影响究竟趋于积极还是消极，不仅归因于媒介的类型、接触的内容、受众的评价的不同，也相异于因变量的界定，甚至受对象、地区、时间的影响。尽管已有学者开始关注媒介与国家认同的关系，但还需进一步的实证研究，尤其是针对大学生这一群体的相关研究还鲜见。

因此，针对上述问题，因循以往学者对媒介对国家认同影响的相关研究，本研究从媒介类型、媒介接触内容及对媒体的信任评价三个方面切入来探究媒介对中国大学生国家认同的影响。在媒介类型上除了关注传统媒体外，也关注依靠数字技术和网络平台的新媒体的影响。具体而言，本研究将关注以下问题：媒介政治新闻性使用对大学生国家认同具有何种影响？进一步而言，传统媒介政治新闻使用和新媒体政治新闻使用对大学生国家认同具有何种影响？

二、数据来源与变量描述

（一）数据来源

为了回答上述问题，本研究设计了相关问卷，于 2017 年 9 月至 2018 年 8 月期间，采用随机便利抽样的方法在甘肃、宁夏、青海、内蒙古、新疆等地 13 所高校中抽取部分在校大学生进行问卷调查，问卷发放过程中适当控制学生的民族、院系和年级分布，以保证样本的代表性。研究共发放问卷 4000 份，实际回收 3570 份，回收率 89.3%；剔除无效问卷 64 份，实际有效问卷 3506 份，有效问卷率 98.2%。

（二）变量说明与测量

本研究的自变量是媒介政治新闻使用，具体包括媒介类型、媒介接触内容、对媒体的信任评价。本研究的因变量是国家认同，依据本研究第三章对国家认同的探索性主成分分析，得到国家认同有政治认同和文化认同两个因子，因此，本研究中的因变量即大学生政治认同和国家共同文化认同。

1. 因变量——国家认同

本研究中大学生国家认同测量是运用本书第三章中编制的国家认同测量分量表，包含两个因子，分别是政治认同、文化认同两个因子共36个测量题目。根据第三章的分析，政治认同和文化认同两个分量表的Cronbach' s alpha信度系数值分别为0.953与0.951；验证性因素分析结果显示，测量模型的各项拟合指数较佳，表明两个量表结构效度较好。

2. 自变量——媒介政治新闻使用

媒介政治新闻是指政治领域与公共事务紧密相关的政治性新闻报道和评论。[①]具体而言，政治新闻包括政府人事变动、政策的发布、政治性谈判或会议、国家和政府领导人的访问、国际组织和地区性组织的活动、国家和政府之间的磋商，等等。此外，涉及国家安全利益、政治利益以及国家认同的重大突发性事件报道及其后续报道也属于政治新闻信息传播的范畴。[②]依据不同媒体类型政治新闻使用，本研究设置了“中央电视台的政治新闻或评论节目”“新华社、人民日报的政治新闻”“新浪网站的政治新闻”“微博和网络社区的政治新闻”“微信发布的政治类新闻”5个题目。每个题目均采用Likert量表5点计分法，赋予1至5分不等的分值（1=从不使用；5=每天使用）。

对这个问卷进行KMO检验和Bartlett球形检验，KMO值是0.83，Bartlett球形检验显著性水平为$p<0.001$，适合因子分析。用主成分分析法对这5个题目进行因子分析，共提取了2个因子，用最大方差法进行因子旋转，得到旋转后的因子成分矩阵如表4-10所示。依据旋转后各题目的因子载荷大小，将媒体使用的两个因子分别命名为传统媒体的政治新闻使用、新媒体的

① 游淳惠、徐煜：《互联网使用与政治参与关系的再审视：基于2012年台湾地区TCS数据的实证分析》，载《国际新闻界》，2015（8）。

② 段鹏：《政治新闻的控制与沟通——政府与新闻媒介的互动》，载《现代传播：中国传媒大学学报》，2010（3）。

政治新闻使用。两个因子总共解释了64.7%方差。根据因子分析结果，对传统媒体和新媒体因了量表进行信度分析，获得两个因子量表的Cronbacha系数，分别为传统媒体Cronbacha α=0.753和新媒体Cronbacha α=0.714，表明问卷各题目之间有较高的内部一致性，信度指标良好。

表4–10　媒体使用主成分因子分析表

变量	因子1	因子2
电视	0.811	
报纸（《人民日报》等）	0.798	
新浪网站等		0.823
微博、网络社区		0.787
微信		0.697
解释的方差（explained variance）	23.3%	43.9%

三、数据分析与研究发现

（一）媒介政治新闻使用与大学生国家认同的相关分析

通过分析（见表4-11），在媒介使用对政治认同的影响上，我们发现传统媒体政治新闻使用与大学生政治认同呈现出了明显的相关性（r=0.379，p<0.01），这就说明，传统媒体政治新闻使用对于大学生政治认同具有明显的正向影响。而新媒体政治新闻使用与政治认同之间的关系则呈现出了明显的负相关（r=-0.332，p<0.01）。在媒介使用对文化认同的影响上，我们发现传统媒体政治新闻使用与大学生国家文化认同呈现出了明显的相关性（r=-0.337，p<0.01），这就说明，传统媒体政治新闻使用对于国家文化认同具有明显的正向影响。而网络媒体政治新闻使用与大学生国家文化认同之间的关系则呈现出了负相关（r=-0.301，p<0.01）。

表 4-11 主要研究变量相关证据分析表

	1	2	3	4
1 传统媒体	1			
2 新媒体	-0.421**	1		
3 政治认同	0.379**	-0.332**	1	
4 文化认同	0.337**	0.301**	0.765**	1

注：*p<0.05，**p<0.01，*** p<0.001

（二）媒介政治新闻使用与大学生国家认同的回归分析

依据表 4-12 给出的逐步多元回归模型的估计结果，对媒介政治新闻使用对大学生国家认同的影响进行解释。

表 4-12 媒介政治新闻使用对大学生国家认同影响的线性回归分析（N=3506）

	国家认同（标准化回归系数）	
	政治认同（Beta）	文化认同（Beta）
传统媒体政治新闻	0.515***	0.373***
新媒体政治新闻	-0.087**	-0.056**
R^2	0.531	0.224
调整后的 R^2	0.519	0.216
F 鉴定值	84.1536	51.129
Sig. F 值	0.000	0.000

注：*p<0.05，**p<0.01，*** p<0.001

依据回归模型的估计结果，在不同媒体政治新闻使用上，我们发现传统媒体的政治新闻使用对于政治认同和国家文化认同存在着明显的正向影响（$\beta=0.515$，$p<0.001$；$\beta=0.373$，$p<0.001$），这说明，传统媒体政治新闻使用可以显著地提升大学生政治认同和国家共同文化认同。新媒体政治新闻使用对于政治认同和国家共同文化认同有着负向影响，说明新媒体的政治新闻使用频率越高，大学生的政治认同和国家共同文化认同程度越低（$\beta=-0.087$，$p<0.01$；$\beta=-0.056$，$p<0.01$）。这可能由于新媒体的政治新闻涵盖面较大，且存在大量草根发布的政治新闻信息，加上新媒体是较为开放多元的社区平台，网友之间的互动性和观点的多元性较高，大学生在新媒体的平台上接触的负面政治新闻或评论等行为比传统媒体更多，因此容易造成负面的印象和认知，但从影响的系数和效应来看，尽管存在负向效应，但效应的预测力不高。

四、结论与讨论

本研究结果显示，媒介政治新闻使用对于大学生国家认同具有重要的影响。首先，媒介直接将政治相关事件制作处理后报道给媒介用户（大学生），让原本距离政治较远的普通媒介用户（大学生）也可以了解政治性信息。迈克尔·布鲁特（Michael Bruter）认为，对于政治人物塑造、政治事件叙述和政治信息评论的政治新闻能够影响受众的国家认同和区域认同程度。[①] 本研究发现，这些政治形态能够通过政治新闻的传播，对大学生国家认同产生正向积极影响。涵化理论认为，经过媒介潜移默化的长期培养，受众的态度和意见会受到传统媒介报道的影响。[②] 长期以来，中国的传统媒体充当着宣传者的角色和

① Michael Bruter Winning Hearts and Minds for Europe . Comparative Political Studies，2003，Vol 36，No 10: 1148—1179.

② Gerbner G，Gross L，Morgan M，et al. Growing up with Television: The Cultivation Perspective. In J Bryant，D Zillmann，eds. LEA ’s Communication Series. Media Effects: Advances in Theory and Research. Lawrence Erlbaum Associates，Inc 1994，Vol 20，No 6:17—41.

作用，媒介的政治属性和新闻生产的各环节都会受到严格规范。[①] 也正因如此，尽管不同传统媒体的报道形式和报道内容存在着差异，但是总的来看，传统媒体都在传达着主流价值倾向，在政治新闻领域尤为如此。[②] 因此，在政治新闻的涵化作用下，大学生国家认同程度呈现出与媒介倾向明显的一致性。

其次，新媒体（互联网）的出现打破了传统官方媒体的对主流意识形态文化和价值观传播的垄断，越来越多的新媒体传播主体有了传播的权利与自由。一些学者认为相较于西方国家而言，新媒体（互联网）对于中国影响会更大。去中心化的传播方式和无结构式的特点一度给中国用户带来“公共领域”的想象。[③] 也正因如此，使得在互联网新媒体上存在与传统媒体不同的观点成为可能。实际上，互联网新媒体和传统媒体在新闻报道的情感态度、新闻框架和报道内容上存在着差异，互联网新媒体和传统媒体所引发的话题和舆论更像是缺乏交集的“两个舆论场”的对立。[④] 尽管西方一些研究认为互联网政治性新闻使用对网民国家认同有着积极的促进意义[⑤]，但是大多数中国学者抱有较为悲观的态度[⑥]。由此可以说，互联网在给中国国民带来平等、自由的交流场所的同时，也对“网络原住民”一代的大学生国家认同产生了影响。

---

① 甄言：《对传播现象深刻变化的思考——新闻理念创新要打破传统思维定势》，载《北京日报》，2019-2-11。

② 童兵：《主体与喉舌：共和国新闻传播轨迹审视》，47页，郑州，河南人民出版社，1994。

③ 金恒江、聂静虹：《媒介使用对中国青年女性政治信任的影响研究——以中国网民为对象的实证研究》，载《武汉大学学报》（人文科学版），2017（2）。

④ He Zhou.(2009) Political Communication in Dual Discourse Universes: The Chinese Experience，In Willnat L，AwA，eds. Political Communication in Asia. New York: Routledge，p. 43—71.

⑤ 周葆华、吕舒宁：《“新媒体事件”传统媒体报导的多元性：基于中国大陆12份报纸内容的比较研究》，载《传播与社会学刊》，2017（4）。

⑥ 金恒江、聂静虹：《媒介使用对中国青年女性政治信任的影响研究：以中国网民为对象的实证研究》，载《武汉大学学报》（人文科学版），2017（2）。

第五节　高校教育对大学生国家认同的影响

学校教育历来被视为国家认同感培育的重要途径与场域，强调通过系统教育课程与教育活动提升学生的国家认同。大学也不例外，是培育大学生国家认同的重要场域，在大学生政治社会化进程中起到了至关重要的作用。美国著名思想家杜威就把学校看作政治民主的安全的重要工具，是政治社会化的主要途径之一。[①]

一、文献回顾与研究问题

个体国家认同的形成，有两条基本途径，一是学校外的教育场域，表现为个体通过日常生活的亲身体验而自然获得的国家认同；二是作为专门教育机构的学校教育场域中通过有目的、有计划的系统影响而完成。[②]一般而言，作为专门教育机构的学校教育通过两种基本路径培育学生的国家认同：其一，学校通过正式公民教育课程和社会课程，借由历史回溯和“民族想象”，进行与国家政治、历史、文化相关联的教育，帮助学生认识国家政治历史文化知识、发现自己的情感归属、延伸自己的价值取向，培养爱国情感和对主权国家的归属感。[③]其二，学生通过学校场域中的日常生活的亲身体验，如公共空间资源的参与、校园生活中的人际接触与互动，而自然获得的国家认同。[④]因

---

① ［美］杜威，傅统先译：《人的问题》，27页，上海，上海人民出版社，1988。

② 孙杰远：《少数民族学生国家认同的文化基因与教育场域》，载《教育研究》，2013（12）。

③ 武秀霞：《国家认同教育：意蕴与实践——基于关系视角的探讨》，载《南京社会科学》，2020（1）。

④ 周光礼：《中国大学与政治社会化：公民意识教育的实证研究》，载《高等教育研究》，2011（8）。

此，学校场域中的公民教育课程、公共参与行为、人际接触与互动及其积极性体验应成为国家认同的主要来源。①

杰拉德·波斯蒂格里奥内（Gerard Posltiglione）（1999）指出，学校里教授什么和呈现什么将对学生建构群体认同感起着重要的作用。②国内学者对学校课程体系与学生中华民族共同体意识的因果联系展开了细致研究。有学者提出“学校课程是培养民族院校大学生‘五个认同’的主要途径③”；有学者认为“学校是增进学生中华民族共同体意识认知重要渠道”④；也有学者认为“高校课程体系可以为学生中华民族共同体意识行为的生成提供物质基础”⑤与外部条件⑥。那么，学校课程体系对民族高校学生国家认同的影响如何？当前学界鲜有研究涉及这一问题。

公民参与能够增强公民对社会的归属感，培养公民的忠诚意识，从而具有整合、团结社会成员的功能。有学者研究指出，学生的社团参与经历对于各种形式的学生政治参与皆有显著的增益功能。参与过程本身就是一个学习的过程，参与经历对于学生认同感、责任感和政治效能感的培养具有十分重要的意义。参与次数和深度的增加有利于提升学生的尊严和自信心，加深对学校的认同感和归属感，有利于他们将个人利益与集体利益相连接，主动承担对国家、社会和学校的责任。⑦那么，参与公共事务对大学生国家认同的影响如何？当前学术界很少有研究涉及这一问题。

---

① 吕催芳：《大学场域与少数民族学生国家认同——基于学生生活满意度和多元文化理念的中介作用分析》，载《中国人民大学教育学刊》，2021（6）。

② 转引自陈达云：《少数民族大学生国家认同教育创新研究》，134页，北京，民族出版社，2010。

③ 吴月刚、张红：《铸牢中华民族共同体意识背景下民族院校思政课程建设研究》，载《民族教育研究》，2020（4）。

④ 范春婷、王华敏：《在“纲要”课中铸牢大学生中华民族共同体意识的逻辑理路》，载《学校党建与思想教育》，2020（11）。

⑤ 王伟、卫俊栋：《试论新形势下民族高校马克思主义民族观教育》，载《民族教育研究》，2010（4）。

⑥ 詹进伟：《论中华民族共同体意识的理论进路与生成逻辑》，载《广西民族研究》，2019（3）。

⑦ 吕催芳：《大学教育如何影响政治参与？》，载《清华大学教育研究》，2014（5）。

国家认同的社会—心理形成机制表明，国家认同的形成有赖于个体与国家的互动，个体是社会的存在物，基本的存在方式就是社会中的普遍交往。群际接触理论和社会认同理论一致认为，人际互动和积极性的社会体验而塑造的群外社会认同有助于国家认同的形成和提升。① 大多数情况下，积极有效的群际接触可以降低群际偏见，提高群际信任，消解群际群体边界性问题②，这有助于国家认同的形成。具体而言，人际交往互动对大学生的国家认同的影响如何却少有研究涉及这个问题。

校园文化属于学生学习生活的外在客观存在，校园文化在某种程度上会对学生的思想观念和价值取向产生潜移默化的重要影响。国内学者对校园文化与学生价值观念、中华民族共同体意识的因果关系进行研究，有学者指出："高校校园文化越来越多元丰富，大学生在便捷、直观地感受多元文化带来的开放和欣喜之余，也不得不面临着价值观的冲击以及思维模式、行为方式的改变等问题。" ③ 也有学者提出："多元互动的文化场域的建构，有助于增强少数民族学生的中华民族意识，体验中华 56 个民族大家庭的文化品行与归属感。" ④ 那么，校园文化环境如何影响民族高校学生国家认同？当前学界也鲜有研究涉及这一问题。

综上所述，在已有的研究成果中，我们发现近年来国内外学者越来越关注国家认同研究，将其作为国家意识形态领域一项极其重要的工作，但是关于高校教育对大学生国家认同的影响的相关实证研究成果还比较少，对高校教育影响大学生国家认同的因果机制也鲜有实证研究。

参考已有研究成果，结合现有对大学生调研的相关成果，本研究就高校

① Dhont K, Roets A, Hel AV. Opening Closed Minds: the Combined Effects of Intergroup Contact and Need for Closure on Prejudice. Personality and Social Psychologybulletin, 2011, Vol 37, No.4: 514—528.

② Petigrew T F, Tropp LR. A meta-analytic Test of Intergroup Contact Theory.Journal of Personality & Social Psychology, 2006, Vol 90, No.5 :751—783.

③ 谈毅、土琳媛：《大学文化建设与价值认同》，13—21 页，上海，上海交通大学出版社，2013。

④ 孙杰远：《少数民族学生国家认同的文化基因与教育场域》，载《教育研究》，2013（12）。

教育对大学生国家认同影响提出如下研究问题：①高校思想政治文化课程体系教育对学生的国家认同具有何种影响？②大学生在校园内的公共事务参与对其国家认同具有何种影响？③大学生在校园中的人际关系互动对其国家认同具有何种影响？④高校校园文化环境对学生国家认同具有何种影响？

因此，本研究从高校教育因素出发，设计出包括政治文化课程、校园文化环境、公共事务参与、人际关系互动在内的测量问卷以及国家认同测量问卷，力求从实证角度探讨高校教育因素对大学生国家认同的影响路径和机制。

二、数据来源与变量描述

（一）数据来源

为了回答上述问题，本研究设计了相关问卷，于 2017 年 9 月至 2018 年 8 月期间，采用随机便利抽样的方法在甘肃、宁夏、青海、内蒙古、新疆等地 13 所高校中抽取部分在校大学生进行问卷调查，问卷发放过程中适当控制学生的民族、院系和年级分布，以保证样本的代表性。研究共发放问卷 4000 份，实际回收 3570 份，回收率 89.3%；剔除无效问卷 64 份，实际有效问卷 3506 份，有效问卷率 98.2%。

（二）变量描述

本研究的自变量是高校教育因素，主要包括高校思想政治教育及传统文化课程、大学生校园内公共事务参与、大学生在校园中的人际接触及交往互动、校园文化环境建设与支持。

本研究的因变量是国家认同，依据本研究第三章对国家认同的探索性主成分分析，得到国家认同有政治认同和文化认同两个因子，因此，本研究中的因变量即高校大学生政治认同和文化认同。

（三）变量测量

1. 因变量

关于大学生的国家认同的量表是运用本书第三章中编制的国家认同测量分量表，包含两个因子，分别是国家政治认同和共同文化认同两个因子，共 36 个测量题目。根据第三章的分析，政治认同和文化认同两个分量表的 Cronbach's alpha 信度系数值分别为 0.953 与 0.951；验证性因素分析结果显示，测量模型的各项拟合指数较佳，表明两个量表结构效度较好。

2. 自变量

在本研究中，高等学校思想政治课程是大学生思想政治教育的主渠道，是帮助大学生树立正确世界观、人生观、价值观的重要途径。目前高校对于大学生的政治教育最直接的教育过程就是政治类课程学习，包括马克思主义原理、毛泽东邓小平三个代表重要思想概论、思想道德修养与法律基础、中国近现代史纲要、形势与政策、民族理论与政策（民族院校开设）、传统文化课程。据此本研究在考察高校思想政治教育课程对大学生国家认同影响时，设置了 7 个相关题目，问卷采用 Likert 五点记分方式，从“完全不符合”或“完全不满意”到“完全符合”或“完全满意”赋予 1 至 5 分不等的分值（1= 完全不满意；5= 完全满意）。根据调查对象对该问卷的回答结果，对“高校思想政治教育课程”量表进行 KMO 检验和 Bartlett 球形检验，KMO 值是 0.87，Bartlett 球形检验显著性水平为 $p<0.001$，适合进行因子分析。利用主成分分析法对这 7 个题目进行因子分析，提取了 1 个公因子，用最大方差分析法进行因子旋转，得到旋转后的因子成分矩阵如表 4-13 所示。根据因子分析结果，对高校思想政治教育课程量表进行信度分析，获得该量表的 Cronbach's alpha 信度系数值为 0.887，表明问卷的各题目之间有较高的内部一致性，信度指标良好。

表 4–13　大学生对高校思想政治教育课程满意度的主成分因子分析表

测量指标	因子负荷量
您对马克思主义原理课程教学的满意度	0.64
您对毛泽东邓小平三个代表重要思想概论课程教育的满意度	0.82
您对思想道德与法律基础课程教育的满意度	0.81
您对中国近现代史纲要课程教育的满意度	0.83
您对学校形势与政策课程教学的满意度	0.82
您对学校民族理论与政策课程教学的满意度	0.79
您对学校传统文化课程的满意度	0.71
解释的方差（explained variance）	74.1%

本研究中，校园内人际交往互动关系指大学生近距离与学校的教师和同伴的接触和交流交往，如学校管理者、任课教师、班主任、同学等人物，他们的政治态度、政治观点、政治情感、政治人格和信仰都对大学生的思想行为产生影响。依据此本研究设置了 5 个题项，题目均采用五级李克特量表编码，赋予 1 至 5 分不等的分值（1= 很不密切；5= 非常密切）。根据调查对象对该问卷的回答结果，对“校园中的人际接触与交往”量表进行 KMO 检验和 Bartlett 球形检验，KMO 值是 0.83，Bartlett 球形检验显著性水平为 $p < 0.001$，适合进行因子分析。利用主成分分析法对这 5 个题目进行因子分析，提取了 1 个公因子，用最大方差分析法进行因子旋转，得到旋转后的因子成分矩阵如表 4-14 所示。根据因子分析结果，本研究对校园中的人际接触与交往量表进行信度分析，获得该量表的 Cronbach 's alpha 信度系数值为 0.863，表明问卷的各题目之间有较高的内部一致性，信度指标良好。

表 4–14　大学生校园中的人际接触和交往的主成分因子分析表

测量指标	因子负荷量
您与宿舍同学的接触及交往程度	0.83
您与班级同学的接触及交往程度	0.82
您与任课老师的接触及交流交往程度	0.79
您与辅导员的接触和交流交往程度	0.77
您与院系老师的接触及交往程度	0.74
解释的方差（explained variance）	72.8%

在本研究中，大学生校园公共事务参与，一方面是指大学生对校园学生代表大会、校园听证会和网络民主监督等的参与；另一方面是指学生管理部门组织大学生参加国庆或建党等重大的纪念仪式活动，思想政治课教师组织大学生共同参观红色革命教育基地接受革命英雄主义教育，或者组织大学生参加深入了解社情民意的社会调研活动，尤其是各个高校积极响应团中央的号召，在学生假期积极组织大学生开展的“三下乡”活动，在全社会产生广泛的影响。据此本研究设计了 5 个题项，答案均采用五级 Likert 量表编码，赋予 1 至 5 分不等的分值（1= 从未参与；2= 偶尔参与；3= 一般；4= 经常参与；5= 非常积极参与）。根据调查对象对该问卷的回答结果，对“校园内的公共事务参与”量表进行 KMO 检验和 Bartlett 球形检验，KMO 值是 0.94，Bartlett 球形检验显著性水平为 $p<0.001$，表明适合进行因子分析。利用主成分分析法对这 5 个题目进行因子分析，提取了 1 个公因子，用最大方差分析法进行因子旋转，得到旋转后的因子成分矩阵如表 4-15 所示。根据因子分析结果，本研究对校园内公共事务参与量表进行信度分析，获得该量表的 Cronbach's alpha 信度系数值为 0.885，表明问卷的各题目之间有较高的内部一致性，信度指标良好。

表 4–15　大学生校园内公共事务参与程度的主成分因子分析表

测量指标	因子负荷量
您参加学校组织的建党或国庆等重大的纪念仪式活动的程度	0.89
您参加学校组织的以宣传党的政策为主题的“三下乡”活动的程度	0.82
您参加学校组织的红色教育基地体验教育活动的程度	0.76
您参加学校组织的了解惠民政策落实情况的社会调研活动的程度	0.70
您参与班干部 / 学院干部 / 社团干部 / 人大代表选举的程度	0.64
解释的方差（explained variance）	68.2%

本研究中，校园文化环境主要指的是高校思想政治教育的管理部门为提升大学生的政治文化素养与国家认同而在大学校园设置的旨在宣传主流意识形态的硬件设施和主题活动。作为隐性思想政治教育重要形式的校园文化，具有陶冶情操、规范行为、提升素养等重要育人功能。高校为了提升大学生的思想政治素养和国家认同，往往会通过宣传栏、活动展板、广播报纸宣传党的大政方针政策，或者开展主题鲜明的社团活动。随着新媒体的普及，微信、微博等也日益成为校园文化的重要载体。因而，本研究设置了与此相关的 5 个题项，题目均采用 Likert 量表 5 点计分法，赋予 1 至 5 分不等的分值（1= 非常不满意；5= 非常满意）。根据调查对象对该问卷的回答结果，对“校园文化环境支持”量表进行 KMO 检验和 Bartlett 球形检验，KMO 值是 0.81，Bartlett 球形检验显著性水平为 $p<0.001$，适合进行因子分析。利用主成分分析法对这 5 个题目进行因子分析，提取了 1 个公因子，用最大方差分析法进行因子旋转，得到旋转后的因子成分矩阵如表 4-16 所示。根据因子分析结果，本研究对校园文化环境浸润与支持量表进行信度分析，获得该量表的 Cronbach's alpha 信度系数值为 0.897，表明问卷的各题目之间有较高的内部一致性，信度指标良好。

表 4–16　校园文化环境建设与支持的主成分分析表

测量指标	因子负荷量
校园阅报栏中会有党政机关报（如《人民日报》等）供同学们阅览	0.72
学校经常组织以“爱党报国”为主题的团学活动	0.74
校园广播经常播报党和国家领导人的活动新闻	0.78
大学生社团活动经常弘扬“主旋律”和“正能量”的内容	0.58
学校的微信公众平台经常推送国家领导的重要讲话	0.66
解释的方差（explained variance）	69.1%

为了进一步验证高校教育因素测量量表的结构效度，对高校教育因素量表做验证性因素分析，得到以下拟合指数：$x^2/df=3.09$，RMSEA=0.044，CFI=0.97，NNFI=0.97，NFI=0.96，IFI=0.97，RFI=0.95，GFI=0.97，AGFI=0.96，各题目在相应维度上的负荷量在 0.49—0.80。表明本量表测量模型的各项拟合指数较佳，说明高校教育因素的四个因素结构得到了数据的支持。

三、数据分析与研究发现

（一）主要变量的相关分析

对大学生的思想政治教育和传统文化教育课程满意、人际交往互动关系、校园内公共事务参与，以及校园文化环境满意均与文化认同显示出显著的正相关性，结果见表 4-17。自变量思想政治教育和传统文化教育课程满意、人际交往互动关系、校内公共事务参与、校园文化环境满意都与因变量政治认同显著正相关。自变量思想政治教育和传统文化教育课程满意、人际交往互动关系、校内公共事务参、校园文化环境满意均与文化认同显示出显著的正相关。

表 4–17 各主要变量的相关性矩阵表

变量	政治文化课程满意	校园人际交往互动	校内公共事务参与	校园文化环境满意	国家政治认同	共同文化认同
政治文化课程满意	1					
校园人际交往互动	0.28**	1				
校园公共事务参与	0.37**	0.63**	1			
校园文化环境满意	0.43**	0.51**	0.31**	1		
国家政治认同	0.67**	0.44**	0.60**	0.57**	1	
共同文化认同	0.69**	0.52**	0.50**	0.63**	0.79**	1

注：*p<0.05，**p<0.01，*** p<0.001

（二）高校教育对大学生国家认同影响线性回归分析（N=3506）

根据前文内容，以高校教育的政治和文化课程教学、人际交往互动关系、校园公共事务参与、校园文化环境四个因子为解释变量，以国家认同的政治认同（公民身份认同、执政党认同、制度认同）和文化认同（历史传统文化认同、国家通用语言认同、意识形态文化认同）为因变量，运用调研数据（3506 个）进行回归分析。在回归模型中，以政治文化课程教学、人际交往互动关系、校园公共事务参与、校园文化环境四因子各指标的总和为观察值。用逐步回归法进行回归分析，结果如表 4-18 所示。

表 4–18 高校教育对大学生国家认同影响直线回归方程估计结果表

	模型	非标准化系数		标准系数	t	Sig.	共线性统计量	
		B					容差	VIF
政治认同	（常量）	3.25	0.361		10.901			
	政治文化课程满意	0.342	0.011	0.440	7.115	0.000	0.321	0.311
	校园文化环境满意	0.242	0.011	0.288	6.902	0.000	0.382	2.616
	校园公共事务参与	0.140	0.012	0.179	6.270	0.000	0.292	3.424
	校园人际交往互动	0.077	0.009	0.115	5.597	0.000	0.368	2.715

续表

文化认同	（常量）	2.378	0.241		9.945			
	政治文化课程满意	0.484	0.012	0.533	9.231	0.000	0.382	2.616
	校园文化环境满意	0.282	0.012	0.337	7.827	0.000	0.321	3.111
	校园公共事务参与	0.073	0.009	0.149	3.211	0.000	0.368	2.715
	校园人际交往互动	0.039	0.012	0.104	0.129	0.000	0.292	3.424

1. 高校教育对大学生政治认同影响的线性回归分析

根据回归方程估计结果，大学生政治认同受思想政治和传统文化课程教学、校园文化环境、校园公共事务参与、人际交往互动关系的影响显著。思想政治和传统文化课程教学（$\beta=0.440$，$p<0.001$）对大学生政治认同有正向预测作用，大学生对学校开设思想政治文化课程教学越满意，大学生的政治认同水平就越高；校园文化环境（$\beta=0.288$，$p<0.001$）对大学生政治认同有正向预测作用，如果大学的思想宣传部门较重视大学校园文化的营造，大学生能够明显感受到校园文化的氛围，则大学生的政治认同感就越强；大学生校园公共事务参与程度（$\beta=0.179$，$p<0.001$）对大学生政治认同具有正向显著影响，大学生对校园公共事务参与越积极，则他们的政治认同水平就越高；大学生在校园中的人际交往互动程度（$\beta=0.115$，$p<0.001$）对大学生的政治认同有正向显著影响，大学生的人际交往互动越是积极亲密，大学生的政治认同度就越高。四个因素对大学生政治认同影响程度从大到小分别为思想政治文化课程、校园文化环境、校园公共事务参与、校园人际交往互动。其中，思想政治文化课程对学生政治认同的影响作用最大，说明思想政治教育课堂教学是大学生政治认同的主渠道和主阵地。校园文化环境对学生政治认同的影响较大，说明大学生日常生活中的文化体验会对学生政治认同产生显著影响。

2. 高校教育大学生文化认同影响的线性回归分析

根据回归方程估计结果，大学生政治认同受思想政治和传统文化课程教学、校园文化环境、校园公共事务参与、人际交往互动关系的影响显著。思想政治和传统文化课程教学（$\beta=0.533$，$p<0.001$）对大学生文化认同有正向显著影响，大学生对学校开设的思想政治课和传统文化课程教学越满意，大学生的文化认同水平就越高；校园文化环境（$\beta=0.337$，$p<0.001$）对大学生文化认同有正向预测作用，大学的思想宣传部门较重视大学校园文化的营造，大学生越能够明显感受到校园文化的氛围，则大学生的文化认同感就越强；大学生校园公共事务参与程度（$\beta=0.149$，$p<0.001$）对大学生文化认同具有正向显著影响，大学生对校园公共事务参与越积极，则他们的国家文化认同水平就越高；大学生在校园中的人际交往互动程度（$\beta=0.104$，$p<0.001$）对大学生的文化认同有正向显著影响，大学生的人际交往互动越是积极亲密，大学生的文化认同度就越高。四个因素对大学生文化认同影响程度从大到小分别为思想政治文化课程、校园文化环境、校园公共事务参与、校园人际交往。其中，思想政治文化课程对学生文化认同的影响作用最大，说明思想政治教育课堂教学是大学生文化认同的主渠道和主阵地。校园文化环境对学生文化认同的影响也比较大，说明大学生日常生活中的文化体验会对学生国家认同产生显著影响。

四、结论与讨论

大学阶段是大学生成长和发展的关键期，如前所述，大学生在学校的时间远远超过其在家度过的时间，其心理的不成熟到成熟，意识、知识等从不完善到完善几乎都是在学校这个大环境中完成的。本研究通过调研发现，高校思想政治与传统文化课程、校园文化环境、校园公共事务参与、校园人际交往互动情况对大学生的国家认同的政治认同和共同文化认同有显著影响，即对大学生的国家认同有显著影响。

第一，高校思想政治与传统文化课程对大学生国家认同具有显著的正向影响。

本研究结果显示，高校思想政治与文化课程教学对大学生的国家认同（政治认同和文化认同）具有显著的正向影响。这与已有理论研究的结果一致，表明思想政治课程教学作为大学生思想政治教育的主渠道和主要阵地，在培养大学生的理想信念和正确的政治取向，提升大学生的国家认同方面发挥着重要的作用。[①]思想政治教育中的核心与重点，即政治思想教育，帮助国民进一步建立对马克思主义的信仰和对中国特色社会主义的信念，保证经济工作和其他一切工作的社会主义性质和方向，保证党的路线、方针和政策的贯彻落实，为中华民族伟大复兴之中国梦保驾护航。[②]2013 年 8 月 19 日召开的全国宣传思想工作会议上，习近平强调意识形态工作是党的一项极端重要的工作。随后中办和国办发布的《关于进一步加强和改进新形势下高校宣传思想工作的意见》，强调加强高校思想政治教育的重要性，要求在大学生思想政治教育过程中进一步强化马克思主义的指导地位。[③] 2016 年 12 月 7 日，习近平在全国高校思想政治工作会议上强调加强大学生思想政治理论课建设，强化思想政治理论课教师的素质提升，探索大学生思想政治教育的规律。[④]

思想政治课程教学在大学生国家认同中发挥着积极的作用，通过与大学生的访谈，研究发现，大学生对思想政治理论课的教学方式方法和教学效果还有更多的期望。如在访谈中，有大学生反映“有些思政课老师的课堂教学几乎完全依靠课件，或者就是让学生看视频，而真正从老师身上并未学到太多东西”[⑤]，也有大学生反应“我们的思政课老师上课主要是照本宣科，很少结

---

① 杨光坤：《当前加强思想政治教育工作具有重要意义》，(2013-8-09)［2022-08-07］.http://theory.people.com.cn/n/2013/0809/c40537-22509059.html。

② 杨光坤：《当前加强思想政治教育工作具有重要意义》，(2013-8-09)［2022-08-07］.http://theory.people.com.cn/n/2013/0809/c40537-22509059.html。

③ 中共中央办公厅、国务院办公厅：《关于进一步加强和改进新形势下高校宣传思想工作的意见》，(2015-01-19)，［2022-08-07］.http://www.gov.cn/xinwen/2015-01/19/content_2806397.htm。

④ 习近平：《把思想政治工作贯穿教育教学全过程开创我国高等教育事业发展新局面》，(2016-12-08)［2022-08-07］. http://politics.people.com.cn/n1/2016/1209/c1001-28936072.html。

⑤ 访谈王 XX，2018 年 4 月 5 日，西北师范大学。

合当前的形势，讲的内容很枯燥，同学们不怎么爱听”。[①] 在谈到对传统文化课程的满意度和看法时，有大学生反映“学校开设的传统文化课程不多，一般不容易选上，所讲内容纯属理论，较抽象，不怎么喜欢”。[②] 这表明在党和政府的重视下，思想政治课教学整体取得了较好的教育成果，但需要进一步强化思想政治课的有效性，仍需从思想政治课教学方式和方法的创新等方面加以努力；为了传承和弘扬优秀的传统文化，高校还需进一步加大文史哲和通识课。

第二，校园文化环境对大学生国家认同的影响具有显著的正向影响。

研究结果显示，校园文化对大学生国家认同（政治认同和共同文化认同）呈现显著的积极影响。这说明如果学校能够丰富校园文化，创造平等、民主的氛围，也能够显著提高大学生的国家认同意识。高校校园文化既是大学精神的体现，又是社会价值观念的反映，具有凝聚人心、陶冶激励等功能，潜移默化地影响着学生的世界观、人生观、价值观。高校校园文化通过校园环境中人们共同的观念追求、价值标准、行为规范，不断影响和作用于大学生群体，从而实现教育人、服务人的功能。健康向上的校园文化对于做好当下高校意识形态工作、提高学生思想道德素质、增强抵御社会不良思潮的能力、培养新时代高素质人才具有重要意义。校园是学生日常生活和学习的主要空间，作为高校文化建设的重要阵地，校园文化对学生思想品格和精神素养的形成具有重要作用。我们应当高度重视校园文化对学生的熏陶作用，充分发挥其育人功能。对新时代背景下大学生校园文化环境满意的调查显示，大学生在校园文化环境的五个项目满意度的均值得分都在 3. 75 以上。[③] 这表明自党的十八大以来，我国高校及其思想宣传部门比较重视大学校园文化的建设，大学生能够明显感受到校园文化的氛围，如校园文化满意度调研统计显

① 访谈范 XX，2018 年 4 月 5 日，西北师范大学。

② 访谈李 XX，2018 年 4 月 5 日，西北师范大学。

③ 大学生对校园文化满意度，用被测试的得分划分为五个取值区间：0—1.00；1.01—2.00；2.01—3.00；3.01—4.00；4.01—5.00，分别表示为低、较低、中等、较高、高。

示，校园文化中弘扬主旋律、传播正能量的宣传占 54.14%，其比例也是比较高的。需要说明的是，校园文化有着与其他教育方式不同的特点，校园文化对人的思想、情感的作用是一种渗透性的、积累式的影响。一方面，环境对人的思想的塑造不是短期的、急躁的、功利性的，而是一种润物无声、在较长时间内发生作用的影响。另一方面，环境对人的影响不是强制的、显著的，而是通过感染、熏陶，使人在不知不觉中接受教育。因此，校园文化需要悉心营造、久久为功，通过“润物细无声”式的感染和渗透，发挥潜移默化的影响作用。①

第三，校园公共事务参与对大学生国家认同的影响呈现显著的正向影响。

研究结果显示，校园公共事务参与对大学生国家认同的影响达到显著的效果，这与已有的少数研究结果一致。一般而言，大学生对社会公共事务参与积极性越高，其国家认同就越高。大学生的公共事务参与经历对于各种形式的政治参与行为都有显著的增益功能，参与过程本身就是一个学习的过程，参与经历对于学生认同感、责任感和政治效能感的培养具有十分重要的意义。② 当前我国大学生公共事务参与度与其他思想政治教育、校园文化因素的影响相比较，其对大学生国家认同的影响略显较弱。如在“我们参加过红色教育基地的体验教育活动”一题中选择“赞同”的受访者仅占 41.34%；在“我们参加过建党或国庆等重大的纪念仪式活动”一题中选择“赞同”的受访者也仅有 47. 76%。这可能是因为：一是高校开展的公共事务参与活动数量较少；二是学生个体自身由于没有积极参与的意愿。学生参与社会事务不仅是重要的政治参与行为，而且一个重要的政治学习过程，通过对社会公共事务的广泛参与，大学生不但能获取相关的信息，积累政治知识，同时还能从中学习到实际参与所必需的民主技能。③ 参与公共事务有助于政治知识和民主

① 石庆新：《当代大学生政党认同研究》，中国地质大学博士学位论文，2017。

② 吕催芳：《大学教育如何影响政治参与？》，载《清华大学教育研究》，2014（5）。

③ 吕催芳：《大学教育如何影响政治参与？》，载《清华大学教育研究》，2014（5）。

技能的获得，因此，应高度重视学生在校期间参与公共事务经历的教育功能，在与学生学习生活密切相关的生活、学习、社团活动、社会实践等各项事务中，尽可能为学生提供广泛的参与公共事务机会。

第四，校园人际交往互动对大学生国家认同具有正向影响。

在校园人际交往互动对高校大学生国家认同影响方面，研究结果显示：学生在校园的人际交往互动情况对高校大学生的政治认同的影响力较低，在影响大学生政治认同的四个因素中排名第四，解释力为 0.115；在大学生的文化认同的影响上也排名第四，解释力为 0.104。出现这种现象的原因可能有两点：一是可能部分大学生个体的性格内向之故；二是我国学校教育有时忽视社交与情感能力的培养，这无法使大学生与同学、老师之间形成一种良好的互动。总体来看，能够积极地融入大学生活、交际范围比较广的大学生国家认同意识就高，如可以接纳与自己不同民族文化的同学为朝夕相处的朋友，经常参加组织活动，结交好朋友克服困难等可以显著提高其国家认同意识。这证明了 20 世纪 50 年代，社会心理学家罗宾·威廉姆斯（Robin Williams）所提出的："民族之间的偏见与接触呈负相关性，即个人接触越多，冲突就越少(偏见、歧视、敌意等)。"① 也就是说，更多的人际接触意味着更少的民族或文化冲突。因此，对于我国这样一个多民族国家而言，高校应该注重加强对学生的社交情感能力教育和深化民族团结进步教育。

第六节 家庭因素对大学生国家认同的影响

家庭，作为个人社会化的第一个场所，在实现政治社会化的过程中有非常重要的作用，对个人的国家认同具有基础性的影响。

① 转引自严庆：《冲突与整合：民族政治关系模式》，257 页，北京，社会科学文献出版社，2011。

一、文献综述与研究问题

家庭是个体开启政治社会化的启蒙场所，在家庭因素对子女的政治社会化的影响中，国外许多学者已经做过了相关的研究。有学者提出，家庭是政治文化的一个重要传导机制，家庭功能的发挥主要体现在家庭成员之间的交往上，这对个人政治观点的形成具有重要意义。①美国学者戴维斯（James C.Davis）认为“父亲是政治人物的原型，由此开启了儿童对政治权威的看法”。②詹姆斯·克拉克（James W. Clarke）的研究显示，在父亲缺失的家庭生活中长大的儿童，对政治的态度更容易表现为愤世嫉俗。③肯尼斯·兰顿（Kenneth P. Langton）指出，“父母的政治态度可能对子女国家认同和政党认同具有重要影响。家庭传递不同的政治观点，如对某个特殊事件的态度倾向。父母在与子女交流的过程中，可能会将把他们认为最有价值的政治态度直接传递给子女，如政党的归属，对国旗的尊重等”。④有学者指出，家庭人际关系对个体的政治态度上有重要影响，最著名的美国学者阿尔蒙德认为，家庭等权威模式在政治素质的形成中起了关键作用，非政治的家庭人际关系是理解政治关系的一个源泉。⑤一个人所处的非政治权威模式，如家庭模式，在他

---

① ［美］加布里埃尔·A·阿尔蒙德，西德尼·维伯，徐湘林等译：《公民文化——五个国家的政治态度和民主制》，360 页，北京，华夏出版社，1989。

② James C. Davis. The Family's Role in Political Socialization，Annals of the American Academy of Political and Social Science，1965(361):10—19.

③ James，W. Clarke. Family Structure and Socialization among Urban Black Children. American Journal of Political Science，1973，Vol.17，No.2: 302—315.

④ Political Socialization and National Development: Some Hypotheses and Data，The Western Political Quarterly，1974，Vol 27，No.2: 217.

⑤ ［美］加布里埃尔·A. 阿尔蒙德，西德尼·维伯著，徐湘林等译：《公民文化：五个国家的政治态度和民主制》，360 页，北京，华夏出版社，1989。

对政治权威的态度上有重要影响。① 此外，有学者提出，家庭社会经济地位显著影响人们的国家认同，其中最著名的观点就是英格尔哈特（R.Ingle-hart）的“后物质主义价值观理论”，指出对于经济和物质上还处于匮乏的人们而言，对来自国家的保护需求更高，从而国家认同感比较强烈，而对于那些在经济和物质上丰裕的人们而言，对来自国家的保护需求较低，这会导致国家主义或者爱国热情的降低。②

与国外学者注重家庭成员交往、家庭政治遗传、社会经济地位等对个体国家认同影响因素不同，国内部分学者通过实证调查研究，考察家庭所在地、家庭收入水平、父母文化水平、父母职业状况、家庭结构等影响因素对国家认同的影响。袁贵礼等对北京等 9 所高校的调查研究显示，家庭居住地、家庭收入水平、家长的文化水平对大学生的政治态度有重要影响，不同家庭背景的大学生在政治态度上表现出了较明显的差异。③ 卢守亭对 12 所高校大学生的调查显示，生源地（城乡）对汉族大学生国家认同具有统计的显著性影响。④ 史利平对我国跨境民族地区五省高校的在校大学生调查研究发现，父亲和母亲受教育程度与跨境民族地区大学生的国家认同相关显著。⑤ 董海军的调查结果显示，家庭人口结构（与谁生活在一起）、家庭经济结构、父母文化程度、父母职业类型、父母政治面貌对大学生政治制度的认同存在一定影响。⑥

最近一项中国的涉及家庭社会经济地位对个体国家认同的实证研究发现，在较高收入水平和接受过高等教育的群体中，国家认同感相对较弱，但是这

---

① ［美］加布里埃尔·A. 阿尔蒙德，西德尼·维伯，徐湘林等译：《公民文化：五个国家的政治态度和民主制》，360 页，北京，华夏出版社，1989。

② R. Inglehart. (1997)Modernization and Post modernization，Cultural. Economic，and Political Change in 43 Societies，Princeton，New Jersey: Princeton University Press，p.71.

③ 袁贵礼、马超：《家庭因素对大学生政治态度的影响》，载《中国高教研究》，2006（4）。

④ 卢守亭：《大学生国家认同：现状、结构与族群差异？——基于 9 省（市、自治区）12 所高校的调查》，载《中国青年研究》，2014（11）。

⑤ 史利平、柳翔浩：《跨境民族地区大学生国家认同实证研究——基于五省高校的问卷调查》，载《国家教育行政学院学报》，2014（12）。

⑥ 董海军：《家庭因素对大学生政治制度认同的影响研究》，载《思想教育研究》，2015（7）。

主要体现在青年一代。该研究同时也发现中国社会的优势地位阶层群体的国家认同感要高于中间阶层和较低的社会阶层群体，这与在国外研究的结论不太一致。[①] 由此可见，社会经济地位与国家认同的关系在不同的国家和地区是否存在差异，仍然需要进一步的实证研究。[②]

综上所述，我们可以看见，国内学术界虽然对家庭因素对大学生国家认同影响问题进行一些研究，但是大多数研究较少关注对家庭成员交往、家庭政治遗传对国家认同影响进行实证研究。家庭一直被视为子女社会化的第一场域，父母以及家庭成员在孩子的社会化进程中，通过与子女进行日常情感、事务的互动，将父母的政治观、政治态度、政治兴趣、政治参与情况进行传递，这样会对子女的政治态度或国家认同产生潜移默化的作用。一般而言，家庭对于大学生个体国家认同的影响分为直接和间接两个部分。直接的影响是指，家庭成员直接向大学生个体灌输国家政治、经济、文化等方面的知识，如父母将其认同的政治观点直接转嫁于子女，子女会形成与父母一致的政治观点和态度；间接的影响是指家庭成员的政治、文化兴趣、政治参与以及他们待人接物的言论和行为等会对大学生会产生潜移默化、润物无声的影响，这都会作用于大学生个体的心理成长。

基于此，本研究在借鉴国内外学者的家庭因素对个体国家认同影响因素研究的基础上，根据心理学、社会学等学科对家庭因素的划分，将提出如下具体研究问题：①家庭基本情况（社会经济地位、父母职业类型、父母文化程度、父母政治面貌）对大学生国家认同的影响如何？②父母政治关注与政治观对高校学生的国家认同的影响如何？③家庭成员间互动交流对大学生国家认同的影响如何？④家庭教育方式对大学生国家认同的影响如何？

---

① 李春玲、刘森林：《国家认同的影响因素及其代际特征差异——基于2013年中国社会状况调查数据》，载《中国社会科学》，2018（4）。

② 焦开山、包智明：《新时代背景下云南少数民族群体的国家认同及其影响因素》，载《民族研究》，2019（4）。

二、数据来源与变量描述

（一）数据来源

为了回答上述问题，本研究设计了相关问卷，于2017年9月至2018年8月期间，采用随机便利抽样的方法在甘肃、宁夏、青海、内蒙古、新疆等地9所高校中抽取部分在校大学生进行问卷调查，问卷发放过程中适当控制学生的民族、院系和年级分布，以保证样本的代表性。研究共发放问卷4000份，实际回收3570份，回收率89.3%；剔除无效问卷64份，实际有效问卷3506份，有效问卷率98.2%。

（二）变量说明

本研究的自变量是高校大学生的家庭因素，主要包括父母政治关注与家庭政治、家庭成员间交流与互动、家庭教育方式、家庭基本情况（居住地、社会经济地位、父母职业类型、父母文化程度、父母政治面貌）。

本研究的因变量是国家认同，依据本研究第三章对国家认同的探索性主成分分析，得到国家认同有政治认同和国家共同文化认同两个因子，因此，本研究中的因变量即高校大学生政治认同和文化认同。

（三）变量测量

1. 因变量

关于大学生的国家认同的量表是运用本书第三章中编制的国家认同测量分量表，包含两个因子，分别是政治认同、国家共同文化认同两个因子共36个测量题目。根据第三章的分析，政治认同和文化认同两个分量表的Cronbach's alpha信度系数值分别为0.953与0.951；验证性因素分析结果显示，测量模型的各项拟合指数较佳，表明两个量表结构效度较好。

2. 自变量

在本研究中，家庭基本情况主要包括居住地、家庭收入水平、父母受教育程度、父母的职业类型。由此，我们编制了家庭基本情况量表，一共有 4 个分测量指标，并根据题目赋值：家庭所处地域（农村 =1；镇、乡 =2；小城市 =3；二线城市 =4；大城市 =5）、家庭人均月收入水平（1000 元以下 =1；1001—2000 元 =2；2001—3000 元 =3；3001—4000 元 =4；4001 元以上 =5）、父母受教育程度（ 1 = 文盲； 2 = 小学； 3 = 初中； 4 = 高中；5= 大专及以上）、父母职业类型（其他 =1 分，外资单位 =2 分，合资单位 =3 分，央企、国企、事业单位、部队 =4 分，党政机关 =5 分）。经计算，家庭基本情况量表的 Cronbach 's alpha 信度系数值为 0.757，表明问卷信度较高，可以用于构建一个家庭基本情况综合指数。为了计算这个综合指数，本研究首先用这五个测量指标拟合一个等级项目反映模型，然后，根据此模型计算一个家庭基本情况指数变量。[①] 这个变量值越高，说明家庭基本情况越好。

本研究中，父母政治关注主要考察父母在日常生活中是否会表达对国家、社会、政治类问题、事件的关注度和参与度。据此，本研究从“您父亲对国家社会政治事件的关注程度”“你母亲对国家社会政治事件的关注程度”“你父亲对社会政治类事务的参与度”“你母亲对社会政治类事务的参与度”四个方面编制了问卷。对于每个问题，均采用 Likert 量表 5 点计分法，分别是“很不关注”（编码为 1）、“较少关注”（编码为 2）、“一般”（编码为 3）、“比较关注”（编码为 4）、“非常关注”（编码为 5）。根据受访者回答结果进行测量，经计算，这个量表的 Cronbach ' s alpha 信度系数值为 0.802，表明问卷信度良好。同样，首先用这四个测量指标拟合一个等级项目反映模型，然后根据此模型计算一个大学生父母政治关注度指数，大学生父母政治关注指数越高说明其对国家政治关注度和参与度越高。

---

① R. J. D. Ayala, (2008) The Theory and Practice of Item Response Theory, New York: The Guilford Press, p.154.

本研究中，家庭成员之间的时政交流互动主要考察父母与子女之间通过日常情感、事务的交流与互动，将其政治观、政治文化态度、政治文化兴趣、政治参与情况进行传递，对子女的政治文化态度产生的作用。据此，本研究设置了“父亲常和我谈论一些国家社会政治文化类话题”“母亲常和我谈论一些国家社会政治文化类话题”“我与父亲的政治文化观点保持一致”“我与母亲的政治文化观点保持一致”四个问题，对受访者回答进行测量。对于每个问题，均采用Likert量表5点计分法，分别是“非常不符合”（编码为1）、“不太符合”（编码为2）、“一般”（编码为3）、“比较符合”（编码为4）、“非常符合”（编码为5）。经计算，这个量表的Cronbach's alpha信度系数值为0.792，表明问卷信度良好。同样，首先用这四个测量指标拟合一个等级项目反映模型，然后根据此模型计算一个大学生家庭成员间交往互动度指数，大学生家庭成员间交往互动的指数越高说明家庭政治观的代际传递影响越强。

本研究中，家庭教养方式是指父母将社会价值观念、行为方式、态度体系及社会道德规范传递给儿童的方式。依据一般研究者对家庭教育方式的划分，家庭教养方式有民主型教养方式、权威型教养方式、放纵型教养方式、忽视型教养方式四类。由此，本研究设置了“在我成长过程中，父母经常鼓励我积极参与一些事务的讨论和决策”“在日常生活中，父母会强迫我去学习一些他们认为‘对我有益’的事情”“在我成长过程中，很多事情父母都提前帮我把一切安排好了”“在我成长过程中，父母不怎么管我或不关心我”四个问题，对受访者回答进行测量。对于每个问题，均采用Likert量表5点计分法，分别是“非常不符合”（编码为1）、“不太符合”（编码为2）、“一般”（编码为3）、“比较符合”（编码为4）、“非常符合”（编码为5）。经计算，这个量表的Cronbach's alpha信度系数值为0.778，表明问卷信度良好。同样，首先用这四个测量指标拟合一个等级项目反映模型，然后根据此模型计算一个家庭教养方式指数，家庭教养方式的指数越高说明家庭政治观的代际传递影响越强。

三、数据分析与研究发现

（一）相关分析

对家庭基本情况（包括居住地、家庭收入水平、父母受教育程度、父母的职业类型）、父母政治关注度、家庭成员间的时政交流互动、家庭教养方式与大学生的政治认同和国家共同文化认同进行相关分析，结果见表 4-19。相关系数矩阵显示，家庭收入水平、父母受教育程度、父母职业类型、父母政治关注、家庭成员间的交互动关系、家庭教养方式都与民族高校学生的政治认同呈现显著正相关。家庭收入水平、父母受教育程度、父母职业类型、父母政治关注、家庭成员间的交互动关系、家庭教养方式也都与大学生的国家共同文化认同呈现显著正相关。

表 4–19 各主要变量的相关性矩阵表

变量	家庭居住地	家庭收入水平	父母教育程度	父母职业类型	父母政治关注	家庭成员交流	家庭教养方式	国家政治认同	共同文化认同
家庭居住地	1								
家庭收入水平	0.06**	1							
父母受教育程度	0.01	0.37**	1						
父母职业类型	0.04**	0.40**	0.45**	1					
父母政治关注度	0.01	0.07**	0.11**	0.41**	1				
家庭成员间交互	0.01	0.03	0.06**	0.04	0.14**	1			
家庭教养方式	0.02	0.01	0.31**	0.06**	0.33**	0.41**	1		
政治认同	0.22**	0.83**	0.43**	0.21**	0.44**	0.47**	0.31**	1	
文化认同	0.12**	0.18**	0.52**	0.27**	0.20**	0.17**	0.16**	0.79**	1

注：*p<0.05，**p<0.01，*** p<0.001

（二）家庭因素对大学生国家认同影响的线性回归分析

根据前述家庭因素内容，以家庭因素的基本情况（家庭居住地、家庭收入水平、父母受教育程度、父母的职业类型）、父母政治文化关注、家庭成员间的时政交流互动、家庭教养方式为解释变量，以国家认同的政治认同（公民身份认同、执政党认同、制度认同）和国家共同文化认同（历史传统文化认同、国家通用语言认同、意识形态文化认同）为因变量，运用调研数据（3506个）进行回归分析。在回归模型中，以家庭因素的基本情况（家庭居住地、家庭收入水平、父母受教育程度、父母的职业类型）、父母政治关注、家庭成员间的交往互动、家庭教养方式各指标的总和为观察值。用逐步回归法进行回归分析，结果如表4-20所示。

表4-20　家庭因素对大学生国家认同影响的线性回归分析表（N=3506）

因变量	自变量	R^2	ΔR^2	F	B	SE	β	t
政治认同	家庭成员间交往互动	0.023	0.022	20.19***	0.038	0.009	0.144	4.28***
	家庭教养方式	0.020	0.020	17.76***	0.035	0.009	0.116	4.11***
	父母受教育程度	0.016	0.015	13.79***	0.032	0.014	0.114	3.85***
	父母政治文化关注	0.012	0.012	13.50***	0.029	0.010	0.109	3.55***
	父母职业类型	0.011	0.011	13.35**	0.026	0.010	0.104	3.17***
	家庭收入水平	0.009	0.008	10.17**	0.025	0.009	0.101	3.13***
	家庭居住地	0.088	0.087	10.01	0.023	0.009	0.091	2.89***
文化认同	家庭成员间交往互动	0.020	0.020	19.66***	0.041	0.015	0.113	3.65***
	家庭教养方式	0.018	0.017	14.04***	0.038	0.013	0.111	3.49***
	父母受教育程度	0.016	0.016	12.91***	0.034	0.009	0.107	3.32***
	父母政治文化关注度	0.014	0.013	12.01***	0.031	0.008	0.101	3.28***
	父母职业类型	0.012	0.011	11.74**	0.030	0.009	0.097	3.11***
	家庭收入水平	0.011	0.010	10.69**	0.023	0.009	0.090	3.02***
	家庭居住地	0.009	0.008	10.12	0.020	0.089	0.088	2.78***

注：*p<0.05，**p<0.01，*** p<0.001

1. 家庭因素对大学生政治认同影响的线性回归分析

回归分析结果表明，大学生政治认同受家庭收入水平、父母受教育程度、父母的职业类型、父母政治关注、家庭成员间的交往互动、家庭教养方式的影响显著。家庭收入水平（ $\beta=0.101$，$p<0.001$ ）对大学生政治认同有正向预测作用，随着家庭收入水平的提高，大学生的政治认同水平逐渐增强；父母受教育程度（ $\beta=0.114$，$p<0.001$ ）对大学生政治认同有正向预测作用，其中父亲、母亲学历为本科以上的学生国家认同显著高于学历为文盲、小学、初中、高中的学生国家认同；父母的职业类型（ $\beta=0.104$，$p<0.001$ ）对高校学生政治认同有正向预测作用，其中父母职业类型是党政机关、央企、国企和事业单位工作人员的大学生政治认同较高；父母政治文化关注度（ $\beta=0.109$，$p<0.001$ ）对大学生政治认同有正向预测作用，父母对政治文化关注度高的大学生政治认同也较高；家庭成员间的交往互动（ $\beta=0.144$，$p<0.001$ ）对大学生政治认同有正向预测作用，家庭成员之间经常谈论社会政治问题，成员之间政治观点一致的大学生政治认同较高；家庭教养方式（ $\beta=0.116$，$p<0.001$ ）对大学生政治认同有正向预测作用，接受民主型家庭教养方式的大学生政治认同较高。

2. 家庭因素对大学生文化认同影响的线性回归分析

回归分析结果表明，大学生对文化的认同受家庭收入水平、父母受教育程度、父母的职业类型、父母政治关注、家庭成员间的时政交流互动、家庭教养方式的影响显著。家庭收入水平（ $\beta=0.090$，$p<0.001$ ）对大学生文化认同有正向预测作用，随着家庭收入水平的提高，大学生的文化认同水平逐渐增强；父母受教育程度（ $\beta=0.107$，$p<0.001$ ）对大学生文化认同有正向预测作用，其中父亲、母亲学历为本科以上的学生对文化认同显著高于学历为文盲、小学、初中、高中的学生国家共同文化认同；父母的职业类型（ $\beta=0.097$，$p<0.001$ ）对大学生国家共同文化认同有正向预测作用，其中父母职业类型是党政机关、央企、国企和事业单位工作人员的大学生对文化认

同较高；父母政治文化关注度（β =0.101，$p<0.001$）对大学生文化认同有正向预测作用，父母对政治文化关注度高的大学生文化认同也较高；家庭成员间的时政交流互动（β =0.113，$p<0.001$）对大学生文化认同有正向预测作用，家庭成员之间经常谈论社会政治问题，成员之间政治文化观点一致的大学生文化认同较高；家庭教养方式（β =0.111，$p<0.001$）对大学生文化认同有正向预测作用，接受民主型家庭教养方式的大学生文化认同较高。

四、结论与讨论

第一，本研究结果显示，家庭基本情况中的家庭居住地对高校学生的国家认同没有显著相关性，这一研究结果与以往一些研究的结论相似。[①] 一般而言，我国城市地区的经济、政治发展水平普遍高于农村，城乡差别较大，大学生们从自身的实际感受出发，其政治态度存在一定的差异是这一客观事实的反映。[②]

第二，本研究结果显示，家庭收入水平对高校大学生国家认同有显著影响。这一研究结果与以往国内一些研究者的结论相似。[③] 在大部分社会群体中，随着经济水平的提升，个体的国家认同水平逐渐增强。[④] 这种在经济上的成功被认为是走向社会融合的关键，[⑤] 从而不断增加对社会和国家的积极态度。一般而言，收入越高，家庭的社会和经济地位就越高，个体体验到更高的自尊和有更多的满足感，因而对自己的国家认可程度高。高校大学生的家庭如果

① 袁贵礼、马超：《家庭因素对大学生政治态度的影响》，载《中国高教研究》，2006（4）。

② 袁贵礼、马超：《家庭因素对大学生政治态度的影响》，载《中国高教研究》，2006（4）。

③ 焦开山、包智明：《新时代背景下云南少数民族群体的国家认同及其影响因素》，载《民族研究》，2019（4）。

④ 焦开山、包智明：《新时代背景下云南少数民族群体的国家认同及其影响因素》，载《民族研究》，2019（4）。

⑤ M. M. Gordon. (1964)Assimilation in American Life: The Role of Race, Religion, and National Origins, New York: Oxford University Press, p.54.

处于贫困阶段，经济社会地位也会比较低，很少会体验到生活的满足感，则很可能把这种贫困和对生活的埋怨归因于国家，认为自己没有享受经济发展的成果，是被国家和社会抛向边缘的弱势群体，这势必会对大学生的认同意识造成极大的不利影响，降低其对国家的认同。

第三，本研究结果显示，高校大学生的父母受教育程度对其国家认同有显著影响，父母受教育水平程度高的大学生国家认同度也较强。这一研究结果与以往的研究者的结论相似。在父母的教育水平上，有研究者指出，父母的学历高，说明可能受教育多，接触国家主流文化机会多，能够理智地看待本民族身份及文化和中国人的身份及国家文化之间的关系，父母学历低（初中和小学）的人由于思考和判断能力所限，所以对本民族的认同和国家认同可能比较片面和消极，因此对本民族认同和国家认同最低，同时其态度会影响到其子女。①

第四，本研究结果显示，父亲的职业对大学生的国家认同也具有显著影响，父亲处于无业状态的大学生的国家认同意识最低，而母亲的职业对高校大学生的国家认同意识并无显著影响。因为在中国西北地区，基本上还是男性占主导地位，男性是家庭的支柱，基本决定家庭的经济状况，如果父亲处在失业或下岗状态，其家庭经济状况不会很乐观，从而是经济上的贫困导致国家认同意识的缺乏。此外，家庭经济状况好的学生从小能够被送进比较好的学校，接受比较正规的教育，对国家的时政方针更容易理解，对待敏感问题更加理智，而家庭条件差的学生，家长也无力顾及其教育和心智发展情况，更容易造成其埋怨生活、痛恨社会、对国家发展冷漠的心理特征。

第五，本研究结果显示，父母政治文化关注度和参与度对高校学生文化认同有显著影响，父母对政治文化关注度和参与度高的学生对国家认同也较高。这主要是因为家庭政治遗传有着鲜明的进程性，其最根本的因素取决于父母对国家社会政治文化类问题、事件的关注度和参与度，也就是说父母的

① 秦向荣：《中国11岁至20岁青少年的民族认同及其发展》，华中师范大学硕士学位论文，2005。

政治观是决定他们的政治观念是否能够影响孩子的关键因素。不过，本研究结果也显示，高校学生的父亲的政治关注度和参与度高于其母亲的政治关注度和参与度，父亲对于子女的政治观遗传有较大影响。其中主要原因可能是中国传统家庭文化影响形成的思想观念的影响。

第六，本研究结果显示，家庭成员（父母与子女）间的时政交流互动对高校大学生国家认同影响具有显著的积极作用。一般而言，在孩子的社会化进程中，父母与子女之间经常谈论社会政治问题、事件，将其政治观、政治兴趣、政治参与情况进行传递，对子女的政治态度产生了潜移默化的作用，从而不断影响其子女对社会和国家的认同。本研究还发现，政治观点与父母都一致的大学生，在国家认同上是比较高。这说明，大学生的政治观、价值观还处于形塑期，父母与其交流提供了持续、稳定、一致的言传身教和指导，会明显提升大学生的国家认同。

第七，本研究结果显示，家庭教养方式会对高校大学生国家认同影响具有显著性的积极作用。在民主型家庭教养方式下成长的大学生国家认同较高，这与以往研究者的研究结论相似。① 民主型教养方式有利于家庭政治观的代际传递，这类父母有较高的民主意识，能够尊重子女的个性化和独立性的需要，能够和子女产生情感上的依赖，能够和子女平等地交流对于政治问题的看法和观点，父母之间如有分歧也能够积极促进子女的自我意识，形成自己对于政治的判断和感悟，从而树立健康的政治人心理。② 本研究还发现，专制型教养方式也有利于家庭国家观的代际传递，这类父母要求子女完全服从自己，可以将家庭的国家政治文化观进行传递，但是由于对于子女的要求过于严苛，使得子女与其的情感互动和相互理解非常缺乏。放任型教养方式和忽视型家养方式都不利于家庭国家政治文化观的代际传递。

---

① 王琳媛：《全球化背景下我国大学生政治社会化研究》，上海交通大学博士学位论文，2014。

② 王琳媛：《全球化背景下我国大学生政治社会化研究》，上海交通大学博士学位论文，2014。

第七节　个体因素对大学生国家认同的影响

国家认同的形成虽然受人们的经济、政治、文化、社会等社会因素的影响和制约，但在形成过程和表现形式上也不可避免地受到个体自身因素的影响。实际上，一个人不管是否喜欢都不可能完全置身于某种社会政治、文化体系之外，但是，处于同一社会政治、文化体系，面对同样的政治、文化、社会环境，每个人对社会政治、文化的见解，对社会政治、文化生活的态度并非完全一样。所有这些都充分表明，一个人国家认同的形成与发展，不仅受客观社会环境的影响，而且还受到个体因素的制约。

一、文献综述与研究问题

国家认同是反映认同主体与认同客体之间一种良性互动合作关系的概念，它是认同主体对认同客体所做出的一种心理反应和行为表达。因此，有研究者认为，作为认同主体的个体自身素质对其国家认同状况会产生重要影响，也就是说，认同主体自身的状况与国家认同的发生、发展及流变密切相关。只有公民具备良好的公民意识及公民素质等主体结构，才会有利于公民与政治体系之间的合作、互动关系的形成，其中公民个体的政治素质对公民政治认同的影响尤为深刻。①

公民政治素质主要是由政治认知、政治观念和政治经验三个方面构成的一个有机整体，其中，政治知识是公民政治素质的理论性基础，它影响着公民的政治观念及政治经历的形成；政治观念是公民政治素质的导向性因素，

① 胡建：《当代中国公民政治认同》，241页，北京，中国社会科学出版社，2020。

它决定着公民的政治方向；政治经验则影响公民参与实际生活的效率和技能，成为公民政治素质的最终落脚点。[①] 此外，还有研究者认为，信任是社会资本不可缺少的组成部分，它是社会公众生成政党认同的“润滑剂”，对政党认同的形成具有重要的影响。[②] 石庆新、傅安洲认为获得感和政治信任对大学生的政党认同具有显著的影响。[③] 林春生认为价值取向、理性判断、情感认同、信仰和对权威的崇尚等个体因素影响着大学生对社会主义核心价值体系的认同。[④]

大学生在大学时期处于人生成长的关键时期，心理发展处于正在走向成熟又并未完全成熟的阶段。大学生的这一心理发展特点，使他们面临着剧烈的理想和现实的矛盾冲突。理想与现实的冲突容易使他们的心态面临矛盾和困惑，威胁着主流正统价值观的地位。[⑤] 就大学生的政治认同形成的心理因素而言，在大学生国家认同心理机制形成的过程中，掌握国家政治文化体系内部规则是第一步，由此大学生的政治认知能力因素所形成的对于政治制度、政治行为规范的印象和观点，是个体借以形成政治情感体验并产生政治认同的基础；大学生的政治兴趣和动机能够推动他们积极或者消极地去获取政治信息和政治知识；当代大学生的政治兴趣和动机主要受制于他们的政治主体意识、政治效能感。[⑥] 由此可见，个体的政治认知、政治兴趣和动机、政治主体意识、政治效能感等心理特征对大学生的政治认同产生影响。

综上所述，就本研究所收集到的资料来看，到目前为止还没有人将国家

① 胡建：《当代中国公民政治认同》，242 页，北京，中国社会科学出版社，2020。

② 史献芝、赵天娥：《政党认同的生成机制：解析与建构》，载《探索》，2011（5）。

③ 石庆新、傅安洲：《获得感、政治信任与政党认同的关系研究》，载《中南民族大学学报》（社会科学版），2017（1）。

④ 林春生：《大学生对社会主义核心价值体系认知认同的影响因素》，载《思想教育理论导刊》，2010(3)。

⑤ 艾玲娟：《中部地区高校师范生执政党认同问题研究：以江西师范大学学生为考察对象》，江西师范大学硕士论文，2012。

⑥ 杨娟：《当代大学生政治认同心理机制初探》，天津师范大学硕士学位论文，2009。

认同心理机制问题作为一个专门的课题进行深入的研究，人们对这个问题还关注的不够；除了个体的人口学特征之外，也很少有研究去把作为认同主体的个体的心理素质对大学生国家认同的影响进行实证研究。本研究在借鉴现有公民政治素质对政治认同影响研究的基础上，提出以下问题：政治心理对大学生国家认同具有何种影响？具体而言主要包括：①大学生的政治文化认知对其国家认同具有何种影响？②大学生的政治兴趣对其国家认同具有何种影响？③大学生的政治效能感对其国家认同具有何种影响？

二、数据来源与变量描述

（一）数据来源

为了回答上述问题，本研究设计了相关问卷，于2017年9月至2018年8月期间，采用随机便利抽样的方法在甘肃、宁夏、青海、内蒙古、新疆等地13所高校中抽取部分在校大学生进行问卷调查，问卷发放过程中适当控制学生的民族、院系和年级分布，以保证样本的代表性。研究共发放问卷4000份，实际回收3570份，回收率89.3%；剔除无效问卷64份，实际有效问卷3506份，有效问卷率98.2%。

（二）变量说明与测量

本研究的自变量是个体因素，主要包括人口学变量和个体政治心理。本研究的因变量是国家认同，依据本研究第三章对国家认同的探索性主成分分析，得到国家认同有政治认同和文化认同两个因子，因此，本研究中的因变量包括大学生政治认同和文化认同。

1. 因变量

本研究中大学生国家认同测量是运用本书第三章中编制的国家认同测量分量表，包含两个因子，分别是政治认同、文化认同两个因子共36个测量题目。根据第三章的分析，政治认同和文化认同两个分量表的 Cronbach’s alpha 信度系数值分别为 0.953 与 0.951；验证性因素分析结果显示，测量模型的各项拟合指数较佳，表明两个量表结构效度较好。

2. 自变量——人口学变量

本研究的人口统计学变量包括性别、年级、专业、家庭所在地、干部经历、政治身份 6 个维度，是本研究的控制变量。

3. 自变量——政治文化知识

政治文化知识是指公民对政治事务基本运作规则的认知。诺曼·聂（Norman H. Nie）、简·琼恩（Jane Junn）与肯尼斯·斯蒂利克·巴里（Kenneth Stehlik-Bary）在执行美国公民能力调查的时候，将政治知识设计为“对政府官员的认知”、“对政府（民主）体系的认知”、“政治事实的知识”；①；而亨利·米尔纳（Henry Milner）在 1985 年的调查中也指出政治知识应包括“是否能清楚地知道政治人物”及“最近的政治事件”；②；查尔斯·阿特金（Charles Atkin）与加里·希尔德（Gary Heald）则认为政治知识是指“候选人姓名”“候选人政见”“议题及候选人立场差异的比较”。③综合学者们的观点，政治知识主要包括对职位人物的认识、对政府体系制度的了解，以及对最近政治资讯的了解。但西方关于政治知识的界定直接引入我国则存在效度问题，由于我国并不存在全国性的竞选制度，所以在本书中，政治知识主要是指公民对政府体系运作，以及民主权利的认识，用四个项目测量，分别为“政府的权力产生于人民”“在公共事务中，老百姓与干部有同等的发言权”“公民不应该只关心个人问题，更应该关心国家大事”“谁都不能剥夺我对公共事务的发言权”。

① Norman H. Nie, Jane Junn, Kenneth Stehlik-Bary. (1996) Education And Democratic Citizenship in American, The University of Chicago Press, p21.

② Henry Milner. (2002) Civic Literacy: How Informed Citizens Make Democracy Work, Hanover, University Press of New England, p.45.

③ Charles Atkin and Gary Heald. Effects of political advertising, Public Opinion Quarterly, 1976, Vol. 40, No 2: 216-218.

4. 自变量——政治关心习惯（兴趣）

政治关心习惯是指对政治事务接触和讨论的习惯，包括对媒体的接触、谈论政治的习惯，本书用四个项目来测量，即“我经常看新闻报道节目，了解政治社会事件”“我经常与亲友同事议论政治方面的话题”“选举结束后我会关心选举的结果”“您对政治社会话题感兴趣吗”。

5. 自变量——政治效能感

政治效能感则是指个人的政治行动对政治过程所产生的影响力。就是值得个人去实践其公民责任的行为，①包括内在效能感和外在效能感。②本书用以下 6 个项目来测量公民的政治效能意识：“方针、政策由上面定，不必去议论，即使议论也没什么用”“国家搞得好不好关键在领导，普通老百姓起不了什么作用”“老百姓即使对政治事件发表意见也是瞎议论”“凡属政治问题都很复杂，公开讨论没什么好处，容易引起思想混乱”“惩治腐败是政府的事，不关我的事”“公开选举只是一种形式，没有实质意义”。

问卷采用 Likert 五点记分方式，从“完全不符合”或“完全不同意”（得 1 分）到“完全符合”或“完全同意”（得 5 分），政治效能感都为反向题，反向计分。分数越高，表明公民的政治知识越丰富，政治关心习惯越好，政治效能感越高。

为了进一步验证政治心理测量量表的结构效度，对大学生政治心理量表做验证性因素分析，得到以下拟合指数：$x^2/df=3.09$，RMSEA=0.044，NNFI=0.97，NFI=0.96，IFI =0.97，CFI=0.97，RFI= 0.95，GFI =0.97，AGFI=0.96，各项目在相应维度上的负荷量在 0.39—0.82。表明本量表测量模型的各项拟合指数较佳，说明政治心理的三因素结构得到了数据的支持，量表三个维度的内部一致性系数，分别为 0.73、0.54、0.79，量表总体一致性系数为 0.75。

① Angus，Campbell，Gerald Gurin，Warren Miller. (1954) The Voter Decides，Evanston，IL:Row，Peterson，p.187.

② Baleh George L. Multiple indicators in Survey Research:The Concept Sense of Political Efficacy，Political Methodology，1974，Vol1，No 2:1—43.

三、数据分析与研究发现

用以性别、民族、年级、专业、家庭所在地、干部经历、党员身份等人口学变量和政治心理的三个因子（政治知识、政治效能、政治习惯）为解释变量，以国家认同的两因子（政治认同和共同文化认同）为因变量进行逐步回归分析。在回归模型中，除了年级为数值变量，性别、民族、专业、家庭所在地、干部经历、党员身份都是虚拟变量，以政治知识、政治效能、政治关心习惯三因子各指标的均值为观察值，回归分析结果见表 4-21。

（一）人口学变量对大学生国家认同影响的回归分析

各变量对大学生政治认同维度的回归分析结果表明，性别、民族、年级、专业、家庭所在地、干部经历、政治身份六个变量都进入了回归模型，调整后的 R^2=0.020，F=49.36，p <0.01（见表 4-21）；说明建立的回归方程是有意义的，所有变量能解释大学生政治认同整体变异的 2.0%。大学生政治认同受性别、民族、年级、专业、家庭所在地、干部经历、政治身份变量的影响显著。性别（β=0.063，p<0.01）、民族（β=0.003，p<0.01）、专业（β=0.049，p<0.01）、干部经历（β=0.042，p<0.01）、党员身份（β=0.111，p<0.001）对大学生政治认同有正向预测作用，年级（β=-0.073，p<0.01）、家庭所在地（β=-0.054，p<0.05）对大学生政治认同有负向预测作用。

各变量对大学生共同文化认同的回归分析结果表明，性别、民族、年级、专业、家庭所在地、干部经历、政治身份六个变量都进入了回归模型，调整后的 R^2=0.017，F=45.17，p <0.01（见表 4-21）；说明建立的回归方程是有意义的，所有变量能解释大学生政治认同整体变异的 1.7%。大学生文化认同受性别、民族、年级、专业、家庭所在地、干部经历、政治身份变量的影响显著。性别（β=0.057，p<0.05）、民族（β=0.005，p<0.01）、专业（β=0.065， p<0.01）、干部经历（β=0.030，p<0.01）、党员身份（β=0.058，p<0.001）对大学生文化认同有正向预测作用，年级（β=-0.038，p<0.01）、家庭所在地（β=-0.060，p<0.05）对大学生共同文化认同有负向预测作用。

（二）政治心理对大学生国家认同影响的回归分析

通过线性回归数据结果，我们发现，在政治心理上，政治知识（β=0.245，p<0.001；β=0.116，p<0.001）、政治效能（β=0.159，p<0.001；β=0.095，p<0.001）、政治关心习惯（β=0.357，p<0.001；β=0.087，p<0.001）都对大学生国家认同（政治认同和文化认同）具有显著正向预测作用。这说明，大学生的政治认知能力水平越高，其国家认同程度就越高；大学生对政治社会话题感兴趣并能积极介入，其国家认同感就越强；大学生的政治效能感越强，其国家认同感也越强。大学生自觉提高自身政治理论认识和素养，自觉培养自身的政治兴趣和介入习惯，积极参与政治文化活动，提高大学生的政治效能感，是培育大学生国家认同的有效途径。

表 4–21　个体因素对大学生国家认同影响的回归分析表（N=3506）

预测变量	因变量——国家认同（标准回归系数）	
	政治认同	文化认同
人口学变量		
性别（男性=0）	0.063**	0.057*
民族（汉族=0）	0.003**	0.005**
年级	-0.073**	-0.038**
专业（理科类=0）	0.049**	0.065**
家庭所在地（农村=0）	-0.054*	-0.060*
干部经历（无=0）	0.042**	0.030**
政治身份（群众=0）	0.111***	0.058***
调整后的 R^2	0.020	0.017

续表

F 鉴定值	49.364	45.174
个体政治心理		
政治知识能力	0.245***	0.116***
政治效能	0.159***	0.095***
政治关心习惯	0.357***	0.087***
调整后的 R^2	0.255	0.203
F 鉴定值	89.976	106.323

注：*p<0.05，**p<0.01，*** p<0.001

四、结论与讨论

第一，个体的认知能力对大学生国家认同具有显著的正向影响。这与已有的少数的相关理论研究结论一致。一般而言，政治认知能力因素形成的对于政治制度、政治行为规范的印象和观点，是个体借以形成政治情感体验并产生政治认同的基础。个体只有了解社会的基本政治制度和国家的大政方针，熟悉各级国家机构的工作制度、办事规则和程序，在他们遇到问题时知道去什么地方解决，通过什么渠道得到政府有关部门的帮助，这样才能使个体真正从理性和感性上认同他们所生活在其中的社会政治制度。①“如果一个人对其所处社会的制度都不甚了解，甚至一无所知，那么，要他成为‘恰当评价’并‘积极参与’社会的合格公民，显然是无从谈起的。”②在现实政治生活中，有不少大学生不了解他们所处的政治文化生活环境，缺乏相应的政治文化知识和政治文化信息，只是靠自己的感觉和经验去理解政治文化生活，很难形成对政治文化生活的正确认识，这会导致政治偏见与成见，甚至错误的的政治认知，这正是因为其政治认知能力的不足所致，制约了其国家认同心理机

① 杨娟：《当代大学生政治认同心理机制初探》，天津师范大学硕士学位论文，2009。

② 苏崇德：《比较思想政治教育学》，24 页，北京，高等教育出版社，2001。

制。因此，大学生的政治知识及认知能力还需要进一步的提高。

第二，个体的政治关心习惯（兴趣）对大学生国家认同有显著正向影响，这与现有的一些理论研究结论一致。在大学生政治认同心理机制的形成过程中，大学生的政治兴趣和动机能够推动他们积极或者消极地去获取政治信息和政治知识。在政治认同过程中，如果大学生对政治的兴趣和关心是积极主动地，则能推动他们不断地汲取政治知识、参与政治活动；如果大学生的政治兴趣是消极被动的，就很难形成稳定地持久地政治认同。[①]就当前中国大学生对政治文化的关心习惯或兴趣的调查结果来看，35.13% 的大学生表示自己会主动关心国家大事和时事政治，52.15% 的大学生表示“偶尔关注”，还有 12.72% 大学生回答“很少主动关注”；有 68.17% 的大学生对党和国家的政策表示比较关注和非常关注；只有 43.14% 的同学对当地经济发展、社会热点、公平公正等问题表示关注；有 47.78% 的大学生对中美贸易站等国家政治事务关注。总体而言，当前大学生有些政治冷漠。

第三，个体的政治效能感对大学生的国家认同具有显著的影响。这与已有的理论研究结果一致。大学生对政治文化有无兴趣，一般还来源于政治效能感，也就是他们对于政治发展的关注是否有效。由于大学生政治实践活动的局限性，他们的社会阅历和政治经验还不丰富，并且管理国家和社会事务的主要是成年人，因而在实际生活中，大学生往往不能像成年人那样真正享有宪法所赋予的社会政治权利，并具有较多的参与社会政治生活的机会；即使参加一定的社会生活，有时也起不了大的作用。[②]

综上所述，从本章研究中我们总结出，影响大学生国家认同的因素及原因是多方面的，主要包括国家整体政治环境、经济利益环境、社会民生、媒体、高校、家庭和个体自身因素，这些因素分别以各自的方式，全方位地对大学生个体国家认同形成产生影响，使得大学生个体内化为特有的态度和情

① 杨娟：《当代大学生政治认同心理机制初探》，天津师范大学硕士学位论文，2009。
② 杨娟：《当代大学生政治认同心理机制初探》，天津师范大学硕士学位论文，2009。

感，并外化为其政治行为。但各个影响因素并不是截然分离，它们之间相互作用、相互影响，共同影响着新时代大学生的国家认同。

当前，我们必须针对大学生国家认同所面临的问题及其归因，从中国具体国情出发，大力推进新时代大学生国家认同培育，制定出提升新时代大学生国家认同培育的有效路径和机制，从而不断增强大学生的向心力和凝聚力，为实现“两个一百年”奋斗目标和中华民族伟大复兴提供强有力的基础和支撑。

第五章　域外借鉴：大学生国家认同培育的国际经验考察

国家认同是一个国家的生命之魂，是现代国家合法性的基础，也是维系一个国家存在和发展的重要因素。作为国家未来的中坚力量，大学生的国家认同培育备受各国重视。为了不断增强大学生的国家认同，世界各国通过各种途径和手段宣传其民族国家精神和政治价值。在当今全球化背景下，多民族国家构建国家认同面临更多的冲击和挑战。在这个背景下，一些国家如新加坡、美国、俄罗斯等，已经在大学生国家认同培育方面积累了一些独特的经验和教训。这些经验对于促进我国大学生国家认同培育工作的进一步发展，提供了较好的启示和借鉴作用。

第一节　新加坡大学生国家认同的培育

新加坡政府和学者通常把爱国主义叫做“国家意识”。他们认为，“国家意识是行为主体的个人与国家之间发生情感上的结合，在心理上认为我是国家的一部分。在自我内部，国家也被内摄而成为自我的一部分。”①“国家意识”教育就是对学生进行国家认同和国民身份认同的教育，树立“我是新加坡人”的信念。利用国家政策导向，新加坡通过学校和社会教育等途径对青少年进行“国家意识”教育，取得了良好的效果。②

作为一个新兴的国家，新加坡在建国初期面临着严重的国家认同危机。新加坡是个多元民族的社会，其建国基础根基于在四大多元的原则和现实，即多元族群、多元文化、多元语言、多元宗教。其族群组成为华族 (76.8%)、马来族（13.8%）、印度族（7.9%）、其他（1.4%），③语言有华语、马来语、泰米尔语、英语等，宗教有佛教、道教、伊斯兰教、基督教、印度教、锡克教等，如此多元的背景为整个国家的整合带来极大困难。

不仅如此，长期的殖民统治造成了新加坡教育体制四分五裂的状态。在过去的新加坡，有英国人所办的学校，培养政府的行政人员和白领职员；有马来人创办的马来学校，为殖民政府和英国商业组织培训工作人员；有华人和印度人为外来移民创办的独具民族特色的学校。教育体制的分裂造就了价值观教育的混乱，在当时的新加坡，没有一种统一的价值观念供中小学生学习和接受。20 世纪 60 年代末，种族的、宗教的、语言的紧张关系加剧了政治斗争和暴力行为，严重影响到新加坡的稳定。新加坡政府认识到，对于一个地少人多，资源匮乏，但人种、信仰以及价值观念多样化的国家而言，要将国民充分调动起来，最为紧迫的问题是增进人们的归属感和国家认同感，强化人们的新加坡国家意识。李光耀提出要培育“新加坡人”的国家意识，使各民族在心理上认同“一个民族、一个国家、一个新加坡”；原副总理拉贾拉也提出，“国家意识的最高表现，就是把国家利益放在个人利益之上”④，这

① ［新加坡］宋明顺：《新加坡青年的意识结构》，226 页，北京，教育科学出版社，1980。

② 吴礼昌：《新加坡中小学的国家意识教育》，载《国外教育》，2009（10）。

③ CIA. The World Factbook-Singapore. (2016-05-02)［2021-11-09］，https://www.cia.gov/library/publications/resources/the-world-factbook/geos/sn.html。

④ 王学风：《新加坡基础教育》，171 页，广州，广东教育出版社，2003。

是实现国家统一和稳定的重要举措，同时也是淡化民族分野来实现国家认同的最直接的方式。新加坡的国家认同教育就是在坚持民族多样性的基础上实现对“新加坡”这一主权国家的认同，而不是根据自己民族属性特征来区分本族与其他民族，“国族”理念的培养和灌输是新加坡国家认同教育的最大尝试。

一、新加坡国家认同培育的内容

就一般意义而言，国家认同源于三个方面，即“族群血缘关系”“历史文化传统”以及“政治社会经济体制”，也就是我们通常所说的“族群认同”“文化认同”以及“制度认同”。新加坡独立建国后首先采取的便是“制度认同”的构建策略，并通过这一策略相对成功地实现了国内种族的和谐、宗教的宽容、社会的稳定以及经济的腾飞。然而，“制度认同”强调通过现实利益的恰当分配来实现国家认同，但由此带来的问题是当各方利益主体未能获得利益满足时，这种认同的基础就会松动，甚至断裂，事实也证实了这一认同模式的局限。伴随着新加坡后发优势的逐渐消失，利益增量日益难以满足各方主体的需求，依赖“利益满足”而构建起来的“制度认同”随之出现了危机。面对这一危机，新加坡政府采取了复兴东方文化、打造新加坡价值观的措施来进行应对。换句话说，传统上以“制度认同为主，文化认同为辅”的国家认同构建范式在新加坡已经不合时宜，取而代之的则是以“文化认同为主，制度认同为辅”的新式的国家认同构建范式。

（一）强化新加坡人的身份意识

认同实质上就是民众对自我身份的认识。新加坡构建国家认同就是让民众自觉产生“我是新加坡人”的想法，并做出相应的行为。那么，什么是新加坡人？李光耀对这个问题的回答：“所有的新国家都面临着确定身份的严重问题，我们问问自己什么是新加坡人，按法律定义，新加坡人即新加坡公民。

但是对谁是新加坡人的决定性检验，还是在于看他是否把自己的命运和新加坡联系在一起，挺身而出为新加坡战斗。从感情上决定他是否为新加坡人乃是一种着重质量而不是着眼于数量的检验办法，因此可以下这样的定义：新加坡人是一个出身、成长或居住在在新加坡的人，他愿意维持现在这样一个多元种族的、宽宏大量、乐于助人、向前看的社会，并时刻准备为之献出生命。”①可见，新加坡国家认同不仅仅是种观念或意识，也包括为国家奉献个人力量的认同行为。

强化新加坡人的身份意识，为民众的国家认同构建了具体内容。民众认为自己的身份是新加坡人，而不是华人或马来人，这表明民众对国家的认同超越了对族群的认同。这种身份意识会使民众自然产生对国家的热爱之情，他们把自己命运同国家命运联系在一起，愿意为国家的利益贡献自己的力量甚至生命。新加坡人的身份意识突出的是对国家的认同，这种国家认同强度能够超越族群界限。“在新加坡，我们将是一个多元种族的国家。这个国家不是一个马来人的国家，不是一个华人的国家，不是一个印度人的国家……不论民族、语言、宗教、文化，每个国民都首先有国家意识，都认同我是新加坡人，不分种族都在国旗下效忠。”②

“新加坡人意识”，即新加坡的不同族群的人要有成为一个民族的意识，“新加坡人意识”就是要维护新加坡国家的利益。“大家要有成为一个民族的意识。这种民族意识的坚强核心就是国家利益的反映，你们必须有这样的核心。我们的基础是很脆弱的，要用好几年时间巩固这种意识和能够表达这种意识的结构。”③独立之初，新加坡社会基础复杂脆弱，政府不断强化新加坡人的这种身份意识，能够增强各族群间的团结和谐。政府通过不断强化民众

---

① ［英］A. 乔西著，安徽大学外语系、上海人民出版社编译室译：《李光耀》，367 页，上海，上海人民出版社，1976。

② 鲁虎编著：《新加坡》，10 页，北京，社会科学文献出版社，2004。

③ ［英］A. 乔西著，安徽大学外语系、上海人民出版社编译室译：《李光耀》，314 页，上海，上海人民出版社，1976。

的身份意识，就是在强调国家利益，直接干预国家认同在民众心里的形成。经过几十年的发展，新加坡人在发展过程中形成了不分种族、共同效忠国家的心理习惯。

（二）推行共同语语言政策

新加坡多元民族和文化的存在导致语言环境多元复杂，政府为了族群间沟通和社会融合，但又不伤害少数民族感情，1966 年开始执行“英语加母语”的双语政策。各民族只讲自己的语言影响彼此之间的沟通，也会影响社会整合，因此要选择一个语言作为社会沟通的“中介”；但是新加坡政府也要保留其多元民族特色和传统，又不能放弃各族群的民族语言，因此新加坡推行“英语加母语”的双语政策。全体民众都要学习英语，英语作为社会沟通的主要语言；民众在家里或私人场合可讲各自的民族语言。

“我们的学校应该能令学生有效地使用两种语言，不管他们在家里讲的是哪一种语言，也不管他们在哪一种语言源流学校念书，这样一来我们将成为一个更紧密团结的民族，所有的人民都有他们自己的传统价值观和文化语言作根基，而且都能有效地掌握英语，这是获取西方高深工艺知识的钥匙。”① 统一说英语的政策促进各族群交流，同时也使新加坡民众更容易接受西方先进科学技术。

“英语加母语”的语言政策另一个目的是培养新加坡人的国家意识和国家认同，消除族群分歧，促进各族群的交流、团结与和谐，但是同时又不抛弃新加坡各族群的传统文化价值。“双语政策是文化中介者，起到了消除族群障碍的作用，广泛的双语政策增强了文化的趋同性。”② 双语政策减少了狭隘民族主义情绪，对于消除强烈的族群认同、培养和增强个人对国家的认同有积

① ［新加坡］李光耀著，《新加坡联合早报》编：《李光耀 40 年政论选》，139 页，北京，现代出版社，1994。

② Chiew Seen kong. (1971)Singaporean National Identity, Singapore: Department of Sociology Singapore University, p.13.

极意义。

双语政策确立英语为新加坡各族群的共同语言。之所以选择英语作为培养国家认同的共同语言，是因为如果选择新加坡国内的一种民族语言作为主要的语言，肯定会引起其他民族的不满，而且在独立前英语实际上已经长期成为行政和公共机关通用语言，因此政府选择英语作为新加坡的共同语言。

共同的语言让各族群的相处在短时间内达到和谐。英语是社会各族群沟通的中介语言，消除不同民族间的文化障碍，有利于社会各族群的融合和社会整合。因此，政府大力推动各族群的人都去讲英语，“一个混合社会集团说同样的语言，要比使他们成为同一个民族的成员来得容易。一个民族的形成可能要好几个世纪的时间，但是，使不同种族的人说一种语言，在一代里可以办到。在一个已定型的社会里，加入这个社会的基本条件之一是懂得这个社会的统一语言”①。

共同的语言是培养国家认同和确保国家内部安定的一个重要因素。“一个国家无法脱离那些支持它的基础——无论自愿的或强制的。其中，共同的历史经验肯定是最有意义的，共同的语言常常是这些经验的最主要特征，具有共同语言传统的民族团体居住地根本无法形成分裂的政治实体。”② 为了使民众更准确恰当地使用英语，2000 年新加坡全社会开展“讲正确英语运动”。

（三）塑造共同价值观

随着新加坡经济的高速发展，20 世纪 80 年代之后西方个人主义价值观对新加坡社会风气造成一定的影响。为了减少现代化带来的副作用，同时也有意保留新加坡现代化的本土特色，李光耀等新加坡领导人注重倡导东亚儒家文化传统价值观。政府利用和改造了这些传统的儒家道德伦理，将这些伦理

① ［新加坡］李光耀著，《新加坡联合早报》编：《李光耀 40 年政论选》，368 页，北京，现代出版社，1994。

② ［美］布莱克著，段小光译：《现代化的动力：一个比较史研究》，13 页，成都，四川人民出版社，1988。

准则定位为各族群共同遵循的价值观，成为新加坡国家认同的重要内容，新加坡政府将国家认同赋予了东方传统价值意义，并使之成为凝聚人心的纽带。

李光耀将儒家“忠孝仁爱礼义廉耻”八个字定为新加坡人的具体行动准则，对新加坡人日常行为有规范性和约束性作用。忠的对象是国家，由于新加坡是移民社会，民众对于国家的忠诚极其重要。孝是要孝敬父母，对人仁爱、处事礼貌，心存廉耻等都是儒家伦理所坚持的处事标准。利用道德伦理对人们日常行为的规范和约束，是儒家文化的突出特点。这些儒家伦理道德容易得到民众的普遍接受，所以政府为国家认同赋予了儒家文化的内容。“八字方针”为民众日常生活制定了伦理规范，对国家的效忠和认同成为民众必须遵守的准则，达到了利用儒家文明传统价值凝聚各族群众、促进族群和谐的目的。

为了加强新加坡人的国家认同感，1988 年，新加坡副总理吴作栋公开建议发展“新加坡国家意识”，确立一套新加坡各族群都能接受和遵循的“共同价值观”。从 1988 年开始每年开展“国民意识周”活动，增强国民的国家意识。1990 年的新加坡国庆口号是“一个国家、一个民族、一个新加坡”。[①] 国家意识，实质上就是公民对国家的认同观念。为了贯彻儒家伦理“八字方针”和国家意识，新加坡每年举行的全国性公德教育宣传活动达 20 多个，如国民意识周、敬老周、睦邻周、礼貌周、忠诚周、反对乱丢垃圾和吐痰活动周等活动，通过这些活动切实改变了新加坡人的陋习，提高了新加坡人的道德素质，形成了良好的社会风气，民众对国家的忠诚和认同没有停留在头脑中，而是在这些活动中得到了落实。

1991 年新加坡国会通过了政府提出的“共同价值观”，其核心内容包括五点：国家至上，社会为先；家庭为根，社会为本；关怀扶持，同舟共济；求同存异，协商共识；种族和谐，宗教宽容。“国家至上，社会为先”是共同价值观体系的首要内容，强调公民要把“国家利益必须置于个人利益之上”，

① 鲁虎：《新加坡》，10 页，北京，社会科学文献出版社，2004。

各个地区的局部利益应服从国家的整体利益，个人利益也应服从国家和社会的利益；树立献身国家、热爱祖国的道德品质；注意培养全民的爱国主义精神和对国家盛衰、民族兴亡的强烈责任感。“五大共同价值观”提出的目的就是使新加坡国内各个阶层、各个民族、不同宗教信仰的民众都可以接受和认可。新加坡政府20年始终不渝地倡导并大力践行这一共同价值观，这五条共同价值观，汲取了新加坡各民族价值观的精华，蕴含了促进新加坡长治久安的精神动力。

政府领导人经常公开发表讲话号召国民要牢固树立国家意识。1996年，新加坡总理吴作栋在发表国庆献词时就指出：“进入21世纪，我们面对一个比经济更重大的问题，那就是要使全民达成共识，决定我们要一个怎样的新加坡，然后共同努力达到目标。”他还强调：“我们现在必须完成比发展经济和创造美好生活更重要的工作，那就是培养新加坡人的认同感和建立国家的特质。”[①] 在1996年的教师节集会上，吴作栋总理提出在全国范围内开展国民教育，成立国民教育委员会，尽快培养新加坡人对国家的认同感。1997年5月，新加坡副总理李显龙在国民教育计划实施仪式上指出：新加坡国情和其他国家有很大的不同，是一个不自然的“怪胎”型国家，因此必须从现在开始积极推动国民教育，否则就没有办法把一代人凝聚起来。[②]

1998年，新加坡教育部费时半年、耗资40万新加坡元拟定了一个“国家意识”教育计划，将国家意识教育全面渗透到学校教育中，增强青少年的国家认同感。“国家意识”教育计划包括：在中小学进行国家意识教育，让每名新加坡人在求学的10至12年内，能够全面地了解国土狭小、自然资源奇缺和多元文化的国情，加深学生对祖国的认识，进而培养他们为国献身的精神。“国家意识”教育计划向360多所学校扩展，分为三个主要部分：一是播

---

① 马勇：《90年代新加坡的精神文明建设及其对我们的启示》，载《东南亚》，1997（1）。

② Lee Hsien Loong. At the Launch of National Education at Television Corporation of Singapore. (1997-05-17) [2020-11-19]. https://www.nas.gov.sg/archivesonline/data/pdfdoc/1997051607/lhl19970517s.pdf.

放20集《我们是新加坡公民》教育电视节目，目的是给学生灌输社区精神、效忠与归属感、在国际社会中的生存能力、法律与秩序、权力与责任等核心观念，小一到中四的学生都要观看这套电视节目。二是学校带中小学生去探访国家古迹，实施区域游学计划，了解不同民族的习俗以及新加坡的局限，从而使学生珍惜取得的成就。三是配套“我们的祖国，我们的人民”国家知识资料，使中小学生进一步了解新加坡的局限及所需的生存能力。通过播放电视教育节目、寻访国家古迹、实施区域游学计划、学习国家意识资料，使学生全面和彻底了解身为新加坡人的意义，增强青少年的国家意识。①

（四）强调共同的历史记忆

新加坡经历了从早期的一个渔村到受英国殖民统治再到自治合并（与马来西亚）最后过渡到独立建国的过程。新加坡的历史虽然不长，但它的历史变革却是曲折复杂的。新加坡政府认为，每一个青少年必须熟知新加坡的历史，了解新加坡的来源脉络，认识到国家独立来之不易，意识到个人前途与国家命运息息相关，从而本能地去捍卫新加坡的国家利益，并且团结一致，有信心和毅力去面对未来的挑战与威胁。

二、新加坡国家认同培育的路径

（一）学校教育：构建课程体系推进大学生国家认同培育

教育作为国家发展的工具，是政府施政和公众关注的重心。新加坡三大教育目标的第一目标就是要消除不同族群的歧异，增强族群的共同经验，使民众认同并效忠新加坡。尽管新加坡政府没有明确规定高校应该设立哪些课程、采取何种方式来对大学生进行国家认同培育，但要求高校为促进新加坡经济的发展，不仅要培养科学技术人才，还要关注大学生的人文精神，尤其

① 王学风：《21世纪新加坡中小学国民教育的特色》，载《现代中小学教育》，2005（11）。

是让大学生具有“新加坡人”意识，要有为社会奉献和担当的使命感和责任感。[①] 在这种办学思想的指导下，新加坡高等教育根据自身专业的特色，遵循满足新加坡社会发展的需要、满足时代发展需要和满足学生自身健康成长需要的课程设置原则[②]，形成了专业课、核心课程和社会实践活动等相结合的大学生国家认同培育课程体系。

1. 强化专业课程教学在大学生国家认同培育的重要作用

新加坡高校没有开始专门对大学生进行国家认同教育的课程，但在专业课教学中，通过“文以载道”的渗透方式，将国家认同的教育因素巧妙置入专业课的教学中。如新加坡国立大学的政治系开设的“新加坡政府与政治”课程，向大学生系统介绍新加坡政治体制产生的缘由、结构和功能，使大学生进一步认识到当前国家面临的挑战，大学生应具有的社会责任。[③] 社会学系所开设的“新加坡社会”课程，向大学生详细介绍新加坡社会和思想意识形态的发展历程，有效地帮助大学生认识新加坡面临的种族、家庭、宗教等社会方面问题。[④] 法律系开设的专业课“新加坡法律制度和宪法法律”，系统解释新加坡法律制度本土化的形成过程，使大学生认识到新加坡现行法律制度的形成离不开政府的努力，鼓励大学生为维护新加坡的法律制度而努力。[⑤] 这些课程以讲授政治学、新加坡政治思想和社会发展情况为基础，通过理论灌输和自主探讨相结合的方式，让大学生深刻理解新加坡的治国理念，目的是让大学生认同新加坡现行的政治体制，进而增强国家认同感和政治认同感。

2. 核心课程教育中培育大学生国家认同

核心课程主要是指从不同的学科角度围绕社会问题来组织课程类型。自

---

① 王学风：《多元文化社会的学校德育研究：以新加坡为个案》，86 页，广州，广东人民出版社，2005。

② 卢艳兰、张在喜、刘红：《新加坡高校思想政治教育课程设计评价》，载《工会论坛》，2010（1）。

③ 新加坡国立大学网站 . http://www. fas. nus. edu. sg/pol/modules/mod14.htm。

④ 新加坡国立大学网站 . http://www.fas.nus.edu.sg/soc/undergrad/module1000.htm。

⑤ 新加坡国立大学网站 . http://www.fas.nus.edu.sg/soc/undergrad/module1000.htm。

新加坡提出在高校实施核心课程以来，各高校加强对核心课程的研发，纷纷推出核心课程计划，如新加坡国立大学推出“经济、政府和社会”“技术和世界变化”“伦理和社会责任”等六门“核心课程”。[①]新加坡南洋理工大学推出包括“工程师与社会”“艺术、人类与社会科学”“科学、技术与社会”等在内的核心课程。[②]这些课程从伦理学、社会学和政治学的角度，阐释工程与伦理、技术与伦理、政治与社会发展的关系，有助于大学生正确处理个人与社会、个人与国家的关系，促进大学生在国家发展中，面对社会各个层次的利益矛盾，进行广泛而又深刻的价值整合和利益整合。可见，这种潜移默化的教育方式，不仅为不断改进和完善国家利益调节机制奠定坚实基础，而且有利于大学生对新加坡国家政治制度产生心理归属感和文化认同感。

3. 社会实践活动是大学生国家认同培育的重要补充

新加坡除了通过专业课程、核心课程对大学生国家认同进行培育，还非常重视以大学生的社会实践活动为中心来组织的课程。新加坡高校采取的主要社会活动方式包括大学生的社团活动、社区服务活动和参与学校管理活动等。以新加坡国立大学为例，学校设有学生政治协会、历史协会等学生社团，经常围绕着影响国计民生的众多政治问题进行讨论。[③]这些讨论既有利于大学生全面了解新加坡，又利于激发大学生的政治参与意识和热情。新加坡国立大学许多事务委员会都设有学生参与管理的“自治组织”，比如学校饮食委员会、图书资料管理委员会等。[④]学校组织机构的设立是新加坡政府机构设置的缩写版，学生在参与学校管理的组织中，能够真实体验新加坡政治体制的运行模式，不仅是培养大学生政治参与能力不可或缺的重要手段，而且是促进大学生国家意识形成的主要方式。通过这些社会实践活动，大学生能够清醒地认识到新加坡政府为保护各族人民的利益和维护公众的权利所作出的努力，

---

① 新加坡国立大学网站 . http://www. Accountancy，smu.edu.sg/bacc/courses.asp.

② 新加坡南洋理工大学网站 . https://www.ntu.edu.sg/nisth/home.

③ 访谈新加坡国立大学学生张 XX.2020-11-21.

④ 访谈新加坡国立大学学生张 XX.2020-11-21.

从而使大学生与执政党、制度及各项政策之间建立相应的信任机制，并按照国家与社会的要求规范自身的政治行为，最终促进新加坡快速发展。

（二）社会教育：大学生国家认同培育的补充

1. 通过举办群众性活动强化青少年的国家认同感

新加坡政府经常在社会上举办各种大型的群众性活动。每年举行全国性的公德教育宣传活动，已经是宣传新加坡共同价值观和公共道德、促进国民思想道德建设、增强社会凝聚力和国家认同感的重要手段。自1988年伊始，新加坡政府每年都要开展一次“国家意识周”活动，大规模地号召新加坡民众热爱新加坡、建设新加坡，全国不分老少都要参加该项活动。这些社会活动多是围绕新加坡核心价值观展开的，不仅赢得了民众，也教育了民众，深化了民众对新加坡核心价值观的理解和认同，为新加坡国民进一步践行核心价值观奠定了良好基础。

2. 营造良好的社会氛围

良好的社会氛围对国家认同的培育也有促进作用。除了在学校层面对学生进行国家认同培育外，新加坡政府和国民还特别注重营造良好的社会教育氛围，在社会层面强化国民的国家归属感和国家认同感。新加坡政府积极创立融合学校和社会机构为一体的互动合作文明社区，并建立社会教育网、教育监督站。为了保证各种媒体在舆论引导方面发挥积极作用，新加坡政府还注重发挥舆论的引导作用，通过法律法规对各种大众传媒采取严格的管理措施，禁止媒体煽动性地评论政府的政策与主张，禁止媒体宣传西方个人至上的价值观，保证媒体宣传社会道德“主旋律”。因此，有人认为新加坡媒体是“世界上最干净的媒体之一”。在宣传“共同价值观”方面，新加坡媒体发挥了重要作用，报纸、广播、电影、电视、网络等宣传工具通过各种形式，坚持广泛宣传“共同价值观”，积极组织各种旨在增强国家认同感的活动。

第二节　美国大学生国家认同的培育

美国是一个由众多种族构成的移民国家，在这样一个种族问题多样、文化特质多元和宗教信仰类型多样的国家，国家认同的构建是如何实现的呢？美国国家认同的基础究竟是什么呢？是什么因素将来自不同国家的移民融合为一个统一的民族共同体？来自世界各地的移民所认同的又是什么呢？

一、美国大学生国家认同培育的内容

美国自建国起就十分重视对其公民进行国家认同培育。美国注重发挥联邦和州政府的公民教育政策与报告的引领作用。美国政府主要通过制定国家教育改革的法律文件和课程政策强化国家认同教育。概括而言，美国政府法律政策中强化青少年国家认同教育的内容主要体现在如下几个方面。

（一）自由与民主思想是美国大学生国家认同的核心

众所周知，美国是个典型的移民“熔炉”国家，美国之所以能将一个具有多元文化的移民国家凝聚成一个稳定的共同体，主要依靠的是在其社会文化中自始至终所谓的自由民主的核心价值思想。美国自建国之初，建国之父们就十分重视这一核心价值观的教育，并把相关思想写入《独立宣言》《宪法》《人权法案》等文件当中。他们还身体力行，自觉将这一核心价值观落到实处。此后，自由民主成为民主党和共和党派的基本原则，是美国人自豪的源泉。美国的历届总统也都沿着开国元勋开辟的道路继续前行。例如，1996 年，克林顿 (Bill Clinton) 总统在国情咨文中指出：“我认为所有的学校都要进行品

格教育，传授好的价值观和好的公民资格。”① 布什总统（George W.Bush）在竞选纲领中指出：“基本的道德标准必须传递给年轻人，不同层次的教育者都有责任向学生传授核心价值观。”② 美国教育部部长助理切斯特·芬恩（Chester Finn）认为，“核心文化价值观的维系对于自由社会和国家长远利益是至关重要的。社会包括政府，必须在价值观维系方面扮演积极角色，政府的政策要传递正确的信息，给整个社会以积极的影响，尤其是要引导年轻人形成良好的行为和习惯。”③ 美国总统奥巴马 (Barack Obama) 提出，大部分共识都是可以通过在美国价值观问题上的协商来达到的。这些美国价值观是包括机会均等、爱国主义、人道主义等在内的一系列信念。④ 美国总统特朗普（Donald Trump）提出，重视美国价值观教育，使美国伟大（make America Great）。

对于美国人来说，意识形态重于疆域。⑤ 美国社会学家安东尼·奥勒姆（Anthony Olum）曾说：“任何社会为了生存下去都必须成功地向社会成员灌输适合维持其制度的思想。”⑥ 美国高校从专业必修课到通识课都会结合自身特点渗透美国的核心价值观，潜移默化地影响学生的价值观。以哈佛大学为例，学校开设了涵盖外国文学、历史学、文学与艺术、道德思辨、自然科学和社会分析六个领域十大门类的核心课程，其中道德思辨的课程体系包括“民主与平等、公正、自我、自由与存在、政治、道德与法律、公共与私有、现代主义与极端主义、有神论与道德推理等”，该课程基本包括了美国核心价值观

---

① State Of The Union Address.(1996-01-23)［2020-07-13］.http://www.washingtonpost.com/wp-srv/politics/special/states/docs/ sou96.htm.

② William Damon. (2002) Bring in a New Era in Character Education. Stanford: Hoover Institution Press，p.Ix.

③ Chester E. Finn Jr.Giving Shape to Cultural Conservatism. The American Spectator，1986(11):32.

④ Barack Obama. (2006) The Audacity of Hope: Thoughts on Reclaiming the American Dream. New York:Vintage Books，p.128.

⑤［美］塞缪尔·亨廷顿著，程克雄译：《我们是谁？——美国国家特性面临的挑战》，6 页，北京，新华出版社，2005。

⑥［美］安东尼·奥勒姆著，董云虎、李云龙译：《政治社会学导论》，6 页，杭州，浙江人民出版社，1989。

的所有内容。[①]

（二）爱国主义是大学生国家认同培育的重要支撑

美国作为一个移民国家，其发展历史只有200多年，但在美国教育史上，爱国主义是永恒的教育主题，宣传和培养爱国精神是美国国家认同培育的主要内容。通过爱国主义教育，把来自不同族群的移民塑造成了百分之百的美国人，其“政治稳定有许多来自这方面的理直气壮”[②]。美国自建国以来，就十分重视爱国主义教育。自20世纪90年代，面对来自国内外的对以“盎格鲁—新教文化”为核心的“美国特性”“美国信念”的挑战，美国更是加强了移民同化、维护英语地位、强化美国信念、坚持美国特性等在内的国家认同教育。“9·11”事件以后，美国国家领导人一再强调爱国主义精神。从小布什到奥巴马，尽管治国的方针政策不同，但在强调国家认同方面则是一脉相承。美国总统那些充满激情和变革精神的演说，也始终贯穿着一根爱国主义的主线。例如，2008年美国总统奥巴马在其就职演说中也指出：“我们面临的挑战也许是新的，我们应对挑战的措施也许也是新的，但那些长期以来指导我们成功的价值观——勤奋、诚实、勇气、公平竞争、包容以及对世界保持好奇心，还有对国家的忠诚和爱国主义——却是历久弥新，这些价值观是可靠的。他们是创造美国历史的无声力量。我们现在需要的就是回归这些古老的价值观。……爱国思想必须永驻你我心中，根植于我们的文化之中，培育于我们孩子的心灵之中。”[③]

① 周南平、张敏：《美国高校思想政治教育的隐性化及其启示》，载《南京政治学院学报》，2011（06）。

② 刘书林：《美国爱国主义教育的特点和缺陷》，载《学校党建与思想教育》，2005（10）。

③ Chinadaily. The text of Barack Obama's victory speech in full.（2008-11-05）［2020-11-20］https://www.chinadaily.com.cn/world/2008-11/05/content_7176885.htm.

（三）国情教育是大学生国家认同培育的现实基础

美国政府要求大学生深入现实，了解美国国情，增强民族自豪感和历史使命感。2001 年“9 · 11”事件后，国家安全、国民身份等问题得到美国政府的高度重视，“公民教育成为国家的命令”，联邦政府和各级州政府也都相继通过法律政策的形式推进学校的公民意识教育，主要包括《美国爱国者法案》《不让一个孩子掉队法》《2002 年公民服务法》《2002—2007 战略规划》《美国历史和公民学教育法案》《美国高等教育未来规划》《美国教育部 2007—2012 年战略规划》《全面教育改革计划》《2009 美国复苏和再投资法案》《每个学生都成功法》《加强 21 世纪的职业与技术教育法》等。其中，有关国家认同的爱国主义教育的条款相较于以前更为丰富，以教育促进国家团结、提升国家竞争力和维护国家经济利益的爱国主义要求更为明确。“教育为国家利益服务的价值取向得到进一步强化，旨在强化国家认同、倡导爱国主义、弘扬美国核心价值理念的公民教育在全国范围内被迅速推广。”①

（三）重视历史教育

任何一个国家都很重视历史教育，通过历史教育培养国民的国家意识和国民的爱国主义精神。美国十分珍视自己短暂的历史，将其作为国家认同教育的宝贵遗产，并以法律形式规定各级各类学校都必须开设美国历史课程。美国的教育法案通过推进美国历史教育，以饱含爱国情感的共同历史记忆在美国青少年中弘扬国家精神，以提升青少年的民族自豪感。

建国初，美国首任国务卿托马斯 · 杰斐逊 (Thomas Jefferson) 于 1778 年起草《关于进一步推广知识的法案》，杰斐逊在这份草案中建议建立免费的初等学校教育，在初等学校里的学生，应当学习古典科学和现代历史。他认为，对历史的学习能够提高公民的道德水准和公民意识，能够使他们了解和行使

① 贺国庆、何振海：《战后美国教育史》，114 页，上海，上海交通大学出版社，2014。

自己的权利，尽自己的责任。此后，美国各级各类学校都非常重视历史教育。

"9·11"事件后，美国社会出现对美国传统价值观的回归，许多人都希望通过学习历史使学生了解、欣赏和理解美国国家的奋斗史，培养学生对美国的热爱。美国高校也非常重视历史教育。在高校就读的学生，每个学生都必须必修一门美国历史课，该课程是美国大学核心课程的主要组成部分。美国高校注重通过让学生学习历史课程中的独立战争、内战、第二次世界大战的历史、历史人物等内容强化大学生对美国的国家认同。在历史课上，一些教师在讲授美国西部开放的历史时，讲述了开发西部的艰苦历程，让学生了解西部开放的艰苦历史，为的是让他们理解今日繁荣的来之不易，是奋斗、流血的结果，使学生更加热爱自己的祖国。① 此外，美国大学还非常注重利用博物馆、历史杰出人物、自由女神像等历史遗迹来对大学生进行国家认同培育。

（四）重视英语教育

共同的语言是人与人之间进行交流并形成共同体的重要工具。充斥着多元文化的美国各界注重有意识地通过英语语言的统一拉近彼此间的距离，将其作为"我是美国人"的隐性文化特征。

独立战争时期的精英们就坚定地认为美国应该是一个盎格鲁—撒克逊民族的国家，英格兰特性应该一直居于主导地位，希望少数族裔能接受英语。建国初期，尽管美国《独立宣言》及《宪法》中均没有提及语言及语言规划问题，但是关于语言统一，美国的创建者始终有着坚定而清晰的理念，确立英语统治地位，创建美国英语并同化所有非英语语言，保证以盎格鲁—撒克逊文化为核心的美利坚文化的统一，维护美国各民族的团结。19 世纪美国政府实施唯英语教育的语言教育政策，以最终达到维护盎格鲁—撒克逊文化价值体系的目的。例如，1880 年美国首次以政府的名义颁发了第一部要求学校

① ［美］塞缪尔·亨廷顿著，程克雄译：《我们是谁？——美国国家特性面临的挑战》，45 页，北京，新华出版社，2005。

贯彻唯英语教育政策的法规，随后又于 1884 年、1887 年、1889 年陆续出台类似法令，毫无例外地都指定英语为学校唯一教学用语。20 世纪 60 年代末，美国政府通过《双语教育法案》(The Bilingual Education Act)，但是，随着社会发展及政府态度的转变，双语教育遭到里根政府语言教育政策的严重打击。美国很多州都通过了决议，反对实施双语教育，要求实施唯英语教育。美国 20 多个州相继制定和颁布了英语为官方语言的法律。

2001 年“ 9 ·11 事件”使美国举国上下震撼。在同一时期，英语官方语言立法有了长足的发展。美国颁布新基础教育法案《不让一个孩子掉队法》(No Child Left Behind Act)。《不让一个孩子掉队法》宣告终结《双语教育法》，对双语教育造成了重大的冲击。2005 年，美国通过《英语语言统一法案》(English Language Unity Act) 涉及移民法修正案，该修正案要求，确立英语为美国的“国家语言”，美国政府保护和加强英语作为美利坚合众国的“共同语”地位。2006 年 5 月 18 日，这一修正案在美国参议院通过，确立英语为美国官方语言，同时取消政府对移民的某些非英语服务，并对新移民提出英语语言要求。截止 2021 年 1 月已有 32 个州制定了唯英语语言法案。

由此可见，美国语言教育政策长期以来始终坚持“以英语为中心”的原则。“以英语为中心”是美国历史悠久的语言教育战略思想。多民族、多语言复杂的语言文化生态决定了美国语言教育政策以“以英语为中心”作为统一的共同语言。在美国高校，大学一年级、二年级学生仍然有英语必修课。美国哈佛大学、普林斯顿大学、加州大学伯克利分校等均设有面向全体学生的英语公共必修课程。

二、美国大学生国家认同培育的路径

关于美国大学生国家认同培育路径，从宏观层面而言，学者们普遍认为美国大学生国家认同培育路径是多元的，就此有两种共识：一种是以学校为主阵地的校内教育路径；另一种是以教堂、社区、媒体等为辅阵地的校外教育路径。

（一）以学校为主阵地的校内培育国家认同路径

关于学校国家认同教育，是学者们研究最多的，普遍认为学校主要通过两种途径开展国家认同教育：一种是贯穿在课程教学之中，另一种是融入学校生活。

1. 通识教育是美国对大学生国家认同培育的主渠道

美国高校非常重视利用通识教育来对大学生进行国家认同培育。哈佛大学认为教育的目的是把学生培养成为一个有责任的全人，所以通识教育是学生接受教育的一个部分。[①] 基于此教育理念，哈佛大学在 1978 年、1985 年、2006 年、2009 年、2018 年对通识教育进行多次改革。经过多次调整，通识教育分为人文、逻辑、自然科学和社会科学等四大领域。[②] 2018 年形成“4+3+1”的课程体系，具体包括美学、文化和阐释；历史、社会与个人；社会的科学和技术；伦理和公民；艺术和人文；社会科学；自然科学或工程与技术应用科学；实证与数学推理。这 8 门通识教育课程在哈佛大学享有非常高的地位，学校要求学生必须将其作为必修课，毕业总学分数的 25% 都是通识教育课程的学分。[③] 哈佛大学对通识教育课程的重视和改革举措，受到美国许多大学的认可，耶鲁大学、斯坦福大学、芝加哥大学等美国常青藤高校也为大学生开设通识教育课程；在得克萨斯州、阿肯色州等以法律形式规定大学生必修《美国宪法》《美国历史》等课程。[④] 学生在学习文化与信仰、美国历史、美国社

---

① ［美］哈佛编委会编，李曼丽译：《哈佛通识教育红皮书》，40 页，北京，北京大学出版社，2010。

② 巫阳塑：《中美高校思想政治教育比较研究》，中共中央党校博士学位论文，2012。

③ 巫阳塑：《中美高校思想政治教育比较研究》，中共中央党校博士学位论文，2012。

④ Karen M. Kedrowski. Civic Education by Mandate: A study-by-state Analysis. PS: Political Science and Politics.2003(2):226.

会等这几门课程的过程中，逐渐认同了自己的国民身份、美国现行的政治制度和社会主流价值观，潜移默化地接受资产阶级的意识形态。例如美国历史课程中对大学生国家认同的培育。

美国大学历史课程对灌输美国传统价值观念、培养学生的爱国情感曾经起到了十分重要的作用。通过开展历史教育，一方面增强了学生对本国历史的了解，另一方面培养年青一代对自己国家的深厚感情，增强学生作为美国国民的自豪感，并进一步坚定他们对资本主义制度优越性的信念。美国历来的教育家、历史学家和政治学家都倡导把美国历史的教学作为维系整个国家和民族命运与前途的纽带。“美国历史，既是美国统治者的奋斗史，也是资产阶级的发展史。资产阶级意识形态，集中体现在美国《独立宣言》、美国第一部宪法等开国文件之中。因而，进行美国史与开国文件的教育，是传承美国传统，维护和巩固美国意识形态的关键。”① 美国高校历史课要求大学生对重大历史事件产生的社会背景、重要作用以及历史人物的思想、业绩进行综合学习和相关研讨。美国高校注重通过讲授历史课程中的独立战争、内战、二战的历史事实、历史人物、经典演讲等内容来强化美国的国家认同。

美国史学家格尔达·勒内（Gerda Rene）说：“历史是一个民族的文化传统，是一种社会需求，没有历史，任何国家都不能享有合法的地位，也不能唤起爱国热情。”② 没有历史，社会就不能分享如下共同记忆：我们曾经在哪儿；我们的核心价值观是什么；历史上哪些决定仍在影响着我们的生活。一旦缺乏这种集体记忆，人们就会陷入政治遗失症，甚至不能理解报纸上发表的新闻和披露的问题，不能听懂一场演讲在说什么，不能和别人谈论有关的公共问题。同样，没有历史，一个人无法明智地研究社会中的政治问题、社会问题或道德问题。而且，没有历史知识以及历史研究，一个人就无法成长

① 郑永廷：《论社会意识形态与思想政治教育的内在联系》，载《中国高校社会科学》，2015（6）。

② 转引自王宇：《历史教育与文化认同：美国高校国家观念教育的特色分析与借鉴》，载《高等农业教育》，2007（8）。

为见多识广、独特的公民，无法有效地参与民主管理进程，无法履行美国的民主制理念。①

2. 社会服务学习是美国大学生国家认同培育的传统方式

美国高校非常重视社会服务在大学生国家认同培育中的作用。自20世纪60年代开始，美国逐渐在高校中推广社会服务学习（Service Learning）的形式。许多高校还联手组建"校园联盟"，共同为学生提供参与社会服务的平台。社会服务学习是大学生把课程学习与社会服务整合为一体的学习模式，在培育大学生国家认同中意义重大。一是社会服务提高大学生的政治参与意识和能力。在社会服务实践中，大学生更能理解美国社会政治价值，熟悉政治制度及运行体系，从而提升自身的政治参与意识和能力。比如，大学生在参与各种突如其来灾难的志愿服务中，其民族责任感油然而生。二是社会服务培养大学生积极健康向上的学习态度。大学生在社会服务中从一个在校学习的消费者变成为社会提供服务的供给者。在这个过程中，大学生将知识学习与社会服务有机结合起来，大大激发大学生的学习主动性，也让大学生在实践中进一步体会学习的社会价值。尤其是那些缺乏学习动机和社交技能不足的学生，在主动思考、积极参与的社会服务中，分析问题和解决问题的能力、社会适应能力和写作能力都有很大的提升。②因此，美国高校非常重视利用社会服务培养大学生的政治参与意识和责任意识，社会服务也成为美国社会引以为荣的教育方式。

（二）以教堂、社区、媒体等为辅的校外培育路径

关于国家认同校外教育路径方面，有学者认为宗教是美国人的精神支柱，在大学生价值观教育中发挥积极的作用，有学者认为社区是美国人生活化的场所，在潜移默化中能起开化、引导大学生塑造正确价值观的效果，也有学

① 赵亚夫、郭艳芬：《美国国家历史课程标准述评》，载《外国教育研究》，2004（2）。
② 赵希斌、邹泓：《美国服务学习实践及研究综述》，载《比较教育研究》，2001（8）。

者认为，媒体作为一种信息传播的大众化手段，在大学生价值观教育中的作用也是不容忽视的。

1. 利用宗教教育进行国家认同培育

信仰是一个民族、一个国家的灵魂和脊梁，也是一个国家政治制度形成和发展的基础和动力。重视宗教教育，既是西方资本主义国家的传统，也是西方资本主义国家维护意识形态的重要举措。

宗教教育是资本主义思想的基础，为美国政治观的形成奠定坚实的基础。虽然美国是西方最早政教分离的国家，尽管教育中的政教分离强调“教会不得插手公立学校的教育、教学和管理，国家也不得以任何名义用征收的公共税款支持教会学校”[①]，但事实上宗教不论是在公立还是私立大学都扮演着非常重要的角色。[②]宗教教育自殖民化时期就成为美国政治认同教育的重要组成部分，尽管目前宗教不再以国家机构的方式直接为资产阶级服务，但它仍以间接的方式在大学生政治认同培育中发挥着重要作用。

从美国的《独立宣言》《联邦宪法》等经典文献中，我们可以发现美国的宗教和资产阶级的信仰在美国历史发展的浪潮中，几经磨砺，已经融合成为社会共识的基础。美国首任总统华盛顿一上任就把美国政府的成功归因于“上帝的天佑”，他说“没有人能比美国人更坚信和崇拜用看不见的手掌管人间事务的上帝。美国人在迈向国家独立的进程中，每前进一步似乎都得到某种天佑”[③]。这一将宗教和资产阶级信仰有机结合的创举，奠定了资产阶级统治的合法性基础。自此，历届美国总统都会祈求上帝赐福，实际上是将资产阶级信仰与上帝旨意整合为一体。为进一步将政治价值观转换为大众的宗教信仰，从20世纪中叶起，美国总统、参众两院议员每年都要参加全国早餐祈祷会，同一天各州州长、州议会也要主持参加“祈祷会”，借祈祷让大众认同

① 姚运标：《美国公共教育中的宗教问题研究》，29页，合肥，安徽人民出版社，2006。

② 陈国海、李燕娜、蔡宇翔：《美国哈町大学宗教教育访谈录》，载《大学教育科学》，2010（1）。

③ 武军：《美国总统就职演说全编》，15—16页，北京，中国文史出版社，2009。

政府权力是上帝赋予的。小布什连任总统的就职演讲中把美国从自由走向胜利说成是按照上帝的意愿在行使权力，[①]把资产阶级的“自由”“民主”“平等”归于“上帝”的意志，妄图把美国政府的霸权和强权说成“上帝”的旨意强加于发展中国家。在这里，宗教已经成为美国传播其资产阶级价值观的主要手段，成为为国家政治利益服务的政治宗教，对上帝的忠诚就是对国家的忠诚。

美国高校利用宗教把这种忠诚、信仰和民族利益结合起来，特别强调宗教教育在培养学生世界观、人生观中的作用，用《圣经》要求学生尊敬统治者，服从政府领导，所以要为统治者祈祷，要遵守法律。换句话说，“对上帝的信仰使我成为一个更好的公民，我将永远不会去颠覆我的政府”[②]，以此培养大学生的民族国家政治认同。

2. 通过大众传媒渗透国家认同教育

报刊、书籍、电视、电影、网络等媒体是资本主义国家对外宣传其政治思想的喉舌，也是向公民进行资产阶级价值观、政治观、人生观教育的主要途径。美国不仅是经济强国，也是文化强国，通过各种文化产品升华国家认同情感是美国国家认同教育的一大优势。在美国，大众传媒是传播美国政治知识、巩固美国政治信念、弘扬美国精神的有力手段。美国政府把其统治阶级的思想和主张渗透于网络等现代化传媒中，美国政府每年将几十亿甚至几百亿美元的巨资投到传媒事业和出版业上，向国内外青少年传播其价值观、文化观。

美国著名学者罗伯特·唐斯（Robert Downs）曾列出“对形成美国文化与文明具有重大影响”的25本书，作为推荐给美国人的必读书目。《独立宣言》《联邦宪法》《解放宣言》三个文件是美国的立国之本，同时也是美国国家认同教育的最好教材。三个文件的核心内容是宣传以私有制为基础的资产阶级

---

① 武军：《美国总统就职演说全编》，368页，北京，中国文史出版社，2009。

② 陈国海、李燕娜、蔡宇翔：《美国哈町大学宗教教育访谈录》，载《大学教育科学》，2010（1）。

政治制度、“两院制”“三权分立”的政治体系和以个人主义价值观为核心的资产阶级的意识形态体系。

美国的电视节目时刻都在宣扬“美国第一”的思想，以此培养民众尤其是青少年的国家认同感。在美国电视节目中，专门设有历史频道，通过电视节目对民众进行历史教育，教育人民不忘过去，牢记历史经验教训。① 早在1942年，美国就成立了官方国际广播电台——“美国之音”，并以45种语言向世界各国宣传美国，以此渗透、输出美国的价值观。2003年初，美国总统小布什又颁布法案，正式成立“全球传播办公室”，利用全球传播体系推行以美国文化为中心的西方文明，从而达到意识形态霸权的目的。除历史频道外，美国的传记频道每天也会播放宣扬爱国主义精神的节目。电视节目在观众不加防范的情况下，润物细无声地影响人们的认知和情感。那些由军方拍摄或资助的大片更是着重于塑造美军战无不胜的神话。2011年在美国纽约第一电视频道热播的电视连续剧《24小时反恐部队》就是一部典型的宣扬美国爱国主义精神的电视剧。②

除电视外，美国还通过电影文化向公民尤其是青少年渗透美国核心价值观。在世界电影业中，美国好莱坞影片的影响力无疑是最大的。好莱坞电影生产的各种影片带有很浓厚的政治色彩，好莱坞大片蕴含着深层文化价值立场，高扬个性解放和个人主义等价值观，对各国受众产生了深刻的影响。③ 好莱坞电影无时不在向世界宣扬“美国精神”，它无疑是美国向内外输出核心价值观的最有效窗口，是美国进行国家认同教育的绝好媒介。《泰坦尼克号》《巴顿将军》《兵临城下》《珍珠港》《拯救大兵瑞恩》《爱国者》等影片的主题都生动体现了美国精神。美国的好莱坞大片在带给人们视听享受的时候，通过缜密的叙事以及传奇或日常生活场景的展现和推进，让人们在不知不觉中获

① 付兵儿：《美国中小学的爱国主义教育及启示》，载《外国中小学教育》，2004（4）。

② 郝一峰：《国外主流意识形态建设经验研究》，载《思想政治教育研究》，2010（1）。

③ 郝一峰：《国外主流意识形态建设经验研究》，载《思想政治教育研究》2010（1）。

得对美国文化的认同。①

大众媒体通过书籍、影视作品等手段极力宣传爱国主义精神，对美国民众尤其是青少年产生潜移默化的影响。美国政府还特别重视发挥互联网的快速、便捷、隐蔽、直观等优势，宣传其倡导的价值观和道德理念。同时，美国不仅通过大众传媒直接向公众传播主流意识形态，推进本国公民对社会核心价值观的认同和践行，同时还向全世界输出自己的核心价值观，以达到“文化殖民”的效果。

3. 注重社会政治文化环境的建设

美国非常重视在环境中渗透国家认同教育内容。在美国各地都有政府斥巨资修建的各种纪念馆、博物馆、艺术馆、科技馆、名人故居、国家公园等文化设施，学校经常鼓励学生去这些场所参观、游览，让他们潜移默化地接受美国主流意识形态和价值观念。这些场馆集中表现了美国的物质文明和精神文明，到处都渗透着美国“意识”，是美国向其国民尤其是青少年进行政治、思想、道德教育的重要基地和生动教材。据统计，美国仅博物馆就有 7000 多家，绝大部分博物馆、纪念馆均免费向青少年开放。首都华盛顿就是一个巨大的政治教育博物馆，在华盛顿，与美国历史和文化相关的建筑物、纪念碑和雕像就有 100 多处，其中的华盛顿纪念碑、林肯纪念堂、杰斐逊纪念堂、罗斯福纪念堂、肯尼迪文化中心等纪念馆的前面都加有一个“National”，以此增强人们的国家意识。②不少博物馆里陈列着当年开拓者的用具，展示艰辛的创业史。洛克菲勒财团捐资建立的历史城市威廉斯堡，直观地再现了美国的历史，每年都会吸引数十万青年学生到此参观。科学博物馆专门展示美国在世界科技的领先水平和辉煌成就，以此来教育年青一代，使他们以成为一个美国公民而感到骄傲自豪。③

---

① 曾水兵、檀传宝：《国家认同教育的若干问题反思》，载《中国教育学刊》，2013（10）。

② 周鑫宇、苏溢：《美国是如何进行爱国主义教育的》，载《中国德育》，2017（19）。

③ 周鑫宇、苏溢：《美国是如何进行爱国主义教育的》，载《中国德育》，2017（19）。

美国政府特别珍惜自己的历史遗产，尤其是对那些历史名人更是推崇备至，视为教育后代的宝贵精神财富。在美国，用杰出人物命名城市、街道、林地、公墓、公司、机场、学校以及各种场馆的现象非常普遍。许多名人的故居被改为博物馆，供人们参观，以传递美国文化传统。美国 50 个州都有用总统名字命名的市或县。每位总统的故乡或所毕业的大学都有私人博物馆，展览他们在位时为美国做出的功绩。这些伟人天才般的思想、不凡的经历、高尚的精神、卓越的贡献，永久性地熏陶、感化和激励着人们。此外，美国人还编印美国杰出人物的生平事迹，作为美国人的必读书目。①

4. 节日庆典活动是美国大学生国家认同培育的补充

利用各种节日庆典渗透国家认同教育也是美国一贯的做法。美国政府总是千方百计地利用各种节日，从不同角度提醒人们要牢记历史、热爱祖国。美国主要的爱国节日有：马丁·路德·金纪念日（1 月的第 3 个星期一）、华盛顿诞辰纪念日（2 月 22 日）、阵亡将士纪念日（5 月 30 日）、退伍军人节（11 月 11 日）、美国国庆日 / 独立纪念日（7 月 4 日）、国旗制定纪念日（6 月 14 日）等。 在美国，各种爱国节日庆典甚至包括民间的感恩节（11 月的第 4 个星期四）、圣诞节（12 月 25 日），不仅是人们欢聚热闹的机会，也是激发人们爱国主义情感的好时机。

2002 年 9 月 11 日是美国恐怖袭击一周年纪念日，当天上午，在纽约世贸大厦遗址举行的悼念仪式上，仅宣读遇难者名单就用了 2 小时 28 分钟，30 多家电视台同时播放 3000 多名死难者的名单，各大报纸还刊登了 2700 多幅遇难者的照片。美国政府还宣布，在“9·11”袭击中罹难的外国人，只要其亲属提出申请，都可成为美国公民，享受美国公民的一切优抚权利。美国政府尊重生命价值的做法带给人们强烈的心灵震撼。

美国高校还根据大学生的特点，通过举办各种大型节日庆典活动，塑造学生的爱国精神。如在阵亡将士纪念日，让学生缅怀为祖国捐躯的美国军人；

① 周鑫宇、苏溢：《美国是如何进行爱国主义教育的》，载《中国德育》，2017（19）。

在国庆典礼上，让学生集体背诵“我爱这个国家，保卫这个国家”的誓词；在国旗纪念日，让学生背诵《忠诚宣誓》誓言：“我宣誓忠诚于美利坚合众国国旗，忠诚于它所代表的共和国，上帝庇佑下的一个国家，不容分割，人人由此享有自由与正义。”

特别值得一提的是，每次总统就职典礼都是开展国家认同教育的重大时机。美国历任总统的就职演说，虽然其社会背景、经济形势、对外关系、治国政策各不相同，但每篇演说辞都有唤起美国人爱国主义精神的警句。罗斯福总统在其就职演说中说：“我们唯一惧怕的就是惧怕本身。”这一振奋人心的话语，给予美国人无比的勇气。肯尼迪总统“不要问国家为你做了什么，而要问你为国家做了什么”的经典名言，曾经点燃了一代美国人的爱国热情。卡特总统在就职演说中指出：“我们必须再次对我们的国家、对彼此充满信心，我相信美国能够更进步，我们能够比过去更强大。”[①]里根总统在他的演说辞中发出要重新建立“伟大及具有信心的美国”的号召。

另外，美国日常生活中铺天盖地的议员、政党与总统竞选的海报、广播、电视与网络信息，建筑物前常年飘扬的星条旗帜，以及大中小学橄榄球比赛前常见的唱国歌仪式，都是人们所熟知的隐性公民教育的具体体现。[②]美国还利用举办各种体育盛会和文艺演出等大型活动的机会，宣扬“美国精神”；在学校，还通过国庆、校庆、毕业典礼等庆典举行升国旗、唱国歌等活动，以此向学生灌输爱国主义和效忠国家的思想。

① 檀传宝：《公民教育引论：国际经验、历史变迁与中国公民教育的选择》，35页，北京，人民出版社，2011。

② 檀传宝：《公民教育引论：国际经验、历史变迁与中国公民教育的选择》，35页，北京，人民出版社，2011。

第三节　俄罗斯大学生国家认同的培育

俄罗斯是世界上民族和宗教关系最为复杂的一个国家，其面临的重要任务是构建“国家民族”，增强国家认同，同时，又要满足国内各个族群的发展需要，承认和保护族裔认同。

一、俄罗斯国家认同教育的主要内容

俄罗斯拥有延绵千年的历史，是世界上民族最多、民族问题最复杂的国家，曾经创造辉煌而后经历苏联解体，现在又成为重新崛起的大国。俄罗斯在由衰落到强盛的过程中非常重视国家认同教育，逐渐形成国家主导的国家认同教育模式。

（一）重视爱国主义教育

苏联解体后，在总结解体的原因时，爱国主义的缺失被认为是重要因素之一。俄罗斯政府从苏联解体后一度忽视爱国主义教育的教训中认识到：爱国者不是天生的，必须重视对青少年的爱国主义教育。新世纪初，弗拉基米尔·普京执政之后，着手拨乱反正，着力加强对年轻人的爱国主义教育，制定俄罗斯公民爱国主义教育纲领。俄罗斯官方将爱国主义定义为尊重国家的传统和价值观、热爱祖国、忠于祖国、努力为国家利益服务、时刻准备保卫祖国，在必要时不惜为国家献出生命。为增强青年的爱国主义教育，1994 年，由国防部会同总统青年工作委员会、教育部、内务部、商业部、监察部、东正

教会等机构制定了《对青年进行爱国主义教育大纲》。[①]大力提倡和宣传爱国主义精神，完善爱国主义教育的法律规范，修订或设立国家安全法、青年法、各机关及社会组织活动法，确立爱国主义教育的法律地位，明确各部门、各组织在爱国主义教育活动中的任务、职责、地位和作用等。[②]

2001年，俄罗斯政府制定《2001—2005年俄罗斯爱国主义教育国家纲要》，详细界定爱国主义教育的内涵、目的、任务和原则。由国防部、文化部、教育部等12个部门负责落实这一纲要，编写一些教材，并承办一些全国性活动。2003年俄罗斯联邦政府还颁布《俄罗斯爱国主义教育构想》。2005年7月，俄罗斯政府又公布《2006—2010年俄罗斯爱国主义教育纲要》，进一步表达国家推进爱国主义教育的决心，要求国家机构、社会组织共同行动，为爱国主义教育有效发挥作用创造条件，不仅提出保证落实爱国主义教育的机制，而且提出评价执行效果的具体措施。此《纲要》计划用6.69亿卢布指导国内的军事爱国主义教育活动，其中联邦财政拨款4.06亿卢布，其余由地方财政和军事爱国主义团体支出。之后又通过《俄罗斯青少年公民教育和爱国主义教育纲领》和《2011—2015年俄罗斯公民爱国主义教育国家纲要》，明确要求进一步健全、巩固已基本建成的爱国主义教育系统。

2008年5月，梅德韦杰夫在总统就职仪式上发表的宣言，表明继承爱国主义的传统，把主权民主与爱国主义作为治国基本思想并主导俄罗斯政治与社会改革的总方向。[③]2009年出台《俄罗斯青年政策纲领》等。2012年10月，普京总统签署《关于完善国家爱国主义教育政策》的法令，并在总统办公厅成立社会项目管理局，主要负责管理俄罗斯联邦的爱国主义教育俄罗斯官方机构，对全国的国家认同教育活动加以引导和有效管理。2013年2月，在会见卫国战争老战士的时候，普京再次强调爱国主义教育的重要性："从维护我

① 刘沧山：《中外高校思想教育研究》，23页，北京，人民出版社，2008。

② 常喆：《俄民众怀念爱国主义教育》，载《环球时报》，2004-7-26。

③ 武卉昕、徐宁：《俄罗斯公民道德教育的复归》，载《西伯利亚研究》，2009（2）。

们的国家体制和加强我们国家的角度说，爱国主义教育就是原则性问题。正如我们所知道的，爱国主义就是对祖国的热爱。如果没有这一点，任何一个国家都无法生存，国家就会像糖块溶于茶水那样消失。"① 2016 年 1 月 2 日，俄总理梅德韦杰夫批准《2016—2020 年俄罗斯公民爱国主义教育纲要》，丰富了公民爱国主义教育的内涵、形式和开展途径，提出将吸收更多的社会组织、青少年团体和非营利性组织参与爱国主义教育工作，有力地推动俄罗斯爱国主义教育和国民的国家认同。

（二）强调历史教育

历史教育是俄罗斯国家认同培育的主要内容，在塑造民众国家认同的过程中，俄罗斯领导人特别强调对国民进行历史教育，对国家历史的尊重成为培养国家认同感的重要途径。俄罗斯政治家德米特里·利哈乔夫（Dmitri Likhachev）指出：不能正确了解历史，就无法走向未来。要真正了解俄罗斯的历史，首先应研究其历史文化的特点。② 普京明确反对在苏联问题上的历史虚无主义态度，他在《关于国家标志问题的声明》中发出这样的质问："在苏联时期，我国拥有的一切就不值得回忆了吗？我们把杜纳耶夫斯基、肖斯塔科维奇、科罗廖夫（苏联火箭制造和宇航科学家和设计师）和航空航天领域的成就置于何地？我们把宇航员尤里·加加林的飞行置于何地？"③

苏联解体后，俄罗斯一度忽视了历史教育，许多年轻人甚至搞不清楚哪一天是建军节，哪一天是卫国战争胜利日。在莫斯科国立大学、俄罗斯人文大学和俄罗斯教育科学院组织心理研究所参与的一项大型民情调查中，只有不到一成的人为俄罗斯的历史感到骄傲。面对俄罗斯民族思想的缺失，普京

① 张盛发：《普京重任总统后再次治理俄罗斯历史教科书问题》，载《俄罗斯东欧中亚研究》，2013（6）。

② 李兴等：《红色风暴会再度爆发吗？——解读俄罗斯的前途和命运》，307 页，北京，中国城市出版社，2003。

③ 施晓慧、林雪丹、张晓东：《俄罗斯爱国主义教育再出发》，载《人民日报》，2013-6-4（23）。

总统宣布成立“俄罗斯世界基金会”来弘扬和宣传俄罗斯的历史文化，决定从改革历史教学和重编历史教科书入手，从青少年抓起，来带动全社会珍惜本国的历史文化传统，摒弃历史虚无主义和媚外思想，以形成俄罗斯自己的国家意识形态体系和公民的爱国主义思想。①

俄罗斯将重要历史日期确定为国家节日，并通过节日进行历史教育。作为历史教育的时间节点，卫国战争是最重要的纪念内容之一。围绕卫国战争重大事件纪念日开展的爱国主义教育活动规模最大，所产生的正面效果也最为显著。每年5月9日胜利日当天，俄罗斯都会在红场举行盛大威武的阅兵式，参加卫国战争的老战士胸前挂满勋章，应邀观摩阅兵式，国家领导人要向无名烈士纪念碑举行献花仪式。许多年轻人都主动与老战士合影，倾听他们讲述战争时期的人与事，对于年轻人来说，阅兵式不仅是一堂生动的历史课，也使他们受到爱国主义熏陶。除了每年庆祝胜利日外，俄罗斯还隆重纪念卫国战争中的一些重大战役胜利日，以便让全社会牢记历史。

（三）重视俄语教育

俄罗斯《宪法》规定，“俄语是俄罗斯联邦全境内的国语”，“共和国有权规定自己的国语。在共和国的国家权力机关、地方自治机关和国家机构中，共和国国语和俄罗斯联邦国语一起使用”。在民族自治地区实行双语制（犹太自治州因犹太人所占比例过低，规定只有俄语是官方语言），即主体民族的语言和俄语都是官方语言，在全国范围内则强调俄语是官方语言，要求俄罗斯公民必须掌握俄语。

在20世纪90年代，大量英语与罗马字母一起涌入了俄罗斯。应对此情况，俄罗斯科学院尝识削弱英语的影响，或使其符合俄语的书写和形态规范。一些地方政府也采取了相关措施。例如，1993年，莫斯科市长签发命令，规定从1993年4月1日起，莫斯科一切公司、企业和其他组织所挂的牌子、在

① 朱桂莲：《爱国主义教育研究》，108页，北京，中国社会科学出版社，2008。

公共场所张贴的告示等，如若使用罗马字母的必须改为西里尔字母。1995年12月7日，时任总统叶利钦正式发布《关于俄罗斯总统直属俄语委员会》的指令。2000年底，外交部部属外交学院举行“把俄语扩展为一种世界语言来运用”的高层会议，强调俄语问题是俄罗斯国家安全的大问题。2001年5月23日（俄国语言文化节），普京甚至签署总统令，严厉禁止媒体语言公开夹杂外来语，并倡导中学语文教育抵制外来语的侵袭。①

2001年5月20日，俄罗斯联邦国家杜马专门制定和通过《俄罗斯国家语言法》。总统普京特别重视俄语的作用，他在2013年2月19日民族关系委员会会议上强调：“国家统一的基础无疑是俄语，我们的国语，民族间交际的语言。正是俄语形成了共同的公民、文化和教育空间。每个俄罗斯公民都应该高水平地掌握俄语。同时，为了能更深入地研究俄语，需要创造和改善相关的必要条件。”②普京还将每年6月6日诗人普希金的诞辰日确定为俄语日，并要求这一天不能只标在日历上，而且要有实际的庆祝内容。③

2014年7月3日召开的民族关系委员会会议上，国家杜马、民族事务委员会成员萨法拉利耶夫也说：“无论是在过去的苏联，还是在现在的俄罗斯，俄语都是强大的国家构成因素，是国家认同感的基础。遗憾的是近来我们不得不认可这一事实，中学生语言识字水平在下降。根据国家考试委员会提供的数据，下降了12分。”④为了扩大俄语的影响，俄罗斯政府制定了《2011—2015年俄语目标纲要》，为此，在2015年前拨款25亿卢布。

---

① 《世界上的那些语言纯洁化运动》，http://view.163.eom/14/0428/l 1/9QTQDU2L00012 Q9L.html。

② 左凤荣：《俄罗斯增强多民族国家认同的主要举措》，载《当代世界与社会主义》，2015（3）。

③ 《普京关注俄罗斯民众母语水平，要求加强“俄语日”活动》，(2013-02-20)［2020-12-10］http://gb.cri.en/42071/2013/02/20/541 ls4025228.htm。

④ 左凤荣：《俄罗斯增强多民族国家认同的主要举措》，载《当代世界与社会主义》，2015（3）。

二、俄罗斯大学生国家认同培育的途径

俄罗斯把国家认同教育视为一项系统工程，并采取一系列措施将这一工作推向深入，概括而言，主要有如下几个途径。

（一）政府重视国家认同培育

1. 确立国家认同培育指导思想

苏联解体之初，俄罗斯社会经历了一个严重的道德失范过程，与公民道德堕落呼应的是完全处于“真空”状态的道德教育。在千疮百孔的社会现实面前，国家已无暇顾及道德教育问题，因而对所有教育机构的道德教育放任自流。大学里传统的道德教育和政治理论课被取消。随后，道德教育呈现出社会转型时期特有的混乱状况。相当一部分人在信仰真空中感到无所适从，甚至是恐惧。①

普京执政后，为塑造国家民族、加强国家认同，1999 年 12 月 30 日，普京发表《千年之交的俄罗斯》一文，明确提出“俄罗斯新思想”，其内容包括“爱国主义”“强国意识”“国家作用”和“社会团结”，四个方面相辅相成。②“俄罗斯新思想”一方面力求构建符合新时期社会发展的统一思想，另一方面突出强调爱国主义对社会发展的重要作用。③ 2013 年 9 月 19 日，普京在瓦尔代俱乐部会议上强调：“一个多民族的大国不能仅仅依靠民族或宗教来建立认同感。实际上，国家的统一需要以共享的价值观、爱国主义情感、公民责任感、团结精神、对法律的尊重，以及对民族宗教根源的敬畏和对俄罗斯共同命运的认同为基础。这些因素共同构成了保证国家统一的必要条

① 左凤荣：《俄罗斯增强多民族国家认同的主要举措》，载《当代世界与社会主义》，2015（3）。

② 张致文：《重塑大国形象：当代俄罗斯文艺形势的总体特征》，载《中国社会科学报》，2014-08-27。

③ 雷蕾：《“俄罗斯新思想”背景下高校爱国主义教育研究》，东北师范大学硕士学位论文，2011。

件。”①

2. 将爱国主义教育列入国家纲领

苏联解体后，经济的解体、社会的分化和精神价值的贬值导致俄罗斯社会道德退化。调查显示，俄罗斯民众普遍缺乏国家意识，缺少对祖国的热爱和尊重，整个社会道德退化。这种状况对俄罗斯造成的危害极大，威胁着俄罗斯社会的生存能力。于是，制定国家道德教育政策成为形成国家共同价值和民族意识、提高社会道德水平的必然选择。②

近 20 年来，俄罗斯专门制定一系列爱国主义教育文件。2001 年，俄政府制定《2001—2005 年俄罗斯爱国主义教育国家纲要》，详细界定爱国主义教育的内涵、目的、任务和原则。2005 年，俄政府公布《2006—2010 年俄罗斯爱国主义教育纲要》，进一步表达国家推进爱国主义教育的决心，要求国家机构、社会组织共同行动，为爱国主义教育有效发挥作用创造条件，不仅提出保证落实爱国主义教育的机制，而且提出评价执行效果的具体措施。之后又通过《俄罗斯青年政策纲领》《俄罗斯青少年公民教育和爱国主义教育纲领》和《2011—2015 年俄罗斯公民爱国主义教育国家纲要》，明确要求进一步健全、巩固已基本建成的爱国主义教育系统。2016 年，俄总理梅德韦杰夫批准《2016—2020 年俄罗斯爱国主义教育国家纲要》。由此可见，加强爱国主义教育已成为俄政府施政规划的重要组成部分。

3. 规范国家标志

国旗、国歌等国家标志代表一个国家的主权、独立和尊严，反映一个国家的历史传统和民族精神。《2016—2020 年俄罗斯爱国主义教育国家纲要》中提出，要在各教育机构、爱国团体及军队装饰俄联邦国旗、国徽，装备国歌视听设备，以此培养俄联邦公民的爱国情感，树立国家威严，形成对国家标

①Заседание международного дискуссионного клуба《Валдай》, (2013-09-19) [2020-12-12]. http://kremlin.ru/events/president/news/19243.

② 姜晓燕:《俄罗斯的爱国主义教育及村社意识》，载《比较教育研究》，2008（2）。

志的尊敬。2000 年 12 月，普京正式签署一项关于国旗、国徽、国歌的法案，将苏联国歌修改歌词后正式定为新国歌。新版歌词提到俄罗斯人的祖国、俄罗斯的广袤与高贵。2013 年 12 月，普京签署关于更广泛使用国歌和国旗的《宪法》，建议俄各教育机构更广泛地使用国旗、国歌等国家象征，以此培养年青一代的爱国主义情怀。[①] 该《宪法》规定，国旗应在所有教育机构建筑物上永久悬挂或在其所在区域内永久安置，在教育机构举行大型体育和健身等活动期间还应升国旗，在新学年开学第一节课前，所有教育机构和职业教育机构应演奏国歌，在纪念碑和纪念标志的揭幕仪式以及国家和市政节日纪念活动开闭幕式上，必须演奏国歌。[②]

4. 建立健全爱国主义教育组织

为确保爱国主义教育政策的顺利实施，普京上台后，尤为重视建立健全爱国主义教育组织。2012 年 10 月 20 日，普京签署《关于完善国家爱国主义教育政策》命令，在总统办公厅内成立“爱国主义管理局”，负责协调与管理整个俄罗斯的爱国主义教育。该组织负责确定爱国主义教育政策的主要方向，通过对各个部门尤其是高校的爱国主义教育进行规范与指导，广泛开展爱国主义教育工作，促进爱国主义教育工作的稳定性、条理性与连续性，巩固俄罗斯社会的精神和道德基础。[③]

俄罗斯青年联盟成立于 1990 年 5 月 13 日，在苏联解体后由于政局不稳导致发展受限。进入 21 世纪以来，俄罗斯青年联盟得到俄罗斯政府的支持，发展迅猛。到 2006 年有会员近 30 万人。每年有上百万人参加联盟组织的活动。该联盟的政治任务之一是加强俄罗斯青年的思想政治教育，强化青年的

---

① 参考消息网：《普京魅力唤起俄罗斯民众爱国热情》,(2014-04-22)［2020-12-12］. http://world.cankaoxiaoxi.com/2014/0422/ 378642.shtml。

② 中国新闻网：《普京签署俄国旗法修订案教育机构需永久挂国旗》，(2013-12-23)［2020-12-12］. http://www.chinanews.com/gj/ 2013/12-23/5653073.shtml。

③ 新华网：《从历史频道开播看俄罗斯爱国主义教育》，(2013-05-11)［2020-12-12］. http://news.xinhuanet.com/2013-05/11 Zc_ 115728890.htm。

爱国意识，引导青年增强团队意识、合作精神和社会责任感。[①]

2005年，在乌克兰爆发“橙色革命”3个月后，为了防止俄罗斯成为“颜色革命”的下一个受害者，俄罗斯政府成立“纳什”（意为“我们的”）组织，以对抗西方势力对青年进行思想渗透。该组织是一个政治色彩很浓的青年组织，主要以18到22岁的年轻人为发展对象，重点是大学生等青年知识分子。[②]“纳什”组织得到普京总统的支持，在总统办公厅的直接领导下开展工作。为了培养成员的组织纪律观念和团队协作精神，增强其爱国意识和政治领悟能力，俄国知名专家经常给成员上课。“纳什”组织的核心是“爱国主义”和“强国意识”。实践证明，该组织成了保卫俄罗斯的一支“青年近卫军”，在维护俄罗斯国家安全和社会稳定方面发挥了重要作用。

此外，为了落实爱国主义教育国家纲领，更好地组织全国性的爱国主义教育活动，向全社会展示俄罗斯的历史与文化、增强公众的民族自豪感，俄政府还投资上亿卢布，为俄罗斯联邦各主体及地方政府建立相应的理事会和爱国主义教育中心，推广并落实爱国主义教育项目，树立道德规范，并为保障爱国主义教育的开展创造良好的社会环境。[③]

（二）学校是开展国家认同教育主要阵地

从2000年开始，俄罗斯学校开始恢复“勇气培养课”，课程经常与一些重大节日结合起来，比如祖国保卫者日（2月23日）、卫国战争胜利日（5月9日）和知识日（9月1日）等。课程往往围绕某一个主题展开，比如，斯大林格勒保卫战等卫国战争期间的重大战役，老兵常常应邀在课堂上与学生交流，引导学生们重温历史。学校有计划地组织青少年参加有益的教育活动，比如，组织学生参加国家重大节日和纪念日的游行与集会，邀请英模人物和

① 陈立思：《比较思想政治教育》，280页，北京，中国人民大学出版社，2010。

② 陈立思：《比较思想政治教育》，280页，北京，中国人民大学出版社，2010。

③ 施晓慧、林雪丹、张晓东：《俄罗斯爱国主义教育再出发》，载《人民日报》，2013-6-4(23)。

老战士给青少年学生作报告，组织学生参加部队开放日，使青年一代加深对军队历史和荣誉的了解，增强他们保家卫国、爱军习武的意识。①

2007 年，俄罗斯出版两本教师手册，呼吁国家认同教育要从学生抓起。手册编辑之一社会学家利奥尼德·玻利雅可夫认为，苏联解体后，俄罗斯丧失了自己的意识形态，以至于让别的国家来判定自己是否是民主国家。为此，俄罗斯需要一种新的国家意识，让民众对自己的国家、民族产生认同感，让教师在实际教学中培养学生的爱国主义精神。另一位编辑达尼林则表示：“我们认为，我们国家民主的唯一保障是我们的主权，是我们强大的国家、强大的军队、强大的经济和强大的民族。这不是一种意识形态，而是一种常识。我的目的是向教师们解释这种常识。”②

一些高校组织大学生帮助警察维护公共秩序，增强其公民意识，并鼓励学生参加社会团体组织的爱国主义活动，追忆战争历史。一些高校通过开展大学生军训、开辟专栏、参观纪念馆与博物馆、观看爱国主义影片等方式，帮助大学生深入了解祖国，明确自己和祖国的依存关系，增强公民意识，催生爱国共鸣，充分领略爱国主义的价值，强化大学生为国效力的自豪感与成就感，促使大学生的爱国热忱与自觉行为不断稳固并得以升华，开拓高校公民道德教育的层次与境界。③

俄罗斯高校还紧扣爱国主义的时代脉搏，积极营造爱国氛围，让大学生在潜移默化中受到爱国主义精神的感染与熏陶。一方面是借助媒体、橱窗、宣传栏等媒介大力宣传爱国主义教育；另一方面，则是在学校、博物馆、地铁、广场等公共活动场所，爱国主义警句或格言不时跃入眼帘。创设此种氛围，是在告诉青少年，爱国主义与俄罗斯的前途、人民的命运息息相关。“倘若不敬重自己的国家，不尊崇祖国的历史文化与曾经取得的辉煌，则意味着

① 施晓慧、林雪丹、张晓东：《俄罗斯爱国主义教育再出发》，载《人民日报》，2013-6-4(23)。

② 赵存生：《全球化时代的爱国主义教育》，载《中国教育报》，2008-03-04(06)。

③ 冯永刚：《爱国主义：俄罗斯高校公民道德教育的核心内容》，载《比较教育研究》，2015（1）。

抛弃了自己的未来，毁灭了民族的前途。”①

（三）积极利用大众传媒开展国家认同教育

俄罗斯政府在 1994 年颁布的《对青年进行爱国主义教育大纲》中规定，要积极利用大众媒介开展爱国主义宣传，禁止国务活动家和社会活动家利用大众传媒贬低爱国主义思想。普京执政后，重塑大国形象成为俄罗斯的当务之急，俄罗斯媒体被普京视为向世界传达俄罗斯政治价值观和民族文化观、重塑大国形象的发声器。

一是专门设立电视频道宣传爱国主义精神。为了给青少年的成长营造一个良好的社会环境，俄政府加强了对广播、电视、网络等新闻媒体的引导与管理力度。俄政府从 2005 年 2 月开设专门的爱国主义频道——“星”，每天要播 18 个小时的军事和爱国教育节目。2013 年 5 月 9 日，在俄罗斯举国欢庆卫国战争胜利 68 周年之际，全俄国家广播电视公司当天下午正式开通历史频道。2015 年，俄罗斯联邦通过预算将拨款为青年人成立名为“俄罗斯之光”的“全俄爱国主义频道”。②

二是拍摄爱国题材的影片。爱国主义向来是俄罗斯电影的传统，苏联时期的爱国主义战争题材影片《这里的黎明静悄悄》影响了一代代人。研究苏联—俄罗斯电影的伦敦大学学院教授朱利安说：“许多俄罗斯大制作电影都有浓厚的爱国主义因素，这让这些影片在俄国内大受欢迎。”近些年，俄政府大力支持拍摄爱国主义影片。由国防部支持成立的电影公司通过纪录片、动画片和艺术片等影片形式，向观众展示史实，弘扬爱国主义精神。采用 3D 现代拍摄手法制作的影片《斯大林格勒》，再现了斯大林格勒保卫战的残酷和苏

① 冯永刚：《爱国主义：俄罗斯高校公民道德教育的核心内容》，载《比较教育研究》，2015（1）。

② 人民网：《俄罗斯将开设“青年爱国主义教育”电视频道》，(2015-05-20)［2020-12-12］. http://world.people.com.en/n/2015/ 0520/c 1002-27031860.html。

联抗击侵略者的坚苦卓绝，已被列入俄爱国主义影片名单。[①] 2007 年 11 月，由俄政府资助拍摄的爱国主义题材电影《1612》在俄罗斯各大院校公开上映。影片战争和爱情巧妙地融合在一起，让年轻人身临其境地体验到爱国主义的真实内涵。[②]

三是创作爱国歌曲。每年卫国战争胜利日之际，俄电台和电视台都会播放卫国战争歌曲。为了让青年人喜欢爱国歌曲，艺术家还对歌曲进行了适当改编，或加上摇滚成分，或让流行歌星来演唱，通过这些方式让年轻人喜欢爱国歌曲。

四是举办爱国文化艺术展。2012 年 11 月，在乌格利奇举行了优秀爱国主义艺术和纪实电影节，电影节借助艺术作品探讨了有关责任、荣誉、精神力量和对国家的爱，并组织乌格利奇师范学院学生进行了以“当代小说和纪录片中的爱国主义教育”为主题的圆桌会议。[③] 为教育民众尊重国家历史、军事荣耀和做出历史壮举的英雄们，还举办卫国战争历史事件艺术和摄影作品展——《亲历者和现代艺术家眼中俄罗斯民族壮举》。[④]

（四）通过社会机构进行国家认同教育

退伍老兵组织积极参与青少年国家认同教育。在俄罗斯，卫国战争老战士备受社会各界尊重，在胜利日、祖国保护者日等重要节日，老战士们都会来到孩子们中间，为他们讲述战争中的人与事，帮助青少年树立履行保卫国家义务的概念。俄罗斯几乎每个大城市都有老战士委员会，每个委员会都会有老战士合唱团。这些老战士合唱团在机关、学校和军营，将当年激励过他

---

① 人民网：《俄国防部进军电影业将拍爱国主义影片加强教育》，(2013-09-23)［2020-12-13］. http:/culture.people.com.cn/n/2013/0923/ c172318-23000746.html。

② 李培晓、林丽敏：《俄罗斯新型爱国主义教育模式及其启示》，载《中国青年研究》，2013（4）。

③ 林雪丹：《俄重视爱国主义教育：多种措施提升国民爱国情感》，(2013-06-06)［2020-12-13］.http://www.chinanews. com/gj/2013/06-06/4899771 .shtml。

④ 林雪丹：《俄重视爱国主义教育：多种措施提升国民爱国情感》，(2013-06-06)［2020-12-13］.http://www.chinanews. com/gj/2013/06-06/4899771 .shtml。

们的歌曲带给青年一代。①老兵参与青少年的爱国主义教育，促进教育工作的有效性，加强各代祖国保卫者之间的联系，使军人英雄主义精神和优良传统得到发扬。

发挥图书馆在青少年国家认同教育中重要作用。图书馆采取了多种方法加强国家认同教育。比如莫斯科市集中图书馆通过系统庆祝俄罗斯军人荣誉日，鄂木斯克集中图书馆通过系统编写出版《纪念的书》等书籍，缅泽林斯克轻工业技术学校图书馆通过举办著名统帅纪念日、祖国保卫者日展览等，向参加卫国战争的战士表示感谢。②

俄新社的“圣乔治”丝带活动。2005年，为庆祝反法西斯战争胜利60周年，在俄罗斯一些城市中首次出现“圣乔治”丝带发放活动。丝带由黑、橙两色组成，黑色象征硝烟，橙色象征火焰，是战士英勇精神的标志，也表达对老兵的致敬。丝带发放活动由俄新社和大学生团体提议并举办。2006年，丝带发放地域几乎涵盖了俄罗斯所有地区和其他国家。2010年，在上海“世博会”俄罗斯馆也发放“圣乔治”丝带。2015年，俄罗斯卫国战争胜利70周年纪念，俄罗斯尤为重视此次“圣乔治”丝带活动。这个由民间推动的活动，最终演变为全国性的爱国主义运动，除了创意本身以外，更重要的是它契合俄罗斯政府推动爱国主义教育的战略思想。可见，“圣乔治”丝带已成为俄国的新型爱国主义象征。

（五）注重环境育人

为培育青少年的爱国主义情感，俄罗斯大力投资建设各种国防教育设施，通过营造浓郁的文化氛围，潜移默化地影响青少年。在俄各地城市的主要广场、公园、街道、湖畔都建有反映不同历史时期重大事件的纪念碑和英雄雕像。城市的许多标志性建筑和街道还以历史上著名民族英雄、政治家和军事

---

① 齐旭：《俄罗斯二战纪念 如何让年轻人牢记》，载《新民晚报》，2015-5-14(B01)。

② 王林军：《俄罗斯图书馆军事爱国主义教育管窥》，载《世纪桥》，2010（1）。

将领的名字命名。把历史传统有机地融入城市建设，可让学生在潜移默化中感受到军事爱国主义精神的熏陶。①

博物馆、纪念馆在俄罗斯青少年的生活中占有重要地位。俄罗斯博物馆对学生都是免费的，位于莫斯科俯首山上的卫国战争中央博物馆（简称“卫国战争纪念馆”）是青少年最喜欢的去处，欣赏着珍贵的展品、倾听着细致的解说，再辅以影像资料还有其他多媒体资料，学生们对战争的感知非常立体。纪念馆在俄罗斯国家认同教育中也发挥重要作用。为了让青少年更好更准确地了解历史，纪念馆还提供参观、展览、讲座、主题晚会、专题会议等活动。纪念馆还开展体验式参观，让青少年穿戴上二战时期的服装，品尝部队饮食，合影留念，然后回答问题。此举可以培养激发青少年对历史传统的兴趣。

综上所述，近年来，俄罗斯采取一系列有效措施来加强民众尤其是青少年的国家认同培育。通过十余年的国家认同教育，俄罗斯公民爱国主义情感得到了显著提升，社会凝聚力大大增强，民众对国家领导层的满意度大幅提升。全俄社会舆论研究中心 2012 年底进行的一项关于爱国主义的社会调查显示，目前俄罗斯有 80% 的公民认为自己是爱国主义者，有超过半数的受访者在回答“我是谁”的问题时，选择“我是俄罗斯公民”。当问及如何做一名爱国者时，大部分受访者表示，尊重传统，加强家庭价值观，增强对子女的家庭教育是最主要的方式。②

第四节　外国大学生国家认同培育特点与启示

基于对美国、新加坡、俄罗斯国家认同培育内容与路径分析之后，我们

① 施晓慧、林雪丹、张晓东：《俄罗斯爱国主义教育再出发》，载《人民日报》，2013-6-4(23)。

② 施晓慧、林雪丹、张晓东：《俄罗斯爱国主义教育再出发》，载《人民日报》，2013-6-4(23)。

发现，三国在具体的国家认同教育做法上存在差异，但三国之间在青少年国家认同培育上同样存在着许多共同之处。

一、外国大学生国家认同培育内容的特点

当今世界各国，尽管各个国家的历史、文化传统、社会制度不同，但各国政府都很重视加强青少年的国家认同教育，都把国家认同教育作为重要职责，并运用各种资源开展国家认同教育。概括起来，各国青少年国家认同教育在内容上大致包括以下几个方面。

（一）各国都重视思想政治教育和民族精神的培养

思想政治教育是人类社会自阶级形成和国家产生以来普遍存在的一种教育实践活动。历史证明，各个历史时期的统治阶级，为了巩固自己的统治地位，都十分重视思想政治教育，不遗余力地把本阶级的政治思想及价值观念，通过一定的教育方式，灌输给社会成员。[①]尽管不同国家和地区，思想政治教育的形式和做法各异，但其实质都是相同的，都是为统治阶级服务。

随着全球化的发展，不同国家之间广泛地开展了经济、科技、文化等方面的交流。在这些交流、融合之中，各个国家不但没有淡化思想政治教育，反而更加重视思想政治教育的政治功能，并把它作为巩固本阶级政治地位和促进社会进步发展的重要手段。在现代利益关系错综复杂的社会条件下，唯有认同国家才能最大限度地团结一切可以团结的力量，找到利益冲突各方都可以接受的某种共同点、结合点。正是基于此种认识，许多国家都不约而同地把对“国家意识”的宣扬与灌输放在国家认同教育的重要地位，并以此来指导和处理爱国与民族、宗教的关系，个人与社会的关系。各国现行思想政治教育，旨在让青少年一代认识本国现行政治、经济、文化、教育等制度的

① 王瑞荪：《比较思想政治教育学》，43页，北京，高等教育出版社，2001。

合理性、正确性、神圣性，进而拥护、热爱本国的现行制度。

各个国家在思想政治教育中，十分注重民族精神的培养。民族精神是在长期的历史进程和积淀中形成的民族意识、民族文化、民族习俗、民族性格、民族信仰、民族宗教、民族价值观念和价值追求等的共同特质，是指民族传统文化中维系、协调、指导、推动民族生存和发展的精粹思想，是一个民族生命力、创造力和凝聚力的集中体现，是一个民族赖以生存、共同生活、共同发展的核心和灵魂。民族精神是爱国主义教育精神内涵的扩展和延伸，是民族文化的核心和灵魂。在世界各国的思想政治教育体系中，无论是美国、新加坡，还是俄罗斯都非常重视民族精神的培育和弘扬，并把其作为国家认同教育的主要内容。[①] 美国作为一个多种族的移民国家，非常注重“美国精神”的培养。美国从国家独立到现在发展成为世界头号强国，一直都很注重对学生进行“美利坚民族”意识教育，主张爱美国的制度和生活方式，进而由爱和信任产生信念和忠诚。在新加坡，政府也很重视青少年国家意识的培养，通过实施“社会认同工程”，使新加坡人树立国家认同感和归属感，增强社会凝聚力和向心力。

（二）各国都重视历史教育

每一个国家的文化传统都是在自己独特生活方式的历史传承上建立起来的，对一个国家历史的了解是建立公民文化认同、历史认同的基础。对任何一个国家而言，历史教育都十分重要。历史教育关系到国家和民族的兴衰，通过历史教育不仅在于让学生了解本国的历史，还影响其对国家的归属感。尽管各国的教育模式、课程设置大相径庭，但各国学校都注重对本国青少年进行历史教育。通过历史教育使青少年熟知本国的历史，了解本国的国情，知晓本国的民主政体及相关准则、行政机构、宪法和法律，懂得自己作为一

---

① 李庆杨、刘晓鸥：《国外爱国主义教育及其对我国的启示》，载《沈阳大学学报》(社会科学版)，2012 (3)。

个公民应尽的义务和应享有的权利，培养公民的爱国主义情怀。①

各国在历史教育中着眼于历史知识的灌输、民族自豪感的培养和国家精神的发扬。无论采取何种途径，首先是在认知层面上告诉公民国家的历史和现实状况，并且进行积极引导。只有在了解其国家历史的基础上，公民才会产生强烈的自豪感和归属感，对其国家产生热爱之情。由此可见，历史教育在青少年国家认同培育中起到非常重要的作用。例如，在美国，无论是中小学还是大学，都开设有历史课。新加坡也非常注重通过历史教育培养学生的民族自尊心和民族凝聚力。

此外，各国都十分重视运用历史人物来加强对青少年的历史教育。在各国历史教育中，凡是为民族、为国家的政治、经济、军事、科技、文化等做出贡献的人物，都是培养青少年民族意识和爱国主义情怀的榜样。而且，各国政府都很重视对他们进行宣传，通过为他们建纪念馆、树纪念碑、出版著作或拍电影、电视等方式，让人们铭记，让青少年以英雄人物为榜样，并学习英雄们为国奉献的精神。

（三）各国都重视传统文化教育

民族国家传统文化是指一个民族受社会经济、历史传统、生活方式以及地理环境等影响而体现出的语言和文学艺术、社会风尚、生活习俗、宗教信仰以及对祖国和人民的热爱、对乡土眷恋的情感等。全球化时代，各个国家都重视传承本国传统文化，注重从本国传统文化中汲取营养，通过传统文化教育培养年青一代的民族自尊心和自信心，增强国家意识和团队精神，鼓励青少年以高度的历史责任感为祖国的富强、民族的复兴做出贡献。

曼纽尔·卡斯特尔（Manuel Castells）认为“认同是在文化特质或相关的

① 王兆璟、白尚祯：《西方公民教育发展的时代展望》，载《社会科学战线》，2011（11）。

整套文化特质的基础上建构意义的过程”①，民众普遍认同的文化是政治认同建构的中介。新加坡政府在文化多元、中西文化冲突的背景下，以儒家文化为核心打造了“共同价值观”。在政府强有力推进下，学校、家庭和社会通力合作，“共同价值观”成为民众的共识和行为的准则，新加坡也发展成为政治稳定、文化和谐、民族团结、经济发达的国家。

（四）各国都加强国家通用语教育

国家通用语不仅仅是一种工具，还是一个民族国家主权的象征。在全球化背景下，保护国家通用语就是保护主权，重视国家通用语教育，是绝对的国家战略，是涉及国家发展、文化传承的大事，不容有失。

加强国家通用语教育就是增强民族国家的文化认同感和民族自豪感。国家通用语教育本身是一种文化传承活动，它对培养人们的民族情操、增强民族的凝聚力具有重大的意义。在全球化时代，各国都很重视其国家通用语教育的开展。新加坡、美国、俄罗斯等国都以立法的形式保护国家通用语言文字在大众传媒和公共领域的使用和主权地位。俄罗斯总统普京甚至签署命令，要求维护俄语的纯洁性。

二、外国大学生国家认同培育路径的特点

在全球化时代，不管是发达国家还是发展中国家，都面临着国家认同的建设问题。如何形塑公民的国家认同，是世界各国一直高度关注的重大教育问题。

① ［西班牙］曼纽尔·卡斯特著，夏铸九等译：《认同的力量》，2 页，北京，社会科学文献出版社，2003。

(一) 政府高度重视青少年的国家认同教育

各国都深刻认识到国家认同教育和国家利益之间的关系，政府都高度重视国家认同教育，都把灌输国家意识、培养国家意识放在重要地位，重视国家整体利益，强调国家利益至上，在国家认同教育中发挥主导作用。政府是国家认同教育的领导者、规划者、推动者和实施者，政府强有力的领导和领导人的高度重视，是保持国家认同教育良好效果的坚强后盾。

就新加坡、美国、俄罗斯等国来说，无论是国家认同教育目标的确立，还是国家共同价值观的倡导，政府在其中都应发挥主导作用。各个国家其国家认同教育的顺利实施，都离不开政府强有力的导向，政府的主导作用和舆论的导向作用非常重要。诸如政府在政策上进行引导，在舆论上进行宣传，在法律上进行规定，在经费上进行支持等等。各国政府还力求动员社会一切力量，营造一种良好的社会文化氛围，以便让青少年的国家认同感得到激发，爱国情操得到陶冶。

(二) 学校教育是开展国家认同培育的主阵地

从各国国家认同教育的实施来看，学校是进行国家认同教育的主阵地，是开展国家认同教育最正式、最系统、最有效的载体。学校通过开设思想政治、历史、语言、文学等课程，或者通过开展校园活动、创设文化氛围等，传授国家文化、政治、民族等知识，影响青少年学生对国家的政治态度和行为，使青少年学生形成正确的国家民族意识和社会民主意识，增强学生的民族自信和国家自信，培植学生对国家的归属感。①

具体来看，美国、新加坡、俄罗斯等各国家学校国家认同培育的开展，又有两种主要方式：一方面通过开设国家认同培育专门课程进行，另一方面则注重发挥各门课程在国家认同培育中的渗透作用。各个国家都专门设置相

① 陈立思：《当代世界的思想政治教育》，320页，北京，中国人民大学出版社，1999。

应课程，通过课堂教学传授国家认同的相关知识，发挥课堂教学在大学生国家认同培育中的主渠道作用。

（三）学校教育、家庭教育、社会教育相结合

从世界各国的实践经验可以看出，在国家认同教育过程中，除了要加强政府的主导作用外，还要充分发挥学校教育的主阵地作用，充分发挥大众传媒的舆论导向作用，充分发挥社会团体、民间机构、社区组织的协助共管作用，从而形成辐射全社会的全方位国家认同教育网络，实现国家认同教育合力的最大化。由此可见，国家认同教育是一项系统工程，要使其有效开展，需要充分发挥政府、家庭、学校和社会几方面的合力，需要全社会共同努力和关注，齐抓共管，才能落到实处。政府、学校、家庭、社会机构在国家认同教育中应结成一个相互作用、不断协调的统一体。

学校教育与家庭教育、社会教育相结合，既是新加坡国家认同教育的重要途径，也是新加坡国家认同教育的成功经验。在新加坡，家长适时地采取各种方式对孩子的思想品德进行积极引导，学校积极开展国家认同教育，政府通过强化家庭教育、营造良好的社会氛围等手段，来为学校的国家认同教育创造良好的外部环境。新加坡的国家认同教育十分重视发挥环境的作用，倡导创造良好的社会环境与提高全民的道德品质并举的方针，通过开展各种群众性活动，进行社会总动员，在社会形成自觉加强道德建设的良好风气，促进国民思想道德建设，增强社会凝聚力和责任感。

美国也主要是通过政府、家庭、学校和社会等途径实施国家认同教育。在美国，无论是学校、家庭还是社会，无论是政党还是宗教团体，无论是家长还是老师，都在充分利用一切场合和时机宣传美国的生活方式和价值观念。甚至美国新总统的就职演讲也是在给人民做思想政治教育工作。纵观美国前总统克林顿的演说，可以看到其中贯穿了政治鼓动、爱国宣传和价值灌输，如“每一代美国人，都必须为作为一个美国人意味着什么下定义”“我们必须

像家庭供养子女那样供养自己的国家”。

(四) 政府积极利用大众传媒加强国家认同培育

在信息社会，大众传媒具有覆盖面广、辐射力强的特点。当代社会迅猛发展的互联网络、影视广告、手机通讯等信息传播媒介，从各个层面潜移默化地影响着受众的价值观。大众传媒是影响青少年国家认同意识的重要载体，大众传媒的迅速发展为国家认同教育的实施拓宽了领域，利用大众传媒和现代信息技术可大大增强国家认同教育的效果。国家认同教育的有效实施不仅需要政府的大力支持，而且需要社会主流媒体的积极导向来营造良好的社会氛围。在国外，除了学校，大众媒体也成为各国国家认同教育的有利工具和重要途径。无论是东方国家还是西方国家，报纸、书籍、广播、电影、电视、互联网等媒体已被各个国家广泛运用于国家认同教育活动中。

从各国的实践经验可见，各国政府通过各种媒体宣传官方的政治道德信息，影响青少年的政治倾向、价值取向和生活方式。由于网络对学生的学习生活影响日益增大，各个国家还积极利用互联网平台开辟交流平台，设置专门网页，开辟专栏，邀请政治专家、心理学家、社会学家深入剖析重大社会、经济、政治问题。目前，电影、广播、网络、高保真唱片等技术已被国外广泛运用于各类教学中，包括德育教学。可见，教学手段和教学技术的现代化提高了教学效果，也有益于提高学生的道德知识水平和政治觉悟水平。①

当然，在利用大众传媒加强国家认同培育的同时，各国还加强传播媒体的管理，营造良好环境。例如，美国和新加坡政府非常重视利用新闻传媒塑造政府正面形象，积极弘扬社会的正能量。如新加坡政府规定“电台和电视台不得从事危及政权和政局稳定的宣传，不准宣传宗教激进主义和大民族主义……不允许色情文化的传播”②，限制政治敏锐性的话题在传媒中的传播，

① 吴琼：《当代国外思想政治教育方法及其启示》，载《求实》，2000（15）。

② 严实：《新加坡的廉政与社会管理》，36页，北京，华夏出版社，1993。

对违反政府管理规定的传媒机构，比如报社、电视台、出版社等，实行重罚。这些措施为新加坡形成政治安定、民族和谐的局面奠定了坚实基础。

三、外国大学生国家认同培育的经验启示

他山之石，可以攻玉。在剖析美国、新加坡、俄罗斯国家认同培育内容、路径与特点之后，我们认为虽然三国在具体的国家认同教育做法上存在差异，但是它们三者之间也存在着许多共同之处，能为我们大学生国家认同培育提供十分宝贵的经验。

（一）发挥政府在国家认同培育中的主导作用

如何形塑公民的国家认同，是世界各国一直高度关注的重大教育问题。在国家认同教育的实施过程中，政府在战略的谋划、政策的制定和工作的推进上都起着主导和决定性的作用。在一个人口庞大、文化多元、民族众多的国家，以何种方式来凝聚这个国家的公民，关系到国家的前途与命运。

每个国家都深刻认识到国家认同培育和国家利益之间的关系。国家认同培育，并不仅仅是社会成员个体的实践问题，更是事关党和国家发展全局的社会发展问题。国家认同培育是国家战略部署的重要内容，政府在国家认同培育中发挥主导作用。政府是国家认同培育的领导者、规划者、推动者和实施者，政府强有力的领导和领导人的高度重视，是保持国家认同培育良好效果的坚强后盾。无论是国家认同培育目标的确立，还是国家共同价值观的倡导，政府都应在其中发挥主导作用。国家认同培育的顺利实施，离不开政府强有力的导向，政府的主导作用和舆论导向作用非常重要。政府部门要始终保持对国家认同培育的重视，在任何情况、任何时候都不能放松。

当前，我国正处于实现中华民族伟大复兴中国梦的关键时期，我们要大力弘扬爱国主义精神、加强国家认同培育，为实现中华民族伟大复兴的中国

梦提供共同精神支柱和动力，这就迫切需要政府对新时代国家认同培育进行战略谋划，做出全面部署，制定科学合理的教育内容，有效发挥政府在国家认同培育中的决定作用和保障作用。

（二）加强核心价值观教育，为大学生国家认同提供价值引领

意识形态是影响国家合法性最为基础的资源，它通过对合法性提供道义上的诠释和培育社会成员对其进行情感的认同，来维护政治权威。①由此，国家认同的核心是对国家主流意识形态的认同，换句话说，即国家认同是在核心价值观引领下，实现国家认知和国家行为统一的过程。新加坡政府以儒家文化为核心，经过自上而下打造所形成的“共同价值观”逐渐深入人心。美国自由与民主思想教育等也为大学生的国家认同奠定了坚实的基础。

当代大学生更加思维活跃，思想开放，容易接受新思想和新事物，同时也容易受到社会上各种不良思想的侵蚀，抓好这一时期的价值观养成十分重要。我国24字的社会主义核心价值观凝结着全体人民共同的价值追求，是当代中国精神的集中的体现。②它为理解个人与社会、个人与集体、个人与文化、个人与环境的关系，做出行为选择、判断是非曲直等提供了基本的价值理念和核心准则。③因此，高校要以社会主义核心价值观引领大学生发展，用主流核心价值观武装头脑，将社会主义核心价值观的教育融入课堂，融入生活，让青年一代从理想信念上、思想道德上、行为方式上拥护中国共产党的领导和祖国，自觉树立为中华民族伟大复兴而奋斗的信仰。

---

① 宫志刚：《社会转型与秩序重建》，375页，北京，中国人民公安大学出版社，2004。

② 习近平：《决胜全面建成小康社会夺取新时代中国特色社会主义伟大胜利：在中国共产党第十九次全国代表大会上的报告》，(2017-10-27)［2020-12-17］.http://www.gov.cn/zhuanti/2017-10/27/content_5234876.htm。

③ 郑杭生等：《走向更有共识的社会：社会认同的挑战及其应对》，16页，北京，中国人民大学出版社，2009。

（三）重视传统文化教育，为大学生国家认同提供文化基础

曼纽尔·卡斯特尔认为“认同是在文化特质或相关的整套文化特质的基础上建构意义的过程”①，民众普遍认同的文化是国家认同建构的中介。传统文化是维系和发展国家认同的精神和纽带，传统文化的继承和弘扬是实现国家认同的基石。离开了语言、文字、历史等共同的文化记忆，国家认同将成无本之木、无源之水。

中华文化源远流长，是在五千年的历史长河中孕育形成的，是中华民族共有的精神家园。高校作为文化传承最重要的机构，应充分认识传统文化在大学生教育中的重要价值，在内容的选择上充分挖掘和整合传统文化中的精华，在课程的设置上适当增加传统文化课的比重，实现马克思主义与传统文化相结合，优化有关历史优秀传统文化课程方面的资源，将中国传统文化课程设置成一个有机整体，形成全校系列课程，供大学生选择，通过对历史优秀传统文化的学习使学生真正领略到传统文化的精要，培养大学生的民族自尊心和自信心，鼓励大学生以高度的历史责任感为祖国的富强、民族的复兴做出贡献。

（四）家校社合作共育，形成全方位国家认同教育网络

法国启蒙思想家孟德斯鸠（Montes quieu）强调通过社会化教育以提高公民对国家的认同，共和国的教育需要全部力量的投入，需要家庭、学校和社会的通力合作。综观世界各国实践经验，在国家认同培育过程中，除了要加强政府的主导作用外，还要充分发挥学校教育的主阵地作用，充分发挥大众传媒的舆论导向作用，充分发挥社会团体、民间机构、社区组织的协助共管作用，从而形成辐射全社会的全方位国家认同教育网络，实现国家认同教育

① ［西班牙］曼纽尔·卡斯特著，夏铸九等译：《认同的力量》，2页，北京，社会科学文献出版社，2003。

合力的最大化。由此可见，国家认同教育是一项系统工程，要使其有效开展，需要充分发挥政府、家庭、学校和社会几方面的合力，需要全社会共同努力和关注，齐抓共管，才能落到实处。政府、学校、家庭、社会机构在国家认同教育中应结成一个相互作用、不断协调的统一体。

学校是国家认同培育的主阵地和主渠道，但也离不开家庭教育和社会教育的支撑。《国家中长期教育改革和发展规划纲要（2010—2020年）》指出，要把德育渗透于教育教学的各个环节，贯穿于学校教育、家庭教育和社会教育的各个方面。学校是提高社会成员科学文化素质，形成正确的世界观、人生观和价值观的重要场所。帮助大学生树立正确的世界观、人生观和价值观，确立中国特色社会主义理想信念，是保证中国特色社会主义事业长治久安、实现中华民族伟大复兴的希望所在，是关系国家前途命运，确保中国特色社会主义事业兴旺发达的“希望工程”。[①]家庭是国家认同教育的起点。父母是孩子的第一任老师，家庭教育在塑造公民的个体灵魂和民族的整体精神方面拥有极为重要的作用。社会化的影响首先来自家庭、来自家人的启蒙和熏陶，优良的家庭教育不仅能为家庭培育好成员，更能为社会培养好的公民。社会是国家认同教育的大课堂，是人完成社会化的熔炉和归宿，国家认同感的培育和弘扬是一项要求全社会普遍参与的实践活动，是一项需要方方面面关心和支持的社会系统工程。将国家认同教育纳入社会教育的全过程，就是要从制度创新、社会舆论和大众传媒等各个方面营造浓郁的教育氛围。学校和社会机构可以共建德育基地、实践基地，学校可以依托地方优质教育资源开发实施校本课程，与地方优秀文化相连接，滋养学生的本土情怀，拓宽学生的综合性知识，增强学生的国家认同感。学校教育获得的知识和能力，需要在生活中、社会中得到锻炼，回归生活，融入社会，这些知识和能力才能变成真正的有持久成长力的素养和本领。

① 赵有田、李丹：《在大学中加强社会主义核心价值体系教育》，载《光明日报》，2010-01-18(08)。

（五）加强大众传媒的管理，为大学生国家认同培育营造良好环境

当代社会迅猛发展的互联网络、影视广告、手机通讯等信息传播媒介，从各个层面潜移默化地影响着受众的价值观。各国政府都通过各种媒体宣传官方的政治道德信息，影响公民的政治倾向、价值取向和生活方式。大众传媒是影响青少年国家认同意识的重要载体，大众传媒的迅速发展为国家认同培育的实施拓宽了途径，利用大众传媒和现代信息技术可大大增强国家认同培育的效果。

在多元文化背景下，民众在信息不充分的情况下所做出的选择很容易被舆论所左右。[①] 因此，在利用大众传媒加强国家认同培育的同时，各国还加强传播媒体的管理，营造良好环境。这就需要加强和改进网络内容建设，唱响网上主旋律，引领网络社会思潮；加强和改进网络社会管理，弘扬社会主流信仰，凝聚网络社会共识；加强网络传播道德意识的教育，防止扰乱公共秩序和危害社会治安等不良内容通过网络传播。

---

① 何锡蓉、曹泳鑫：《核心价值体系建构与价值观研究》，67页，上海，上海社会科学院出版社，2008。

第六章　机制探索：新时代大学生国家认同培育路径建构

在新时代，大学生国家认同的建构和培育已成为一个系统性的工程，需要各方力量的配合、多种途径的贯通以及一系列配套措施的支持。基于新中国成立以来在大学生国家认同培育方面的经验和教训，针对当前大学生国家认同面临的问题及其原因，我们应从国家、高校、社会、家庭、个体等方面入手，推进新时代大学生国家认同的培育，建构相应的路径和机制。

第一节　国家层面：加强大学生国家认同培育的政策举措

在国家层面上，党的二十大报告指出，“江山就是人民，人民就是江山。中国共产党领导人民打江山、守江山，守的是人民的心。治国有常，利民为本。为民造福是立党为公、执政为民的本质要求。必须坚持在发展中保障和改善民生，鼓励共同奋斗创造美好生活，不断实现人民对美好生活的向往。”[①] 大学生作为未来国家发展的主力，守住他们的心就是培养和加强大学生的国家认同。当前党和政府主要从以下几个方面着手，推动大学生国家认同意识的提升。

一、推进利益协调机制，拓展大学生国家认同的利益基础

党的二十大报告指出，“我们要实现好、维护好、发展好最广大人民根本利益，紧紧抓住人民最关心最直接最现实的利益问题，坚持尽力而为、量力而行，深入群众、深入基层，采取更多惠民生、暖民心举措，着力解决好人民群众急难愁盼问题，健全基本公共服务体系，提高公共服务水平，增强均衡性和可及性，扎实推进共同富裕。”[②] 为赢得大众的广泛认同，党和政府不断致力于经济发展和提高生活水平，同时关注公平的利益分配，以实现资源与价值分配的公平性，满足民众对公平的期待。当前，我国正处于快速的社会转型期，面临着经济社会发展的不平衡和不充分问题。为了实现更公平的利益分配和增进社会的和谐稳定，党和政府积极构建利益协调机制，提升大学生的社会公平感。

二十大报告强调，国家要“完善分配制度。分配制度是促进共同富裕的基础性制度。坚持按劳分配为主体、多种分配方式并存，构建初次分配、再分配、第三次分配协调配套的制度体系。努力提高居民收入在国民收入分配中的比重，提高劳动报酬在初次分配中的比重。坚持多劳多得，鼓励勤劳致富，促进机会公平，增加低收入者收入，扩大中等收入群体。完善按要素分配政策制度，探索多种渠道增加中低收入群众要素收入，多渠道增加城乡居民财产性收入。加大税收、社会保障、转移支付等的调节力度。完善个人所

① 《高举中国特色社会主义伟大旗帜 为全面建设社会主义现代化国家而团结奋斗——在中国共产党第二十次全国代表大会上的报告》，载《人民日报》，2022 年 10 月 26 日。

② 《高举中国特色社会主义伟大旗帜 为全面建设社会主义现代化国家而团结奋斗——在中国共产党第二十次全国代表大会上的报告》，载《人民日报》，2022 年 10 月 26 日。

得税制度，规范收入分配秩序，规范财富积累机制，保护合法收入，调节过高收入，取缔非法收入。引导、支持有意愿有能力的企业、社会组织和个人积极参与公益慈善事业。”[①] 首先，改进第一次分配制度，保障社会成员机会平等是关键。这包括增加大学生家庭的劳动收入，缩小家庭间的财富差距，并激励大学生创新和创业，确保他们的成果得到合理的经济激励。其次，加强再分配调节机制，提升社会公平正义。通过税收、社会保险和教育等手段，调整不同收入群体间的利益关系，确保教育资源公平分配，并基于需求而非成绩分配奖助学金，以帮助有需要的大学生。最后，发展第三次分配制度，以民间主导的慈善和公益活动为核心，实现收入分配的社会公平，并通过透明的分配机制增强大学生对社会贡献的认知，促进他们积极参与社会活动，从而增强国家认同感。

各级政府部门和社会团体还积极构建多元化的利益表达平台，鼓励大学生通过学生会、学术社团等组织参与学校和社区治理，让他们在教育、就业、社会保障等相关问题上有发言权。政府单位利用现代信息技术，尤其是新媒体平台，建立便捷的沟通渠道，如在线问卷调查和社交媒体互动，及时了解并回应大学生的诉求，加强利益表达机制的建设，利用各种渠道收集大学生的意见和建议，并针对性的解决他们在生活、学习等方面遇到的问题，营造一个宽松、开放、和谐的社会环境，增强大学生对国家的认同感。

二、推进社会主义民主政治，夯实大学生国家认同的制度基础

习近平总书记在十九大报告中指出，坚持依法治国，是推进社会主义民主政治的基本要求，是保证国家长治久安的基石，是维护社会公平正义的基

① 《高举中国特色社会主义伟大旗帜 为全面建设社会主义现代化国家而团结奋斗——在中国共产党第二十次全国代表大会上的报告》，载《人民日报》，2022 年 10 月 26 日。

石，是保障人民当家作民的基石。[①]二十大报告进一步强调，“我们要坚持走中国特色社会主义法治道路，建设中国特色社会主义法治体系、建设社会主义法治国家，围绕保障和促进社会公平正义，坚持依法治国、依法执政、依法行政共同推进，坚持法治国家、法治政府、法治社会一体建设，全面推进科学立法、严格执法、公正司法、全民守法，全面推进国家各方面工作法治化”。[②]科学立法、严格执法、公正司法有效提升国家的法治绩效，从而增强大学生对国家政治体系的认同。目前，中国正在全面推进依法治国的实践。在科学立法方面，政府正加强立法体制的完善，不断丰富中国特色社会主义法律体系。通过明确立法机关的职权边界和优化立法机制，确保公民的参与权、知情权和表决权得到保障。在严格执法方面，政府旨在规范权力运作，加强行政执法体制和机制的调整，以实现依法执政和依法行政，不断提升政府的公信力。在司法公正方面，政府正在加强司法管理体制和司法权力运行机制，以确保司法案件中的公平正义。这不仅维护了社会公平正义，而且提升了公民，尤其是大学生对国家政治体系的认同度。此外，法治宣传和教育也在积极开展。政府致力于普及法治教育，构建全民法制教育体系，提高全民的法律素质。这些措施在全社会，特别是大学生中，形成了学法、守法、用法的氛围，培养了他们成为自觉遵守法律的良好公民。通过这一系列措施，法治建设在中国特色社会主义民主政治中发挥了关键作用，为大学生的全面发展和对国家的深刻理解奠定了坚实的基础。

二十大报告还指出，“我们要健全人民当家作主制度体系，扩大人民有序政治参与，保证人民依法实行民主选举、民主协商、民主决策、民主管理、民主监督，发挥人民群众积极性、主动性、创造性，巩固和发展生动活泼、

① 习近平：《决胜全面建成小康社会 夺取新时代中国特色社会主义伟大胜利——在中国共产党第十九次全国代表大会上的报告》，(2017-10-18)［2022-10-13］. http://www.gov.cn/zhuanti/2017-10/27/content_5234876.htm。

② 《高举中国特色社会主义伟大旗帜 为全面建设社会主义现代化国家而团结奋斗——在中国共产党第二十次全国代表大会上的报告》，载《人民日报》，2022 年 10 月 26 日。

安定团结的政治局面。”[①] 党和政府不断扩展大学生政治参与的渠道，提升他们政治参与的效能。高校通过共青团、学生会、学术社团等组织，以丰富的形式扩大大学生参与公共事务的渠道，为学生提供实际且有效的政治参与机会，并应用网络技术和移动互联网等，打破信息传递的壁垒，扩展信息公开范围，增强透明度，促进信息流通和及时反馈为大学生提供多样化的政治信息获取和参与途径，激发大学生“天下兴亡，匹夫有责”的政治责任感，以正确的政治价值理念，引导他们理性有序地参与政治，深化对国家政治体系的认识。

三、强化主流文化引领，构筑大学生国家认同的文化基础

党的二十大报告指出，“我们要坚持马克思主义在意识形态领域指导地位的根本制度，坚持为人民服务、为社会主义服务，坚持百花齐放、百家争鸣，坚持创造性转化、创新性发展，以社会主义核心价值观为引领，发展社会主义先进文化，弘扬革命文化，传承中华优秀传统文化，满足人民日益增长的精神文化需求，巩固全党全国各族人民团结奋斗的共同思想基础，不断提升国家文化软实力和中华文化影响力。”[②] 党的十九届六中全会决议要求，“要坚持用习近平新时代中国特色社会主义思想教育人，用党的理想信念凝聚人，用社会主义核心价值观培育人，用中华民族伟大复兴历史使命激励人，培养造就大批堪当时代重任的接班人”，[③]“教育引导青年党员永远以党的旗帜为旗帜、以党的方向为方向、以党的意志为意志，赓续党的红色血脉，弘扬党的

① 《高举中国特色社会主义伟大旗帜 为全面建设社会主义现代化国家而团结奋斗——在中国共产党第二十次全国代表大会上的报告》，载《人民日报》，2022 年 10 月 26 日。

② 《高举中国特色社会主义伟大旗帜 为全面建设社会主义现代化国家而团结奋斗——在中国共产党第二十次全国代表大会上的报告》，载《人民日报》，2022 年 10 月 26 日。

③ 习近平：《中共中央关于党的百年奋斗重大成就和历史经验的决议》，(2021-11-16)［2022-10-15］. http://www.gov.cn/xinwen/2021-11/11/content_5650329.htm。

优良传统”。[①] 根据习近平总书记指示，政府部门和高校把意识形态工作作为一项极端重要的工作，坚持马克思主义在意识形态领域的指导地位，提高大学生对马克思主义理论的理解和认同，推动马克思主义与中国实际相结合的理论创新，培育和践行社会主义核心价值观，将其转化为社会共识，形成共同的价值追求，塑造他们成为具有中国特色社会主义事业建设者和接班人的精神风貌。这种价值观将在大学生心中深深扎根，构建起他们坚定的国家认同感，为中国特色社会主义事业提供持续的精神支撑。

根据二十大的规划，各级政府实施公民道德建设工程，弘扬中华传统美德，加强思想道德建设，提升人民的道德水准和文明素养，积极推出优秀作品以增强人民精神力量，深化文化体制改革，加强国际传播能力建设，提炼和展示中华文明的精神标识和文化精髓，加快构建中国话语和叙事体系，讲好中国故事。[②] 这些措施和政策反映了政府对文化自信和文化认同的重视，特别是在培养大学生的国家认同和文化自信方面，构建一个有利于大学生文化认同和自信的环境，进而加强他们对国家和民族的认同感。

四、增进民生福祉，健全大学生国家认同的保障机制

对大学生而言，社会民生事业为他们提供了学习、就业和生活的支持，有助于他们全心投入学业和未来职业规划，这也将加强他们对国家的认同感和依赖。二十大报告要求各级政府部门要“强化就业优先政策，健全就业促进机制，促进高质量充分就业。健全就业公共服务体系，完善重点群体就业支持体系，加强困难群体就业兜底帮扶。统筹城乡就业政策体系，破除妨碍劳动力、人才流动的体制和政策弊端，消除影响平等就业的不合理限制和就

① 习近平:《中共中央关于党的百年奋斗重大成就和历史经验的决议》,(2021-11-16)［2022-10-15］. http://www.gov.cn/xinwen/2021-11/11/content_5650329.htm。

② 《高举中国特色社会主义伟大旗帜 为全面建设社会主义现代化国家而团结奋斗——在中国共产党第二十次全国代表大会上的报告》，载《人民日报》，2022 年 10 月 26 日。

业歧视，使人人都有通过勤奋劳动实现自身发展的机会。”① 这些支持机制包括创设丰富的实习机会、确保实习质量、提供就业咨询、职业规划和面试技巧指导等，，使学生获得宝贵的实践经验，帮助学生认识和理解自己的兴趣和适合从事的职业，明确未来职业路径。这些举措强化了大学生的就业和实习支持，助力他们从学习环境平稳过渡到职业环境，促进其顺利融入社会，他们对制度和国家的信任也会相应增强。

社会民生事业的发展直接关系到人民的生活品质和幸福感，是国家治理的核心部分。党的十九大报告强调：“必须多谋民生之利、多解民生之忧，在发展中补齐民生短板、促进社会公平正义，在幼有所育、学有所教、劳有所得、病有所医、老有所养、住有所居、弱有所扶上不断进取得新进展，深入开展脱贫攻坚，保证全体人民在共建共享中有更多获得感，不断促进人的全面发展、全体人民共同富裕。”② 人民群众的幸福生活、社会的和谐发展对于增强中国社会、中华民族的凝聚力至关重要。这有助于汇聚民心，进而推动国家认同的建立。因此，从社会民生建设的角度促进大学生的国家认同，意味着在教育、就业、收入分配、社会保障等关键领域采取有效措施，不断提高人民群众的生活水平，营造有利于大学生国家认同培育的良好社会环境。

---

① 《高举中国特色社会主义伟大旗帜 为全面建设社会主义现代化国家而团结奋斗——在中国共产党第二十次全国代表大会上的报告》，载《人民日报》，2022 年 10 月 26 日。

② 《党的十九大报告辅导读本》编写组：《党的十九大报告辅导读本》，23 页，北京，人民出版社，2017。

第二节　高校层面：建设大学生国家认同培育的学校育人机制

大学阶段是大学生成长的关键期，高校是大学生的主要生活场所，就目前来看，高校在培养学生国家认同意识，加强爱国主义教育，促进大学生社会主义核心价值观的知识、思想发展方面已取得不少成绩，但仍然存在不足，需要从现实出发，改善措施，有效促进大学生国家认同意识的培养。

一、发挥思政课主渠道作用，强化实践教学重要性

高校思政课作为大学生思想政治教育的主阵地，也是大学生国家认同培育的主渠道，对于大学生的国家认同和全面发展具有重要作用。以下是发挥高校思政课在大学生国家认同培育的主渠道作用的几个方面。

其一，落实课堂教学的主渠道作用。高校思政课堂教学是发挥主渠道作用的基础，因此，高校要通过制定高质量的教学计划和教学大纲，完善教学管理体系，确保思政课的质量和实效，将大学生国家认同培育融入思政课教学中。同时，教师要针对大学生的心理特点和实际情况，采用多种教学方法和手段，提升教学内容的针对性和吸引力，激发大学生的学习兴趣和参与度。

其二，强化实践教学的重要性。高校思政课应当注重实践教学，加强理论与实践的结合，通过实践教学，可以帮助大学生更加深入地了解国家的政治、经济、文化等方面的发展状况，培养他们的社会责任感和爱国情怀，增强他们的国家认同意识。因此，高校应当积极开展各种形式的实践活动，如实践课程、实习、志愿服务等，鼓励大学生参与其中，将实践经验和理论知

识有机结合起来，提高国家认同的教育效果。

其三，引导大学生树立正确的价值观和世界观。高校思政课应当引导大学生树立正确的人生观、世界观和价值观，培养他们的民族自豪感和文化自信心，进一步增强他们的国家认同意识。因此，高校思政课应当注重思想内容的引导和深入解读，让大学生更好地理解中国特色社会主义的道路、理论、制度和文化，让他们意识到中国特色社会主义事业的伟大意义和重要价值，从而激发他们的爱国热情和民族自豪感。

其四，加强与社会实践和学科专业的融合。高校思政课应当注重与社会实践和学科专业的融合，将思政理论与实践相结合，为大学生的国家认同培育提供更加丰富和具体的教育内容。一方面，高校可以通过组织参观实践活动、社会调研、实践教学等方式，引导大学生深入社会、走向实践，感受国家发展的变化和成就，提高国家认同感。另一方面，思政课程的内容应当与各个学科专业相结合，将思想政治理论与实际问题相结合，引导大学生在学科专业中认识国家的现状和发展需求，增强对国家的认同感。例如，在经济学专业中可以引导学生学习中国特色社会主义市场经济理论，了解国家的发展战略和政策；在法学专业中可以引导学生学习宪法法律，加强对法治国家的认同感。

总之，高校思政课作为大学生国家认同教育的主渠道，需要在课程设置、教学方法、教学内容等方面加强改进，注重学生个体差异，发挥课堂教学的主渠道作用，同时拓宽教育路径，构建大思政课程体系，与社会实践和学科专业相结合，共同推动大学生国家认同水平的提升。

二、提升思想政治理论课的实效，夯实大学生国家认同培育的基础

高校思政课是大学生思想政治教育的主阵地，也是大学生国家认同培育的主渠道。然而，当前我国高校思想政治理论课教学中存在一些问题和不足，

如教学内容与学生实际脱节、教学方式刻板不接地气、教学媒介呆板落后等。习近平总书记在全国高校思想政治工作会议上强调指出："做好高校思想政治工作，要因事而化、因时而进、因势而新。要遵循思想政治工作规律，遵循教书育人规律，遵循学生成长规律，不断提高工作能力和水平。"① 因此，为更好地培育大学生的国家认同，我们必须发挥课堂教学这个主渠道的作用，不断改进和加强思想政治理论课，将社会需求和学生需求结合起来，提升思想政治教育的亲和力和针对性，满足学生成长发展的需求和期待。

（一）了解学生实际情况，提升教学内容的针对性

现实中，高校经常有思想政治课的教学内容与学生实际脱节的情况，这是影响思想政治理论课教学教学效果的重要原因。所以，思想政治理论课的教学内容要切合大学生的学习生活实际，从学生实际出发，提升教学内容的针对性。

首先，我们要了解当代大学生的心理特点。他们成长环境相对优越，但抗压能力相对较低，也可能存在自私任性的倾向。针对这些新情况，我们需要对教学内容进行相应的调整，注重培养大学生的责任感和担当精神，引导他们树立正确的人生观、世界观和价值观，提高他们的国家认同意识。

其次，我们应该让教学内容与时俱进。随着互联网的快速发展，当代大学生作为网络的原住民，获取信息的便捷程度大大提高。然而，他们所接触到的信息也可能充斥着大量消极的内容，对他们的国家认同产生负面影响。为此，我们应该将教学内容与国家社会发展的大环境结合起来，与现代大学生的实际生活结合起来，帮助他们紧跟时代步伐，传递积极向上的思想。

最后，加强"四个自信"教育，推动大学生国家认同水平提升。当前社会处于转型期，各种社会思潮和经济现象对大学生的思想状况产生了负面

① 习近平：《立德树人，为民族复兴提供人才支撑》，(2016-12-09)［2022-10-18］.http://www.xinhuanet.com/politics/2016-12/09/c_129397530.htm。

影响，从而挑战大学生对“四个自信”的认同。因此，必须加强对大学生的“四个自信”教育，以增强大学生的国家认同感。作为中国特色社会主义事业的建设者和接班人，大学生形成坚定的“四个自信”，认同中国特色社会主义的道路、理论、制度、文化非常重要。他们的思想认同水平，会对中国特色社会主义事业的长远发展产生深远影响。如果大学生对中国特色社会主义道路、理论、制度、文化缺乏全面完整的理论认识，就不会有充分的自信，从而导致国家认同的弱化。只有拥有足够的自信，才能与党同心、与国家共命运，才能更好地把自己的发展与国家和民族的发展紧密结合起来。

（二）尊重学生主体地位，增强教学方法的艺术性

高校思想政治理论课作为传播马克思主义理论和中国特色社会主义理论，帮助大学生树立正确的世界观、人生观、价值观，传播社会主义核心价值观的主阵地，可以说从来不缺乏正确的思想、理论和观点。[①] 传统思政课教学往往使用强制灌输的教学方法，把思想政治教育作为一种强制的外在规范，缺乏对人的主体地位的关注，把人的精神世界、内在思想放在教育教学视野之外，成为一种目中无人的被动式教育，严重影响了教育教学的效果。因此，要更好地培育大学生国家认同，亟需转变教学方法。

一是积极增加师生双向互动教学。长期以来，传统的高校思想政治理论课教学主要采用讲授和讲座形式，语言抽象、内容枯燥，难以引起大学生的兴趣，也难以达到预期的教学效果。因此，教师需要借鉴美国视听教育家戴尔（Eegar Dale）的“经验之塔”理论，在课堂教学中增加师生互动的环节，

---

① 杨新莹、李军松、白晓宇：《“融媒体”视域下高校思政课教学供给侧结构改革》，载《现代教育科学》，2018（7）。

激发学生的学习热情。[①]因此，在课堂教学中，教师要让学生由被动接受者，变成主动调研者、研究者，就应把小组讨论、师生互动、情境再现等融入课堂学习中，充分发挥和尊重学生的主体地位，让学生在一二层经验获得铺垫的基础上，再进行理论的讲授，把思想政治理论课上得有滋有味，使学生在丰富的教学和学习方式中加深对内容的理解。这种教学方式不仅可以提高学生的思维能力和创造力，还可以增强他们的自信心和合作意识，进一步提升教学效果。总之，师生互动教学是高校思想政治理论课教学中必不可少的一环，通过积极开展互动式教学，教师能够更好地与学生进行沟通和交流，提高学生的学习热情和学习效果，促进学生的思想政治教育。

二是推进“互联网+”，实现教学方式的现代化。随着互联网技术的飞速发展，传统的教学方式已经无法满足学生学习的需求，我们需要更加现代化的教学方式来满足学生的需求。因此，高校思政课应当注重运用互联网技术，推进“互联网+思政课程”的开展，将主流价值观的内容通过网络课程等形式传递给学生。教师可以通过开设专题网站、微课程、名师微博等网络课程，占领新媒体教育的主阵地，利用网络技术手段创建全天候学习交流的平台，通过线上教学来传递知识，引导学生发展。在这样虚拟的网络课堂中，教师和学生之间的交流更加平等、直观、感性，有利于学生深入思考和交流。同时，互联网技术的运用还可以帮助教师更好地了解学生的学习情况和需求，从而针对性地开展教学。通过网络课程和在线交流平台，教师可以随时了解学生对于思政课程的反馈和建议，及时作出调整和改进。总之，利用互联网技术来推进思政课程的教学方式现代化，不仅有利于学生学习和发展，还能

① 美国视听教育家戴尔在1946年所著的《视听教学法》中提出了“经验之塔”的理论。在他看来，学习就是经验的获得。根据经验的抽象程度，他把经验分为做的经验、观察的经验和抽象的经验三大层次。这三个层次的经验由低到高形成了一个金字塔。做的经验是指通过做、设计和表演所获得的经验，这是最基础和最底层次的经验。观察是指通过观摩示范、见习旅行、参观展览、影视、录音广播等所获得的经验，这是处于中间层次的经验。抽象的经验是指通过视觉符号和语言符号所获得的经验，这是金字塔的最顶端部分。高层次经验的获得需要以低层次的经验为基础。（戴尔著，杜维涛译：《视听教学法之理论》，78页，北京，中华书局，1949）

提高教师的教学水平和教学质量，实现教育教学的双赢。

三、构建大思政课程体系，拓宽大学生国家认同培育路径

除了充分利用思政课在大学生国家认同教育中的主要作用之外，我们还需要不断拓宽教育路径，建立以思想政治理论课程为核心，哲学社会科学课程为支撑，专业课程为融合的大学生国家认同培育大思政课程体系。通过将国家认同的价值观注入到各门学科中，引导大学生从专业知识的角度认识和理解祖国的历史、文化和未来发展，从而全面提升大学生的国家认同意识和文化自信心。同时，我们需要采取“漫灌”与“滴灌”相结合的方式，不断滋润大学生国家认同的种子。漫灌即在各类课程中适当地融入国家认同的元素，而滴灌则是通过专门的课程或活动来深入浸润大学生的国家认同。只有通过共同努力，我们才能完成立德树人的根本任务。

（一）哲学社会科学课程是大学生国家认同培育的重要支撑

哲学社会科学是研究社会现象，揭示人类社会发展变化规律的学科，是“人们认识世界、改造世界的重要工具，是推动历史发展和社会进步的重要力量”①。“高校哲学社会科学育人功能即高校哲学社会科学在培养造就社会主义合格建设者和可靠接班人方面的功效和能力”②，与大学生国家认同培育具有非常强的契合性。习近平总书记指出，“高校哲学社会科学有重要的育人功能，要面向全体学生，帮助学生形成正确的世界观、人生观、价值观，提高道德修养和精神境界，养成科学思维习惯，促进身心和人格健康发展”③。

高校的哲学社会科学课程是大学生国家认同培育的重要理论支撑。在国

① 习近平：《在哲学社会科学工作座谈会上的讲话》，载《人民日报》，2016-5-19(02)。

② 沈壮海、韦诗业：《试论高校哲学社会科学育人功能的发挥》，载《思想政治教育研究》，2011(4)。

③ 习近平：《在哲学社会科学工作座谈会上的讲话》，载《人民日报》，2016-5-19(02)。

家认同的认知层面，高校哲学社会科学课程可以提供大量详实的认知素材，为大学生对国家的认知提供坚实的基础。在国家认同的情感层面，哲学社会科学能够对丰富大学生的爱国情感发挥巨大作用。例如，文学作品中对爱国主义的热情讴歌，地理知识中对祖国大好河山的深情描写，都可以激发人对祖国的深厚情感。在国家认同的态度和行为方面，哲学社会科学课程可以为国家认同的价值观提供深厚的理论基础和学术养分。因此，高校应将国家认同教育融入哲学社会科学课程的课程目标、内容、设计等方面，将国家政治认同、国家文化认同等价值导向的基因注入各类课程的相关知识中，从而有效改变国家认同培育的“孤岛”现象。

为提高哲学社会科学课程的国家认同培育效果，需要做到以下几个方面：首先，完善哲学社会科学课程的国家认同教育理论体系，加强对国家认同概念、内涵、形成机制、价值取向等方面的研究，为哲学社会科学课程提供更加全面、深刻的理论支撑。其次，加强师资队伍建设，提高哲学社会科学课程教师的国家认同意识和能力。教师要不断提高自身的专业素养，将国家认同教育融入到教学过程中，使学生在学习哲学社会科学课程的同时，深刻认识到爱国主义、国家责任感等价值观念的重要性，从而不断增强国家认同感。此外，高校还应加强对哲学社会科学课程教学内容的监管和指导，确保课程内容符合国家认同培育的目标要求，同时，加强与其他专业课程的协同配合，实现课程内容的全方位、全程覆盖，推动国家认同教育深入各个学科领域。

综上所述，哲学社会科学课程作为大学生国家认同培育的重要课程之一，需要针对不同的认知、情感和价值层面，提供相应的教育内容和方法。高校应该加强对哲学社会科学教师的培训和引导，鼓励他们结合自身的研究领域和教学实践，创新教学方法和手段，让学生在学习中更好地接受国家认同教育，同时也更好地理解和掌握相关专业知识。

(二) 专业课课程思政是大学生国家认同浸润的重要手段

马克思主义认为，人类应当得到自由而全面的发展，这是人和人类社会的终极价值。[①]因此，一个好的课程应当同时满足学生的“工具理性”和“价值理性”价值需求。在课程思政建设中，应将国家认同培育置于重要的地位，使课程更加饱满和完整。在专业课程的建设中，要遵循人才培养规律和教育教学规律，结合课程特点，提炼专业课中蕴含的爱国主义情怀、国家责任感、民族自豪感、文化自信等价值精神，使大学生在课程内容的正确引领下，在专业课学习过程中根植报国理想，逐渐形成国家认同的基因。具体而言，应该通过以下措施来实现。

1. 要找准专业课程与国家认同培育的“结合点”，以隐性的方式实施国家认同的培育

专业课不是显性的思政课，不能上成思政课，因此，课程思政是以专业课程作为载体，把国家认同培育的目标任务和专业课的开发设计实施有机整合在一起，细化微化培育塑造国家认同，基因式地融入专业课，真正将教书育人的要求落实在课堂教学的过程中。要找准专业课程与国家认同培育的“结合点”，可以从以下几个方面入手：

首先，要分析专业课程的学科性质和教学内容，从中找出与国家认同相关的内容和要素，将这些内容和要素融入课程教学中。例如，就计算机专业而言，可以通过讲授国家信息化建设政策、介绍国内外计算机行业的发展动态、讲解国家信息安全等内容，来增强学生对国家信息化建设的理解和认同。

其次，可以通过案例分析、课堂讨论等方式，引导学生深入思考与国家认同相关的问题，从而加深对国家认同的理解。例如，在金融专业中，可以通过讲解国家金融监管政策、介绍国内外金融市场的发展情况等，引导学生

① 中共中央马克思恩格斯列宁斯大林著作编译局:《马克思恩格斯文集》(第1卷)，189页，北京，人民出版社，2009。

深入思考金融行业的社会责任和国家意识。

最后，可以通过专业实践课程、毕业设计等方式，将学生所学的理论知识应用到实践中，从而进一步加深对国家认同的认识和感受。例如，在建筑设计专业中，可以要求学生在设计中注重传承和发扬中华优秀传统文化，从而培养学生的国家认同感和文化自信心。

2. 要深入挖掘专业课程中蕴含的国家认同因素

在高校的专业课程中，蕴含着许多与国家认同相关的因素，例如，历史、文化、政治、经济等。因此，教师需要深入挖掘这些因素，将其融入到课程教学中，使学生能够通过专业学习了解国家的各个方面，加深对国家的认识和了解。

首先，教师可以通过课程内容的优化和扩充，将专业知识与国家认同因素相结合。例如，在人文社会科学类专业中，可以在教授相关理论和概念的同时，注重介绍中国传统文化和优秀人物的故事，强调中国文化的价值和意义，引导学生从文化角度深入了解国家。在工程、科技类专业中，教师可以将课程内容与国家的战略发展紧密结合，介绍相关领域的前沿技术和应用，鼓励学生积极探索、创新，为国家的科技进步和经济发展做出贡献。

其次，教师还可以通过案例分析和实践教学等方式，深入挖掘专业课程中的国家认同因素。例如，在法律类专业中，可以引导学生参与模拟法庭、庭审实践等活动，深入了解国家的司法制度和法律体系；在医学类专业中，可以组织学生参观医院和社区卫生站，了解国家的医疗卫生政策和服务体系，培养学生的社会责任感和服务意识。

最后，高校思想政治理论课应该注重课程的实践性和针对性。课程内容需要与国家现实发展相结合，关注国家的重大发展战略和政策，深入探究各行业的国家责任。通过案例分析、实地考察、参观访问等多种形式，让学生走出课堂，深入实践，感受国家的发展变化，增强他们的国家认同感。在实践过程中，学生可以亲身体验国家的发展成就和取得的巨大进步，也可以了解到一些尚待解决的问题和困难，这有助于增强他们的民族自豪感和责任感。例如，可以组织学生到基层单位或农村实地考察，让学生了解基层工作和生活的实际情况，感受国家对基层工作的关心和支持；或者参观一些重要的国家机构、企业和文化遗产，了解国家的历史、文化和社会发展，增强他们对国家的认同感和归属感。

3. 要切实提高专业课教师在国家认同培育中的意识和能力

专业课教师是学生学术与人格的引路人，也是国家认同培育的重要实施者和推动者。要让专业课教师在教学中有意识地挖掘国家认同因素和引导学生感受国家认同的价值观、精神和情感，让学生在专业学习中更好地了解祖国、了解民族、了解文化。专业课教师要具备高度的政治责任感和使命感，清醒认识到自身所承担的培养建设者和接班人的责任，注重提升自身的政治素养和国家认同培育的能力。在课程开发中，教师应该积极发掘专业课程中蕴含的国家认同培育元素，挖掘和利用课程的价值内涵和文化特色，让学生通过专业学习更好地了解国家、了解民族、了解文化。在课程实施中，教师应该注重培养学生的思想政治素质，注重价值观的引领，注重道德规范的传授，引导学生认真思考、独立思考、创新思考，通过专业学习成长为具有家国情怀、报国志向的高素质人才。要注重全员、全过程、全方位育人，打造“三全育人”的大思政格局，落实“三个代表”重要思想和习近平新时代中国特色社会主义思想，努力推进高校国家认同教育的全面深入开展。

四、发挥共青团组织的先锋作用，积极引领国家认同培育

高校共青团是联系和服务青年的重要组织。党的十八大以来，党中央高度重视共青团工作，习近平同志也多次强调共青团的使命和作用，特别是在大学生国家认同培育中，共青团组织发挥了积极的引领作用。作为高校大学生思想政治工作的重要力量，共青团组织要继续发挥先锋模范作用，深入开

展各种形式的国家意识教育活动，为培养具有强烈国家认同感的大学生做出更大的贡献。

第一，思想政治引领是新时期共青团的首要职责。共青团思想政治引领首先要坚持“党的绝对领导”。“共青团犯一千条错误都没有关系，但是有一条错误不能犯，就是脱离党的轨道。”① 习近平总书记指出，“要阐明中国共产党和中国青年运动的关系，加强对广大青年的政治引领，引导广大青年自觉坚持党的领导，听党话、跟党走。”② 共青团是党领导的，由信仰共产主义的青年组成的群众性组织，是广大青年学习实践中国特色社会主义和共产主义的学校，是中国共产党的助手和后备军。共青团的政治责任就是把党的意志和主张传播到广大青年中去，引导广大团员青年深入学习领会习近平新时代中国特色社会主义思想，领会其丰富内涵和精神实质，增强政治认同、思想认同、情感认同，不断巩固和扩大党执政的青年群众基础。

第二，共青团要发挥引领作用，坚定广大青年大学生的理想信念。共青团应该以培养中国特色社会主义建设者和接班人为重点，紧密围绕立德树人根本任务，引导广大青年增强政治意识、大局意识、核心意识和看齐意识，坚定中国特色社会主义道路自信、理论自信、制度自信和文化自信，维护习近平总书记党中央的核心地位、全党的核心地位和党中央权威和集中统一领导，推动习近平新时代中国特色社会主义思想深入广大青年学生的头脑和心灵，培育“听党话、跟党走”的社会主义合格建设者和可靠接班人。共青团要教育广大青年学生做政治上的明白人，积极提升政治敏锐性和政治鉴别力，防止消极腐败思想侵蚀，勇敢同一切错误思想和错误行为作斗争，引领广大青年大学生坚定理想信念，为国家认同培育提供具体工作的指导和方向。

第三，共青团要引领广大青年大学生勇于担当作为。当前，中华民族的

---

① 邓小平：《邓小平文集》（下卷），26 页，北京，人民出版社，2016。

② 习近平：《在中共中央政治局就五四运动的历史意义和时代价值举行的第十四次集体学习时的讲话》，(2019-4-29)［2022-10-18］，http://theory.people.com.cn/n1/2019/0429/c40531-31056094.html。

伟大复兴面临着百年未有之大变局。共青团要引导广大青年充分认识到“五位一体”总体布局和“四个全面”战略布局的协同推进，贯彻新发展理念，构建新发展格局的重大历史机遇。同时，共青团要教育引导广大青年不断完善自身知识结构，夯实专业基础，提升能力素养，脚踏实地，锐意进取，踔厉奋发，追逐梦想。青年是社会中最积极、最有生气的力量，国家的未来在青年。新时代中国青年处在中华民族发展的最好时期，既面临着难得的建功立业的人生际遇，也肩负着“天将降大任于斯人”的时代使命。共青团要引导广大青年继承和发扬五四精神，以实现中华民族伟大复兴为己任，不辜负党和人民的期望、民族的重托，不辜负这个伟大时代的历史使命。

五、优化校园环境，发挥校园文化在国家认同培育中的陶冶作用

马克思和恩格斯在《德意志意识形态》中指出：“人创造环境，同样环境也创造人”。[①]大学生每天在校园内生活学习，校园景观、校园文化氛围和校园活动对大学生价值观的形成会产生潜移默化的影响。校园文化环境，既有看得见摸得着的硬环境，也有软环境，既有现实空间的校园文化环境，也有虚拟空间的校园文化环境，因此要做到各类校园文化环境统筹兼顾，全面建设。[②]大学校园文化是社会主义先进文化的重要组成部分，同时也是引领大学生成长成才的重要载体，因此，开展校园文化建设能够促进国家认同感的培育。

第一，强调校园文化的政治导向。在2016年12月在高校思想政治工作会议上，习近平提出了大学的“四个服务”的要求，要求大学教育要为人民服务，要为中国共产党的治国理政服务，要为改革开放服务，要为中国特色社

① 中共中央马克思恩格斯列宁斯大林著作编译局：《马克思恩格斯选集》(第1卷)，67页，北京，人民出版社，1995。

② 骆玉廷、魏强：《文化发展观视域下的大学生思想政治教育》，载《思想理论教育》，2012(3)。

会主义建设服务。[①]这要求高校不仅要保证教学中的正确政治方向，同时也必须注重在校园文化建设中突出政治导向性。校园文化的政治导向主要表现在坚持马克思主义的指导，增强大学生对于中国特色社会主义的理论自信、制度自信、道路自信、文化自信，引导大学生树立科学的世界观、价值观、人生观，成为中华民族伟大复兴“中国梦”的建设者和生力军。

第二，充分利用校园媒体。高校可以将学校报纸、校园广播、墙报、文化长廊等作为校园文化的宣传平台，宣传中国历史上至今流传的名言、格言、警句，弘扬校风、校训、校歌等文化符号，推出以爱国主义教育为主题的专栏，及时报道国家大事、各民族的发展进步时事、为民族团结做出突出贡献的民族英雄事迹等。在宣传和报道中，要注重融合艺术性、时代性和教育性，创造良好的文化氛围，使全校师生深受良好的熏陶。同时，校园媒体也可以采用多种形式，如图文并茂、视频访谈、专题报道等，以吸引大学生的注意力和参与度。通过充分利用校园媒体，大学生可以更好地了解国家发展的现状和前景，深入了解中国的历史和文化传统，并加深对国家的认同感。这对于增强大学生的时代感、使命感、自豪感和国家认同感都有着重要的作用。此外，要注意校园媒体的内容质量和表现形式的多样性。在宣传和报道中，应当避免浅尝辄止，走形式主义的路线。应该注重深度、内涵和新意，不断创新表现形式，使内容更加具有生命力和感染力。同时，应该注重反映广大师生的关切和热点问题，开展多样化的主题活动和宣传教育，增强大学生的思想品质和精神素质，引导他们坚定理想信念，增强对国家的责任和担当，培养成为具有社会责任感和爱国情怀的中华民族优秀后代。

第三，注重仪式熏陶。仪式典礼是学校文化建设中的重要内容。好的仪式和典礼能够促使思想升华，达到感动生命的效果。通过庄重盛大的仪式活动，可以有效培养大学生的爱国主义和集体主义情感，有利于强化大学生的

① 中共中央文献研究室：《习近平关于青少年和共青团工作论述摘编》，76页，北京，中央文献出版社，2017。

国家认知，激发爱国情感，进而增进国家认同。高校应该每周认真组织升国旗、唱国歌仪式，让大学生在令人激动的旋律中看着迎风飘扬的五星红旗，激起他们的爱国热情，强化国家意识和集体观念。此外，高校还可以利用“七一”“八一”“十一”等重大纪念日、重大历史事件日举行盛大的纪念仪式活动，通过仪式的庄严感、神圣感强化大学生对于党的历史功绩、意识形态、中华民族等方面的认同。同时，学校也应该注重其他仪式典礼的组织。例如，学生入学典礼、毕业典礼等，都是大学生生活中的重要节点，这些仪式的庄重感和神圣感能够促使大学生更加珍惜大学生活，同时也更好地树立起国家意识和集体观念。需要注意的是，仪式典礼不应该是简单的形式主义，而是需要真正地引导学生的情感，激发爱国情感，增进国家认同感。因此，高校在组织仪式典礼时，需要注重仪式典礼的内涵和精神，让学生在参与仪式典礼中感受到文化的底蕴和传统的力量，真正达到熏陶思想、引领行为的目的。

第四，拓展活动载体。当今大学生主要通过网络关注社会发展，追踪时事热点，参与焦点评论。因此，校园文化建设需要重视虚拟空间这一领域，利用好“两微一端”、校园贴吧、论坛、“易班”等互联网新型媒介进行校园文化建设，为大学生国家意识认同的培育营造良好的校园网络环境。一方面，应持续丰富校园网络传播平台的内容，创新和应用校园网络传播平台，动态更新国家认同培育的相关信息，从而扩展和补充传统相对固定的信息资源，增加大学生国家认同培育所需的信息资源量，更好地促进大学生国家认同的培育。[①] 另一方面，要不断创新校园网络传播平台的内容呈现形式。例如，可以综合采用文字、图片、视频、音频、动画等多样化的形式，制作开发大学生喜爱的新媒体内容产品，从多种角度更好地呈现大学生国家意识教育的相关内容，将抽象的道理转化为生动而具体的素材，吸引大学生主动参与并自觉接受国家意识教育。[②] 这样的活动载体能够为大学生提供更丰富、更多样的

① 孟鹏斐：《当代大学生国家意识教育的实践对策》，西南大学博士学位论文，2020。

② 孟鹏斐：《当代大学生国家意识教育的实践对策》，西南大学博士学位论文，2020。

学习方式，让他们在娱乐中学习，感受到国家意识教育的实用性和趣味性。

六、丰富实践育人平台，促进大学生国家认同行为养成

2016 年，习近平总书记在全国高校思想政治工作会议上强调指出："要重视和加强第二课堂建设，重视实践育人，坚持教育同生产劳动和社会实践相结合，广泛开展各类社会实践，让学生在亲身参与中认识国情、了解社会，受教育、长才干。"① 新时代大学生国家认同培育，不能只依靠课堂教学理论灌输，还须重视实践育人，引导大学生在亲身实践体验中深化爱国情怀，强化国家认同。

第一，充分运用教育基地开展国家认同实践教学。一方面，要充分挖掘已搭建的教育基地蕴含的国家认同培育资源，主要包括各类纪念馆、展览馆、博物馆、科技馆、革命遗址、烈士陵园、历史文物古迹、自然人文景观等，促进大学生在实践教学中爱国行为的养成。另一方面，拓宽和创新教育实践载体，加强校企战略合作、产教融合，通过设立实习实训基地、校外辅导员工作室等方式，充分利用国企资源，开展教学实习、技能实训、岗位体验、就业实践等，为大学生国家认同培育提供更加丰富、更加优质的实践教学平台，让大学生在实践中坚定报国志向、锻炼本领能力。②

第二，要加强社会实践活动的广度和深度。一方面，继续以全国大学生志愿者暑期文化科技卫生"三下乡"社会实践活动和"西部计划"等成熟项目为平台，开展实践育人活动。另一方面，要引领广大师生围绕新时代"乡村振兴""脱贫攻坚""生态文明建设"以及"一带一路"等国家重大发展战略领开展社会实践，深入基层、深入社会，了解当前国家现代化建设的发展

---

① 中共中央文献研究室：《习近平关于青少年和共青团工作论述摘编》，77 页，北京，中央文献出版社，2017。

② 中共教育部党组：《教育系统关于学习宣传贯彻落实〈新时代爱国主义教育实施纲要〉的工作方案》，(2020-01-20)［2022-10-19］.http://www.moe.gov.cn/srcsite/A12/moe_1416/s255/202002/t20200219_422378.html。

现状，深刻体会作为时代新人应当对国家的发展担负起哪些具体责任，引导他们自觉将个人发展同国家建设的现实需求联系在一起，把自身的理想目标落实到报效国家和服务社会的具体行动中。①

第三节 社会层面：营造风清气正的社会育人氛围

建立健康的社会育人环境，对于大学生国家认同培育来说至关重要。人的成长与发展需要社会的呵护和支持，社会环境对个体的心理、态度和价值观的形成起着至关重要的作用。因此，我们需要关注社会育人的力量，探索如何营造风清气正的社会氛围，从而促进大学生国家认同的形成和巩固。

一、打造以网络平台为主的正面宣传教育渠道

随着互联网的普及和高科技多媒体技术的快速发展，人们的生活和学习方式发生了巨大的变革。特别是广大青年学生，他们更喜欢在网络虚拟空间中讨论国家和社会重大问题，并发表自己的观点。这一方面表明他们对积极参与国家大事和关心社会热点的需求，另一方面也存在一些潜在的隐患。由于网络空间的无拘束和虚拟性，一些境内外的敌对势力可以利用这个平台，在特大事件和节假日散布一些不利于国家稳定的谣言，混淆视听，甚至制造假象来引导一些网民对社会不公现象的消极情绪，将矛头指向国家和政府，公然挑起内部矛盾。习近平总书记在网络安全和信息化工作座谈会上的讲话中深刻指出："互联网是一个社会信息大平台，亿万网民在上面获取信息、交流

① 中共教育部党组：《教育系统关于学习宣传贯彻落实〈新时代爱国主义教育实施纲要〉的工作方案》，(2020-01-20)［2022-10-19］.http://www.moe.gov.cn/srcsite/A12/moe_1416/s255/202002/t20200219_422378.html。

信息，这对他们的求知途径、思维方式、价值观念产生重要影响，特别是会对他们对国家、对社会、对工作、对人生的看法产生重要影响。”①

如今，据中国互联网络信息中心（CNNIC）在京发布第50次《中国互联网络发展状况统计报告》显示，截至2022年6月，我国网民规模为10.51亿，互联网普及率达74.4%。②“网络空间是亿万民众共同的精神家园。网络空间天朗气清、生态良好，符合人民利益。网络空间乌烟瘴气、生态恶化，不符合人民利益。”③由此，加强互联网文明建设，培育积极健康、向上的网络文化是我们当前的重要任务。对此，习近平总书记在为青少年营造一个风清气正的网络空间的讲话中强调：“我们要本着对社会负责、对人民负责的态度，依法加强网络空间治理，加强网络内容建设，做强网上正面宣传，培育积极健康、向上向善的网络文化，用社会主义核心价值观和人类优秀文明成果滋养人心、滋养社会，做到正能量充沛、主旋律高昂，为广大网民特别是青少年营造一个风清气正的网络空间。”④

第一，加强网络空间思想引领。在互联网内容建设中，我们要坚持以习近平新时代中国特色社会主义思想为统领，推动党的创新理论深入人心、贴近人民、实现落地生根。重点加强理论网站、公众账号和客户端建设，紧密结合中国特色社会主义的实践和新时代党和国家事业发展的新变化和新成就，有针对性地开展网上理论宣传活动。⑤同时，还要精心打造网上重大主题宣传，例如大力宣传习近平新时代特色社会主义思想，讲好中国共产党的故事和中

① 习近平：《在网络安全和信息化工作座谈会上的讲话》，(2016-04-19)［2022-10-17］.https://www.chinaxwcb.com/info/576020.

② 中国互联网信息中心：第50次《中国互联网络发展状况统计报告》，(2022-08-31)［2022-10-17］.http://www.cnnic.net.cn/n4/2022/0914/c88-10226.html。

③ 习近平：《为青少年营造一个风清气正的网络空间》，(2016-04-21)［2022-10-17］.http://qnzs.youth.cn/2016/0421/4278389.shtml。

④ 习近平：《为青少年营造一个风清气正的网络空间》，(2016-04-21)［2022-10-17］.http://qnzs.youth.cn/2016/0421/4278389.shtml。

⑤ 中共中央办公厅、国务院办公厅：《关于加强网络文明建设的意见》，(2021-09-14)［2022-10-17］http://www.gov.cn/zhengce/2021-09/14/content_5637195.htm。

国人追梦圆梦的故事。尤其要讲清楚中国共产党为什么“能”，马克思主义为什么“行”，中国特色社会主义为什么“好”，广泛开展网上爱国主义主题教育活动，制作推介体现爱国主义内容、适合网络传播的音频、短视频、网络文章、纪录片、微电影等，让爱国主义充盈网络空间。这些措施将有助于引导广大青年学生树立正确的世界观、人生观和价值观，提高他们对国家和社会的认同感和责任感。①

第二，加强网络空间文化建设。以社会主义核心价值观为引领，加强网络文化建设，广泛凝聚新闻网站、商业平台等传播合力，将社会主义核心价值观传播到广大网民中，传导到社会各个领域。深入开展网上党史学习教育，传播我们党在革命、建设、改革各个历史时期取得的伟大成就，弘扬党和人民在奋斗中形成的伟大精神，旗帜鲜明反对历史虚无主义。同时，要激发中华优秀传统文化的活力，打造广大网民喜闻乐见的特色品牌活动和原创精品，推动中华优秀传统文化的创造性转化和创新性发展。为了丰富优质网络文化产品供给，引导网站、公众账号、客户端等平台和广大网民创作生产积极健康、向上向善的网络文化产品，应该举办丰富多彩的网络文化活动。同时，还需要提升网络公共文化服务水平，推动国家重大文化设施和国有文化资源数字化网络化，提高网络公共文化服务供给的普惠性和便捷性。以此来构建具有鲜明中国特色、符合时代发展的网络文化体系，为大学生国家认同培育提供丰富的文化资源和精神食粮。②

第三，加强网络空间生态治理。深入开展网络文明引导，强化网络文明意识，利用重要传统节日、节庆和纪念日等时机组织网络文明主题实践活动，教育广大网民自觉抵制歪风邪气，弘扬文明风尚。推进“清朗”“净网”系列专项行动，深化打击网络违法犯罪行为，加强公众账号、直播带货、知识问

---

① 中共教育部党组:《关于教育系统深入开展爱国主义教育的实施意见》,(2019-11-12)[2022-10-17]. http://www.moe.gov.cn/jyb_xxgk/moe_1777/moe_1778/201911/t20191113_407983.html。

② 中共中央办公厅、国务院办公厅:《关于加强网络文明建设的意见》,(2021-09-14)[2022-10-18]. http://www.gov.cn/zhengce/2021-09/14/content_5637195.htm。

答等领域的不文明问题治理，以及互联网领域虚假信息治理。建立健全网络不文明现象投诉举报机制，动员广大网民积极参与监督，实现网络空间共治共享。坚持依法治理网络空间，将弘扬社会主义核心价值观贯穿网络立法、执法、司法、普法各环节，发挥法律法规对维护良好网络秩序、树立文明网络风尚的保障作用。同时，还需通过普及网络素养教育，提升广大网民的网络素质，培养正确使用网络的意识，积极构建良好的网络生态环境，实现网络空间的健康发展。①

二、用好报刊广播影视等大众传媒，加强舆论宣传的引导

社会整合是大众传播媒介的重要功能。大众传播媒介在传递主流政治意识形态、培育国家认同方面的作用是不容置疑的。在这方面，习近平总书记曾指出："主流媒体要及时提供更多真实客观、观点鲜明的信息内容，掌握舆论场主动权和主导权。"②同时，"宣传阐释中国特色，讲清楚中华文化积淀着中华民族最深沉的精神追求，是中华民族生生不息、发展壮大的丰厚滋养；讲清楚中华优秀传统文化是中华民族的突出优势，是我们最深厚的文化软实力；讲清楚中国特色社会主义植根于中华文化沃土、反映中国人民意愿、适应中国和时代发展进步要求，有着深厚历史渊源和广泛现实基础。中华民族创造了源远流长的中华文化，中华民族也一定能够创造出中华文化新的辉煌。"③

另外，各级各类媒体应当聚焦爱国主义主题，创新方法手段，适应受众

---

① 中共中央办公厅、国务院办公厅:《关于加强网络文明建设的意见》，(2021-09-14)［2022-10-18］. http://www.gov.cn/zhengce/2021-09/14/content_5637195.htm。

② 习近平:《在十九届中央政治局第十二次集体学习时的讲话》，(2019-01-14)［2022-10-18］.http://www.gov.cn/xinwen/2019-01/25/content_5361197.htm。

③ 习近平:《在全国宣传思想工作会议上的讲话》，(2013-8-19)［2022-10-18］.http://www.gov.cn/jrzg/2013-08/20/content_2470777.htm。

细分化、差异化传播趋势。应当将爱国主义宣传报道做到接地气、有生气、聚人气，有情感、有深度、有温度。在媒体融合发展方面，应当将爱国主义主题贯穿其中，打通网上网下、版面页面，推出系列专题专栏、新闻报道、言论评论以及融媒体产品，加强县级融媒体中心建设，生动讲好爱国故事，大力传播主流价值观。此外，应当制作刊播爱国主义优秀公益广告作品，在街头户外张贴悬挂展示标语口号、宣传挂图，生动形象做好宣传。最后，应当坚持正确舆论导向，对虚无历史、消解主流价值的错误思想言论，及时进行批驳和辨析引导。①

三、发挥先进典型的引领作用，宣传爱国精神

"榜样的力量是无穷的"。确实，先进典型是一面旗帜，给人以鼓舞和力量，是一种有形的正能量。无论在哪个历史时期，先进典型都是我们守初心、担使命的标杆和修身立德、干事创业的榜样。习近平总书记在第五届全国道德模范座谈会批示强调："要深入开展宣传学习活动，创新形式、注重实效，把道德模范的榜样力量转化为亿万群众的生动实践。"② 这一指示，对于发挥先进典型的榜样力量、引导人们争做道德模范，具有重要的指导意义。

《新时代公民道德建设实施纲要》更是强调："广泛宣传先进典型的先进事迹和突出贡献，树立鲜明时代价值取向，彰显社会道德高度。看到听到，才有心动行动。"③ 这就要求我们广泛宣传为中华民族和中国人民作出贡献的英雄，宣传革命、建设、改革时期涌现出的英雄烈士和模范人物，宣传时代

① 中共中央、国务院：《新时代爱国主义教育实施纲要》，(2019-11-12)［2022-10-18］.http://www.moe.gov.cn/jyb_xxgk/moe_1777/moe_1778/201911/t20191113_407983.html。

② 习近平：《对全国道德模范表彰活动作出重要批示强调：更好构筑中国精神 中国价值 中国力量 为中国特色社会主义事业提供精神动力和道德滋养》，(2015-10-13)［2022-10-19］.http://www.gov.cn/xinwen/2015-10/13/content_2946333.htm。

③ 中共中央 国务院：《新时代公民道德建设实施纲要》，(2019-10-27)［2022-10-19］.http://www.gov.cn/zhengce/2019-10/27/content_5445556.htm。

楷模、道德模范、最美人物和身边好人，宣传具有爱国情怀的地方先贤、知名人物，以榜样的力量激励人、鼓舞人。

为了让先进典型的榜样力量得到更好的发挥，我们还需要广泛开展向先进典型学习活动，引导人们把敬仰和感动转化为干事创业、精忠报国的实际行动。同时，要做好先进模范人物的关心帮扶工作，落实相关待遇和礼遇，在全社会大力营造崇尚英雄、学习英雄、捍卫英雄、关爱英雄的浓厚氛围。只有这样，才能更好地发挥先进典型的榜样力量，引领人们走向更加光明的未来。①

四、创作生产优秀文艺作品，滋养爱国主义情怀

文艺作品具有引领风尚、教化育人的社会效益，在滋养爱国主义情怀方面的作用不可忽视。习近平总书记曾强调："在社会主义核心价值观中，最深层、最根本、最永恒的是爱国主义。范仲淹、陆游、文天祥、林则徐、岳飞等先贤之作，抒发了对祖国的热爱之情，展现了民族精神和国家意志的坚定。这些经典之作是中华民族的文化瑰宝，是引领新时代的爱国主义典范。"②

党的十九大报告中指出，"要加强现实题材创作，不断推出讴歌党、讴歌祖国、讴歌人民、讴歌英雄的精品力作。祖国是人民最坚实的依靠，英雄是民族最闪亮的坐标。歌唱祖国、礼赞英雄从来都是文艺创作的永恒主题，也是最动人的篇章。"③因此，广大文艺工作者应将爱国主义作为常写常新的主题，坚持用鲜活的创作和精湛的艺术表达来讴歌党、祖国、人民和英雄，铸

---

① 中共中央 国务院：《新时代爱国主义教育实施纲要》，(2019-11-12)［2022-10-19］.http://www.moe.gov.cn/jyb_xxgk/moe_1777/moe_1778/201911/t20191113_407983.html。

② 习近平：《在文艺工作座谈会上的讲话》，载《人民日报》，2015-10-15(02)。

③ 习近平：《决胜全面建成小康社会 夺取新时代中国特色社会主义伟大胜利——在中国共产党第十九次全国代表大会上的报告》，(2017-10-18)［2022-10-19］. http://www.gov.cn/zhuanti/2017-10/27/content_5234876.htm。

造民族精神和国家意志，传递正能量，彰显时代价值。

为此，我们应当推动现实题材创作，挖掘和展现各个方面的新亮点、新动态、新变化，通过优秀的作品传达爱国主义精神和民族自信，唱响正气之歌。我们还应当支持和鼓励文艺工作者发挥自己的创造力和想象力，创作具有较高思想性、艺术性和观赏性的作品，丰富人们的精神生活。同时，我们也需要加强文艺市场的监管，遏制低俗、媚俗、庸俗之风，引导文艺作品朝着更加优秀的方向发展，让爱国主义成为创作的内在追求和外在体现。

五、发挥社区在大学生国家认同感培育中的作用

高校“一站式”学生社区作为一种新型的学生教育管理模式，在大学生国家认同感培育中具备重要的作用。这种社区的特点是由学校分管领导全面负责，并集合有关部门通过互联网平台或线下大厅为学生提供“一站式”事务服务。除了传统的助学贷款、各项补助、后勤服务、心理咨询、就业指导和教务管理外，还包括奖学金和财务服务等内容，帮助学生解决日常生活和学业等各种问题。此外，高校“一站式”学生社区通过党组织网格化、服务下沉、技术加持、精细化管理、优化组合、去繁为简、文化浸润等一系列方式和手段，囊括了党建引领、提供服务、自我管理、文化浸润等功能，是对传统管理体系的一种革新。

社区是现代人的归属，是社会化的重要场所，也是大学生国家认同教育的基本场所。在“一站式”学生社区中，可以实现学习和生活相结合、管理和服务相结合、第一课堂和第二课堂相结合、线上和线下相结合的模块嵌合，从而打破时间和空间的限制，通过正确的引导和主流文化的张扬，使得社会中倡导的核心价值观可以得到培养，实现全员、全过程、全方位育人。因此，高校“一站式”学生社区作为一种新型社区，在大学生国家认同感培育中具有不可替代的作用，可以为大学生提供全面、精细的教育服务，促进学生对

国家的认同感和归属感的形成，提高学生的国家责任感和使命感，从而更好地投身于祖国的建设和发展。

第四节 家庭层面：发挥家风家训潜移默化的教育作用

家庭是培养民族与国家情感的初始之地，是青少年国家认同教育的开端。卢梭认为，教育是使人民得到“一个民族形式”的最重要的方法，“当他第一次睁开眼的时候，一个婴儿应当看到祖国”。[①] 苏霍姆林斯基曾明确指出：“爱国主义的神圣情感来自母亲。”[②] 孩子的“爱”由己及人，首先是爱父母、亲属，再扩展到爱邻居、同学、朋友、老师等，进而推而广之，爱国家，爱民族，爱本民族的文化和传统。家庭作为一个公民的诞生之地，对人的政治情感影响具有先主性，往往构成其政治社会化的基础。有研究表明，个体的许多基本政治态度都是在儿童时期甚至早在小学之前就开始形成。[③] 一个人在青少年时期所接受的爱自由、爱法律、爱祖国的观念会深深扎根于其脑海中，并将陪伴他的一生。家庭还在指导子女遵守一定的社会行为规范和道德准则，培养孩子形成作为一个社会人所必须具备的一定的社会价值观念的过程中扮演着重要的角色。

家庭教育是人生教育的第一站，也是国家认同教育的重要组成部分。在中国的传统文化中，家庭被视为中华民族精神的源头和基石。习近平总书记

---

① Rousseau.J. (1953)Considerations on the Government of Poland and on its Proposed Reformation. [G] //W.F. Rousseau. Pdlitcal Wittings. Newyork: Nelson press，p.176.

② ［苏联］苏霍姆林斯基，周蕖等译：《给教师的一百条建议》，157 页，天津，天津人民出版社，1981。

③ Easton，D. . & Hess，S. The child ’ s political world. Mid-west Journal of Political Science，1962(6) : 229-246.

指出："中华民族历来重视家庭。中华民族传统家庭美德铭记在中国人的心灵中，融入中国人的血脉中，是支撑中华民族生生不息、薪火相传的重要精神力量，是家庭文明建设的宝贵精神财富。无论时代如何变化，无论经济社会如何发展，对一个社会来说，家庭的生活依托都不可替代，家庭的社会功能都不可替代，家庭的文明作用都不可替代。希望大家注重家庭、注重家教、注重家风。"①

"天下之本在国，国之本在家"，这句话道出了家庭对于国家和民族的重要性。家风不仅仅是家庭的风气规矩，更是社会的良善标尺，是民族前进的动力，也是国家繁荣的基石。②前述研究表明，发挥家庭政治文化教育功能，创设家长以身作则的情境，营造民主的家庭教育方式，弘扬良好的家风家训，都能够潜移默化地影响大学生的国家认同程度。因此，我们应该重视家庭教育的作用，提倡家风建设，让家庭成为培养国家认同的第一课堂。

一、提升家长政治关注度，强化家庭价值引导

在大学生成长过程中，家庭的氛围和家长的行为态度对他们的思想观念和价值观的形成起到了至关重要的作用。因此，家长应该提高自身政治素养和文化素养，摆正国民心态，树立理性国民意识，成为子女正确价值观的引领者。

首先，家庭成员的公共行为态度具有重要的价值引导作用。父母的健康心理素养、情感方式、道德品质都会潜移默化地传递给子女，养成他们乐观、积极向上的心理品质。父母的政治态度、情感和价值观也会影响到子女对公共政治生活的取向和评判。因此，在家庭教育中，父母应该与子女进行广泛

① 习近平：《在会见第一届全国文明家庭代表时的讲话》，载《人民日报》，2016-12-16(02)。

② 刘阳：《家风建设之典范 时代风尚之赞歌——《等着我》的精神内涵浅析》，载《光明日报》，2020-3-6。

的交流，帮助他们解决困惑，思考遇到的问题，将自身的思想观念和价值体系传递给子女。

其次，家长应该摆正国民心态，营造良好的家庭氛围。家庭教育是人生教育的第一站，是开展国家认同教育的开端。习近平总书记曾指出："中华民族历来重视家庭。中华民族传统家庭美德铭记在中国人的心灵中，融入中国人的血脉中，是支撑中华民族生生不息、薪火相传的重要精神力量，是家庭文明建设的宝贵精神财富。"① 因此，家长应该注重家庭、注重家教、注重家风，营造浓厚的家庭文化氛围。

第三，家长应该成为正确价值观的引领者。他们应该为子女树立正确的世界观、人生观、价值观和荣辱观奠定基础。习近平总书记曾指出："天下之本在国，国之本在家。青少年学生最初的政治思想和价值观一般都首先来自于父母和其他家庭成员。"② 因此，家长要有正确的价值观念，树立正确的国家认同，引导子女有正确的思想观念和价值观。

最后，创设家长以身说教情境。习近平总书记指出："家庭是人生的第一个课堂，父母是孩子的第一任老师……广大家庭都要重言传、重身教，教知识、育品德，帮助孩子扣好人生的第一粒扣子，迈好人生的第一个台阶。"③ 大学生一生中与父母的交往时间最长、亲密度最高，很多关于政治方面的知识和信息、经验和技能、行为和规范，是通过父母的指导而获得的，父母的指导不仅是学校教育、社会教育的基础，更是塑造个体政治观的基础，大学生对不同家庭背景的认知，对父母政治观点的接受程度，往往构成对国家认同的基础。父母的指导不仅包括"言传"，更重要的是"身教"，父母通过提供情感支持，为大学生创设各种生活情境，身体力行地引导他们形成正确的行为规范，逐步建立起对制度的信任感和认同感，让政治制度在其中产生积极的作用。

---

① 习近平：《在中央政治局第四次集体学习时的讲话》，载《人民日报》，2016(01)。

② 习近平：《推进中华优秀传统文化进校园工作座谈会上的讲话》，(2015-05-11)［2022-10-19］. https://politics.people.com.cn/n/2015/0511/c1001-26907107.html。

③ 习近平：《在会见第一届全国文明家庭代表时的讲话》，载《人民日报》，2016-12-16（02）。

二、营造民主家庭教育模式，助力大学生国家认同

父母在孩子成年后进入青春期就有了身份的转变，从最早的保姆型和指导型的父母转变为了导师型的父母。这一角色的转变意味着父母在家庭教育中要结合孩子身心发展规律和特点及时地转变教育方式，建立适合广大青少年身心发展的导向机制。

第一，父母需要理解青少年的心理和特点，建立开放、信任的家庭氛围。青少年正处于身心发展的关键期，对于家庭教育的接受和反应十分敏感。因此，父母需要关注孩子的情感需求，耐心倾听他们的想法和感受，建立家庭信任和沟通机制。同时，应避免采取过于强制的教育方式，而是通过引导和启发的方式让孩子自主地思考和解决问题，鼓励孩子展现自我，实现自我价值。在实践中，父母可以采取以下措施：首先，要建立良好的沟通渠道，让孩子自由地表达自己的意见和想法，并尽可能地回应他们的需求；其次，要尊重孩子的个性和独立性，给予他们充分的空间和自主权，让他们通过自己的思考和行动来实现自我价值；此外，家长还可以鼓励孩子积极参与家庭事务，培养他们的责任感和参与意识，提高他们的自信心和自尊心。通过这些努力，父母可以创造一个温馨、和谐、自由的家庭氛围，帮助孩子建立良好的价值观和人生观，为其未来成长奠定坚实的基础。

第二，构建平等沟通交流的家庭教育方式至关重要。家长应该从孩子小时候开始，率先树立榜样，为孩子创造一个良好的教育环境，注入正能量，悉心培养，让孩子根植于良好的道德价值观。在这个过程中，父母要以平等沟通的方式去进行教育交流，即使孩子犯了错误，也应该以平等平和的态度帮助孩子分析问题的根源，并一起探讨解决问题的方法，鼓励他们坚定地改正错误、克服缺点。相反，如果父母采取打骂和责备的教育方式，那么孩子也会效仿这种沟通方式，并将其带入今后的社会生活中。显然，这是不利于

孩子健康成长的。因此，家长是孩子阳光生长的守护者、健康心灵的培育者和良好品德的引导者。家庭成员之间的温馨和谐的关系、家长的言传身教、父母的良好行为习惯，都会对孩子的成长产生巨大的潜移默化的影响。这种平等交流沟通的教育方式、客观处理问题的态度都会为青少年提供健康的人际关系和良好的行为规范，帮助他们形成稳定的政治立场和政治态度。

第三，创造一个家庭民主决策的氛围。大学生与父母平等交流沟通，参与民主决策并在其中产生一定的影响力，也是一种初期的政治文化实践训练。这种训练有助于大学生学习并掌握简单的规范知识和价值判断，不断发展自身各方面的政治能力，形成基本的规则意识。此外，家庭民主决策氛围还可以培养大学生的主体意识、自我管理能力和团队合作精神，这些都是大学生成为合格公民所必备的能力。在这样的家庭氛围中，大学生能够逐渐学会如何用理性的思维方式来分析和解决问题，形成独立思考和独立决策的能力，从而对国家和社会的发展产生积极的影响。家长应该积极地营造家庭民主决策的氛围，让大学生积极参与家庭决策，帮助他们梳理正确的民主观念，提升对国家的认同感。在这个过程中，家长应该尊重孩子的意见和建议，给予他们足够的表达权和决策权，鼓励他们积极参与家庭事务，让他们感受到自己的能力和价值，从而增强对家庭、社会和国家的责任感和归属感。同时，家长也要教育孩子理性地表达自己的意见，尊重他人的意见，培养孩子的团队合作精神和妥协能力，让他们在家庭民主决策的过程中逐渐成长为合格的公民，为国家和社会的发展贡献自己的力量。

三、发挥家风家训潜移默化的教育作用

习近平总书记曾指出："家庭是社会的细胞。家庭和睦则社会安定，家庭幸福则社会祥和，家庭文明则社会文明。我们要认识到，千家万户都好，国

家才能好，民族才能好。”[①]这一论断表明了家庭在社会和国家发展中的重要地位。同时，习近平总书记也强调了家风的重要性。“家风是社会风气的重要组成部分。家庭不只是人们身体的住处，更是人们心灵的归宿。家风好，就能家道兴盛、和顺美满；家风差，难免殃及子孙、贻害社会。广大家庭都要弘扬优良家风，以千千万万家庭的好家风支撑起全社会的好风气。”[②]因此，要弘扬优良的家风家训，支撑起全社会的好风气。好的家风家训不仅是中华民族历代传统文化的重要组成部分，也是现代家庭生活的必要元素。一个家庭的好风气和良好的家风家训，能够潜移默化地影响和教育孩子，让他们在家庭生活中学习到正确的人生观、价值观和道德取向，帮助他们形成稳定的政治立场和政治态度。因此，家庭教育中应该发挥家风家训的潜移默化教育作用，培育大学生的国家认同。

第一，家风对大学生的人生道路产生深远影响。家训、家教是家风传承的核心内容。从古至今，许多经典的家训家书都强调了品行修炼对于个人成长成才的关键作用。如嵇康的《家诫》、颜之推的《颜氏家训》、曾国藩的《家书》等，都在强调家庭的独特教育理念、教育原则、教育内容和教育方法，这些都会对从中成长起来的成员的人生道路产生深远的影响。正如习近平总书记所指出的：“要在家庭中培育和践行社会主义核心价值观，引导家庭成员特别是下一代热爱党、热爱祖国、热爱人民、热爱中华民族。要积极传播中华民族传统美德，传递尊老爱幼、男女平等、夫妻和睦、勤俭持家、邻里团结的观念，倡导忠诚、责任、亲情、学习、公益的理念，推动人们在为家庭谋幸福、为他人送温暖、为社会作贡献的过程中提高精神境界、培育文明风尚。”[③]传承优良家风、涵育时代文明不仅是时势所需，更是提升文化自信的核心力量。面对纷繁复杂的各种文化思潮，需要挖掘传统文化精华，凝

① 习近平：《在会见第一届全国文明家庭代表时的讲话》，载《人民日报》，2016-12-16（02）。

② 习近平：《在会见第一届全国文明家庭代表时的讲话》，载《人民日报》，2016-12-16（02）。

③ 习近平：《习近平谈治国理政》（第二卷），355页，北京，外文出版社，2017。

练传统文化内涵，弘扬传统文化美德。优秀的家训家风有着显著的传统文化基因，且极具中国气派、中国特色和中国风韵，理应在建设文化强国中发挥应有的作用。

第二，家风对大学生的政治观念产生深刻影响。良好的家风家训能够深刻影响大学生的政治观念，使其在成长过程中形成正确的政治态度和政治价值观，从而更好地树立起民族认同感。例如，良好的家庭教育可以让大学生在家庭中体验到平等、和睦、民主和公正，从而培养他们对于社会中公正与平等的认识和要求。此外，家庭也是培养孩子爱国情感和民族意识的重要基地，家庭所传递的爱国主义情感和民族自豪感能够对大学生的国家认同产生深刻的影响。家长可以通过讲述民族英雄事迹、传递民族文化和传统美德、参与国家节日庆祝活动等方式，让大学生更加深入地了解祖国的历史和文化，增强民族自信心和归属感。此外，家庭也是一个传递正确政治价值观的场所，通过家庭教育传递诚信、勤劳、责任、公正等正确的价值观，培养大学生正确的政治观念和道德观念，让他们成为自觉遵守法律、尊重社会公德、爱护社会公共利益的好公民。因此，建设好家风家训，传承中华民族的传统美德，对于提高大学生的国家认同感和政治素养具有重要意义。家长应该积极引导大学生树立正确的价值观和政治观念，让家庭成为大学生健康成长的重要支撑和源泉，助力青年一代的全面成长和未来发展。

第三，家风对大学生思想具有强大的引领和导向作用。立德树人是家庭教育的核心任务，家长应该注重德育教育，培养孩子的高尚情操和道德品质。良好的家风家训能够让大学生从小学会正义、公正、尊重、包容、感恩等美德，对社会和国家产生尊重和敬意。家长应该引导孩子树立正确的世界观、人生观、价值观，鼓励他们树立远大的理想，努力实现更大的人生价值；教育引导孩子艰苦奋斗，砥砺追求自己的人生目标。家风既是社会风尚的坚实根基，也是华夏文明的重要内容。家风传承要在“以文化人”的过程中，淳化社会风气。[1]家风通常以家训家规方式教化家族的一代又一代人，抑或是一种言传身教的行为影响力，在中国古代家国同构时期，“国有国法，家有家规”“不以规矩，不成方圆”等更是把家规上升到与国法一样效力的重要地位，可见家训家规对家族成员的极大约束力和规范作用，个人的思想品德也在家风中得以形成和传递。在家庭中，家长向孩子灌输正确的思想观念和人生价值观，是一项重要的任务。通过向孩子介绍优秀人物的先进思想和事迹，可以产生强大的示范效应，成为孩子言行举止的参照标准，让他们得到模仿效法的范例。家长不仅仅是孩子的养育者，更是孩子的一面镜子，他们的言行和行为模式会深刻影响孩子的思想和行为。这种可见、可行的家风家训传承使得高尚道德良好品质人格化、具体化，通过模仿外化于行，潜移默化从而习得正确的世界观、人生观、价值观，促进其国家认同的提升。

习近平总书记在《坚定文化自信，推动社会主义文化繁荣兴盛》一文中指出：“要以培养担当民族复兴大任的时代新人为着眼点，强化教育引导、实践养成、制度保障，发挥社会主义核心价值观对国民教育、精神文明创建、精神文化产品创作生产传播的引领作用，把社会主义核心价值观融入社会发展各方面，转化为人们的情感认同和行为习惯。坚持全民行动、干部带头，从家庭做起，从娃娃抓起。深入挖掘中华优秀传统文化蕴含的思想观念、人文精神、道德规范，结合时代要求继承创新，让中华文化展现出永久魅力和时代风采。”[2]这表明家庭教育是培养担当民族复兴大任的时代新人的关键环节。在家庭中深入挖掘中华优秀传统文化，让其蕴含的思想观念、人文精神、道德规范融入到家庭教育中，可以促进孩子的全面成长和国家认同感的提升。

---

① 刘阳：《家风建设之典范 时代风尚之赞歌——《等着我》的精神内涵浅析》，载《光明日报》，2020-3-6（09）。

② 习近平：《论党的宣传思想工作》，11—12 页，北京，中央文献出版社，2020。

第五节　个体层面：厚植家国情怀与自觉践行能力

事物的发展变化是由内因和外因共同作用的。内因是事物变化发展的根本动力，因此我们应该充分重视其作用。在大学生国家认同培育的主体中，家庭、学校和社会都扮演着重要角色，为其提供良好的条件和氛围。但是，更需要大学生自身注重对自我进行教育，培养家国情怀的主体意识，将自己的人生理想融入国家和民族的事业中。

一、厚植家国情怀的主体意识

习近平总书记明确提出，要培养担当民族复兴大任的时代新人，培育时代新人的家国情怀。他强调指出，“新时代中国青年，要有家国情怀”①，“要有信仰、有情怀、有担当，树立高远的理想追求和深沉的家国情怀”②，“保持家国情怀，心里装着国家和民族”③。大学生作为国家的希望、民族的未来，自觉承担起对国家对社会的重任，强化时代新人的身份认同。大学生正处于成长最美好的阶段，在这一阶段中要充分把握机会，努力学习科学文化知识，锻炼自己的能力，提升自身的素养，使自身的综合能力得到全面发展，成长为能担国家重任的栋梁之材。

首先，发挥大学生自我教育的主体性，使自己成长为一名合格的时代新

① 习近平：《在纪念五四运动100周年大会上的讲话》，22页，北京，人民出版社，2019。

② 习近平：《坚定文化自信把握时代脉搏聆听时代声音，坚持以精品奉献人民用明德引领风尚》，载《人民日报》，2019-3-5（01）。

③ 习近平：《用新时代中国特色社会主义思想铸魂育人，贯彻党的教育方针落实立德树人根本任务》，载《人民日报》，2019-3-19（01）。

人。时代新人必须具备主体性特质，即拥有一定的自育能力，成为自我管理、自我教育的主体，能够把握自己的命运，保持自己的追求。真正的内心成长只有通过主体能动性的发挥才能使教育灌输的信念发挥作用。因此，在德育外铄的基础上，大学生应内化自己的良知，自主建构自身的品德，实现价值引导与自主建构的相统一。在新时代，大学生应在学习家国情怀培育的基础上，将家国情怀内化为时代新人的重要品质，提升自身的家国情怀能力，坚定中华民族伟大复兴的理想信念。大学生自我教育的主体性是指在教育过程中，大学生应该自觉地成为自身发展的主体，建立正确的人生观、价值观、世界观，以实现自身的成长和发展。这需要大学生在德育方面外铄，内化自身的良知，通过自主建构自身的品德实现自身的内心成长。同时，大学生也需要在家国情怀培育方面发挥主体性，将家国情怀内化为自身的重要品质，并不断提升自身的家国情怀能力，坚定中华民族伟大复兴的理想信念。只有具备主体性特质的时代新人才能在复杂多变的社会中不断发展和进步，为实现中华民族伟大复兴的中国梦贡献自己的力量。

其次，要成为一名合格的时代新人，大学生需要将个人理想与时代发展的特征相结合，并付诸具体的实际行动。社会转型带来的一系列问题正消解着大学生的家国情怀，家国情怀的养成不是一蹴而就的，要从一点一滴的小事做起，寻找行之有效的德育途径，实施行动德育和内化教育，激发学生的内在道德需要，潜移默化提升学生的家国情怀。应当在各科教学中融入家国情怀的教育，采用灵活的教育方式，多途径充分调动学生的积极性，真正引导大学生将家国情怀内化于心外化于行。当代大学生应抓住机遇，将中华民族伟大复兴理想的实现与个人理想的实现结合起来，行动起来，为实现中华民族伟大复兴的中国梦而贡献力量。

二、积极内化家国情怀理念

在新时代，大学生对本民族历史文化有着极大的自豪感、认同感和归属感。作为时代的新人，大学生应该积极了解本民族的历史文化，尤其是中华文明源远流长、散发着无限魅力的五千多年历史文化。在这样的历史文化背景下，家国情怀应运而生。大学生应该认真理解家国情怀的内涵，注重内化家国情怀的培育理念，使其成为自己内心的基础。大学生需要不断提升自身的家国情怀素养，将家国情怀内化于心，真正把家国情怀融入自己的行动和言行之中，为实现中华民族伟大复兴贡献自己的力量。

其一，需要加强大学生对爱国主义的认知教育。首先，在大学生朴素真挚的爱国情感基础上，应将他们放置于历史知识的长河中，注重历史教育，让他们了解中国传统文化，加强党史、新中国史、改革开放史和社会主义发展史的教育，从中汲取力量。其次，需要加强大学生的实践认知，让他们深入到现实社会生活中，深刻体验社会发展的现状，发现存在的问题和矛盾，认识到我国社会主义建设中存在的不平衡和不充分的必然性，真正了解中国社会的现状，唤醒他们的家国情怀，排除思想疑虑和认知误区，扣好人生的第一粒扣子。

其二，需要激发大学生更为主动的精神力量，增强对中华民族伟大复兴的中国梦的情感认同。当前时代，中华民族的伟大复兴具有前所未有的历史主动性和精神主动性。因此，教育大学生将个人理想与国家利益有机结合起来，将自己的青春融入社会主义建设的洪流中，并将其应用于日常学习和生活实践中，锻炼并提高经验和才干，树立建设祖国的责任感。大学生应将报国之行自觉融入到实现中华民族伟大复兴中国梦的生动实践中，为实现中国梦的伟大理想贡献自己的力量，实现自身的人生价值。这需要激发大学生更加积极的精神力量，增强他们对中华民族伟大复兴的中国梦的情感认同。

其三，坚持新时代家国情怀与社会发展相契合。家国情怀不仅是中华民族的传统美德，也是根据时代和社会发展的需要，不断拓展其主体内容，是爱国爱党爱社会主义的统一体现。在中国特色社会主义发展的新阶段，家国情怀贯穿了马克思主义的立场观点和方法，建立在历史与当代、理论与实践相统一的基础上，体现社会主义性质，符合人民群众利益诉求，符合社会发展基本规律。大学生应该将个人理想与社会发展相结合，有机地将自己的青春投入到社会主义建设中去，融入到学习和实践中去，锻炼和提高自己的能力，树立建设祖国的责任感，将爱国行动自觉融入实现中华民族伟大复兴中国梦的生动实践之中。这样不仅有利于人民利益的实现，也有助于实现自我价值的提升。因此，大学生要在坚持家国情怀的同时，始终保持对社会发展的敏感度和理解，不断提高自身的认知水平，与时代共进步，为实现中华民族伟大复兴的中国梦贡献自己的力量。

三、积极参与社会活动，践行家国情怀

实践是人类认识世界、改造世界的重要手段，也是人的本质属性。马克思指出："全部社会生活在本质上是实践的。"① 通过实践，人们可以不断探索、检验和发展真理，这是马克思主义认识论的重要观点。毛泽东也曾指出："感觉到的东西，我们不能立刻理解它，只有理解了的东西才更深刻地感觉它。感觉只解决现象问题，理论才解决本质问题。这些问题的解决，一点也离不开实践。人作为主体是通过自身的实践活动来参与和接受客观的影响，从而获得自身的发展。"② 因此，实践性是人的本质属性和发展动力。在享受国家繁荣发展所带来的福利的同时，大学生应当主动承担起对社会和国家的责任，

① 中共中央马克思恩格斯列宁斯大林著作编译局：《马克思恩格斯选集》(第1卷)，56页，北京，人民出版社，1995。

② 毛泽东：《毛泽东选集》(第1卷)，286页，北京，人民出版社，1991。

不应仅仅局限于大学的学习和生活，而应将所学知识付诸实践行动，积极参与社会实践活动，增强社会参与意识和实践能力。大学生家国情怀的培育，有助于促进大学生的成长成才，实现高校“立德树人”的任务，推动中华民族伟大复兴的中国梦。要实现这一目标，大学生应主动将家国情怀与社会实践相结合，提高社会参与度和家国情怀素养。在实践方面，新时代的大学生可以从以下几个方面入手：

第一，培育大学生的社会参与意识至关重要。目前，大学生的社会参与意识存在着两极分化的趋势。一些同学对各种公共活动充满热情，愿意在各种公共事务中发挥积极的作用；也有相当一部分大学生表现出漠不关心、事不关己高高挂起的态度，对公共事务缺乏参与意识。作为未来社会事务和公共秩序参与的主力军，大学生的良好政治参与意识和行为习惯具有重要的作用。因此，学校应该在思政课程中开设相关的社会参与知识课程，培养大学生政治参与的意识和能力。此外，学校还可以设立一些大学生参与学校事务的渠道，让他们有机会体验参与的过程和价值，强化他们有序参与的意识和行为习惯。在实践中，大学生可以通过多种形式和渠道参与社会事务，例如参与公益活动、社区服务、志愿者活动等。此外，大学生还可以参与一些具有社会影响力的组织，例如青年志愿者协会、社会实践团队等。这些活动不仅能够增强大学生的社会参与意识和能力，还能够促进其个人发展，丰富其社会经验和人际交往能力。大学生应该根据自己的兴趣和特长，选择适合自己的参与方式，并积极参与到社会事务中去。需要强调的是，大学生在参与社会事务时，必须注重规范行为，不违法、不违纪、不违背社会公德。只有在遵守法律法规和社会公德的前提下，才能够真正起到促进社会进步的作用，为实现中华民族伟大复兴的中国梦贡献力量。

第二，提升大学生社会参与能力。将家国情怀的培育与社会公共事务的参与结合起来，需要注重以下几个方面的提升：首先，要拥有扎实的公共事务和政治理论知识。大学生需要理解国家治理理论、主流政治文化、国内外政治现实，开拓自己的事业，拓宽知识面，独立思考，明辨是非，提升自己解决困难和处理问题的能力。学校可以通过开设相关课程、举办讲座等方式，为学生提供丰富的知识和学习机会。其次，大学生需要具备一定的组织和管理能力。在参与社会公共事务时，需要学生具备领导和组织能力，能够有效地协调各方面资源，达成共识并推动事务进展。学校可以通过开设组织管理课程、参与社会实践活动等方式，提升学生的组织和管理能力。此外，大学生还需要具备抵御西方意识形态侵蚀的能力。弘扬家国情怀，自觉抵制错误思想倾向，防止非马克思主义意识形态的渗透。学校可以通过加强思想政治教育，帮助学生树立正确的世界观、人生观和价值观，提高自身的文化自信和抵御外部干扰的能力。

第三，汲取榜样力量，成为家国情怀的践行者。自古以来，中华民族涌现出无数仁人志士。他们为民族的解放和国家的发展做出了突出的贡献。他们有的是铁肩担道义、挽救民族于危亡之中的先驱；有的是用血肉之躯抵抗列强入侵的英雄；有的是视死如归、敢于牺牲的斗士；有的是忠于职守、朴实奉献的公仆。这些榜样的力量能够感召大学生的家国情怀，激发大学生的历史使命感和时代担当，促使他们积极投身于中国特色社会主义建设的伟大事业之中，成为家国情怀的践行者。为了汲取榜样力量，大学生可以通过多种方式进行学习和思考。他们可以通过学习中国优秀人物的传记和事迹，深刻理解这些人物对于中国历史和社会发展所做出的贡献，从而提高自己的家国情怀。大学生也可以通过实地参观革命历史纪念馆、抗战遗址、革命烈士陵园等地，了解革命先烈的英勇事迹，感受他们的家国情怀，并从中获得启示。此外，大学生还可以参加各种形式的爱国主义教育活动，深化对国家和民族的认识，坚定家国情怀，做家国情怀的践行者。

四、把家国情怀融入国家和民族的事业中

习近平总书记曾指出，青年学生的成长不是孤立的，要与国家、民族紧密联系在一起。他呼吁广大青年学生“只有把人生理想融入国家和民族的事业中，才能最终成就一番事业”。①这是广大青年学生个体实现成长成才的路径抉择。“同人民一道拼搏、同祖国一道前进，服务人民、奉献祖国，是当代中国青年的正确方向。”②要把广大青年学生同祖国人民联系起来，鼓励青年学生与人民保持紧密的联系，在服务人民、奉献祖国的进程中成长成才。“家国情怀不仅从道德价值层面强调亲情、家庭的重要性，而且将其视作国家发展、民族进步、社会和谐的重要基点，这是当代中国基于时代背景之下的价值取向和现实选择。”③

第一，大学生应时刻准备投入人民群众建设中国特色社会主义的伟大事业中。自古以来，中国的脊梁都是那些埋头苦干、拼命奋斗、为民请命、舍身求法的人。这些人民群众是中华精神的历史传承者。毛泽东曾经指出：“人民，只有人民，才是创造世界历史的动力。人民是历史的主人，是历史的创造者，是真正的英雄。”④中国共产党依靠广大人民群众取得了革命的胜利，也依靠人民群众实现了中国的繁荣富强。大学生要融入人民群众中，虚心向他们学习，从他们中来，到他们中去，与人民群众一起创造属于自己、属于国家和民族的历史辉煌。大学生要始终保持对人民群众的热爱和感激之情，积极参与到各种群众性的实践活动中去，为人民群众的福祉和幸福贡献自己

---

① 《习近平总书记系列讲话精神学习读本》编写组：《习近平总书记系列讲话精神学习读本》，213页，北京，中共中央党校出版社，2013。

② 艾文礼：《青年的努力方向人生的价值指南》，载《光明日报》，2014-5-8（08）。

③ 刘军：《家国观念与中国传统文化的创造性转化和创新性发展》，载《云南民族大学学报（哲学社会科学版）》，2015（11）。

④ 毛泽东：《毛泽东选集》（第3卷），1031页，北京，人民出版社，1991。

的力量。

第二，大学生应该胸怀祖国，振奋精神，托起中华民族伟大复兴的中国梦。《大学》提到："修身而后家齐，家齐而后国治，国治而后天下平。"正心修身、立德树人是大学生应该遵循的基本准则，以此为基础，才能成就中华民族的家国情怀和不屈品格。习近平总书记曾指出："每个人的前途命运都与国家和民族的前途命运紧密相连。国家好，民族好，大家才会好。"[①]中华民族伟大复兴是一项光荣而艰巨的事业，需要每一个中国人都共同努力。作为未来的中坚力量，大学生要立足于国家和民族的发展需求，承担起更多的社会责任，将个人的理想与家国情怀相结合，投身于实现中华民族伟大复兴的伟大事业中去，用自己的实际行动和奋斗，为祖国和人民做出更多的贡献。同时，大学生要牢记"家是最小国，国是千万家"的精神理念，意识到家庭与国家的密切关系。以家庭为基础，汇聚起强大的民族力量，共同实现中华民族的伟大复兴。此外，大学生还应当具备坚定的文化自信，防范西方意识形态的渗透，坚持走中国特色社会主义道路，为实现中华民族伟大复兴贡献自己的力量。

---

① 习近平:《承前启后、继往开来、继续朝着中华民族伟大复兴目标奋勇前进》, (2012-11-29)［2022-10-19］. http://www.xinhuanet.com/politics/2012-11/29/c_113852724.htm。

参考文献

一、著作

（一）中文著作

［1］毛泽东．毛泽东文集（第八卷）．北京：人民出版社，1999.

［2］毛泽东．毛泽东文集（第七卷）．北京：人民出版社，1999.

［3］邓小平．邓小平文选（第一卷）．北京：人民出版社，1994.

［4］邓小平．邓小平文选（第三卷）．北京：人民出版社，1993.

［5］江泽民．江泽民文选（第三卷）．北京：人民出版社，2006.

［6］胡锦涛．胡锦涛文选（第二卷）．北京：人民出版社，2016.

［7］胡锦涛．胡锦涛文选（第三卷）．北京：人民出版社，2016.

［8］中共中央文献研究室．十六大以来重要文献选编（下）．北京：中央文献出版社，2008.

［9］中共中央文献研究室．十八大以来重要文献选编（上）．北京：中央文献出版社，2014.

［10］《党的十九大报告辅导读本》编写组．党的十九大报告辅导读本．北京：人民出版社，2017.

［11］杜兰晓．大学生国家认同研究．北京：中国社会科学出版社，2018.

[12] 张立国. 民族院校大学生国家认同教育研究. 北京：民族出版社，2018.

[13] 贾英健. 全球化背景下的民族国家研究. 北京：中国社会科学出版社，2005.

[14] 何佩群，俞沂暄. 国际关系与认同政治. 北京：时事出版社，2006.

[15] 中共中央宣传部. 习近平总书记系列重要讲话读本. 北京：学习出版社，人民出版社，2014.

[16] 孟樊. 后现代的认同政治. 台北：扬智文化事业股份有限公司，2001.

[17] 车文博. 弗洛伊德主义原理选集. 沈阳：辽宁人民出版社，1998.

[18] 暨爱民. 国家认同建构——基于民族视角的考察. 北京：社会科学文献出版社，2016.

[19] 沙香莲. 社会心理学. 北京：中国人民大学出版社，2002.

[20] 陶东风. 社会转型与当代知识分子. 上海，上海三联书店，1999.

[21] 梁丽萍. 中国人的宗教心理：宗教认同的理论分析与实证研究. 北京：社会科学文献出版社，2004.

[22] 李友梅，肖瑛，黄晓春. 社会认同：一种结构视野的分析. 上海：上海人民出版社，2007.

[23] 黄岩. 国家认同——民族发展政治的目标建构. 北京：民族出版社，2011.

[24] 周中之，石书臣. 社会主义核心价值体系教育探索. 上海：上海人民出版社，2007.

[25] 王浦劬. 政治学基础. 北京：北京大学出版社，2005.

[26] 王庆兵. 发展中国家政党认同比较研究. 北京：中国经济出版社，2007.

[27] 宋惠昌. 当代意识形态研究. 北京：中共中央党校出版社，1993.

[28]宁骚．民族与国家：民族关系与民族政策的国际比较．北京：北京大学出版社，1995.

[29]马戎．中国民族史和中华共同文化．北京：社会科学文献出版社，2012.

[30]宋慧昌．当代识形态研究．北京：中共中央党校出版社，1993.

[31]胡锦涛．坚定不移沿着中国特色社会主义道路前进为全面建成小康社会而奋斗：在中国共产党第十八次全国代表大会上的报告．北京：人民出版社，2012.

[32]习近平．在全国民族团结进步表彰大会上的讲话．北京：人民出版社，2019.

[33]王惠岩．当代政治学基本理论．北京：高等教育出版社，2001.

[34]钱穆．中国文化史导论．北京：商务印书馆，1994.

[35]费孝通．中华民族多元一体格局．北京：中央民族大学出版社，1989.

[36]教育部社会科学司组．普通高校思想政治理论课文献选编（1949—2006)，北京：中国人民大学出版社，2007.

[37]刘仁学．大学生思想政治教育的战略思考．长春：东北师范大学出版社，1995.

[38]中宣部，中央研究室．关于加强爱国主义宣传教育的意见．北京：光明日报出版社，1983.

[39]金炳镐．民族纲领政策文献选编（第二编）．北京：中央民族大学出版社，2006.

[40]中共中央文献研究室．习近平关于全面深化改革论述摘编．北京：中央文献出版社，2014.

[41]张曙光．民族信念与文化特征：民族精神的理论研究．北京：人民出版社，2009.

[42] 中共中央宣传部 · 习近平总书记系列重要讲话读本 .116 页，北京：学习出版社、人民出版社，2014。

[43] 吴明隆 . 结构方程模型：AMOS 的操作与应用 . 重庆：重庆大学出版社，2010.

[44] 江宜桦 . 自由主义、民族主义与国家认同 . 台北：扬智文化事业股份有限公司，1998.

[45] 贺国庆，何振海 . 战后美国教育史 . 上海：上海交通大学出版社，2014.

[46] 陈光辉，詹栋梁 . 各国公民教育 . 台北：水牛图书出版事业有限公司，1998.

[47] 赵晖 . 社会转型与公民教育 . 北京：人民教育出版社，2007.

[48] 吕达，周满生 . 当代外国教育改革著名文献（美国卷）. 北京：人民教育出版社，2004.

[49] 王学风 . 多元文化社会的学校德育研究：以新加坡为个案 . 广州：广东人民出版社，2005.

[50] 李光耀，《新加坡联合早报》编 . 李光耀 40 年政论选 . 北京：现代出版社，1994.

[51] 赵馥洁等 . 中华民族爱国主义史论 . 北京：中国社会科学出版社，2008.

[52] 聂立清 . 我国当代主流意识形态认同研究 . 北京：人民出版社，2010.

[53] 国家民族事务委员会，中共中央文献研究室 . 民族工作文献选编 . 北京：中央文献出版社，2010.

[54] 吴明隆 . SPSS 统计应用实务问卷分析与应用统计 . 北京：科学出版社，2003.

[55] 徐柏才 . 少数民族大学生的民族认同研究 . 北京：人民出版社，2012.

［56］陈达云．少数民族大学生国家认同教育创新研究．北京：民族出版社，2010.

［57］徐建军．少数民族大学生思想政治教育理论与方法．北京：人民出版社，2012.

［58］杜威．人的问题．上海：上海人民出版社，1988.

［59］陈达云．少数民族大学生国家认同国家认同教育创新研究．北京：民族出版社，2010.

［60］谈毅，土琳媛．大学文化建设与价值认同．上海：上海交通大学出版社，2013.

［61］严庆．冲突与整合：民族政治关系模式．北京：社会科学文献出版社，2011.

［62］姚运标．美国公共教育中的宗教问题研究．合肥：安徽人民出版社，2006.

［63］武军．美国总统就职演说全编．北京：中国文史出版社，2009.

［64］檀传宝．公民教育引论：国际经验、历史变迁与中国公民教育的选择．北京：人民出版社，2011.

［65］刘沧山．中外高校思想教育研究．北京：人民出版社，2008.

［66］李兴，等．红色风暴会再度爆发吗？——解读俄罗斯的前途和命运．北京：中国城市出版社，2003.

［67］朱桂莲．爱国主义教育研究．北京：中国社会科学出版社，2008.

［68］蓝瑛波．当代俄罗斯青年．北京：光明日报出版社，2007.

［69］陈立思．比较思想政治教育．北京：中国人民大学出版社，2010.

［70］王瑞茹．比较思想政治教育学．北京：高等教育出版社，2001.

［71］陈立思．当代世界的思想政治教育．北京：中国人民大学出版社，1999.

［72］何锡蓉，曹泳鑫．核心价值体系建构与价值观研究．上海：上海社

会科学院出版社，2008.

[73]严实 . 新加坡的廉政与社会管理 . 北京：华夏出版社，1993.

[74]胡建 . 当代中国公民政治认同研究 . 北京：社会科学出版社，2020.

[75]朱光磊 . 当代中国各个阶层分析 . 天津：天津人民出版社，1998.

[76] 中共中央文献研究室 . 十八大以来重要文献选编（中）. 北京：中央文献出版社，2016.

[77]胡鞍钢，王绍光 . 政府与市场 . 北京：中国计划出版社，2000.

[78] 王锡锌 . 公众参与和中国新公共运动的兴起 . 北京：中国法制出版社，2008.

[79] 施良方 . 课程理论：课程的基础、原理与问题 . 北京：教育科学出版社，1996.

[80]王利器 . 颜氏家训集解 · 序致篇 . 北京：中华书局出版社，1993.

[81] 习近平 . 在庆祝全国人民代表大会成立 60 周年大会上的讲话 . 北京：人民出版社，2014.

[82] 于文杰，成伯清 . 欧洲社会的整合与欧洲认同 . 北京：中国大百科全书出版社，2010.

[83]刘少杰 . 当代中国意识形态变迁 . 北京：中央编译局出版社，2012.

[84] 童兵 . 主体与喉舌：共和国新闻传播轨迹审视 . 河南 : 河南人民出版社，1994.

[85]鲁虎 . 新加坡 . 北京：社会科学文献出版社，2004.

[86]苏崇德 . 比较思想政治教育学 . 北京：高等教育出版社，2001.

[87]王学风 . 新加坡基础教育 . 广州：广东教育出版社，2003.

（二）中文译著

[88] 马克思恩格斯选集（第一卷）. 中共中央马克思恩格斯列宁斯大林著作编译局编译 . 北京：人民出版社，1956.

[89] 马克思恩格斯全集（第四卷）. 中共中央马克思恩格斯列宁斯大林著作编译局编译 . 北京：人民出版社，1956.

[90] 马克思恩格斯全集（第一卷）. 中共中央马克思恩格斯列宁斯大林著作编译局编译 . 北京：人民出版社，I995.

[91] 马克思恩格斯选集（第二卷）. 中共中央马克思恩格斯列宁斯大林著作编译局编译 . 北京：人民出版社，1995.

[92] 马克思恩格斯选集（第四卷）. 中共中央马克思恩格斯列宁斯大林著作编译局编译 . 北京：人民出版社，1995.

[93] 马克思恩格斯选集（第一卷）. 中共中央马克思恩格斯列宁斯大林著作编译局编译 . 北京：人民出版社，2009.

[94] 马克思恩格斯选集（第二卷）. 中共中央马克思恩格斯列宁斯大林著作编译局编译 . 北京：人民出版社，2012.

[95] 马克思恩格斯选集（第三卷）. 中共中央马克思恩格斯列宁斯大林著作编译局编译 . 北京：人民出版社，2012.

[96] 马克思恩格斯选集（第四卷）. 中共中央马克思恩格斯列宁斯大林著作编译局编译 . 北京：人民出版社，2012.

[97] 列宁选集（第四卷）. 中共中央马克思恩格斯列宁斯大林著作编译局编译 . 北京：人民出版社，1995.

[98] 列宁全集（第三十一卷）. 中共中央马克思恩格斯列宁斯大林著作编译局编译 . 北京：人民出版社，1985.

[99][美] 班纳迪克 · 安德森． 想象的共同体：民族主义的起源与散布 (新版). 吴叡人译 . 上海：上海人民出版社，1983.

[100][西班牙] 曼纽尔 · 卡斯特 . 认同的力量 . 夏铸九，等译 . 北京：社会科学文献出版社，2003.

[101][西班牙] 曼纽尔 · 卡斯特 . 网络社会的崛起 . 夏铸九、王志弘，等译 . 北京：社会科学文献出版社，2001.

[102][美]约翰·罗尔斯．正义论．何怀宏、何包钢，等译．北京：中国社会科学出版社，1988.

[103][美]加布里埃尔·A. 阿尔蒙德，西德尼·维伯．公民文化：五个国家的政治态度和民主制．徐湘林，等译．北京：华夏出版社，1989.

[104][美]哈佛委员会．哈佛通识教育红皮书．李曼丽译．北京：北京大学出版社，2010.

[105][英]戴维·米勒，韦农·波格丹诺．布莱克维尔政治学百科全书．邓正来译．北京：中国政法大学出版社，1992.

[106][美]西摩，马丁·李普塞特．政治人：政治的社会基础．张绍宗译．上海：上海人民出版社，1997.

[107][德]威廉·冯·洪堡特．论人类语言结构的差异及其对人类精神发展的影响．姚小平译，商务印书馆，1997.

[108][古希腊]亚里士多德．政治学．吴寿彭译．北京：商务印书馆，1965.

[109][英]安东尼·吉登斯．失控的世界——全球化如何重塑我们的生活．周红云译．南昌：江西人民出版社，2001.

[110][美]塞缪尔·亨廷顿．我们是谁——美国国家特性面临的挑战．程克雄译．北京：新华出版社，2005.

[111][美]乔纳森·弗里德曼．文化认同与全球性过程．郭建如译．北京：商务印书馆，2003.

[112][美]塞缪尔·亨廷顿．谁是美国人？——美国国民特性的挑战．程克雄译．北京：新华出版社，2010.

[113][美]塞缪尔·亨廷顿．第三波：二十世纪末的民主化浪潮．刘军宁译．上海：上海三联书店，2013.

[114][德]尤尔根·哈贝马斯．交往与社会进化．张博树译．重庆：重庆出版社，1989.

[115][德]尤尔根·哈贝马斯.后民族结构.曹卫东译.上海：上海人民出版社，2002.

[116][德]尤尔根·哈贝马斯.包容他者.曹卫东译.上海：上海人民出版社，2002.

[117][德]尤尔根·哈贝马斯.重建历史唯物主义.郭官义译.北京：社会科学文献出版社，2000.

[118][德]尤尔根·哈贝马斯.在事实与规范之间：关于法律和民主法治国的商谈理论.童世骏译.上海：三联书店，2003.

[119][美]缪塞尔·亨廷顿.文明的冲突与世界秩序的重建.周琪，等译.北京：新华出版社，2010.

[120][澳]迈克尔·A·豪格，[英]多米尼克·阿布拉姆斯.社会认同过程.高明华译.北京：中国人民大学出版社，2011.

[121][加]查尔斯·泰勒.自我的根源：现代认同的形成.韩震译.南京：译林出版社，2001.

[122][美]加布里埃尔A.阿尔蒙德，小G,宾厄姆•鲍威尔.比较政治学：体系、过程和政策.曹沛霖，郑世平，公婷，陈峰，等译.上海：上海译文出版社，1987.

[123][美]威尔特·罗森堡姆.政治文化.陈鸿瑜译.台北：桂冠图书有限公司，1984.

[124][美]戴维·伊斯顿.政治生活的系统分析.王浦劬译.北京：人民出版社，2012.

[125][美]茱迪·史珂拉.美国公民权——寻求接纳.刘满贵译.上海：上海世纪出版集团，2005.

[126][美]赫伯特·M.莱文.最新政治学争辩的议题.王业立，郭应哲，林佳龙译，台北：韦伯文化，2003.

[127][美]托马斯·雅诺斯基.公民与文明社会.柯雄译.沈阳：辽宁教

育出版社，2000.

[128][英] 戴维·米勒，韦农·波格丹诺.布莱克维尔政治学百科全书.邓正来，等译.北京：中国政法大学出版社，2002.

[129][英] 尼克·史蒂文森.文化与公民身份.陈志杰译.长春：吉林出版集团有限责任公司，2007.

[130][英] 布赖恩•特纳.公民身份与社会理论.郭忠华，等译.长春：吉林出版集团有限责任公司，2007.

[131][英] 巴特·范·斯廷博根.公民身份的条件.郭台辉译.长春：吉林出版集团有限责任公司，2007.

[132][加] 威尔·金里卡.当代政治哲学.刘莘译.上海：上海译文出版社，2011.

[133][加] 马歇尔·麦克卢汉.理解媒介：论人的延伸.何道宽译.北京：商务印书馆，2000.

[134][美] 布莱克.现代化的动力：一个比较史研究.段小光译.成都：四川人民出版社，1988.

[135][英] A. 乔西.李光耀.安徽大学外语系、上海人民出版社编译室译.上海：上海人民出版社，1976.

[136][法] 让·马克·夸克著.合法性与政治.佟心平，等译.北京：中央编译出版社，2008.

[137][英] 泰勒.原始文化.连树声译.上海：上海文艺出版社，1992.

[138][美] 戴维德·波普诺.社会学.刘云德，等译.沈阳：辽宁人民出版社，1988.

[139][美] 菲利克斯·格罗斯.公民与国家：民族、部族和族属身份.王建娥，魏强译.北京：新华出版社，2002.

[140][美] 凯文·马尔卡希.公共文化、文化认同与文化政策：比较的视角.何道宽译.北京：商务印书馆，2017.

[141][加] 威尔·金里卡 . 少数的权利：民族主义、多元文化主义和公民 . 邓红风译 . 上海：上海译文出版社，2005.

(三) 外文著作

[142] Charles E. (1995) Greenawalt.The Content of Character ：Recovering Civic Virtue. Don E. Eberly. Character Education Among the States.New York ：Madison Books.

[143] Pye，Lucian W.（1962）Politics，Personality，and Nation Building. New Haven：Yale University Press.

[144] Rom Poole. (1991) Morality and Modernity.London：Rutledge.

[145] Erik H. Erikson. (1968)Identity：Youth and Crisis. New York：Norton.

[146] Erik H. Erikson. (1959) Identity and Life Cycle. New York：Norton.

[147] Richards Jenkins. (2004) Social Identity. London：Routledge.

[148] ANGTIS CAMPRFLL. (1960) The American Voter. New York ：John Willey & Sons.

[149] Barker Chris.（2000）Culture Studies：Theory and Practice. London：Sage Publication，.

[150] Bryman，A.， & Cramer，D. (1997) Quantitative Data Analysis with SPSS for Windows. London：Routledge.

[151] Tom Tyler. (1997) Why People Obey the Law. New Haven ：Yale University Press.

[152] Sandra J. Ball-Rokeac，Milton Rokeach and Joel W. Grube.(1984)The Great American Values Test ：Influencing Behavior and Beliefs through Television News. New York：Free Press.

[153] Benedict Anderson. (1983) Imagined Communities：Reflections on the Origin and Spread of Nationalism. London：Verso.

［154］Willnat L，AwA. (2004) Political Communication in Asia. New York：Routledge.

［155］R，Inglehart. (1997) Modernization and Post Modernization，Cultural. Economic，and Political Change in 43 Societies，Princeton. New Jersey：Princeton University Press.

［156］R. J. D. Ayala. (2008) The Theory and Practice of Item Response Theory. New York：The Guilford Press.

［157］Nie，Norman H.，Jane Junn，& Kenneth Stehlik-Bary. (1996) Education And Democratic Citizenship in American. Illinois：The University of Chicago Press.

［158］Henry，Milner.(2002) Civic Literacy：How Informed Citizens Make Democracy Work，Hanover. New England：University Press of New England.

［159］Angus，Campbell，Gerald Gurin，and Warren Miller. (1954) The Voter Decides，Evanston. Illinois：Row，Peterson & Co.

［160］Chiew Seen kong. (1971) Singaporean National Identity. Singapore：Department of Sociology Singapore University.

［161］Charles E. Greenawalt.（1995）The Content of Character：Recovering Civic Virtue. Don E. Eberly. Character Education among the States. New York：Madison Books.

［162］Barack Obama. (2006) The Audacity of Hope：Thoughts on Reclaiming the American Dream. New York：Vintage Books.

［163］Kerry J Kennedy. (1997)Citizenship Education and the Modern State. London：The Falmer Press.

［164］William Damon. (2002) Bring in a New Era in Character Education. Stanford：Hoover Institution Press.

二、论文

(一) 中文论文

[1] 王卓军，何华玲 . 全球化时代的国家认同：危机与重构 . 中国社会科学，2013（9）.

[2] 冯建军 . 公民身份的国家认同：时代挑战与教育应答 . 社会科学战线，2012（7）.

[3] 高廉怡，郑富兴 . 论全球化时代国家认同感的培养 . 比较教育研究，2002（51）.

[4] 陈茂荣 . 全球化背景下多民族国家的国家认同危机 . 中南民族大学学报（人文社会科学版），2012（5）.

[5] 莫红梅 . 多民族国家视域下的公民身份与国家认同 . 教学与研究，2010（9）.

[6] 孔错 . 试析美国公民教育的实施策略：内容与途径 . 外国教育研究，2010（8）.

[7] 李金 . 加强边疆民族地区大学生"三个认同"教育问题探论 . 理论导刊，2014（11）.

[8] 张汝伦 . 经济全球化和文化认同 . 哲学研究，2002（2）.

[9] 陈达云 . 少数民族大学生国家认同教育创新初探 . 中南民族大学学报（人文社会科学版），2009（5）.

[10] 斯琴格日乐 . 全球化时代少数民族大学生的国家认同研究 . 青海民族大学学报（教育科学版），2011（4）.

[11] 史献芝，赵天娥 . 政党认同的生成机制：解析与建构 . 探索，2011（5）.

[12] 王嘉毅，常宝宁 . 新疆南疆维吾尔族青少年国家认同调查 . 新疆社会科学，2008（4）.

[13] 郑航，颜小芳．青少年国家认同及其教育：困境与对策．当代青年研究，2015（4）．

[14] 谢玲，秀梅．新疆多民族地区大学生国家认同现状与存在的问题探析．塔里木大学学报，2012（1）．

[15] 许亚峰．大学生国家认同现状调查与教育对策．中国青年研究，2016（5）．

[16] 陆晔．媒介使用、社会凝聚力和国家认同理论关系的经验检视．新闻大学，2010（2）．

[17] 姚文帅．文化基因：国家认同价值生成的逻辑．学术界，2016（9）．

[18] 王衡．国家认同、民主观念与政治信任——基于香港的实证研究．经济社会体制比较，2015（3）．

[19][加] 威尔·金里卡．多民族国家中的认同政治．马克思主义与现实，2010（2）．

[20] 周平．论中国的国家认同建设．学术探索，2009（6）．

[21] 吴玉军．符号、话语与国家认同．学术论坛，2010（12）．

[22] 王海峰．塑造国家认同：社会主义核心价值体系建设的战略使命．求索，2010(8)．

[23] 韩震．全球化时代的公民教育与国家认同及文化认同．社会科学战线，2010(5)．

[24] 吕芳．北京部分高校大学生国家认同的调查与分析．政治学研究，2010（4）．

[25] 殷丽萍．美国国家凝聚力形成原因的启示．学校党建与思想教育，2011（3）．

[26] 刘燕．国家认同建构的现实途径大众媒介与想象社群的形成．浙江学刊，2009（6）．

[27] 刘国强．传统文化建构国家认同的多重面相分析．学术界，2009(1)．

[28] 解志苹、吴开松 . 全球化背景下国家认同的重塑 . 青海民族研究，2009（10）.

[29] 白利友 . 国家认同建设是多民族国家面临的重大历史任务 . 云南行政学院学报，2012（1）.

[30] 张营瑞、佐斌 . 社会认同理论及其发展 . 心理科学进展，2006（1）.

[31] 钱学梅 . 从认同的基本特征看族群认同与国家认同的关系 . 民族研究，2006（6）.

[32] 左高山 . 政治忠诚与国家认同 . 马克思主义与现实，2010（2）.

[33] 陈茂荣 . 论“民族认同”与“国家认同”. 学术界，2011（4）.

[34] 蒋述卓 . 文化认同、国家认同与人的发展 . 暨南学报（哲学社会科学版），2016（7）.

[35] 姚文帅 . 文化基因：国家认同价值生成的逻辑 . 学术界 (哲学社会科学版)，2016（7）.

[36] 许纪霖 . 现代中国的民族国家认同 . 世界经济与政治论坛，2005(6).

[37] 沈桂萍 . 民族问题的核心是国家认同问题 . 中央社会主义学院学报，2010（2）.

[38] 孟融 . 论中国国家认同的法律维度 . 公法研究，2016（2）.

[39] 强世功 . 党章与宪法：多元一体法治共和国的建构 . 文化纵横，2016（4）.

[40] 贺金瑞，燕继荣 . 论从民族认同到国家认同 . 中央民族大学学报，2008（3）.

[41] 吴玉军 . 论国家认同的基本内涵 . 中国特色社会主义研究，2015(1).

[42] 冯建军 . 公民身份的国家认同：时代挑战与教育应答 . 社会科学战线，2012（7）.

[43] 姜涌 . 中国的“公民意识”问题思考 . 山东大学学报（哲学社会科学版），2001（4）.

[44] 王永贵 . 全球化态势下意识形态功能分析 . 社会科学研究，2005(4).

[45] 高永久 . 论民族心理认同对社会稳定的作用 . 中南民族大学学报，2005（5）.

[46] 杨文革 . 马克斯·韦伯政治合法性理论评析 . 北方论丛，2006（1）.

[47] 孔德永 . 农民政治认同的逻辑 . 齐鲁学刊，2006（5）.

[48] 柴宝勇 . 论政党认同的含义及其要素 . 探索，2009（1）.

[49] 都永浩 . 多元民族文化与国家共同文化 . 黑龙江民族丛刊，2011(5).

[50] 暨爱民 . 从民族认同到国家认同：理论与路径评析 . 教学与研究，2014（11）.

[51] 殷融、张菲菲 . 群体认同在集群行为中的作用机制 . 心理科学进展，2015（9）.

[52] 周庆生 . 语言与认同国内研究综述 . 语言战略研究，2016（1）.

[53] 王希恩 . 民族文化与普同文化及其在中国的转易 . 兰州学刊，2017（5）.

[54] 孙杰远 . 少数民族学生国家认同的文化基因与教育场域 . 教育研究，2013（12）.

[55] 武秀霞 . 国家认同教育：意蕴与实践——基于关系视角的探讨 . 南京社会科学，2020（1）.

[56] 周光礼，吕催芳 . 中国大学与政治社会化：公民意识教育的实证研究 . 高等教育研究，2011（8）.

[57] 吕催芳 . 大学场域与少数民族学生国家认同——基于学下生活满意度和多元文化理念的中介作用分析 . 中国人民大学教育学刊，2021（6）.

[58] 吴月刚，张红 . 铸牢中华民族共同体意识背景下民族院校思政课程建设研究 . 民族教育研究，2020（4）.

[59] 范春婷，王华敏 . 在“纲要”课中铸牢大学生中华民族共同体意识的逻辑理路 . 学校党建与思想教育，2020（11）.

[60] 王伟，卫俊栋．试论新形势下民族高校马克思主义民族观教育．民族教育研究，2010（4）．

[61] 詹进伟．论中华民族共同体意识的理论进路与生成逻辑．广西民族研究，2019（3）．

[62] 吕催芳．大学教育如何影响政治参与．清华大学教育研究，2014(5).

[63] 袁贵礼，马超．家庭因素对大学生政治态度的影响．中国高教研究，2006（4）．

[64] 卢守亭．大学生国家认同：现状、结构与族群差异——基于9省(市、自治区)12所高校的调查．中国青年研究，2014（11）．

[65] 史利平，柳翔浩．跨境民族地区大学生国家认同实证研究——基于五省高校的问卷调查．国家教育行政学院学报，2014（12）．

[66] 董海军．家庭因素对大学生政治制度认同的影响研究．思想教育研究，2015（7）．

[67] 李春玲，刘森林．国家认同的影响因素及其代际特征差异——基于2013年中国社会状况调查数据．中国社会科学，2018（4）．

[68] 焦开山，包智明．新时代背景下云南少数民族群体的国家认同及其影响因素．民族研究，2019（4）．

[69] 孟天广，杨明．转型期中国县级政府的客观治理绩效与政治信任——从“经济增长合法性”到“公共产品合法性”．经济社会体制比较，2012（4）．

[70] 庄峰．试论社会转型加速期的利益分化与政治分离．当代世界与色绘主义，2004（2）．

[71] 佛朗西斯·福山．什么是治理．中国治理评论，2013（4）．

[72] 王宇．历史教育与文化认同：美国高校国家观念教育的特色分析与借鉴．高等农业教育，2007（8）．

[73] 赵亚夫，郭艳芬．美国国家历史课程标准述评．外国教育研究，

2004（2）.

［74］赵希斌，邹泓．美国服务学习实践及研究综述．比较教育研究，2001（8）.

［75］陈国海，李燕娜，蔡宇翔．美国哈町大学宗教教育访谈录．大学教育科学，2010（1）.

［76］付兵儿．美国中小学的爱国主义教育及启示．外国中小学教育，2004（4）.

［77］郝一峰．国外主流意识形态建设经验研究．思想政治教育研究，2010（1）.

［78］曾水兵，檀传宝．国家认同教育的若干问题反思．中国教育学刊，2013（10）.

［79］武卉昕，徐宁．俄罗斯公民道德教育的复归．西伯利亚研究，2009（2）.

［80］张盛发．普京重任总统后再次治理俄罗斯历史教科书问题．俄罗斯东欧中亚研究，2013（6）.

［81］左凤荣．俄罗斯增强多民族国家认同的主要举措．当代世界与社会主义，2015（3）.

［82］姜晓燕．俄罗斯的爱国主义教育及村社意识．比较教育研究，2008（2）.

［83］冯永刚．爱国主义：俄罗斯高校公民道德教育的核心内容．比较教育研究，2015（1）.

［84］李培晓，林丽敏．俄罗斯新型爱国主义教育模式及其启示．中国青年研究，2013（4）.

［85］王林军．俄罗斯图书馆军事爱国主义教育管窥．世纪桥，2010（1）.

［86］李庆杨，刘晓鸥．国外爱国主义教育及其对我国的启示．沈阳大学学报（社会科学版），2012（3）.

[87] 杜兰晓 . 韩国、新加坡国家认同教育的特点及启示 . 学校党建与思想教育，2012（34）.

[88] 吴琼 . 当代国外思想政治教育方法及其启示 . 求实，2000（15）.

[89] 胡鞍钢 . 第二次转型——以制度建设为中心 . 战略与管理，2002(3).

[90] 郑杭生 . 当前我国社会矛盾的新特点及其正确处理 . 中国特色社会主义研究，2006（4）.

[91] 沈小平 . 着力破除“官本位”观念 . 中华魂，2014（7）.

[92] 于建嵘 .“信访综合症”背后的潜规则 . 人民论坛，2010（15）.

[93] 云彬 . 文化自觉 文化自信 文化自强——对繁荣发展中国特色社会主义文化的思考 . 红旗文稿，2010（4）.

[94] 杨新莹，李军松，白晓宇 .“融媒体”视域下高校思政课教学供给侧结构改革 . 现代教育科学，2018（7）.

[95] 万明刚，海路 . 新中国成立 70 年少数民族教育发展的回顾、反思与展望——万明刚教授专访 . 民族教育研究，2019（4）.

[96] 王兆璟，白尚祯 . 西方公民教育发展的时代展望 . 社会科学战线，2011（11）.

[97] 龙太江，王邦佐 . 经济增长与合法性的“政绩困局”——兼论中国政治的合法性基础 . 复旦学报（社会科学版），2005（3）.

[98] 郑永廷 . 论社会意识形态与思想政治教育的内在联系 . 中国高校社会科学，2015（6）.

[99] 胡荣，胡康，温莹莹 . 社会资本、政府绩效与城市居民对政府的信任 . 社会学研究，2011（1）

[100] 杨鸣宇 . 谁更重要？——政治参与行为和主观绩效对政治信任影响的比较分析 . 公共行政评论，2013（2）.

[101] 罗爱武 . 政治参与和治理绩效对政治信任的影响——基于广东、湖北和贵州三省的实证分析 . 探索，2016（5）.

[102] 郑振清，苏毓淞，张佑宗. 公众政治支持的社会来源及其变化——基于 2015 年“中国城乡社会治理调查”（CSGS）的实证研究. 政治学研究，2018（3）.

[103] 门洪华. 两个大局视角下的中国国家认同变迁（1982—2012）. 中国社会科学，2013（9）.

[104] 佘双好. 当代社会思潮对青年学生影响的新趋势及用对策略. 中国青年研究，2015（11）.

[105] 徐木兴. 整体性视域下新时代中国特色社会主义民生发展研究. 西南民族大学学报（人文社会科学版），2020（7）.

[106] 谢立中. “社会建设”的含义与内容辨析. 北京大学学报（社会科学版），2015（3）.

[107] 王冠. 国家主义还是共同体主义：应对网络化时代的国家认同变化研究. 人文杂志，2014（10）.

[108] 陆晔. 媒介使用、社会凝聚力和国家认同——理论关系的经验检视. 新闻大学，2010（2）.

[109] 游淳惠，徐煜. 互联网使用与政治参与关系的再审视：基于 2012 年台湾地区 TCS 数据的实证分析. 国际新闻界，2015（8）.

[110] 段鹏. 政治新闻的控制与沟通——政府与新闻媒介的互动. 现代传播：中国传媒大学学报，2010（3）.

[111] 金恒江，聂静虹. 媒介使用对中国青年女性政治信任的影响研究——以中国网民为对象的实证研究. 武汉大学学报（人文科学版），2017(2).

[112] 周葆华，吕舒宁. “新媒体事件”传统媒体报导的多元性：基于中国大陆 12 份报纸内容的比较研究. 传播与社会学刊，2017（4）.

[113] 张斌贤，杨帆. 中等教育的基本原则——美国全国教育协会中等教育改造委员会报告. 教育学报，2015（6）.

[114] 石庆新，傅安洲. 获得感、政治信任与政党认同的关系研究. 中南

民族大学学报》(社会科学版)，2017（1）.

［115］林春生 . 大学生对社会主义核心价值体系认知认同的影响因素 . 思想教育理论导刊，2010（3）.

［116］马勇 . 90 年代新加坡的精神文明建设及其对我们的启示 . 东南亚，1997（1）.

［117］王学风 . 21 世纪新加坡中小学国民教育的特色 . 现代中小学教育，2005（11）.

（二）学位论文

［118］王琳媛 . 全球化背景下我国大学生政治社会化研究 . 上海交通大学博士学位论文，2014.

［119］熊文丽 . 社会冲突视域下的大学生政治认同培育研究 . 重庆交通大学硕士学位论文，2018.

［120］孟鹏斐 . 当代大学生国家意识教育的实践对策 . 西南大学博士学位论文，2020.

［121］苏晓龙 . 当代国际意识的变迁和国家认同的建构 . 山东大学博士学位论文，2009.

［122］艾玲娟 . 中部地区高校师范生执政党认同问题研究—以江西师范大学学生为考察对象 . 江西师范大学硕士学位论文，2012.

［123］孔锴 . 美国公民教育模式研究 . 东北师范大学博士学位论文，2008.

［124］王波 . 政治认同理论研究 . 中国人民大学博士学位论文，2006.

［125］郭艳 . 全球化语境下的国家认同 . 中共中央党校研究生院博士学位论文，2005.

［126］潘照 . 转型时期公民政治认同的变化研究 . 华东师范大学硕士学位论文，2017.

［127］杨娟 . 当代大学生政治认同心理机制初探 . 天津师范大学硕士学位

论文，2009.

［128］夏建平 . 认同与国际合作 . 华中师范大学博士学位论文，2006.

［129］刘向东 . 文化多元背景下的国家认同建构 . 吉林大学博士学位论文，2015.

［130］李素华 . 对政治认同的功能和资源分析 . 复旦大学博士学位论文，2005.

［131］石庆新 . 当代大学生政党认同研究 . 中国地质大学博士学位论文，2017.

［132］巫阳塑 . 中美高校思想政治教育比较研究 . 中共中央党校博士学位论文，2012.

［133］秦向荣 . 中国 11 岁至 20 岁青少年的民族认同及其发展 . 华中师范大学博士学位论文，2005.

（三）外文论文

［134］Chester E. Finn Jr.Giving Shape to Cultural Conservatism. The American Spectator，1986(11).

［135］David Wrobel. A Lesson from the Past and Some Hope for the Future：The History Academy and the Schools，1880-2007. The History Teacher，2008，Vol.141，No 2.

［136］Rex，J.，National Identity in the Democratic Multi-Cultural State，Quoted in M. Hjertn，National Identities，National Pride and Xenophobia：A Comparison of Four Western Countries. Act Sociological，1998，Vol. 41，No 4.

［137］Leonie Huddy and Nadia Khatib，American Patriotism National Identity and Political Involvement ，American Journal of Political Science，2007，vol. 51，No. 1.

［138］Frank Jones & Philip Smith. Diversity and Commonality in National

Identities : An Exploratory Analysis of Cross-national Patterns, Journal of Sociology 2001, Vol. 7, No1.

[139] Andreas Pollmann. National attachment among Berlin and London head teachers : the Explanatory Impact of National Identity, National Pride and Supranational Attachment . Educational Studies, 2012 (11).

[140] Berg, L and Hjem, M. National Identity and Political Trust, Perspective on European Politics and Society 2010, Vol. 11, No.4.

[141] Huddy, Khilib. American Patriotism, National Identity and Political Involvement, American Journal of Political Society, 2007, Vol. 51, No. 1.

[142] Kostermian Rick, Feshbach Seymour. Toward a Measure of Politic and Nationalistic Attitude, Political Psychology, 1989, Vol.10, No. 2.

[143] Roccas. S., Klar, Y., Liviatan, I.. The Paradox of Group-based Guilt : Models of National Identification, Conflict Vehemence, and Reactions to the In-group ' s Moral Violations, Journal of Personality and Social Personality, 2006, Vol. 91, No.4.

[144] Stepick Alex, Stepick Carol Dutton, Labissiere Yves. South Florida's Immigrant Youth and Civic Engagement : Major Engagement : Minor Differences, Applied Development Science, 2008 (2).

[145] Sehwartz, SJ., et al. the American Identity Measure : Development and Validation Across Ethnic Group and Immigrant Generation. Identity, 2012(2).

[146] Georgiadis Andreas, Manning Alan .Change and Continuity among Minority Communities in Britain. Journal of Population Economics, 2011(24)

[147] Paul Hindriks, Maykel Verkuyten, Marcel Coenders. Interminority Attitudes : The Roles of Ethnic and National Identification, Contact and Multiculturalism. Social Psychology Quarterly, 2014(1).

[148] Rossalina Latcheva, Cognitive Interviewing and Factor-analytic

Techniques; A Mixed Method Approach to Validity of Survey Items Measuring National Identity，Springer，2011(12).

［149］Aaron K. Martin. National Identity Infrastructures：Lessons from the United Kingdom，IFIP Advances in Information and Communication Technology，2012(386).

［150］Martin Barbero，J. Communication from Culture：The Crisis of the National and the Emergence of the Popular，Media，Culture and Society，1998(10).

［151］Bronfenbrenner，U. Toward an experimental ecology of human development. American Psychologist，1977（32）.

［152］Frederick Turner and Marts John. Institutional Confidence and Democratic Consolidation in Latin America. Study in Comparative International Development，1997，Vol.32，No.3.

［153］David Miler. Citizenship and Pluralism，Political Studies，1995，Vol.43，No.3.

［154］S.B. Crofts Wiley. Rethinking Nationality in the Context of Globalization，Communication Theory，2004，vol.14，No.1.

［155］M. Schudson. Culture and the Integration of National Societies，International Social Science Journal，1994，Vol.46，No.139.

［156］T. Ashuri. The Nation Remembers：National Identity and Shared Memory in Television Documentaries，Nations and Nationalism，2005，Vol.11，No. 3.

［157］Bruter M. Winning Hearts and Minds for Europe . Comparative Political Studies，2003，Vol 36，No 10.

［158］J Bryant，D Zillmann，eds. LEA’s Communication Series. Media Effects：Advances in Theory and Research. Lawrence Erlbaum Associates，Inc

1994，Vol 20，No 6.

［159］Huang C. Media Environment and Development in the Process of Social Changes in China. Chinese Journal of Communication，2011，Vol 4，No 4.

［160］Dhont K，Roets A，Hel AV. Opening Closed Minds：the Combined Effects of Intergroup Contact and Need for Closure on Prejudice. Personality and Social Psychologybulletin，2011，Vol 37，No.4.

［161］Petigrew T F，Tropp LR. A Meta-analytic Test of Intergroup Contact Theory.Journal of Personality & Social Psychology，2006，Vol 90，No.5.

［162］James C. Davis. The Family's Role in Political Socialization，Annals of the American Academy of Political and Social Science，1965(361).

［163］James，W. Clarke. Family Structure and Socialization among Urban Black Children. American Journal of Political Science，1973，Vol.l7，No.2.

［164］Langton，K.P.&Kams，D.A. Political Socialization and National Development：Some Hypotheses and Data，The Western Political Quarterly，1974，Vol 27，No.2.

［165］Atkin，C.，and Gary Heald. Effects of Political Advertising，Public Opinion Quarterly，1976，Vol. 40，No 2.

［166］Baleh George L.Multiple Indicators in Survey Research：The Concept Sense of Political Efficacy，Political Methodology，1974，Vol1，No 2.

［167］Karen M. Kedrowski：Civic Education by Mandate：A study-by-state Analysis，PS：Political Science and Politics，2003(2).

三、报纸

［1］习近平．在哲学社会科学工作座谈会上的讲话．人民日报，2016-5-19(02).

［2］习近平．坚定文化自信把握时代脉搏聆听时代声音，坚持以精品奉献人民用明德引领风尚．人民日报，2019-3-5（01）．

［3］习近平．用新时代中国特色社会主义思想铸魂育人，贯彻党的教育方针落实立德树人根本任务．人民日报，2019-3-19（01）．

［4］习近平．在庆祝中国共产党成立100周年大会上的讲话．人民日报，2021-7-2（01）．

［5］习近平．在会见第一届全国文明家庭代表时的讲话．人民日报，2016-12-13（01）．

［6］郑永年．中国需要的是制度崛起．联合早报，2008-3-4(04).

［7］符懋濂．族群认同、文化认同与国家认同．联合早报，1999-12-21(03).

［8］郝时远．铸牢中华民族共同体意识必须推广国家通用语言文字．人民日报，2018-10-31(20).

［9］汪晓东，张炜，吴姗．凝聚起中华儿女团结奋斗的磅礴力量——习近平总书记关于弘扬爱国主义精神重要论述综述．人民日报，2021-10-02（01）．

［10］虞丽娟．从“思政课程”走向“课程思政”．光明日报，2017-7-20(14).

［11］刘阳．家风建设之典范 时代风尚之赞歌——《等着我》的精神内涵浅析．光明日报，2020-3-6.

［12］艾文礼．青年的努力方向人生的价值指南．光明日报，2014-5-8（08）．

［13］中和人民共和国中央人民政府、中国人民政治协商会议．中国人民政治协商会议共同纲领．人民日报，1949-9-30(01).

［14］《人民日报》社论．在伟大爱国主义旗帜下巩固我们的伟大祖国．人民日报，1951-1-1(01).

［15］《光明日报》调研组．以思想的力量写好教育奋进之笔——全国教育系统深入学习贯彻习近平新时代中国特色社会主义思想．光明日报，2018-

08-01（07).

四、网络文献

（一）中文网络文献

［1］习近平．在十二届全国人大一次会议闭幕会上的讲话．(2013-03-17)［2022-10-03］. http://news.cntv.cn/special/xijinpingjianghua/.

［2］习近平．同北京师范大学师生代表座谈时的讲话．(2014-09-09)［2022-10-4］. http://politics.people.com.cn/n/2014/0910/c70731-25629093.html.

［3］习近平．在中央政治局第十八次集体学习时强调．(2014-10-13)［2022-10-03］. http://www.gov.cn/xinwen/2014-10/13/content_2764226.htm.

［4］习近平．中共中央政治局第二十九次集体学习时的讲话．(2013-03-17)［2022-10-03］. http://www.gov.cn/xinwen/2021-05/01/content_5604364.htm.

［5］习近平．在中共中央政治局第七次集体学习讲话．(2013-06-25)［2022-10-03］. http://politics.people.com.cn/GB/n/2013/0626/c70731-21981576.html.

［6］习近平．中共中央关于全面深化改革若干重大问题的决定．(2013-11-15)［2022-07-03］.http://www.gov.cn/jrzg/2013-11/15/content_2528179.htm.

［7］习近平．在十八届中央政治局第十三次集体学习时的讲话．(2014-02-24)［2022-10-03］.http://www.gov.cn/xinwen/2019-02/23/content_5367953.htm.

［8］习近平．在十八届中央政治局第十四次集体学习时的讲话．(2014-04-27)［2022-10-03］.http://politics.people.com.cn/n/2014/0427/c1024-24946690.html.

［9］习近平．在首个全民国家安全教育日之际作出重要指示．(2016-4-15)［2022-10-03］.http://cpc.people.com.cn/n1/2016/0415/c64094-28278100.html.

［10］习近平．在参加全国政协十二届二次会议少数民族界委员联组会时的讲话．(2014-03-05)［2022-10-03］. http://cpc.people.com.cn/n/2014/0305/c64094-24529100.html.

［11］习近平．决胜全面建成小康社会 夺取新时代中国特色社会主义伟大胜利——在中国共产党第十九次全国代表大会上的报告．(2017-10-18)［2022-10-03］. http://www.gov.cn/zhuanti/2017-10/27/content_5234876.htm.

［13］习近平．学校思想政治理论课教师座谈会．(2019-03-18)［2022-10-03］.http://www.gov.cn/xinwen/2019-03/18/content_5374831.htm.

［14］习近平．：全国高校思想政治工作会议讲话：把思想政治工作贯穿教育教学全过程．(2016-12-08)［2022-10-03］.http://www.xinhuanet.com/politics/2016-12/08/c_1120082577.htm.

［15］习近平．把思想政治工作贯穿教育教学全过程开创我国高等教育事业发展新局面．(2016-12-08)［2022-08-07］. http://politics.people.com.cn/n1/2016/1209/c1001-28936072.html.

［16］习近平．中共中央关于坚持和完善中国特色社会主义制度、推进国家治理体系和治理能力现代化若干重大问题的决定．(2019-11-05)［2022-10-12］.http://www.gov.cn/zhengce/2019-11/05/content_5449023.htm.

［17］习近平．不敢腐目标初步实现 不想腐堤坝正在构筑．(2017-01-06)［2022-10-14］.https://news.china.com/domestic/945/20170106/30147766.html.

［18］习近平．在中央党校（国家行政学院）中青年干部培训班开班式上发表重要讲话．(2019-03-01)［2022-10-15］.http://www.ccdi.gov.cn/toutiao/201903/t20190301_189711.html.

［19］习近平．中共中央关于党的百年奋斗重大成就和历史经验的决议．(2021-11-16)［2022-10-15］. http://www.gov.cn/zhengce/2021-11/16/content_5651269.htm.

［20］习近平．在网络安全和信息化工作座谈会上的讲话．(2016-04-19)［2022-10-17］.https://www.chinaxwcb.com/info/576020.

［21］习近平．为青少年营造一个风清气正的网络空间．(2016-04-21)［2022-10-17］.http://qnzs.youth.cn/2016/0421/4278389.shtml.

［22］习近平 . 在十九届中央政治局第十二次集体学习时的讲话 . (2019-01-14)［2022-10-18］.http://www.gov.cn/xinwen/2019-01/25/content_5361197.htm.

［23］习近平 . 在全国宣传思想工作会议上的讲话 . (2013-8-19)［2022-10-18］.http://www.gov.cn/jrzg/2013-08/20/content_2470777.htm.

［24］习近平 . 对全国道德模范表彰活动作出重要批示强调：更好构筑中国精神、中国价值、中国力量 为中国特色社会主义事业提供精神动力和道德滋养 . (2015-10-13)［2022-10-19］. http://www.gov.cn/xinwen/2015-10/13/content_2946333.htm.

［25］习近平 . 立德树人，为民族复兴提供人才支撑 . (2016-12-09)［2022-10-18］.http://www.xinhuanet.com/politics/2016-12/09/c_129397530.htm.

［26］习近平 . 在中共中央政治局就五四运动的历史意义和时代价值举行的第十四次集体学习时的讲话 . (2019-4-29)［2022-10-18］.http://theory.people.com.cn/n1/2019/0429/c40531-31056094.html.

［27］习近平 . 承前启后、继往开来、继续朝着中华民族伟大复兴目标奋勇前进 . (2012-11-29)［2022-10-19］. http://www.xinhuanet.com/politics/2012-11/29/c_113852724.htm.

［28］刘云山 . 在深化中国梦宣传教育座谈会上强调：推动形成实现中国梦的强大精神量 .(2013-04-08)［2022-10-3］.http://www.gov.cn/ldhd/2013-04/08/content_2372872.htm.

［29］中共中央国务院 . 中共中央关于构建社会主义和谐社会和社会若干重大问题的决定 . (2016-10-11)［2022-10-1］.http://www.gov.cn/gongbao/content/2006/content_453176.htm.

［30］中共中央国务院 . 关于印发习近平新时代中国特色社会主义思想学习纲要的通知 .(2019-06-09)［2022-10-3］. http://www.xinhuanet.com/politics/leaders/2019-06/09/c_1124599595.htm.

［31］中共中央国务院 . 新时代爱国主义教育实施纲要 . (2019-11-12)

[2022-10-3]. http://www.gov.cn/zhengce/2019-11/12/content_5451352.htm.

[32] 中共中央办公厅，国务院办公厅.关于深化新时代学校思想政治理论课改革创新的若干意见.(2019-8-14)[2022-10-3].http://www.gov.cn/zhengce/2019-08/14/content_5421252.htm.

[33] 中共中央国务院.关于在全党开展党史学习教育的通知.(2021-02-26)[2022-10-03]. http://www.gov.cn/zhengce/2021-02/26/content_5588966.htm.

[34] 中共中央办公厅.关于培育和践行社会主义核心价值观的意见.(2013-12-24)[2022-10-03]. http://www.moe.gov.cn/jyb_xwfb/s5147/201312/t20131224_161114.html.

[35] 中共中央办公厅国务院.关于深化新时代学校思想政治理论课改革创新的若干意见.(2019-8-14)[2022-10-3].http://www.gov.cn/zhengce/2019-08/14/content_5421252.htm.

[36] 中共中央办公厅，国务院办公厅.关于实施中华优秀传统文化传承发展工程的意见.(2017-01-25)[2022-10-03].http://www.gov.cn/zhengce/2017-01/25/content_5163472.htm.

[37] 中共中央办公厅，国务院办公厅.关于进一步加强和改进新形势下高校宣传思想工作的意见.(2015-01-19)[2022-08-07].http://www.gov.cn/xinwen/2015-01/19/content_2806397.htm.

[38] 中共中央办公厅，国务院办公厅.关于加强网络文明建设的意见.(2021-09-14)[2022-10-17].http://www.gov.cn/zhengce/2021-09/14/content_5637195.htm.

[39] 中共中央国务院.新时代公民道德建设实施纲要.(2019-10-27)[2022-10-19].http://www.gov.cn/zhengce/2019-10/27/content_5445556.htm.

[40] 国家教育委员会.关于贯彻落实爱国主义教育实施纲要的通知.(1994-09-23)[2022-10-3]. https：//law.lawtime.cn/d622429627523.html.

[41] 教育部办公厅.关于在思政课中加强以党史教育为重点的“四史”

教育的通知 . (2021-04-20)［2022-10-03］. http://www.moe.gov.cn/srcsite/A13/moe_772/202105/t20210511_530840.html.

［42］教育部 . 关于加强新时代高校“形势与政策”课建设的若干意见 . (2018-04-13)［2022-10-03］. http://www.moe.gov.cn/srcsite/A13/moe_772/201804/t20180424_334097.html.

［43］教育部 . 完善中华优秀传统文化教育指导纲要 .(2014-03-28)［2022-10-03］.http://www.moe.gov.cn/srcsite/A13/s7061/201403/t20140328_166543.html

［44］教育部 . 加强大中小学国家安全教育的实施意见 .(2018-04-09)［2022-10-03］.http://www.moe.gov.cn/srcsite/A12/s7060/201804/t20180412_332965.html.

［45］教育部等四部门 . 深化新时代学校民族团结进步教育指导纲要 . (2021-04-20)［2022-10-03］. http://www.moe.gov.cn/srcsite/A09/s3081/202205/t20220517_628242.html.

［46］中共教育部党组 . 关于在全国各级各类学校深入开展“我的中国梦”主题教育活动的通知 . (2013-02-22)［2022-10-3］. http://www.moe.gov.cn/srcsite/A12/s7060/201302/t20130222_147906.html.

［47］中共教育部党组 . 关于在“五四”期间深入开展中国梦宣传教育活动的通知 . (2013-4-12)［2022-10-3］.http://www.moe.gov.cn/srcsite/A12/s7060/201304/t20130412_150802.html.

［48］中共教育部党组 . 关于教育系统深入开展爱国主义教育的实施意 .(2016-01-26)［2022-10-3］.http://www.moe.gov.cn/srcsite/A13/s7061/201601/t20160129_229131.html.

［49］中共教育部党组 . 关于教育系统深入学习贯彻习近平总书记在北京大学师生座谈会上重要讲话精神的通知 . (2018-05-03)［2022-10-03］.http://www.moe.gov.cn/srcsite/A12/s7060/201805/t20180503_334971.html.

［50］中共教育部党组 . 关于教育系统认真学习贯彻习近平总书记在纪念五四运动 100 周年大会上重要讲话精神的通知 . (2019-5-5)［2022-10-03］.

http://www.moe.gov.cn/srcsite/A12/s7060/201905/t20190505_380668.html.

［51］中共教育部党组，共青团中央.关于在各级各类学校推动培育和践行社会主义核心价值观长效机制建设的意见.(2014-10-17)［2022-10-3］.http://www.moe.gov.cn/srcsite/A12/s7060/201410/t20141020_177847.html.

［52］中共教育部党组.关于教育系统深入开展爱国主义教育的实施意见.(2019-11-12)［2022-10-17］.http://www.moe.gov.cn/jyb_xxgk/moe_1777/moe_1778/201911/t20191113_407983.html.

［53］中共教育部党组.教育系统关于学习宣传贯彻落实〈新时代爱国主义教育实施纲要〉的工作方案.(2020-01-20)［2022-10-19］.http://www.moe.gov.cn/srcsite/A12/moe_1416/s255/202002/t20200219_422378.html.

［54］教育部，中宣部，财政部等七部门.关于进一步加强高校实践育人工作的若干意见.(2012-01-10)［2022-10-03］.http://www.moe.gov.cn/srcsite/A12/moe_1407/s6870/201201/t20120110_142870.html.

［56］中宣部.关于在重大活动中进一步发挥全国爱国主义教育示范基地作用的通知.(2019-08-22)［2022-10-03］. http://www.xinhuanet.com/politics/2019-08/22/c_1124907470.htm.

［57］中国新闻网：普京签署俄国旗法修订案　教育机构需永久挂国旗.(2013-12-23)[2020-12-12] .http://www.chinanews.com/gj/ 2013/12-23/5653073.shtml.

［58］参考消息网：普京魅力唤起俄罗斯民众爱国热情.(2014-04-22)［2020-12-12］.http://world.cankaoxiaoxi.com/2014/0422/ 378642.shtml.

［59］中国新闻网：普京签署俄国旗法修订案教育机构需永久挂国旗.(2013-12-23)［2020-12-12］. http://www.chinanews.com/gj/ 2013/12-23/5653073.shtml.

［60］新华网：从历史频道开播看俄罗斯爱国主义教育.(2013-05-11)［2020-12-12］.http://news.xinhuanet.com/2013-05/11 Zc_115728890.htm.

［61］人民网：俄罗斯将开设“青年爱国主义教育”电视频道.(2015-05-20)［2020-12-12］. http://world.people.com.en/n/2015/ 0520/c 1002-27031860.html.

［62］人民网：俄国防部进军电影业将拍爱国主义影片加强教育 .(2013-09-23)［2020-12-13］. http:/culture.people.com.cn/n/2013/0923/ c172318-23000746.html.

［63］刘余莉 . 将教天下，必定其家，必正其身 .(2016-9-5)［2022-10-19］. http://theory.people.com.cn/n1/2016/0905/c40531-28690505.html.

［64］中国互联网信息中心 . 第 50 次中国互联网络发展状况统计报告 .(2022-08-31)［2022-10-15］. http://www.cnnic.net.cn/n4/2022/0914/c88-10226.html.

（二）外文网络文献

［65］CIA. The world Factbook-Singapore. (2016-05-02)［2021-11-09］. https://www.cia.gov/library/publications/resources/the-world-factbook/geos/sn.html.

［66］新加坡国立大学网站 . http://www.fas.nus.edu.sg/pol/modules/mod14.htm.

［67］新加坡国立大学网站 . http://www.fas.nus.edu.sg/soc/undergrad/module1000.htm.

［68］新加坡国立大学网站 . http://www.fas.nus.edu.sg/soc/undergrad/module1000.htm.

［69］新加坡国立大学网站 . http://www. Accountancy，smu.edu.sg/bacc/courses.asp.

［70 新加坡南洋理工大学网站 . https://www.ntu.edu.sg/nisth/home.

［71］Chinadaily：The text of Barack Obama's victory speech in full.（2008-11-05）［2020-11-20］. https://www.chinadaily.com.cn/world/2008-11/05/content_7176885.htm.

［72］State of The Union Address.(1996-01-23)[2020-11-27]. http://www.washingtonpost.com/wp-srv/politics/special/states/docs/ sou96.htm.

[73] U.S. Department of Education. Character Education：Our Shared Responsibility. (2005-05-31)[2020-12-10]. http://www2. ed.gov/admins/lead/character/brochure.html.

[74] Заседание международного дискуссионного клуба《 Валдай 》, (2013-09-19) [2020-12-12]. http://kremlin.ru/events/president/news/19243.

五、其他

[1] 上海辞书出版社 . 现代汉语词典 . 上海：上海辞书出版社，2010.

[2] 美国不列颠公司和中国大百科全书出版社 . 不列颠百科全书（国际中文版）(第四卷）. 北京：中国大百科全书出版社，1999.

[3] 霍恩比编，石孝殊、王玉章、赵翠莲译 . 牛津高阶英汉双解词典（第四版）. 北京：商务印书馆，2006.

[4] 英国培生教育出版有限公司 . 朗文当代英语词典（第四版）. 北京：外语教学与研究出版社，2004.

[5] 中国大百科全书编辑委员会 . 中国大百科全书 (政治学卷). 北京：中国大百科全书出社，1992.

[6] 王云五 . 云五社会科学词典 (政治学). 北京：商务印书馆，1973.

[7] 中共中央党校理论研究室 . 中华人民共和国国史全鉴（第一卷）. 北京 . 团结出版社，1996.

附录 1

大学生国家认同调查问卷

大学生朋友：

你好！

我们是西北师范大学的研究人员，正在进行国家认同的调查研究。国家认同是“一个人确认自己属于哪个国家以及这个国家究竟是一个什么样的国家的心理活动”，是国家的成员对自己国家的政治体系、共同文化传统等的认可与赞同。我们认为，大学生国家认同主要包含国民身份认同、执政党认同、制度认同、意识形态文化认同、历史传统文化认同、国家通用语言认同几个方面。本次调查需要占用你 20 分钟左右时间，请你根据自己的实际情况在相应的项目上做出选择。你的合作对本研究的顺利进行非常重要。本次调查以匿名方式进行，请放心作答。

感谢你的大力支持！

第一部分　基本信息

请把最符合你的情况填写在空格上或打“√”

性别：1. 男　　2. 女	民族：	是否是学生干部：1. 是　　2. 否
大学名称：		
年级：1. 大一　　2. 大二　　3. 大三　　4. 大四（毕业班）		
专业：1. 文科社科　　2. 理工类　　3. 艺术类		
政治面貌：1. 共产党员　　2. 共青团员　　3. 群众		
生源地 1：　　省（自治区、直辖市）　　市　　县（区）　　乡（镇）　　村		
生源地 2：属县城及以上城市（　）　乡（镇）或农村（　）　少数民族聚居地区（　）		
家庭人均月收入：1.1000 元以下　　2.1000—3000 元　　3.3001—6000 元 4.6001—10000 元　　5.10001—20000 元　　6.20000 元以上		

第二部分 主要调查内容

下表描述的是你对国家政治认同的看法及做法，请在你觉得最合适的答案上打“√”。

题 目	完全同意	比较同意	不确定	不太熟悉	不清楚
a1 我认为自己是一个典型的中国人					
a2 作为中华人民共和国的一名公民我很自豪					
a3 公民身份对我个人来说是很重要的					
a4 如果中国面临外侵，我愿意义不容辞地行动起来保卫国家					
a5 即使可以选择世界上的任何国家，我也更愿意做中国公民					
a6 日常生活中，面对多重身份（民族身份、公民身份），我更看重公民身份					
题 目	完全同意	比较同意	一般	不太熟悉	不清楚
b1 没有中国共产党，就没有新中国					
b2 中国共产党是“立党为公，执政为民”的政党组织					
b3 中国共产党领导人民推翻三座大山建立新中国，值得我们为之欢欣鼓舞					
b4 中国共产党带领全国人民走上社会主义道路具有重大的意义					
b5 中国共产党推进改革开放所取得的成就值得称颂					
b6 中国特色社会主义事业的发展必须坚持中国共产党的领导					
题 目	完全同意	比较同意	一般	不太熟悉	不清楚
c1 人民代表大会制度适合我国的国情，有利于保证人民当家做主					
c2 我认为中国的民族区域自治制度很好地促进了各民族大团结大发展					
c3 我赞同坚持民族平等，促进民族共同繁荣的民族政策					
c4 我拥护中国共产党领导的多党合作和政治协商制度					
c5 社会主义市场经济体制符合我国国情，是富民强国必由之路					
c6 我认为当代中国特色社会主义制度比资本主义制度优越					

下表描述的是你对国家共同文化认同的看法及做法，请在你觉得最合适的答案上打“√”。

题 目	完全满意	比较同意	一般	不太熟悉	不清楚
d1 我认为中华历史文化是由各民族共同缔造的					
d2 我为中华民族的历史文化传统而自豪					
d3 孔孟之道是中华优秀传统文化的精髓之一					
d4 对于中国武术、京剧、皮影等国粹，我认为有必要继承和弘扬					
d5 我们应加强文化古迹和保护和修缮					
d6 我很重视过中秋节、端午节等中国传统节日					
题 目	完全满意	比较同意	一般	不太熟悉	不清楚
e1 国家通用语是国家语言生活最重要的知识信息交流传播工具					
e2 在学校生活中，我喜欢用普通话与同学交流					
e3 在家里，我比较喜欢用家乡话与家人交流					
e4 我总是关注自己的普通话水平并努力去提高					
e5 我支持在民族地区推广和学习普通话					
e6 普及好国家通用语言文字，是各民族走向现代化的客观要求					
题 目	完全满意	比较同意	一般	不太熟悉	不清楚
f1 我对中国特色社会主义内涵的认识比较清楚					
f2 坚持以马克思主义为指导是中国特色社会主义事业取得成功的有效保证					
f3 中国特色社会主义理论是科学的理论体系					
f4 社会主义价值观能引领大学生的价值取向，规范其社会行为					
f5 大学生应牢固树立中国特色社会主义共同理想					
f6 当个人利益与集体利益、国家利益相矛盾时，我会兼顾国家、集体和个人利益					

下表描述的是你对目前就读高校教育满意度的感知，请在你觉得最合适的答案上打“√”。

题 目	完全满意	比较满意	一般	不太满意	完全不满意
您对马克思主义原理课程教学的满意度					
您对毛泽东邓小平三个代表重要思想概论课程教学的满意度					
您对思想道德与法律基础课程教学的满意度					
您对中国近现代史纲要课程教学的满意度					
您对学校形势与政策课程教学的满意度					
您对学校民族理论与政策课程教学的满意度					
您对学校开设的传统文化课程教学的满意度					
题 目	非常密切	比较密切	一般	不太密切	很不密切
您与宿舍同学的接触及交流交往程度					
您与班级同学的接触及交流交往程度					
您与任课老师的接触及交流交往程度					
您与辅导员的接触和交流交往程度					
您与院系老师的接触及交往程度					
题 目	积极参与	经常参加	一般	很少参加	从不参加
您参加学校组织的建党或国庆等重大的纪念仪式活动的程度					
您参加学校组织的以宣传党的政策为主题的“三下乡”活动的程度					
您参加学校组织的红色教育基地体验教育活动的程度					
您参加学校组织的了解惠民政策落实情况的社会调研活动的程度					
您参与班干部 / 学院干部 / 社团干部 / 人大代表选举的程度					
题 目	非常满意	比较满意	一般	不太满意	非常不满意
校园阅报栏中会有党政机关报（如《人民日报》等）供同学们阅览					
学校经常组织以“爱党报国”为主题的团学活动					
校园广播经常播报党和国家领导人的活动新闻					
大学生社团活动经常弘扬“主旋律”和“正能量”的内容					
学校的微信公众平台经常推送国家领导的重要讲话					

下表描述的是你对你家的家庭教育的感知，请在你觉得最合适的答案上打“√”。

题　目	非常关注	比较关注	一般	较少关注	不关注
您父亲对国家社会政治事件的关注程度					
您母亲对国家社会政治事件的关注程度					
您父亲对社会政治类事务的参与度					
您母亲对社会政治类事务的参与度					
题　目	非常符合	比较符合	一般	不太符合	非常不符合
父亲常和我谈论一些国家社会政治文化类话题					
母亲常和我谈论一些国家社会政治文化类话题					
我与父亲的政治文化观点保持一致					
我与母亲的政治文化观点保持一致					
题　目	非常符合	比较符合	一般	不太符合	非常不符合
在我成长过程中，父母经常鼓励我积极参与一些事务的讨论和决策					
在日常生活中，父母会强迫我去学习一些他们认为“对我有益”的事情					
在我成长过程中，很多事情父母都提前帮我把一切安排好了					
在我成长过程中，父母不怎么管我或不关心我					
题　目					
家庭所处地域：农村（　　）；镇、乡（　　）；小城市（　　）；二线城市（　　）；大城市（　　）					
家庭人均月收入水平：1000 元以下（　　）；1001–3000 元（　　）；3001–6000 元（　　）；6001–1000 元（　　）；10001 元以上（　　）					
父母受教育程度：文盲（　　）；小学（　　）；初中（　　）；高中（　　）；大专及以上（　　）					
父母职业类型：党政机关（　　）；央企、国企、事业单位、部队（　　）；外资单位（　　）；合资单位（　　）；其他（　　）					

下表描述的是你对当前社会环境的看法，请在你觉得最合适的答案上打“√”。

下表描述的是你对“政府经济绩效”满意度感知，请在你觉得最合适的答案上打“√”。

题　目	完全满意	比较满意	一般	不太满意	很不满意
您对目前我国整体经济发展状况的满意度					
您对目前生活水平的满意度					
您认为我国经济与五年前相比有发展吗？					
您同意‘目前所有社会成员是都能公平分享改革发展的成果’这种说法吗？					
您同意‘当前我国收入差距越拉越大，穷的越穷，富的越富’这种说法吗？					

下表描述的是你对“政府政治绩效”满意度感知，请在你觉得最合适的答案上打“√”。

题　目	有待提高	较需提高	中等	较好	非常良好
您对目前中国社会主义民主政治运行方式的满意度。					
您对公民言论自由情况的满意度。					
人们可以参加任何自己喜欢的组织而不用担心害怕。					
您对各项公民权利保障状况的满意度。					
您对目前中国法治环境的满意度。					
您对目前中国司法公正满意度。					
您对党政人员严格执法的满意度。					
您对目前中国政府惩治腐败满意度。					
您认为在过去三年中，我国的腐败状况有改善吗？					
您对我国干部队伍作风的满意度					

下表描述的是你对“政府社会民社建设绩效”的满意度感知，请在你觉得最合适的答案上打“√”。

题　目	完全满意	比较满意	一般	不太满意	很不满意
您对政府提供的义务教育满意度					
您对现阶段劳动就业状况满意度					
您对现阶段收入分配体制的满意度					
您对社会保障满意度					
您对医疗卫生服务满意度					
您对社会救助满意度					
您对全国总体的社会稳定形势的满意度					
您对政府维持社会秩序的满意度					
您对保护环境满意度					
您对交通出行状况满意度					

下表描述的是你对个体自我政治心理因素的感知，请在你觉得最合适的答案上打“√”。

题　目	完全同意	比较同意	一般	不太同意	完全不同意
政府的权力产生于人民					
在公共事务中，老百姓与干部有同等的发言权					
公民不应该只关心个人问题，更应该关心国家大事					
谁都不能剥夺我对公共事务的发言权					
题　目	完全同意	比较同意	一般	不太同意	完全不同意
我经常看新闻报道节目，了解政治社会事件					
我经常与亲友同事议论政治方面的话题					
选举结束后我会关心选举的结果					
您对政治社会话题感兴趣吗？					
题　目	完全同意	比较同意	一般	不太同意	完全不同意
方针、政策由上面定，不必去议论，即使议论也没什么用					
国家搞得好不好关键在领导，普通老百姓起不了什么作用					
老百姓即使对政治事件发表意见也是瞎议论					
凡属政治问题都很复杂，公开讨论没什么好处，容易引起思想混乱					
惩治腐败是政府的事，不关我的事					
公开选举只是一种形式，没有实质意义					

图书在版编目（CIP）数据

新时代大学生国家认同培育机制研究 / 滕志妍著 . -- 北京 : 民族出版社 , 2023.11

ISBN 978-7-105-17152-1

Ⅰ. ①新… Ⅱ. ①滕… Ⅲ. ①大学生—爱国主义教育—教育制度—研究—中国 Ⅳ. G641.4

中国国家版本馆 CIP 数据核字 (2023) 第 249897 号

新时代大学生国家认同培育机制研究

策划编辑：宝贵敏
责任编辑：宝贵敏　杨蜀艳
封面设计：金　晔
出版发行：民族出版社
地　　址：北京市东城区和平里北街 14 号
邮　　编：100013
电　　话：010–58130098（汉文编辑二室）
　　　　　010–64224782（发行部）
网　　址：http://www.mzpub.com
印　　刷：北京盛通印刷股份有限公司
经　　销：各地新华书店
版　　次：2023 年 11 月第 1 版　2023 年 11 月北京第 1 次印刷
开　　本：787 毫米 ×1092 毫米　1/16
字　　数：372 千字
印　　张：24.25
定　　价：95.00 元
书　　号：ISBN 978–7–105–17152–1/G · 2226（汉 1083）